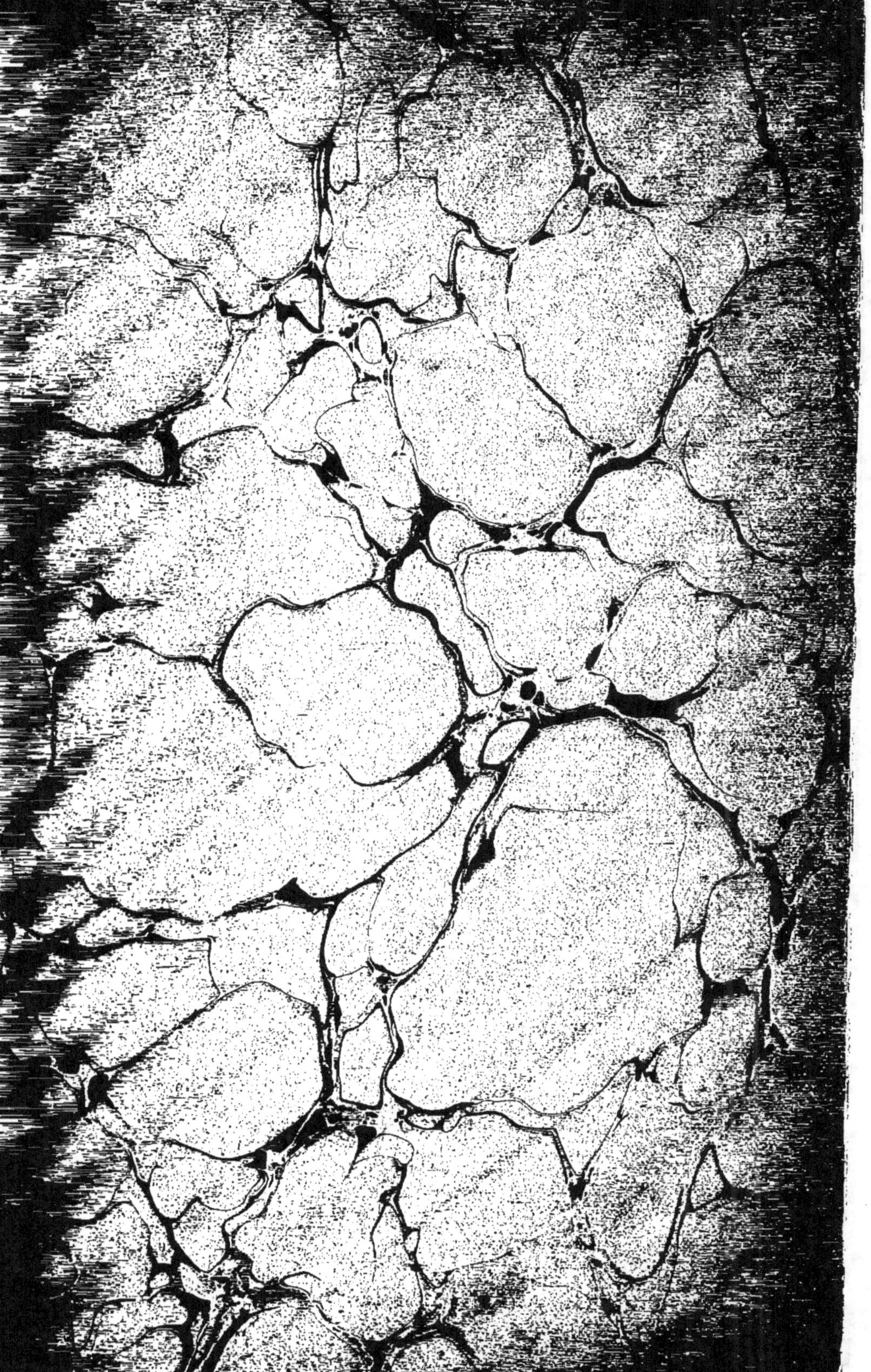

DOCUMENTS

SUR LES

IMPRIMEURS, LIBRAIRES

CARTIERS, GRAVEURS
FONDEURS DE LETTRES, RELIEURS
DOREURS DE LIVRES, FAISEURS DE FERMOIRS
ENLUMINEURS
PARCHEMINIERS ET PAPETIERS

AYANT EXERCÉ A PARIS DE 1450 A 1600

Recueillis aux Archives Nationales
Et au Département des Manuscrits de la Bibliothèque Nationale

PAR

Ph. RENOUARD

A PARIS

Chez H. CHAMPION

Libraire de la Société de l'Histoire de Paris
Quai Voltaire, 9

1901

DOCUMENTS

SUR LES

IMPRIMEURS, LIBRAIRES

CARTIERS, GRAVEURS, ENLUMINEURS,

PARCHEMINIERS, ETC.

DOCUMENTS

SUR LES

IMPRIMEURS, LIBRAIRES

CARTIERS, GRAVEURS
FONDEURS DE LETTRES, RELIEURS
DOREURS DE LIVRES, FAISEURS DE FERMOIRS
ENLUMINEURS
PARCHEMINIERS ET PAPETIERS

AYANT EXERCÉ A PARIS DE 1450 A 1600

Recueillis aux Archives Nationales
Et au Département des Manuscrits de la Bibliothèque Nationale

PAR

PH. RENOUARD

A PARIS

Chez H. CHAMPION

Libraire de la Société de l'Histoire de Paris
Quai Voltaire, 9

1901

AVERTISSEMENT

Les documents que l'on trouvera réunis ici ont été glanés çà et là aux Archives Nationales et au département des manuscrits de la Bibliothèque Nationale. Ils sont loin de constituer l'ensemble de ceux que l'on pourrait trouver dans ces deux dépôts sur les imprimeurs, les libraires, les relieurs, les fondeurs, les graveurs, les enlumineurs, les doreurs de livres, les faiseurs de fermoirs, les papetiers, les parcheminiers et les cartiers, qui ont fait l'objet de nos recherches pour la seconde moitié du XVe siècle et pour le XVIe siècle. On verra par la nomenclature des registres et cartons où ils ont été puisés combien reste vaste le champ des recherches et combien sont nombreux les fonds qui peuvent encore être dépouillés avec succès.

Ces documents ne concernent, à quelques exceptions près, que des représentants de la petite bourgeoisie parisienne. Le Minutier d'une étude parisienne publié par M. Coyecque (1) et le Recueil de MM. le baron Pichon et Georges Vicaire (2) nous ont déjà conduits dans la vie professionnelle et privée de bon nombre d'entre eux. Ici c'est surtout dans leur vie privée que nous allons les suivre.

Les documents purement relatifs à l'exercice de leurs professions sont en très petit nombre. Si nous y perdons, au point de

---

(1) *Inventaire sommaire d'un Minutier parisien pendant le cours du XVIe siècle (1498-1600)*, par Ernest Coyecque, publié dans le Bulletin de la Société de l'Histoire de Paris et de l'Ile-de-France en 1893 et 1894 et tirage à part.

(2) *Documents pour servir à l'histoire des libraires de Paris (1486-1600)*, publiés par MM. le baron Jérôme Pichon et Georges Vicaire. Paris, librairie Techener, H. Leclerc et P. Cornuau, 1895.

vue de l'histoire des industries du livre, nous y gagnons au point de vue de l'histoire et des mœurs du bourgeois de Paris que nous suivons dans tous les événements de sa vie intime et de famille, contrats de mariage, donations, testaments, apprentissages, délibérations de conseils de famille, querelles de voisinage, vie galante, arrestations, procès, etc. Nous le voyons gérer ses biens, placer ses économies en immeubles à Paris ou en vignes dans la banlieue, de préférence à Saint-Marcel, à Bagneux, à Fontenay, à Clamart ou à Meudon ; nous assistons à ses démêlés avec ses créanciers ; nous le trouvons en but aux persécutions religieuses particulièrement cruelles, en raison même de leur état, aux imprimeurs, aux libraires et aux relieurs. A côté des noms déjà connus de ces malheureux que l'impression, la vente ou la reliure d'un livre a conduits sur la place Maubert ou sur la place de Grève, nous pourrions dresser une longue liste de ceux que des saisies ou des exils même momentanés ont menés à la ruine.

Quelques-unes seulement de ces familles, que nous suivons parfois pendant plus d'un siècle, nous apparaissent par ces documents comme étant parvenues à la fortune ; nous les voyons alors marier leurs filles à des conseillers au Parlement et quitter leurs professions pour acheter des charges. Celles qui semblent avoir joui de l'aisance ne sont guère plus nombreuses et nous assistons à la débâcle de plusieurs de ces petites fortunes que nous avons vu se former peu à peu par des immobilisations successives. La très grande majorité des travailleurs du livre était dans une position tout à fait précaire.

Quelques maîtres chargés de famille cherchaient dans des métiers accessoires à augmenter les faibles profits de leur commerce. Les uns vendaient du vin à pots ou du charbon, quelques-uns touchaient des vacations pour monter la garde de nuit ou de jour à la Porte Saint-Marcel, d'autres recherchaient les fonctions de garde-clefs et portiers, ou de curateurs à des successions vacantes ; de plus fortunés logeaient dans leurs maisons d'innombrables locataires.

Les privilèges qui permettaient aux fils et aux gendres de maîtres d'obtenir la maîtrise sans formalités les engageaient à conserver la profession de leurs pères, et nous retrouvons les mêmes familles exerçant les mêmes professions pendant de nombreuses générations. Pour les plus importantes d'entre elles nous avons essayé, par des tableaux généalogiques, de rendre plus aisée la distinction entre les diverses générations que l'on confond si facilement en raison des répétitions constantes des mêmes prénoms.

Nous avons cherché aussi à identifier les professions de toutes les personnes citées dans ces documents en les indiquant entre crochets dans les actes qui ne les mentionnent pas ; cette identification a été souvent facile grâce aux adresses, aux noms des femmes ou à d'autres pièces auxquelles nous n'avons pas cru utile de renvoyer quand il ne s'agissait pas de l'une des professions qui ont fait l'objet de nos recherches. Nous avons de plus fait une table par professions où l'on trouvera réunis les noms de tous ceux qui exerçaient le même état (1).

Au point de vue purement professionnel, ces documents ne nous fournissent presque rien. Les registres du bureau de la librairie conservés à la Bibliothèque Nationale ne remontent qu'à 1618, et les trois ou quatre registres du Châtelet qui contiennent des réceptions de maîtres ne sont intéressants que pour les cartiers et les parcheminiers, les libraires, les imprimeurs et les relieurs ne ressortissant pas de la prévôté de Paris mais de l'Université. Sur l'un de ces registres, pourtant, se trouve transcrite une sentence de Nicolas Chesneau, syndic de la Communauté des libraires et imprimeurs en 1575, faisant défense à Galliot II Du Pré de mettre en vente des livres imprimés ailleurs qu'à Paris sans mentionner au titre le nom de la ville et celui de l'imprimeur (2).

Un registre de la Confrérie de Saint-Jean-l'Evangéliste, à laquelle appartenaient les libraires, imprimeurs, relieurs et papetiers, renferme la liste des taxes d'ouvertures de boutiques, dont la quittance tenait lieu de brevet de maître, payées en 1586 et à partir de 1592 (3). Quelques sentences de la prévôté de Paris ou de Saint-Germain-des-Prés sont relatives à l'exécution de contrats d'apprentissages ou au droit d'exercer (4).

Des comptes de collèges ou de fabriques indiquent des prix de reliures ou de réparations de reliures. Un jugement du Châtelet apprend que le papier fabriqué à Ableiges était payé en 1552 à 10 livres la rame (5). Enfin le compte des frais supportés par la Ville de Paris pour les entrées solennelles du roi et de la reine en 1571, nous renseigne sur le prix payé pour l'impression et le papier de certains cartons qu'on avait jugé utile de réimprimer

---

(1) Les imprimeurs sont très souvent qualifiés seulement libraires dans les actes ; quelques libraires sont aussi qualifiés parfois seulement relieurs ; il est vrai que la profession d'imprimeur impliquait alors celle de libraire, et la profession de libraire celle de relieur.

(2) Arch. Nat., Y 5251, f° 24 v° ; voyez p. 83.

(3) Bib. Nat., fonds français 21872.

(4) Pages 24, 175, 218, 252.

(5) Page 237.

pour le livre bien connu des bibliophiles qui relate les pompes de ces entrées ; il nous donne aussi les prix des différentes reliures dont ce livre fut couvert (1).

Nous n'avons donné, généralement, que les résumés des actes ; il en est fort peu dont le texte lui-même nous ait semblé offrir de l'intérêt, les formules étant toujours à peu près identiques dans les actes de même nature. Les testaments, où l'on pourrait espérer trouver des détails curieux, ne renferment, pour la plupart, que des dispositions relatives aux funérailles et des nominations d'exécuteurs testamentaires ; les contrats de mariage n'indiquent ordinairement que le chiffre du douaire coutumier. Les ventes successives d'un même immeuble peuvent donner des indications précieuses sur la valeur des propriétés à des époques différentes, mais il faut tenir compte des charges dont leurs propriétaires successifs ont pu les grever ou les dégrever, et dont la liste complète est rarement fournie.

Les documents résumés ici ne sont pas tous inédits. Quelques-uns figurent déjà dans le *Minutier* de M. Coyecque et dans le *Recueil* de MM. le baron Pichon et Vicaire qui les ont trouvés à d'autres sources que nous. Un certain nombre ont été publiés aussi dans des articles de Revues ou dans des ouvrages de biographie ou d'histoire, particulièrement par M. Weiss dans le *Bulletin de la Société de l'histoire du protestantisme français*, par M. Stein dans ses *Mélanges de bibliographie*, dans les *Mémoires* de la Société de l'Histoire de Paris et de l'Ile-de-France ou dans le *Bibliographe moderne*, par M. Claudin dans le premier volume de sa remarquable *Histoire de l'Imprimerie ;* nous-même avons déjà publié quelques actes relatifs à la famille Petit et à la famille Estienne, et nous avons fait usage des renseignements fournis par un assez grand nombre de ceux que nous citons ici pour un volume sur les Imprimeurs parisiens, libraires, fondeurs de caractères et correcteurs d'imprimerie. Nous n'avons pas cru devoir laisser de côté les actes déjà connus, pensant qu'on pourrait les retrouver plus facilement réunis ici que disséminés. C'est dans le même but que nous avons donné en appendice les noms des imprimeurs, libraires, fondeurs, etc., sur lesquels on trouvera des documents originaux dans le *Minutier*, dans le *Recueil* ou dans les quatre premiers volumes de la *Bibliographie lyonnaise* de M. Baudrier (pour ceux-ci en ce qui concerne les parisiens seulément). Pour le *Minutier*, comme il n'a pas été possible d'y mettre une table, nous avons indiqué l'année et la page

---

(1) Pages, 55, 168, 191 et 220.

du Bulletin auxquelles on devra se reporter. Ajoutons enfin que quelques documents ont été cités d'après les *Registres des délibérations du Bureau de la ville de Paris*, en cours de publication, et quelques autres d'après le catalogue imprimé des Archives hospitalières de Paris.

On trouvera des indications de naissances ou de décès prises dans des extraits, qui sont à la Bibliothèque Nationale, d'anciens registres de paroisses, aujourd'hui disparus ; nous les avons données bien qu'elles n'offrent pas un caractère absolu d'authenticité, mais nous n'avons pas relevé les indications de naissances, de mariages et de décès portés sur l'exemplaire du livre de La Caille, conservé aussi à la Bibliothèque, annoté par l'auteur en vue d'une nouvelle édition ; nous signalons ce document qui contient un très grand nombre d'actes d'état civil intéressant les familles des libraires et des imprimeurs, certainement relevés dans les registres paroissiaux.

Voici d'ailleurs la nomenclature des registres ou des cartons qui renferment, tant aux Archives Nationales qu'au département des manuscrits de la Bibliothèque Nationale, les documents que l'on trouvera résumés plus loin :

ARCHIVES NATIONALES

H 1778, 1780, 1782 à 1785. — Délibérations du bureau de la Ville de Paris.

H 2010, 2065. — Police de la Ville de Paris.

H 2808. — Collège Sainte-Barbe.

H 2855. — Collège de Tréguier.

H 2895. — Collège Sainte-Barbe.

H 4347. — Comptes de la fabrique de Saint-Etienne-du-Mont.

JJ 227, 241, 253, 254. — Trésor des Chartes.

K 981. — Propriétés de l'Abbaye de Longchamps.

KK 76. — Menus plaisirs du Roi (1491).

KK 286/A. — Compte des Aides de la Ville de Paris.

L 428. — Hérétiques et Blasphémateurs.

L 670/1. — Baptêmes et mariages à l'église Saint-Landry.

LL 423. — Ensaisinements de l'église Saint-Germain-l'Auxerrois.

LL 447. — Registres capitulaires de l'église Saint-Benoît-le-Bien-Tourné.

LL 463. — Titres de propriété de la Chapelle Saint-Jean, en l'église Saint-Benoît-le-Bien-Tourné.

LL 464. — Cartulaire de l'église Saint-Benoît-le-Bien-Tourné.

LL 757. — Testaments, mariages et inhumations à l'église Saint-Hilaire-du-Mont.

LL 1545, 1546. — Cartulaire du couvent des Mathurins.

M 74. — Collège de Sorbonne.
M 95 à 97. — Collège de Beauvais.
M 193. — Collège de Tréguier.
MM 173. — Comptes et Censier de la Commanderie du Temple.
MM 281 à 288. — Cartulaire de la Sorbonne.
MM 341. — Collège Sainte-Barbe.
MM 398. — Collège de Fortet.
MM 441. — Collège de Tréguier.
Q/1 1099/197 à 200, 206 et 207. — Baux de la Ville de Paris.
Q/1 1133/1 B. — Ensaisinements de la Ville de Paris.
S 14, 23, 28. — Titres de propriété du Chapitre de Notre-Dame.
S 498, 507. — Ensaisinements du Chapitre de Notre-Dame.
S 850. — Chapelains de l'église de Paris.
S 860. — Grande Confrérie de Notre-Dame-aux-Bourgeois de Paris.
S 889, 893 à 897, 903. — Titres de propriété de l'église Saint-
    Benoît-le-Bien-Tourné.
S 904. — Censier de l'église Saint-Benoît-le-Bien-Tourné.
S 931, 935. — Chapitre du Saint-Sépulcre.
S 1052. — Eglise Saint-Denis-de-la-Châtre.
S 1085, 1092, 1099, 1101. — Censive de l'Archevêché de Paris.
S 1649 à 1655. — Censier de l'église Sainte-Geneviève-du-Mont.
S 1858. — Chapitre de Saint-Louis-du-Louvre.
S 1946, 1947. — Chapitre de Saint-Marcel.
S 2173. — Ensaisinements de l'Abbaye de Saint-Victor.
S 2855. — Titres de propriété de l'Abbaye de Saint-Germain-des-
    Prés.
S 3342. — Titres de propriété de l'église Sainte-Geneviève-des-
    Ardents.
S 3370. — Titres de propriété de l'église Saint-Hilaire-du-Mont.
S 3501, 3503, 3508. — Titres de propriété de l'église Saint-Séverin.
S 4103. — Censier des Chartreux.
S 4243. — Mathurins.
S 5079 à 5082. — Commanderie du Temple.
S 5117 à 5121. — Comptes de la Commanderie de Saint-Jean-de-
    Latran.
S 6215. — Collège de Sorbonne.
S 6357. — Collège de Beauvais.
S 6559. — Collège de Reims.
X/1 A 159. — Parlement. Jugés.
X/1 A 1526 à 1534, 1603, 1604, 1610, 1611. — Parlement. Conseil.
X/1 A 4992. — Parlement. Plaidoyés.
X/2 A 93 à 99, 102, 123, 130. — Parlement. Arrêts.
Y 8. — Châtelet. Bannières.
Y 86 à 155. — Châtelet. Insinuations (1540-1619).
Y 3447 à 3471. — Châtelet. Saisies mobilières.
Y 5233 à 5252. — Châtelet. Chambre Civile.
Y 5266. — Châtelet. Ecrous (1488-1489).
Y 9306 et 9306 *bis*. — Châtelet. Jurandes et Maîtrises.

Z/2 3272 à 3329. — Juridiction de l'abbaye de Saint-Germain-des-Prés.
Z/2 3750. — Juridiction de Sainte-Geneviève-du-Mont.
ZZ/1 301. — Registre de Brulé, notaire.
ZZ/1 302. — Registre de Fortin, notaire.
ZZ/1 303. — Registre de Bardin, notaire.
ZZ/1 304. — Registre de Chartain, notaire.
ZZ/1 306. — Registre de Cothereau, notaire.

BIBLIOTHÈQUE NATIONALE

DÉPARTEMENT DES MANUSCRITS, FONDS FRANÇAIS

11687. — Compte de remboursement de prêts faits à la Ville de Paris et au Roi.
11690 à 11692. — Comptes de l'entrée de Charles IX à Paris.
21842. — Procès-verbaux des assemblées de la Communauté des libraires, imprimeurs et relieurs (1617-1671).
21872. — Registre de la Confrérie de Saint-Jean-l'Evangéliste.
22064. — Pièces sur les apprentis et les compagnons.
22065. — Pièces sur les réceptions de maîtres.
22103, 22104. — *Histoire de l'imprimerie* de La Caille avec annotations ms. de sa main.
22117. — Pièces sur les graveurs et fondeurs de caractères.
32588. — Extraits des registres d'état civil de l'église Saint-Jean-en-Grève.
32589. — Extraits des registres d'état civil de l'église Saint-André-des-Arts.
32592. — Extraits des registres d'état civil de l'église Saint-Sauveur.
32593. — Extraits des registres d'état civil de l'église Saint-Sulpice.
32838. — Extraits des registres d'état civil de l'église Saint-Gervais.
33047. — Recueil de légitimations, bâtardises, naturalisations et cautionnements.
26889, 28093, 28531, 28856, 28964, 29199, 29350. — Pièces originales (anciens vol. 405, 1609, 2047, 2372, 2480, 2715, 2866).
Collection Clairambault, vol. 987.

DOCUMENTS

ADAM

1571. — Gabriel Adam, Hugues Le Bœuf, Guillaume Barbier et Pierre Turpin, tous quatre relieurs, habitant rue des Amandiers, sont taxés chacun à 40 sols au don gratuit de 300 000 livres imposé à la Ville de Paris à l'occasion des entrées solennelles du Roi et de la Reine. (Bib. Nat., ms. fr. 11692, f° 758 v°.)

ALAIN ou ALLIN

4 août 1582. — Contrat de mariage de Jean Allin, compagnon-imprimeur, né à Couldray, près Thillard, en Beauvoisis, demeurant rue Judas à l'enseigne du Tranchoir-d'Argent, avec Jeanne Le Roy, veuve de Thibault Breton, compagnon-imprimeur, même adresse. Témoins : Charles Roger et Pierre Deshaies, maîtres-imprimeurs, demeurant rue Bordelle, à la Cour de Bavière, amis communs des parties. (Arch. Nat., Y 124, f° 129 v°.)

28 décembre 1588. — Jean Alain, compagnon-imprimeur, rue Judas, fait donation à Claude Alain, compagnon-imprimeur, son frère. (Arch. Nat., Y 131, f° 90 v°.)

ALARD, voyez ALLART

ALARY

20 septembre 1504. — Jean Alary, enlumineur, emprisonné à la prison de Saint-Germain-des-Prés « à cause de sa femme et de blessures par luy faites » est remis en liberté. (Arch. Nat., Z/2 3279.)

ALENÇON

1er janvier 1548 (n. st.). — Inhumation à Saint-André-des-Arcs de Geneviève Joupitre, femme de Jean d'Alençon, libraire, demeurant rue Saint-Jacques. (Bib. Nat., ms. Clairambault, vol. 987. f° 124 v°.)

ALLART ou ALARD

6 mai 1552. — Testament de Guillaume Allard, libraire, demeurant au Collège de Callembert (sic), rue des Sept-Voyes; il demande à être enterré au cimetière Saint-Hilaire. Exécuteurs testamentaires : Claude Barbereau, sa femme, et Pierre de La Perruche; témoins : Michel Allée [Alès, clerc de l'église Saint-Hilaire] et Pierre Navairre. (Arch. Nat., LL 757, f° 15 v°.)

12 septembre 1552. — Inhumation de Guillaume Allart au cimetière Saint-Hilaire. (Ibid., f° 75.)

ALLIN, voyez ALAIN

AMAZEUR

16 juin 1548. — Jean Truvel, citoyen de Lyon, vend à Jean Amazur, imprimeur de livres, et à Jean Le Blanc, marchand de vins, son gendre, chacun pour moitié, au prix de 856 l. t., la maison du Soleil-d'Or, rue Alexandre-Langlois, contiguë aux hoirs de Gilles Thibault et à la maison des Trois-Rois de la rue du Mûrier. (Arch. Nat., S 1652, f° 237 v°, 1re série.)

Voyez Le Blanc.

ANDRÉ

4 septembre 1542. — Jean André, libraire-juré, voyez Estienne.

ANGELIER

27 mars 1546; 5 avril 1546 (n. st.). — Jean Angelier, porteur d'almanachs et pronostications, natif de Ponlevoy, près Blois, détenu à la Conciergerie pour avoir été trouvé vendant des livres défendus, est élargi. (Arch. Nat., X/2 A 98.)

Communiqué par M. Weiss.

ARCHAMBAULT ou HARCHAMBAULT

1er avril 1549. — Pierre Harchambault, libraire, voyez Le Febvre.

2 juin 1551. — Testament de Catherine Guibourt, femme de Richard Daudibon, demeurant devant Saint-Hilaire, aux Porcelets. Témoins : sire Pierre Harchambault et Jean Courbon, libraires. (Arch. Nat., LL 757, f° 11 v°.)

1er décembre 1551 ; 2 janvier 1552 (n. st.). — Voyez YVERNET.

25 juin 1554. — Testament de Claude Mouton, clerc, demeurant devant la porte de l'église Saint-Hilaire, aux Porcelets. Témoins : Pierre Harchambault [libraire], son hôte, Mathieu Le Febre, Pierre Le Sizier et Etienne Valée. (Ibid., f° 43.)

20 juillet 1567. — Mariage à Saint-Hilaire de Théophile Harchambault avec Gillette Richard. (Arch. Nat., LL 757, f° 73.)

1571. — Voyez CHARRON.

ARSAC

11 mai 1548. — Germain Arsac, libraire, et Martine Bailly, sa femme ; Jean Fichet, hôtelier, rue Saint-Germain-l'Auxerrois, et Jeanne Bailly, sa femme, font donation à Quentin Bitart, leur neveu, étudiant en l'Université, d'une maison sise à Canny, en Beauvoisis, à l'enseigne de l'image Notre-Dame, « où soulloyt pendre pour enseigne l'Ecrevisse ». (Arch. Nat., Y 93, f° 351 v°.)

ATTAIGNANT

1571. — La veuve Pierre Attignant [libraire-imprimeur], rue de la Harpe, est taxée à 6 livres au don de 300 000 livres. (Bib. Nat., ms. fr. 11692, f°ˢ 286 et 791 v°.)

Voyez CAVELLAT, à la date des 15-16 avril 1573, et GOURBIN.

AUBERT

6 juillet 1461. — Colin Aubert, enlumineur, voyez LE MUSNIER.

7 août 1551. — Testament de Jean Aubert, fondeur de lettres à imprimer, rue Chartière, aux Trois-Croissants; il demande à être enterré au cimetière Saint-Hilaire. Exécutrice testamentaire : Madeleine Le Roux, sa femme; témoins : sire Marin Paumier, libraire, Nicolas Josse, Jean Le Clerc [libraire]. (Arch. Nat., LL 757, f° 14.)

12 mai 1556. — Pierre Aubert, relieur de livres, âgé de 23 ans, comparaît comme témoin devant la juridiction de Saint-Germain-des-Prés, en faveur de Catherine Thouroude, femme de Jean Champetyer. (Arch. Nat., Z/2 3329.)

12 juillet 1585. — Contrat de mariage de Pierre Aubert, relieur, rue Charpentier, à Saint-Germain-des-Prés, avec Marie Cornu, veuve de Marin Aubin, maître-tisserand en toile, à Saint-Germain-des-Prés, rue Saint-Sulpice. (Arch. Nat., Y 127, f° 142 v°.)

22 août 1587. — Pierre Aubert, relieur, voyez BECQUET.

AUBRY

4 janvier 1519 (n. st.). — Bernard Aubry, libraire, rachète pour 800 l. t. et les charges, la maison de l'image Saint-Martin, rue Saint-Jacques, léguée au couvent des Filles-Pénitentes de Paris par Robine Mauger [ou Maugart, sa belle-mère, femme de Denys Rosse, libraire-imprimeur]. L'image Saint-Martin est située entre Jacques Blanchet, tonnelier [l'image Saint-Jacques], et Jean Mignot, pâtissier [les Faucilles]. (Arch. Nat., S 904, fº 127.)

13 février 1519 (n. st.). — « Hodie Bernardus Aubry, mercator librarius et civis Parisiensis, presentavit in capitulo (ecclesiæ sub invocatione divi Benedicti) suas litteras acquisitionis domûs in quâ pendet pro intersignio ymago Sancti Martini, in vico Sancti Jacobi, quam emit à Filiabus Penitentibus, mediante pretio et summa octo centum librarum turonensium, et petiit in possessionem et saisinam emptæ domus. » (Arch. Nat., LL 447, fº 7 vº.)

28 juin 1521. — Voyez VIART.

12 novembre 1522. — Bernard Aubry, libraire, et Marguerite Rosse, sa femme, vendent à Guillaume Godart, libraire, la maison de l'image Saint-Martin, rue Saint-Jacques. (Arch. Nat., S 904, fº 158.)

28 juin 1529. — Bernard Aubry, libraire, prend à bail du couvent des Mathurins, au loyer de 24 l. t., la maison de l'Ecu-de-Lorraine, qui portait autrefois l'enseigne de Saint-Gervais et Saint-Prothais, rue Saint-Jacques, contiguë à François Regnault [libraire, image Saint-Claude]. (Arch. Nat., LL 1545, p. 236.)

29 février 1530 (n. st.). — Permis à Pierre Aubry, compagnon libraire, de faire imprimer un *Escu blasonné et moralisé de dictons et rondeaux*, qu'il appelle : *Le Blason moral des armes du Prince pêcheur*. (Arch. Nat., X/1 A 1526, fº 120.)

Communiqué par M. Weiss.

AUCHER

13 avril 1552 (n. st.). — Etienne Aucher est condamné par défaut à fournir caution pour 8 s. 6 den. par. qu'il a été précédemment condamné à payer à Jean de Bordeaux, marchand, bourgeois de Paris, par sentence du 31 décembre 1551. (Arch. Nat., Y 5248.)

21-22 septembre 1552. — Etienne Aucher, maître-parcheminier du roi, au Palais, est condamné à payer à Claude Maret, marchand et bourgeois de Paris, une cédule de 282 l. t., souscrite le 10 février précédent. (Arch. Nat., Y 5242, fºˢ 410 et 412 vº.)

22 septembre 1552. — Etienne Aucher, parcheminier, est cité à comparaître au Châtelet pour reconnaître ou nier une cédule

souscrite en faveur de Guillaume et de Jean Prévost, qui ont cédé leur droit à Isambert Le Bouin. (Ibid., f° 428 v°.)

6 novembre 1562. — Etienne Aucher, parcheminier du roi, est condamné à payer à Nicolas Du Bust, parcheminier, 249 l. 3 s. 6 den. t., de compte fait entre eux, pour la fourniture du parchemin livré par Du Bust à Aucher et vendu par Aucher à la Cour de Parlement. (Arch. Nat., X/1 A 4992, f° 503.)

19 février 1563 (n. st.). — Pierre Sanson, marchand forain parcheminier, ayant droit par transport d'Etienne Aucher, parcheminier du roi, pour le « fournissement faict de parchemin à ladicte court », présente requête au Parlement pour obtenir le payement des 200 l. t. qui lui sont dues. Il est obligé de rester « à grans frais » à Paris pour attendre ce payement. (Arch. Nat., X/1 A 1604, f° 337 v°.)

6 mars 1563 (n. st.). — Etienne Aucher, parcheminier du roi, requiert l'entérinement d'une requête présentée au Parlement le 17 novembre dernier. Jean Lallemant, receveur de l'Université, et le recteur de l'Université sont défendeurs. (Ibid., f° 412.)

19 février 1564 (n. st.). — Bonaventure Moreau poursuit les criées des biens d'Etienne Aucher, parcheminier, pour 2 500 l. t. restant de 4 660 l. t. qui lui sont dues en vertu d'une obligation du 9 janvier 1561 (n. st.). Ces biens consistent dans la charge de premier huissier de la Sainte-Chapelle, avec les fruits, revenus et autorités qui y sont attachés ; une maison au bas de la Sainte-Chapelle qui lui appartient comme premier huissier, tenant d'une part à l'audience de la Chancellerie, d'autre part à la loge qu'il occupe comme parcheminier du roi ; une maison à Bagneux, près le Bourg-la-Royne, et 13 pièces de vignes à Bagneux et à Fontenay. (Arch. Nat., Y 3463, f° 75.)

AUGER

5 novembre 1504. — Guillaume Auger, relieur de la Chambre des Comptes, fait appel au Parlement d'une sentence de la Prévôté de Paris. (Arch. Nat., Y 5233, f° 133 v°.)

AUGET

10 février 1595. — Simon Auget est reçu maître-cartier. (Arch. Nat., Y 9306 *bis*.)

AUVRAY

25 juillet 1576. — Guillaume Auvray, voyez Du Chemin.

1er janvier 1581. — Guillaume Auvray, libraire, est témoin au contrat de mariage de la veuve de son frère Pierre, maître-horloger, nommée Françoise Baudet, demeurant rue de la Savaterie, avec Claude Camus, mercier, au bout du Pont-au-Change. (Arch. Nat., Y 123, f° 508.)

30 mai 1596. — Contrat de mariage de Guillaume Auvray, libraire, rue Saint-Jean-de-Beauvais, avec Catherine Poisson, fille de Marin Poisson et de Roberte Fissot, demeurant au Mans. Témoin : Adrien Perier, libraire à Lyon, de passage à Paris. (Arch. Nat., Y 135, f° 293 v°.)

BADE

3 août 1526. — Noël Beda, auquel le Parlement fait défense de vendre les exemplaires de ses Annotations contre Jacques Fabri et Erasme, communique une lettre de Josse Bade, son éditeur :

« Salutem, magister noster Beda, cum primis observande. Ut tuis litteris respondeam, quibus a me disquiris quot annotationum tuarum exempla, quot et quibus vendiderim et quot adhuc habeam. Ad primum respondeo haud cunctanter quod non curaverim imprimenda nisi 650 exempla unde solent michi extare integra 625. Ad secundum quia habui placitum facultatis ex te referente consensum supremi senatûs, vendidi omnibus potentibus, neque certo scio quibus, tamen scio quod his primum paternitati tuæ circiter quadragenta quinque, secundum Melchiori Comberger [librario] Nurimbergensi 32 ; tertium misi Lugdunum, quia puer meus scripsit expeti ab Italis, 50 ; quartum misi ad negociatorem meum adversum 50 ; quintum dedi Conrendo Rechz [librario] 12 et deinde 50, numero 62 ; sextum Francisco Viremando qui Angliam visit, 40 ; octavum cuidam Rothomagensi 6, item Aureliano 6 et quibusdam aliis 4 aut 5. Itaque ut respondeam ad tertium jussi, accurate disquiri quot habeam domi : dicunt michi non esse quinquagenta integra esse ; tamen fer centum quibus pauca desunt folia, quæ possunt perfici sine dispendio si rursum imprimantur. Vale. Ita res se habet. — Jodocus Badius Ascentianus. »

Le greffier du Parlement se transporte chez Josse Bade pour lui faire défense de se dessaisir des exemplaires restant entre ses mains. (Arch. Nat., X/1 A 1529, f° 371.)

Communiqué par M. Weiss.

17, 19 mars 1539 (n. st.). — Titre nouvel pour la maison de la Salamandre, rue Saint-Jacques, entre l'image Saint-Nicolas et les Quatre-Fils-Hémon, passé par les héritiers de maître Josse Badius, en son vivant marchand libraire : Jean de Roigny, libraire, Jérôme Aleaume, bonnetier, Robert Estienne et Michel Vascosan, libraires, tous quatre ses gendres ; Roigny et Estienne agissant aussi comme tuteurs de ses enfants mineurs. Jean de Roigny a déclaré depuis que la maison a été mise en vente et adjugée aux religieux de Fromont. (Arch. Nat., Q/1 1099/206 A, f° 112 v°.)

Jean de Roigny est appelé dans cet acte Jean de Runy.

31 mars 1542. — Les hoirs de Josse Bade, voyez MAHEU.

27 mars 1579. — Marguerite de Verneuil, veuve de Jérôme Alleaume, vend à Pierre Mallet et à Marie Joquelin, sa femme, la maison du Miroir, rue des Carmes [où Josse Bade avait exercé]. (Arch. Nat., S 1946/5.)

Josse Bade, né à Aasche, en Belgique, professeur à Valence, puis à Lyon, où il fut aussi correcteur chez Jean Treschel dont il épousa la fille Hostelye ; s'établit à Paris en 1499 ; devint libraire-imprimeur dans cette ville en 1503, mourut en 1535 ; enfants :

A. — Jeanne, mariée à Jean de Roigny, libraire-imprimeur (exerçant de 1529 à 1565); enfants :

    a. — Michel de Roigny, libraire, né le 23 août 1544, mort le 31 septembre 1591, marié à Marie Du Buisson; enfants :

        1°. — René;

        2°. — Jean;

        3°, 4°, 5°. — Trois filles du nom de Marie, l'une d'elles mariée à Claude Gasse.

    b. — Jean de Roigny, mercier-grossier, marié à Louise Laguette.

    c. — Marie, mariée à Pierre Ier Lhuillier, libraire-imprimeur (exerçant de 1566 à 1602); enfants :

        1°. — Olivier Lhuillier, libraire;

        2°. — Pierre II Lhuillier, né le 1er septembre 1566, libraire, exerce vers 1605;

        3°-7°. — Charles, Geneviève, Jean, Louis, Marc, Michel, Marie et François.

    d. — Charlotte, mariée à Jean Vaillant, drapier;

    e. — Hostelye, mariée à Nicolas Gaillard, drapier;

    f, g. — Deux filles du nom de Madeleine.

B. — Catherine, première femme de Michel de Vascosan, libraire-imprimeur (exerçant de 1530 à 1577) ; enfants :

    a. — Jeanne, mariée à Fédéric Ier Morel, libraire-imprimeur, mort le 17 juillet 1583; enfants :

        1°. — Fédéric II Morel, libraire-imprimeur, mort en 1630, marié à Isabelle, fille de Ligier Du Chesne, veuve de Jean Moniot, procureur au Châtelet.

        2°. — Claude Ier Morel, libraire-imprimeur, mort en 1626, marié à Jeanne Hervy; enfants :

            A. — Charles, né le 6 janvier 1612, libraire-imprimeur, puis secrétaire du Roi;

            B. — Claude II, libraire-imprimeur, inhumé à Saint-Benoît le 14 juin 1634;

            C. — Gilles, libraire-imprimeur, 1639 à 1644, puis avocat au Parlement.

    b. — Jacques, né le 13 avril 1542;

    c. — Pierre ;

    d. — Catherine, née le 26 avril 1544;

    e. — Michel, né le 23 août 1545.

C. — Perrette, mariée par contrat du 9 juillet 1526 à Robert Ier Estienne (voyez la généalogie des Estienne, à l'article HIGMAN);

D. — Marie, mariée à Denys de Sauves, apothicaire.

E. — Madeleine, première femme de Jérôme Aleaume, bonnetier (voyez la généalogie des Aleaume, à l'article CAVELLAT) ;

F. — Une fille (Madeleine d'après La Caille, ou Catherine), première femme de Jacques Ier Du Puys, libraire, enfant :

    a. — Jean-Baptiste Du Puys, né le 24 février 1554.

G. — Conrad Bade, libraire-imprimeur à Paris, en 1545, puis à Genève, en 1550, mort à Orléans en 1562.

Voyez CAVELLAT, MOREL, ESTIENNE, VASCOSAN.

BAILLEUR

1571. — Jean Bailleur, dit Desnoys, rue Saint-Etienne-des-Grès, taxé au don de 300 000 livres. (Bib. Nat., ms. fr. 11692, f° 729 v°.)

Jean Bailleur, dit Desnoys, est sans doute le même que Jean Bailleur dit Des Noirs, compagnon-relieur en 1539. (Coyecque, *Minutier*, 1895, p. 121.)

27 mai 1584. — Contrat de mariage de Marguerite Haudebert, veuve de Jean Bailleur, libraire, rue Bordelle, près Saint-Etienne-du-Mont, avec René Poictevin, teinturier en drap, rue de Lourcine. (Arch. Nat., Y 126, f° 151.)

BALIGAULT

25 mars 1493, avant Pâques (1494, n. st.). — Félix Baligault, marchand imprimeur de livres à Paris, achète pour 200 l. t. et les charges, une maison [l'image Saint-Etienne], faisant le coin de la rue des Sept-Voyes et de la rue des Amandiers, en face le collège de Reims, près et au-dessus du Mont Saint-Hilaire, contiguë à la Chicheface [rue des Amandiers]; composée de deux corps d'hôtel séparés par une cour, jardin, caves et chambres hautes. (Arch. Nat., S 1649, f°s 25 et 29, 5e série.)

7 octobre 1494. — Félix Balligault, libraire, et Perrette, sa femme, vendent à la Grande Confrérie des Bourgeois 8 l. par. de rente sur la maison de l'image Saint-Etienne, rue des Sept-Voyes, et sur d'autres biens, pour 120 l. t. (Arch. Nat., S 860.)

16 octobre 1494. — Félix Baligault, imprimeur, et Perrette, sa femme, vendent à la Grande Confrérie des Bourgeois 8 l. par. de rente sur la même maison, au prix de 120 l. t. (Ibid.)

4 décembre 1494. — Félix Baligault, libraire, et Perrette, sa femme, vendent à Pierre Le Secourable, docteur-régent à la Faculté de théologie et grand archidiacre de Rouen, 4 l. par. de rente, sur la même maison, pour 60 l. t. (Ibid.)

9 mars 1499 (n. st.). — Phélix Baligault, imprimeur, et Perrette sa femme, vendent à la Grande Confrérie des Bourgeois 8 l. par. de rente sur la même maison, au prix de 120 l. t. (Ibid.)

2 avril 1502, après Pâques. — La Grande Confrérie des Bourgeois de Paris fait saisir pour 54 l., 4 s., 8 d. t. qui lui sont dus comme arrérages des 24 l. par. de rente constituées par Félix Baligault, la maison de l'image Saint-Etienne, rue des Sept-Voyes, qui fut à Jean Olyé et à Jeanne sa femme, puis à maître Simon Huart et enfin à Baligault. — 24 novembre 1506. — Signification de la vente aux intéressés parmi lesquels : Jean Guymier, cartier, maître « Bertholle Rainbaut » [Berthold Renbolt, imprimeur], et Durand Jarlier [Gerlier, imprimeur], exécuteurs testamentaires de feu Félix Baligault, et Etienne Bourgayn, exécuteur testamentaire de feue Perrette, jadis femme de Baligault. — 3 mars 1507 (n. st.). — Adjudication de la maison à la Grande Confrérie des Bourgeois. (Arch. Nat., S 860 et S 1650, f° 42 v°, 2° série.)

BALLARD

24 août 1558; 1571; 2 juin 1571; 8 août 1589. — Robert Ballard, imprimeur pour le roi en musique, voyez LE ROY.

BALLET

1472. — Maître Robert Ballet, libraire, paye à la Commanderie de Saint-Jean-de-Latran 2 sols de cens pour un arpent de vignes qui fut à Jean Raoullant. (Arch. Nat., S 5117/10.)

BALLIN

24 juin 1579. — Donation d'un droit successif à Brice Dollet, maître-fourbisseur d'épées, par Jean Ballin, imprimeur, rue Judas, à l'image Sainte-Anne, par Michel Le Fèvre, marchand, rue des Gravilliers, et Nicole Moranne, sa femme, et par Nicole Hubert, veuve de Claude Chazelle, maître-plumassier. (Arch. Nat., Y 121, f° 74.)

BANQUETEAU

13 juin 1600. — Pierre Banqueteau, marchand papetier, demeurant au Mont-Saint-Hilaire, au collège de Coqueret, achète la maison de la Corne-de-Daim, rue de Versailles. (Arch. Nat., S 498, p. 149.)

Pierre Banqueteau est cité comme libraire par Lottin.

16 février 1615. — Etienne Bourdon, marchand libraire et papetier, rue d'Ecosse, et Jeanne Chevalier, sa femme, veuve de Pierre Banqueteau, vendent cette maison. (Ibid., p. 153.)

BARAT

20 juillet 1597. — Germain Barat, libraire, voyez DOUCEUR.

BARBIER

30 avril 1523. — Antoine Le Roy, tuteur des enfants de feu Jehan Barbier, imprimeur, et de sa femme remariée à Nicole Béràult, passe acte relatif à la maison de l'Epée, rue Saint-Jacques, au coin de la rue des Poirées, entre les maisons de l'Echiquier et de l'image Saint-Louis, dont Barbier était propriétaire pour moitié. (Arch. Nat., MM 285, f° 5.)

27 avril 1543. — Nicole Grancher, veuve de Jean Landré, huissier au Parlement, tutrice de Jacques Landré, et Jean Landré, avocat au Parlement, passent titre nouvel pour la maison de l'Epée, rue Saint-Jacques. D'après les actes produits la maison a appartenu à Jean Passet, dit Barbier, imprimeur, et à Etiennette Le Painctre, sa femme; le 1er février 1522 (n. st.) Nicole Bérault, avocat au Parlement, second mari d'Estiennette Le Painctre, tuteur des enfants mineurs de Jean Passer (sic) dit Barbier l'avait donnée à bail à rente à Jean Landré, alors apothicaire. (Arch. Nat., Q/1 1099/206 A, f° 88.)

7 janvier 1552 (n. st.). — Etiennette Le Paintre, veuve de feu maître Nicole Bérault, en son vivant orateur du roi, est en procès avec Jean Le Bouvier, son gendre, dont la femme, Béatrix Bérault, était décédée. (Arch. Nat., Z/2 3327.)

Jean Passet, dit Barbier, n'est connu comme imprimeur que sous le nom de Barbier; voyez à PASSET les actes relatifs à ses enfants.

1569. — L'hôpital du Saint-Esprit-en-Grève paye à Mathieu Barbier, libraire, 45 sols pour 2 volumes inscrits : *La fleur des commandements de Dieu*, reliés en veau, achetés pour la lecture des orphelins. (Arch. hospit., hôp. du Saint-Esprit-en-Grève, 403.)

1571. — Guillaume Barbier, relieur, voyez ADAM.

26 avril 1575. — Mathieu et Guillaume Barbier, voyez LALIZEAU.

4 juin 1577. — Guillaume Barbier, voyez SAINT-DENYS.

4 juillet 1601. — Claude Barbier, libraire, voyez PETIT.

BARBOTE

16 novembre 1597. — Nicolas Barbot, maître-imprimeur, est témoin au contrat de mariage de Pierre Roussel, orfèvre, rue de la Savonnerie, avec Marguerite Brice, veuve de François Navet, marchand, rue Saint-Sauveur. (Arch. Nat., Y 137, f° 25 v°.)

BAUDE

1525-26; 1536-37; 1542-43; 1544-45. — Olivier Baude, libraire, paye à la Commanderie de Saint-Jean-de-Latran 24 l. t. de loyer pour une maison située devant le collège de Cambrai. (Arch. Nat., S 5121/7, f°s 3, 17; /5, f° 26 v°; /4, f°s 28 v°, 37 v°, 40, 42, 45 v° ; /3, f° 25.)

Connu comme libraire sous son nom latinisé de *Baldus*.

BAZEMONT

2 août 1575. — Julien Basemont, voyez ESTIENNE.

14 juillet 1581. — Julien Bazemont, maître-imprimeur, voyez DU VAL.

BEAUCHESNE

15 juin 1587. — Nicole Girault, veuve d'Isaac Beauchesne, libraire, demeurant rue Saint-Denys, paroisse Saint-Laurent, est présente au contrat de mariage de Catherine Rinbault, sa fille, avec Mathieu Margaubie, ferronnier. (Arch. Nat., Y 129, f° 291.)

BEAUVAIS

5 juin 1551. — Pierre Beauvais, imprimeur, voyez BUFFET.

BECQUET

1er février 1559 (n. st.). — Nicolas Bequet, libraire, prend part à une assemblée de bourgeois et de notables de Paris, au Bureau de la Ville. (Arch. Nat., H 1784, f° 20 v°.)

Registres des Délibérations du Bureau de la Ville de Paris, t. v.

1571. — Nicolas Becquet, rue Saint-Jacques [au Plat-d'Etain], cinquantenier de la Ville de Paris. (Bib. Nat., ms. fr. 11692.)

2 août 1581. — Jean Becquet [libraire], passe titre nouvel pour la maison du Plat-d'Etain, rue Saint-Jacques, achetée en mars 1558 par Nicolas Becquet [libraire]. (Arch. Nat., S 1946/5.)

On connaît un volume portant le nom de Jean Becquet, libraire, au Plat-d'Etain, rue Saint-Jacques. En 1600, le propriétaire de la maison était Jean Becquet, maître-drapier; la maison contiguë, la Seraine, appartenait à la même époque à Nicolas Becquet, mineur sous la tutelle de Pierre Cortoys, et à Simon Courtiller, mari d'Isabeau Becquet; elle fut vendue le 7 avril 1601 à Jean Petit, parcheminier, et à Marguerite Fouquet, sa femme. (Arch. Nat., S 1946/5; S 1946/3, f° 40 v°.)

22 août 1587. — Contrat de mariage de Jean Becquet, libraire, demeurant rue de la Draperie, paroisse Sainte-Croix, avec Geneviève de Grandoyn, veuve de Jullian Du Val, libraire, même adresse. Les enfants de Julien Du Val seront élevés aux frais de la communauté, Claude et Cosme jusqu'à 18 ans, Jean et Raoullin, jusqu'à 12 ans. Témoin : Pierre Aubert, relieur, ami des futurs. (Arch. Nat., Y 129, f° 408.)

27 mai 1588. — Jean Le Beque (sic), marchand libraire à Paris, et Geneviève de Gandouyn, sa femme, vendent pour 11 écus soleil de rente à Toussaint Gouppy, charpentier de la grande cognée, une maison rue Trippelet. (Arch. Nat., S 1654, fº 93, 5ᵉ série.)

Maison de la Nonpareille ; voyez DU VAL à la date du 20 février 1579.

BEGART ou BEGAT

11 juillet 1549; 31 juillet 1549. — Louis Begat [imprimeur], voyez GROMORS.

15 avril 1551. — Testament de Louis Begart, libraire-imprimeur, demeurant rue des Sept-Voyes, au Phénix ; il demande à être enterré au cimetière Saint-Hilaire, auprès de Pierre Gromors [imprimeur], son beau-père, et fait un legs à sa fille. Exécuteurs : François Grancher, avocat au Parlement, et Mamert Courtot, principal du collège du Plessis; témoins : Jacques Calot [libraire] et François de Tours. (Arch. Nat., LL 757, fº 11.)

20 avril 1551. — Inhumation de Louis Begart, imprimeur, au cimetière Saint-Hilaire. (Ibid., fº 74 vº.)

Même jour. — Voyez GROMORS.

BÉGIN

4 août 1530. — Jean Bégin, libraire, achète pour 160 l. t. de Vincent Hérouard, aussi libraire, et de Julienne Courtet, sa femme, un jardin d'environ 11 toises un quart, ruelle des Coippeaux. (Arch. Nat., S 1651, fº 41 vº, 2ᵉ série.)

BÉGUIN

10 avril 1553. — Marin Béguin, imprimeur, cède à Antoine Béguin, son fils, ses droits sur les successions de ses père et mère, Mahiet Béguin, laboureur au Vieil-Dampierre, et Jeanne Prévost. (Arch. Nat., Y 98, fº 418 vº.)

BELLIER

21 septembre 1602. — Testament de Marguerite Le Bouc, veuve de François Bellier, libraire, rue des Amandiers; legs de 26 écus et deux tiers à Hilaire Le Bouc, son neveu, fils d'Hilaire Le Bouc, libraire. (Arch. Nat., Y 141, fº 343.)

François Bellier dut commencer à exercer avant 1594.

5 juillet 1610. — Marguerite Le Bouc, veuve de François Bellier, libraire, rue des Amandiers, fait donation à son beau-frère et à sa sœur, Roch Morel et Louise Le Bouc, sa femme. (Arch. Nat., Y 150, fº 24.)

BELOT

21 février 1573. — Thomas Belot, libraire, est condamné à rendre commune à la maison des Prisons Saint-Benoist, la fosse qu'il a fait construire devant sa maison [l'image Sainte-Barbe, rue Saint-Jacques], ou à en construire une autre pour la maison des Prisons. (Arch. Nat., S 894 B.)

18 mai 1573. — Voyez NIVELLE.

11 mai 1581. — Thomas Belot, libraire, bourgeois de Paris, et Geneviève Chausson, sa femme, demeurant rue Saint-Jacques, à l'image Sainte-Barbe, constituent pour 100 écus soleil aux abbesse et religieuses du couvent de l'Humilité-Notre-Dame, dit de Longchamps-lès-Saint-Cloud, une rente de 8 écus et un tiers d'écu soleil, assise sur trois maisons : 1° l'image Sainte-Barbe, rue Saint-Jacques, entre Sébastien Nivelle [libraire, le Croissant], et Nicolas Chesneau, libraire [le Chêne-Vert], leur appartenant en partie du propre de Geneviève Chausson et en partie de leur conquêt; 2° la moitié de la maison du Roi-David, rue Greneta, du propre de Geneviève; 3° une maison, cour et jardin au faubourg Saint-Marcel, au champ de l'Alouette, rue Neuve-Saint-Jean-de-Latran, portant l'enseigne du Cheval-Blanc, et aboutissant par derrière à la rue Croulebarbe, de leur conquêt. (Arch. Nat., K 981.)

BERARD ou BEZARD

11 avril 1531. — Mathieu Berard, enlumineur, achète un demi-quarteron de terre au clos du Chardonnay. (Arch. Nat., S 1651, f° 88, 2° série.)

Il est appelé Bezard dans un acte cité par M. Coyecque.

BERNARD

15 novembre 1538. — Etienne Bernard, libraire, est autorisé à construire une maison sur un terrain vague appartenant à la Ville, au bout du pont de la Porte Saint-Victor, du côté de la rivière. Bail de 80 ans au loyer de 4 l. par. (Arch. Nat., Q/1 1099/197 B, f° 96 v°.)

1542. — Etienne Bernard, libraire, est autorisé à agrandir sa maison en y joignant une place vide contiguë, appartenant à la Ville. (Arch. Nat., Q/1 1099/197 C, f° 47 v°; Q/1 1099/198, f° 120.)

BERTAULT

Entre 1595 *et* mai 1596. — Julien Bertault [libraire], paye la taxe d'ouverture de boutique. (Bib. Nat., ms. fr. 21872.)

Sans date. — Pierre Bertault, libraire, occupe la maison faisant le coin de la rue du Four et de la rue du Mont-Saint-Hilaire. (Arch. Nat., S 1946/5.)

Maison de l'Etoile-d'Or-Couronnée. Pierre Bertault exerça vers 1594 et mourut le 21 octobre 1605.

BERTHELIN

Vers 1460. — Henri Berthelin, parcheminier, est propriétaire d'une maison à deux pignons, rue Saint-Jacques, contiguë d'une part à la maison faisant le coin de la rue des Mathurins et à Lorin Gauldry [boucher, les Rats, ou le Roi-David], d'autre part au Château-Rouge et aux héritiers de Jean de Pise. (Arch. Nat., LL 464.)

Maison des Deux-Genettes.

28 mai 1464. — Henri Berthelin, parcheminier, achète la maison de l'Ecu-de-France, rue de la Parcheminerie, située entre Jean Guérin d'une part, Marguerite veuve de Nicolas Descars, d'autre part, et aboutissant au cimetière Saint-Séverin. Les vendeurs sont Marguerite, veuve de Nicolas Descars, parcheminier, Guillaume Descars, aussi parcheminier, son fils, et Jeanne, Jean et Catherine Descars, ses enfants mineurs. Le prix doit leur être payé sur la maison de la Croix-Blanche, appartenant à Jean Thiondet [parcheminier]. (Arch Nat., S 5082/2, f° 33.)

29 septembre 1464. — Voyez FRÈRE.

8 janvier 1465 (n. st.). — Henri Berthelin, parcheminier, et Jeanne, sa femme, vendent leur maison de la rue Saint-Jacques à Geoffroy Le Roux, relieur [et libraire]. (Cité dans : Arch. Nat., S 904, f° 7.)

22 mars 1489 (n. st.). — Laurens Le Blanc, procureur général au Châtelet, vend en qualité de curateur aux biens vacants de Jean Guérin, prêtre, à Thierry Le Cirier, docteur régent à la Faculté de médecine, la maison du Croissant, rue de la Parcheminerie, contiguë d'une part aux ayant cause de feu Henri Berthelin et d'autre part à Jean Girault et Robine Paulmier, sa femme. (Arch. Nat., S 5082/3, f° 46.)

BERTON, voyez VERTON

BESSAULT

17 septembre 1551. — Pierre Galland, lecteur ordinaire du roi, maître principal du collège de Boncourt, fait donation à ses beau-frère et sœur, Thibault Bessault, messager-juré de l'Université pour le diocèse de Térouanne, et Françoise Galland, sa

femme, de vignes à Vitry-sur-Seine et aux environs. (Arch. Nat., Y 97, f° 281 v°.)

C'est peut-être du libraire Thibault Bessault qu'il s'agit. Voyez la généalogie de la famille Regnault.

BEYS

Entre 1595 *et* mai 1596. — Christophe Beys, [libraire] paye la taxe d'ouverture de boutique. (Bib. Nat., ms. fr. 21872.)

Août 1603. — Lettres de naturalisation accordées à Adrien Beys, natif de Bréda, âgé de 29 ans, qui est en France depuis neuf ans; il a été apprenti chez Gilles Beys, libraire, son oncle, et a été reçu maître-libraire à Paris, il y a un an; il habite actuellement chez la veuve de Gilles Beys, sa tante. (Bib. Nat., ms. fr. 33047, f° 881.)

BIENNÉ

1571. — Jean Bienné [imprimeur], voyez LASTRE.

BIGNEAULX

2 septembre 1488. — Guillaume Bigneaulx, vendeur de livres et imprimeur, voyez FAVAT.

9 novembre 1488. — Guillaume Bignaulx, vendeur de livres et imprimeur, demeurant en l'hostel de son père, est écroué au Châtelet et relaxé le 28 novembre. (Arch. Nat., Y 5266, f° 145.)

6 janvier 1489 (n. st.). — Guillaume Bineaulx, imprimeur, rue de la Calandre, maître Jean Houppineau et Ollivier de Bures, écoliers, rue du Foin, sont écroués au Châtelet pour avoir été trouvés rôdants sans lumière à dix heures du soir, Ollivier de Bures était porteur d'une dague. Mis en liberté le lendemain. (Ibid., f° 199.)

BINET

16 décembre 1603. — Denis Binet, imprimeur-juré, rue Bordelle, près la porte Saint-Marcel, Isaac Cochery, chapelier, rue du Pot-de-Fer, et Alisson Binet, sa femme, font donation à leur frère et beau-frère, Guillaume Binet, imprimeur, rue des Amandiers, de biens sis à Darnetal provenant de la succession de Jean Binet, leur père et beau-père. (Arch. Nat., Y 142, f° 199.)

Denys Binet exerçait déjà en 1589 et Guillaume paya la taxe d'ouverture en 1600.

BLACHET

27 novembre 1563. — Aubin Blachet, libraire, demeurant près Saint-Nicolas-du-Chardonnet, Nicolas Besanson, plumassier, rue

Aumaire et Guillaume Lecocq, libraire, place Maubert, comparaissent comme témoins devant le Bureau de la Ville de Paris. (Arch. Nat., H 1785, f° 135.)

Registres des Délibérations du Bureau de la Ville de Paris, t. v.

BLAISE

10 février 1610. — Thomas Blaize, libraire, prend à bail, au loyer de 200 l. t., la maison de l'image Saint-Etienne, rue des Sept-Voyes, appartenant à la Grande Confrérie des Bourgeois. (Arch. Nat., S 860.)

BLANCHART

5 janvier 1489 (n. st.). — Colin Blanchart, relieur, demeurant près Saint-Martin-des-Champs, est écroué au Châtelet sous l'inculpation de vol, et mis en liberté le même jour. (Arch. Nat., Y 5266, f° 197 v°.)

BLANCVILLAIN

17 août 1587. — Heureux Blancvillain, compagnon-imprimeur, voyez Velu.

8 janvier 1599. — Heureux Blancvillain, imprimeur, voyez Velu.

7 août 1612. — Le collège de Fortet donne à bail à Heureux Blancvillain, imprimeur, la maison de la Vérité, rue des Amandiers, au loyer de 200 l. — 26 septembre 1618. — Bail renouvelé pour 240 livres. — 28 mai 1627. — Bail renouvelé pour 140 livres. (Arch. Nat., MM 398, f° 111 v°.)

Les précédents locataires étaient les imprimeurs Denys et Philippe Du Pré. Après Heureux Blancvillain, qui mourut en février 1628, la maison fut louée à l'imprimeur Richard Charlemagne qui avait épousé Marguerite Blancvillain, fille d'Heureux, puis à Jean Roger, imprimeur, en 1642 ; à Claude Audinet, imprimeur, en 1665 ; à sa veuve, en 1683 ; à Louis Sévestre, imprimeur, en 1710.

BOISNAY

21 mars 1506 (n. st.). — Marc Boisnay, libraire, porte plainte devant le Prévôt de Saint-Germain-des-Prés contre Michault Fauldet et Jean Delafet, serruriers, pour « excès ». — 27 juin 1506. — Sentence interlocutoire rendue à la requête de Boisnay contre Fauldet et Delafet, prisonniers élargis. (Arch. Nat., Z/2 3280.)

BOIVIN

24 janvier 1550 (n. st.). — Testament de Lorence Burette, femme de Nicolas Boivin, enlumineur, rue du Mont-Saint-Hilaire,

aux Porcelets; exécuteurs testamentaires : son mari et Barthélemy Boulle; témoins : Martin Freslon, peintre, Jacques Le Blanc et Barnabé Parise. (Arch. Nat., LL 757, f° 2 v°.)

12 mars 1553 (n. st.). — Voyez CHAUVIN.

25 juillet 1553. — Nicolas Boivin, enlumineur, est témoin au testament de Marie Petit, femme de Pierre de La Grange, demeurant rue du Mont-Saint-Hilaire, aux Porcelets. (Ibid., f° 31 v°.)

BOLSEC

26 septembre 1529. — Hervé Bolsec, libraire, et Marie Bernard, sa femme, vendent à Gamyn Abalin, laboureur, leurs droits sur la maison de la Rose-Rouge, rue Saint-Jean-de-Latran; corps d'hôtel, cour, cave, cuisine. (Arch. Nat., S 1651, f° 10, 2e série.)

20 avril 1531. — Feu Hervé Bolsecq, voyez LALISEAU.

BONAMY

1480-1506. — Maître Guillaume Bonamy [enlumineur ?] doit à la Commanderie de Saint-Jean-de-Latran le cens de ses maisons, cours, puits, jardins et pressoirs, rue de Lourcine entre Jean de Ganay et Pierre Daniel, orfèvre. (Arch. Nat., S 5117.)

En 1500 le cens fut payé par maître Dominique Cirier et Guillaume Bonamy, et en 1509 par maître Henri Barbeau au lieu de Guillaume Bonamy.

2 décembre 1493. — Guillaume Bonamy, enlumineur, demeurant rue de la Huchette, achète un quartier de vignes à Saint-Marcel, lieu-dit Piquehoue. (Arch. Nat., S 1649, f° 16, 5e série.)

27 janvier 1494 (n. st.). — Guillaume Bonamy, enlumineur à Paris, achète des vignes à Hautibonne. (Ibid., f° 29, 4e série.)

15 mars 1511 (n. st.). — La Ville de Paris donne à bail à Jean Patin, peintre, une maison rue Saint-Martin, au coin de la rue de la Baudroirie « de laquelle yst et part la fontaine Maubue », qui avait été louée le 13 juin 1509 à Olivier Bonamy, enlumineur, mort de la peste, ainsi que toute sa famille. (Arch. Nat., Q/1 1099/197 A, f° 74.)

BONFILZ

10 mars 1562 (n. st.). — Bernard Bonfilz, maître-parcheminier à Paris, demeurant rue des Noyers, déclare accepter la fonction de curateur aux biens vacants de feu maître Pierre de La Forest, en son vivant huissier des requêtes de l'Hôtel du Roy. (Arch Nat., Y 5247, f° 56 v°.)

Voyez GOUPIL.

BONFONS

13 octobre 1543. — Jean Bofon [Bonfons?] libraire, habitant la paroisse Sainte-Geneviève-des-Ardents, voyez Faulcher.

11 juillet 1552. — Jean Bonfons, libraire, est autorisé à faire construire un perron en pierres de taille devant la porte de sa maison, appelée la Tour-Rolland, donnant d'un côté sur la Seine, de l'autre sur la Place-au-Charbon. Les grandes eaux d'hiver empêchaient l'accès de la maison. (Arch. Nat., Q/1 1099/197 C, f° 121.)

30 juin 1553. — Voyez Hopyl.

18 octobre 1560. — Jean Bonfons, libraire, et Catherine Sergent, sa femme, reçoivent de Jean Guidon, fripier, et de Marie Bizart, sa femme, donation de leurs droits sur : 1° la maison de la Tour-Rolland ou Tour-de-Bourry, place de Grève, près la place au Charbon; 2° la maison des Trois-Pas-de-Degrés, rue Froimanteau; 3° la maison de la Croix-de-Fer, près Saint-Nicolas-du-Louvre; 4° la maison du Mûrier, rue Frépault; 5° des terres à Louvres-en-Parisis. (Arch. Nat., Y 102, f° 32 v°.)

De nombreux actes relatifs à ces immeubles sont donnés par MM. le baron Pichon et Vicaire.

21 septembre 1562. — Voyez Sertenas.

11 mai 1568. — Marie Bizart, veuve de Jean Guesdon, maître-fripier, Claude Bizart, veuve de Nicolas Jacqueminet, maître-tailleur d'habits, Catherine Sergent, veuve de Jean Bonfons, libraire, bourgeois de Paris, passent titre nouvel pour la maison de la Croix-de-Fer, rue de Seine, contiguë à l'église Saint-Thomas-du-Louvre. (Arch. Nat., S 1858.)

1571. — Voyez Robinot.

21 juin 1579. — Nicolas Bonfons, voyez Sertenas.

22 juillet 1580. — Nicolas Bonfons, marguillier de Sainte-Geneviève-des-Ardents, voyez Le Mangnier.

14 mai 1584. — Nicolas Bonfons, libraire, bourgeois de Paris, demeurant rue Neuve-Notre-Dame, en son nom et comme procureur de Claudine Bizart, veuve de Nicolas Jacqueminet, tailleur d'habits, et Jean Racine, maître-quincaillier, demeurant sur le Pont-Saint-Michel, passent titre nouvel pour la maison de la Croix-de-Fer, rue de Seine. (Arch. Nat., S 1858.)

1er septembre 1584; 21 octobre 1584. — Nicolas Bonfons et Gilles Robinot assistent à des assemblées de paroissiens de Sainte-Geneviève-des-Ardents. (Signets manuels.) (Arch. Nat., ZZ/1 306, f°s 147 et 263.)

5 septembre 1594. — Nicolas Bonfons, voyez RUELLE.

Entre 1597 *et* mai 1598. — Pierre Bonfons [libraire], paye la taxe d'ouverture de boutique. (Bib. Nat., ms. fr. 21872.)

12 mai 1609. — Claude Gaudemart, bourgeois de Paris, passe titre nouvel pour la maison de la Croix-de-Fer, rue des Orties, qu'il a acquise de Nicolas Bonfons, libraire. (Arch. Nat., S 1858.)

8 mai 1617. — Honorable homme Nicolas Bonfons, marchand bourgeois de Paris, à cause de Catherine Ruelle, sa femme, donne reçu à [le nom en blanc], de 3 livres, 6 sols, 8 deniers tournois, faisant le tiers de 20 livres de rente constituées à Charlotte Guillard [imprimeur], le 12 janvier 1537. (Signet manuel). (Bib. Nat., Pièces orig., vol. 405.)

BONHOMME

13 mai 1483. — Pasquier Bonhomme [libraire] est condamné à payer à l'Hôtel-Dieu 4 l. par. de rente pour la maison dont il est propriétaire [l'image Saint-Christophe], faisant le coin de la rue Neuve-Notre-Dame, tenant d'une part à Jean Guymier [cartier ?], d'autre part à la rue du Sablon. (Arch. hospitalières, Hôtel-Dieu, layette 19, liasse 143.)

Reproduit in-extenso par M. Claudin, *Histoire de l'Imprimerie*, I, p. 179.

19 juillet 1499. — Jean Bonhomme, libraire-juré, rachète 40 l. par. de rente sur une maison dont il est propriétaire, rue des Mathurins, en face les Thermes, comprenant deux petits pignons sur rue, un pignon et un appentis sur le derrière, un quatrième pignon sur l'allée de l'hôtel des Carneaulx. (Arch. Nat., MM 282, f° 42 v°.)

7 octobre 1501; 21 juin 1502. — Sentences au sujet de la maison de l'image Saint-Christophe contre les héritiers de Pasquier Bonhomme. (Arch. hospit., Hôtel-Dieu, 871.)

3 et 13 septembre 1510. — Voyez GERING.

7 juillet 1518. — Voyez GERLIER.

10 et 12 juillet 1529. — Jacques Bonhomme, prêtre, et Jean Bonhomme [libraire], son frère, passent titre nouvel pour les rentes dues sur la maison dont ils sont propriétaires, rue des Mathurins, contiguë à l'hôtel de Haraucourt *(alias* de Harecourt). (Arch. Nat., MM 285, f°ˢ 56 v° et 66.)

31 octobre 1541. — Denyse Bonhomme, veuve de Nicolas Laisné, marchand, bourgeois de Paris, fille de feu Pasquier Bonhomme, libraire, et de Stilon, sa femme, habitant chez Yolande

Bonhomme, sa sœur, fait donation à Thomas de Bragelongne, conseiller du Roi au Châtelet, et échevin de la ville de Paris, des droits qu'elle tient sur l'image Saint-Christophe, rue Neuve-Notre-Dame, des successions de ses père et mère et de celles de Nicolas et Louis Bonhomme, ses frères. (Arch. Nat., Y 87, f° 273.)

Thomas de Bragelongne était le gendre de Yolande Bonhomme.

2 octobre 1544; 2 janvier 1546 (n. st.). — Voyez REGNAULT.

19 février 1545 (n. st.). — Voyez KERVER.

17 juin 1547. — Titre nouvel pour la maison de la Caige, rue du Palais-des-Thermes, passé par Jean Bonhomme, l'un des quatre libraires-jurés, héritier de Jean Bonhomme son père et donataire de Jacques, son frère. (Arch. Nat., Q/1 1099/206 A, f° 191.)

12 octobre 1552. — Jean Bonhomme et Jean Foucher, libraires, vendent au Collège de Sorbonne, pour 180 l. t. de capital, une rente de 15 l. t. sur deux maisons contiguës, rue des Mathurins, entre l'Estrille-Fauveau et la Hure, tenant par derrière au président de Saint-André, dont l'une porte l'enseigne de la Caige, et qui appartiennent à Jean Bonhomme, comme provenant de la succession de Jean Bonhomme, son père. (Arch. Nat., MM 286, f° 66.)

22 septembre 1552. — La veuve de Jean Bonhomme [libraire], son fils et Gabriel Charbonnière sont condamnés à payer à Alexis Mégissier la cédule dont la teneur suit : « Je, Jehan Bonhomme, libraire à Paris, confesse debvoir à mon cousin Alexis Mégissier, maistre espicier, bourgeois de Paris, la somme de deux cens cinquante livres pour et à raison de marchandises de livrez a moy venduez et livréez, à payer chacun an trente livres tournois jusques à fin de payement des deux cens livres tournois [sic], dont je me tiens pour content. Tesmoing mon seing manuel, cy mis, le seiziesme jour d'octobre l'an mil cinq cents trente et sept. Signé : J. Bon homme. » Mégissier déclare n'avoir jamais rien touché sur cette somme. (Arch. Nat., Y 5242, f° 415.)

23 septembre 1552. — Alexis Mégissier et Hostelye Chevallon, sa femme, sont condamnés, à la requête de Denyse Regnault, veuve de Jean Bonhomme, en son vivant libraire, de Jean Bonhomme, aussi libraire, son fils, et de Gabriel de Charbonnière, héritiers dudit feu Jean Bonhomme, à exécuter la promesse que Mégissier avait faite le 19 juin 1537 de rembourser le capital d'une rente de 50 l. t. que devait alors Jean Bonhomme, et que doivent aujourd'hui les demandeurs, à maître Guy Du Val, prêtre, conseiller et aumônier ordinaire du roi. Il est accordé six mois à Mégissier, qui demandait un délai d'un an, pour rembourser le capital de la rente, les arrérages, et les frais. (Ibid., f° 447 v°.)

24 septembre 1552. — Jean Bonhomme, marchand libraire et bourgeois de Paris, demeurant rue Saint-Jacques, fils et héritier de feu Jean Bonhomme, aussi libraire et bourgeois de Paris, et frère de Denyse Bonhomme, seconde femme de feu maître Adrien Poussin, fait condamner le tuteur de Jeanne Poussin, fille mineure dudit Adrien et d'Isabeau Vaudart, sa première femme, à lui rembourser 37 l. 10 s. t. (Ibid., f° 493 v°.)

24 octobre 1552; 7 juin 1553. — Voyez REGNAULT.

29 juillet 1553. — Voyez GOURMONT.

9 avril 1554. — Jean Bonhomme, marchand et bourgeois de Paris, et Marguerite Guérin sa femme, héritiers pour partie de feu Nicolas Guérin. (Arch. Nat., Y 5243, f° 81.)

Marguerite Guérin était parente de Jeanne Guérin, femme du libraire Henri Paquot, et de Marie Guérin, femme du libraire Jean II Foucher.

7 mars 1556 (n. st.). — Saisie sur Jean Bonhomme, à la requête de Philippe Laurens, de la moitié de la maison de la Cage, rue des Mathurins, pour 278 l. t. restant d'une plus grosse somme en vertu d'une obligation du 10 mai 1554. Gabriel Charbonnier et Denyse Bonhomme sa femme mettent opposition pour 286 l. t. et Gilles Daverly et Françoise Le Noir sa femme, pour le loyer d'une maison [l'Ecu-de-Bâle, rue Saint-Jacques] qu'ils lui ont louée le 3 mars 1551 (n. st.). (Arch. Nat., Y 3456, f°s 604 et 585 v°.)

8 juillet 1556. — Titre nouvel passé par Gabriel de Charbonnière, valet de chambre du cardinal de Vendôme, et Denyse Bonhomme, sa femme, pour la maison de la Cage, rue des Mathurins, et la maison voisine. (Arch. Nat., MM 286, f° 166 v°.)

1557. — La maison de la Cage-d'Or, rue des Mathurins, appartient à Jean Charbonnières au lieu de Jean Bonhomme, son beau-père. (Arch. Nat., M 74, n° 18.)

Pasquier Bonhomme, libraire-imprimeur, fils d'Aspaïs Bonhomme, libraire-juré, d'après La Caille et Lottin, exerce de 1468, au moins, à 1500 ou 1501; marié à Stilon; enfants :

A. — Jean Ier Bonhomme, libraire-imprimeur (exerce de 1484 à 1530, environ); enfants :

    a. — Jacques Bonhomme;

    b. — Jean II Bonhomme, libraire, exerce de 1537 à 1552, marié à Denyse Regnault, fille de François II Regnault (voyez la généalogie des Regnault); enfants :

        1°. — Jean III, libraire, marié à Marguerite Guérin.

        2°. — Denyse, mariée : 1° à Adrien Poussin, 2° à Gabriel de Charbonnière, valet de chambre du cardinal de Vendôme.

B. — Nicolas Bonhomme;

C. — Louis Bonhomme;

D. — Jacques Bonhomme, prêtre;

E. — Denyse mariée à Nicolas Laisné, marchand, mort avant 1541 ;

F. — Yolande Bonhomme, mariée à Thielman Kerver, libraire-imprimeur, mort en octobre ou novembre 1522; enfants :

   a. — Jean Kerver, libraire, mort avant son père; enfant :
      1°. — Guy Kerver, écuyer, sieur de Boran.

   b. — Thielman II Kerver, libraire-imprimeur, mort en 1572 ou 1573, marié à Marie Palluau; enfants :
      1°. — Jacques II Kerver, libraire, né le 30 mars 1554, mort en 1590.
      2°. — Louis, écuyer, sieur de Fontaine, commissaire à l'ordinaire des guerres, marié à Catherine Dain.
      3°. — Marie, mariée le 4 juin 1581 à Nicolas Bridout, avocat au Parlement; enfant :
         A. — Jean, religieux aux Carmes.
      4°. — Yolande, née le 11 janvier 1546;
      5°. — Françoise, née le 16 octobre 1547;
      6°. — Marguerite, née le 8 octobre 1563;
      7°. — François, né le 13 mars 1565;
      8°. — Jean, né le 2 décembre 1568.

   c. — Jacques Iᵉʳ Kerver, libraire, échevin de Paris, mort en 1583; marié en premières noces à Guillemette de La Vigne, veuve de Jean Iᵉʳ Petit, libraire, et en secondes noces à Blanche Marentin; enfants :
      1°. — Jacques Kerver, écuyer, sieur de Mory;
      2°. — Thielman, né le 12 mars 1571;
      3°. — Autre Thielman, né le 5 août 1574;
      4°. — Jean, né le 20 juillet 1575.

   d. — Michel Kerver, chanoine d'Auxerre, mort avant 1572;

   e. — Madeleine, mariée à Thomas de Bragelongne, lieutenant criminel de la prévôté de Paris, échevin, etc. ;

   f. — Marguerite, religieuse au couvent des Filles-Dieu.

Cette généalogie n'est dressée que d'après les indications fournies par les actes ci-dessus, ceux qu'ont cités MM. Coyecque et Pichon et Vicaire, et les notes manuscrites de La Caille. On trouvera une généalogie des Kerver, dans la *Généalogie des seigneurs de Bernay, près Rozoy en Brie*, publiée en 1717, où Thielman Iᵉʳ est déjà qualifié seigneur de Mory.

BONNEMÈRE

1514; 1515; 1520. — Les comptes de la Commanderie de Saint-Jean-de-Latran mentionnent le loyer de 8 l. 10 s. t. payé par René Bonnemère pour une maison rue du Clos-Bruneau, à l'image Saint-Martin, entre le Cheval-Rouge, aux héritiers de Pierre Alard, et maistre Crespin About [le Croissant]. (Arch. Nat., S 5119/3, f° 8 ; S 5119/2, f° 9 ; S 5119/1, f° 11 ; S 5119/8 ; fᵒˢ 5 v°, 14 v° et 15 v°.)

1525. — Le loyer de cette maison est payé par René Bonnemère et par Antoine Bonnemère [imprimeur]. (Arch. Nat., S 5121/7 fᵒˢ 11 et 12 v°.)

20 août 1526. — Ordre du Parlement de Paris à Hervé de Kerquifinem, receveur des exploits et amendes, de payer à Antoine

Bonnemère, 32 s. par. pour avoir relié un registre de Parlement commençant à la Saint-Martin 1525. (Arch. Nat., X/1 A 1529, f° 376 v°.)

Communiqué par M. Weiss.

Marin Bonnemère, imprimeur et marchand d'estampes, voyez GOURMONT à la date du 3 avril 1570.

BORDEAUX

1571. — Jean de Bordeaulx, libraire, voyez LE BOUC.

25 juillet 1576. — Voyez DU CHEMIN.

8 novembre 1578. — Jean de Luc, conseiller du roi au Grand Conseil, cède certaines créances à Jean Grincel, de Bordeaux : « Item, par Jehan de Bordeaulx, marchant libraire demeurant à Paris, la somme de 48 l. t., de reste de compte faict ensemble. » (Arch. Nat., Y 120, f° 148 v°.)

En 1547 et 1550, un Jean de Bordeaux était étudiant en l'Université. (Arch. Nat., Y 95, f° 104; S 1652, f° 262, 2° série.)

Voyez BOUDEAULX.

BOREL

26 décembre 1563. — Contrat de mariage de Jean Borel, marchand libraire à Paris, rue Saint-Jean-de-Latran, avec Jeanne de Beauchesne, veuve de Jean Plunyon, marchand libraire à Paris, rue des Carmes; témoin : Nicolas Edouard, imprimeur et libraire à Paris. (Arch. Nat., Y 105, f° 212.)

1571. — Liste des habitants de la rue Saint-Jean-de-Latran, taxés au don de 300 000 livres :

Charles Macey [Massé, libraire : Pyramide], 10 livres;
Pierre de Cosme, 4 livres;
Un nommé Cossu, solliciteur, 8 livres;
Jean Borrel [Borel, libraire : Rose-Rouge], 6 livres;
Mathieu Du Bois, tailleur d'histoires, 60 sols;
Jean de Hacqueville [Heuqueville, libraire : Rose-Rouge], 10 livres ;
Maître Jacques, prêtre, 40 sols;
Jean de Gourmont [imprimeur d'histoires : Arbre-Sec], 40 sols ;
Etienne Dorset [Tasset, libraire : Arbre-Vert], 4 livres ;
Claude Micart [libraire : Chaise, Loup-qui-taille], 6 livres;
Nicolas Duchemin [imprimeur : Griffon-d'Argent], 60 sols ;
Jean Huppeau, libraire [Hulpeau], 4 livres;
Mathurin Prévost, libraire [Cœur-Volant], 60 sols;
Maître Gion, 60 sols ;
Collège de Tréguier, 10 livres;
Claude Anthoine, 10 livres ;
Simon Guyon, 60 sols;
Collège de Cambrai, néant ;
Sieur de Saint-Lô, demeurant au collège de Cambrai, 20 livres;
Guillaume Jullien [libraire : Amitié], 100 sols;
Michel de Varennes, relieur, 60 sols;

Autre côté de la rue :

Jean Silvestre, 100 sols ;
Philippe Varencœur, relieur [Warrancore], 60 sols ;
Maison de la Commanderie de Saint-Jean-de-Latran, néant ;
Robert Colombel [libraire : Enseigne d'Alde], néant ;
Gilles Gilles [libraire : Trois-Couronnes], 60 sols ;
Adam Charles, 6 livres ;
Gilles Gourbin [libraire : Espérance], 8 livres ;
Martin Le Jeune [libraire : Saint-Christophe], 8 livres ;
Jean Journet, tonnelier, 4 livres ;
Guillaume Jullien [libraire], néant (déjà taxé plus haut) ;
Jean de La Gueret, néant ;
Un ravaudeur, néant ;
Jacques Du Puys, libraire [Corne-de-Daim], 60 livres, détaxé de
    moitié le 20 août 1571.

(Bib. Nat., ms. fr. 11692, f⁰ˢ 254, 254 v°, 386 v°, 730 à 731.)

25 janvier 1572. — Barthélemy Vivien, avocat au Parlement, vend à Jean Borel, libraire, pour 750 l. t., le quart de la maison de la Rose-Rouge, rue Saint-Jean-de-Latran, actuellement louée à Jean de Heucqueville, libraire ; elle est contiguë à la Chaise, maison appartenant à maître Antoine Dulac, et tient par derrière au Commandeur de Corbeil. Parmi les charges, une rente aux héritiers de feu maître François Lalizeau [fils de feu Jean Lalizeau, libraire]. (Arch. Nat., S 1653, f° 65 v°, 3° série.)

BOUCQUET

3 août 1604. — Pierre Boucquet, libraire et relieur, voyez Dauvergne.

Pierre Boucquet exerçait avant janvier 1595 car son nom ne se trouve pas dans les listes d'ouverture de boutiques qui ont été conservées sans lacunes de 1595 à décembre 1604.

BOUDEAULX ou BOURDEAULX

14 novembre 1488. — A la requête de Jean Boudeaulx, marchand libraire, rue Neuve-Notre-Dame, à l'image Notre-Dame, Jean Veau « apprentifz à libraire », naguères demeurant en l'hôtel de Michel Le Noir [libraire], et à présent en l'hôtel d'un autre libraire, rue de la Vieille-Draperie, est écroué au Châtelet. Jean Veau s'était engagé comme apprenti chez Michel Le Noir le 2 janvier 1486 (n. st.) et Michel Le Noir avait cédé le contrat d'apprentissage à Jean Boudeaulx par transport du 19 décembre 1486 ; il n'avait pas achevé le temps de son apprentissage. Remis en liberté le 17 novembre. (Arch. Nat., Y 5266, f° 149 v°.)

Nous ne connaissons pas le libraire qui avait, à cette époque, son « hostel » rue de la Vieille-Draperie.

Voyez Bordeaux.

1er avril 1489. — Voyez LE MUSNIER à la date du 26 juillet 1493.

BOULE ou BOULLE

2 août 1506. — Pierre Boule, libraire, rue Saint-Jacques, reçoit 28 s. par. de la fabrique de l'église Saint-Etienne-du-Mont, pour avoir « remis appoint l'un des livres de ladite église ». (Arch. Nat., H 4347.)

15 octobre 1508. — Pierre Boulle, relieur de livres, reçoit de la même fabrique 24 s. par. pour avoir « recollé et remis appoint les livres deladite église ». (Ibid.)

22 juillet 1549. — Catherine Groix, veuve de Jean Boulle, libraire, demeurant rue Saint-Jacques, achète pour 20 l. t. à Michelle Groix, veuve de Jacques Nourry, boulanger, demeurant à la Pierre-au-Lait, le cinquième d'une rente due par la maison du Petit-Dauphin, rue Saint-Denys, appartenant à Etienne Courtoreille, vendeur de bétail. (Arch. Nat., S 1101.)

13 janvier 1550 (n st.). — Etienne Courtorel, vendeur de bétail à pied fourché, rachète cette rente à ses différents propriétaires : Catherine Groix, veuve de Jean Boulle, libraire-juré, Pierre Penescher, marchand, fils de feue Charlotte Groix, sœur de Catherine et de Michelle, filles de feu Gosse Groix, arboriste, Jean, Marie et Catherine Penescher, frères et sœurs ; Jean Hubert le jeune, marchand, bourgeois de Paris, mari de feue Marguerite Groix. (Ibid.)

Voyez FOUCAULT et GRYPHE.

BOULLANGER

22 décembre 1596. — Contrat de mariage d'Aymé Boullanger, libraire et relieur, rue Saint-Jacques, paroisse Saint-Benoît, né à Monchâlons, près Laon, fils de Guillaume Boullanger, vigneron et de Nicole Febre, avec Madeleine Arnoul, servante de Robert Nivelle, marchand libraire en l'Université de Paris et de sa femme, Jacqueline Cressé. Témoin : Guillaume Guillot, libraire. (Arch. Nat., Y 136, f° 39 v°.)

1597 à mai 1598. — Emée Boullanger paye la taxe d'ouverture de boutique. (Bib. Nat., ms. fr. 21872.)

BOURGERON

11 novembre 1587. — Contrat de mariage de Simonne Bourgeron, fille de feu François Bourgeron, marchand parcheminier, et de Marie Du Chesne, avec Mathieu Beuchard, huissier, sergent

royal en la prévosté de l'hôtel, demeurant rue du Coq. Parmi les témoins de la future est Nicolas Prévost, maître-imprimeur d'histoires. (Arch. Nat., Y 130, f° 66.)

BOURGES

2 août 1542. — Baptême à l'église Saint-Landry de Gilles, fils de Jean de Bourges, lieur de livres, et de Jeanne Poutrel, demeurant à la Souche; parrains : maître Gilles Darches, prêtre, demeurant au Palais; Guillaume Rose, maréchal, de Saint-Séverin, et Henriette Salentin, femme de Christophe Sy, lieur de livres, à la Souche, de Saint-Landry. (Arch. Nat., L 670 n° 1, f° 3 v°.)

BOUSSY

3 avril 1570. — Marin de Boussy [imprimeur et marchand d'estampes], voyez GOURMONT.

Jean et Clément Boussy, imprimeurs et marchands d'estampes, voyez le même acte.

BRACHONIER

31 octobre 1553. — Jean Braconnier [imprimeur ?] et sa femme, sont nommés exécuteurs testamentaires par Pierre Thibe, bonnetier, demeurant rue des Carmes, à la Corne-de-Daim; Nicolas de Saint-Denys [libraire] est témoin à ce testament. (Arch. Nat., LL 757, f° 40.)

1571. — Jean Braconnier [imprimeur], voyez NICOLLE.

BRADEL

1586. — Marin Bradel [libraire et relieur] paye la taxe d'ouverture de boutique. (Bib. Nat., ms. fr. 21872.)

BRAYER

17 mars 1563. — Girarde Roffet, femme de Lucas Brayer, libraire, chargée de plusieurs petits enfants, accusée, ainsi que son mari, « par leurs voisins et malveillants » d'appartenir à la nouvelle religion, requiert main-levée de la saisie qui a été faite de leurs biens meubles, la plupart consistant en librairie, et restitution de la clef de sa maison, attendu qu'ils ont toujours vécu catholiquement l'un et l'autre. (Arch. Nat., X/2 A 130, f° 396 v°.)

Communiqué par M. Weiss.

15 novembre 1563. — Saisie de la moitié de deux maisons contiguës, rue d'Ablon, à Saint-Marcel, appartenant à Lucas Brahier [libraire] et à Ragonde (*alias* Girarde) Rousset [sic pour

Roffet], sa femme. Parmi les créanciers qui mettent opposition sur le prix à provenir de cette saisie sont Nicolas de La Porte [potier d'étain] comme tuteur et curateur des enfants mineurs de feu Arnoul Langelier [libraire] lesquels étaient héritiers sous bénéfice d'inventaire de feu Charles Langelier [libraire], pour un bail à rente du 26 avril 1558, et Christophe Plantin, marchand [libraire], demeurant à Anvers, pour 1 528 l. t. qui lui sont dues en vertu d'un jugement rendu en sa faveur le 21 juillet 1563, et pour les frais et dépens. (Arch. Nat., Y 3463, f⁰ˢ 263, 263 v⁰ et 264.)

Maison de l'Ange-lié ; Girarde Roffet était veuve en premières noces d'Arnoul Langelier et Nicolas de La Porte était son beau-frère. Voyez ROFFET et GAULTIER.

26 février 1564 (n. st.). — Lucas Brayer vend à Pierre Poiret [ou Perrot, apothicaire], la moitié de deux maisons, rue d'Ablon, à Saint-Marcel, au prix de 380 l. t. (Arch. Nat., S 1653, f⁰ 120 v⁰, 2ᵉ série.)

1571. — Lucas Brayer [libraire], est taxé à 15 livres, parmi les habitants du Palais. (Bibl. Nat., ms. fr. 11692, f⁰ 177.)

3 novembre 1576. — Michelle Langelier, fille d'Arnoul Langelier, libraire, et les religieuses du prieuré de Notre-Dame des Hautes-Bruyères, bailliage et comté de Montfort-l'Amaury, cèdent à Lucas Brayer, libraire, et à Girarde Roffet, sa femme, veuve d'Arnoul Langelier et mère de Michelle, une maison rue d'Ablon, à Saint-Marcel. (Arch. Nat., Y 117, f⁰ 469.)

Peut-être l'autre moitié de la maison de l'Ange-lié.

26 octobre 1581. — Nomination d'un tuteur à Lucas Brayer, âgé de 22 ans, fils de feu Lucas Brayer et de Girarde Roffet. Le conseil de famille est composé d'Abel Langelier [libraire], frère utérin ; de Mathieu Bachelet, beau-frère [utérin], de Claude Gaultier [libraire], beau-frère [utérin]; de Jean Chalan, cousin germain; de Robert de Maigny, Pierre Gaultier, Guillaume Le Sueur, voisins et amis. (Arch. Nat., Y 5252, à la date.)

1586. — Lucas Breyel paye la taxe d'ouverture de boutique. (Bib. Nat., ms. fr. 21872.)

Lucas II Brayer signait *Breyel* sur les registres de la Communauté.

BRÉMONT

3 novembre 1580. — Jean Brémont, maître-imprimeur, rue Saint-Victor, paroisse Saint-Etienne-du-Mont, fait donation à Léger Duperroy, maître-maçon, rue Beaubourg, et à Agnès Surcin, sa

femme, des trois quarts d'une maison, à l'enseigne de l'Arbaleste, rue Beaubourg. (Arch. Nat., Y 122, f° 188 v°.)

23 décembre 1581. — Jean Braymont, imprimeur, au clos Bruneau, demeurant dans la maison portant pour enseigne « le Livier sauvage » [l'Olivier sauvage ?], ratifie la donation faite par Agnès Surcin, veuve de Léger Du Perroy, à Léger Bellanger, maître-maçon, de sa part dans la maison de l'Arbaleste, rue Beaubourg. (Arch. Nat., Y 123, f° 313 v°.)

17 août 1587. — Feu Jean Brémont, compagnon-imprimeur, voyez VELU.

BRETON

3 mai 1559. — Richard Breton [libraire-imprimeur], voyez DANFRIE.

18 janvier 1563 (n. st.). — Nicolas Chesneau, marchand libraire, bourgeois de Paris, propriétaire de la maison de l'Ecrevisse, rue Saint-Jacques, présente requête au Parlement pour que les biens meubles laissés dans cette maison par son locataire, Richard Breton, naguère libraire à Paris, qui s'est retiré pour le fait « des nouvelle secte et réprouvée opinion », soient vendus. Il lui est dû deux termes et il ne peut plus louer sa maison. (Arch. Nat., X/1 A 1604, f° 189 v°.)

5 février 1563 (n. st.). — Thielleman Kerver [imprimeur], capitaine du quartier d'Oudin Petit [libraire], a fait l'inventaire des biens meubles laissés par Richard Breton, fugitif pour la nouvelle religion, dans la partie ou portion de maison appartenant à Nicolas Chesneau, rue Saint-Jacques. Ces biens seront vendus ainsi que ceux qui se trouvent dans la maison de l'image Saint-Jacques, rue des Roziers, appartenant à Breton. (Ibid., f° 260 v°.)

7 avril 1563. — Appointement touchant la vente des biens saisis sur Richard Breton, [libraire], et sa femme, naguères demeurant rue Saint-Jacques, à l'enseigne de l'Ecrevisse, absents pour la nouvelle religion. (Arch. Nat., X/2 A 130, f° 492 v°.)

Communiqué par M. Weiss.

10 février 1569. — Richard Breton [libraire-imprimeur], voyez DOUART.

27 janvier 1579. — Feu Richard Breton, voyez LE NOIR.

4 août 1582. — Feu Thibault Breton, compagnon-imprimeur, voyez ALAIN.

21 juin 1594. — Guillaume Breton, relieur, voyez LE BRETON.

BREUILLE

18 août 1526 ; 1er septembre 1526. — Sentences du bailli de Saint-Germain-des-Prés, rendues en faveur de Rémy Thoigny, qui s'est substitué à Denys Gontier, demandeur en matière d'emprisonnement contre Raoulet Breuille [libraire] et Isabeau Des Maretz sa femme. (Arch. Nat., Z/2 3299 et 3300.)

1er septembre 1542. — René Artigue, prêtre, natif de Bayonne, Louis Dupuy, dit Servien, natif de Marseille, écolier étudiant en l'Université, et Raoullet de Breuille, relieur, comparaissent devant la Cour de Parlement pour « quelques livres et papier escript » trouvés en leur possession. Artigue et Dupuy sont écroués à la Conciergerie, Raoullet de Breuille est admonesté. (Arch. Nat., X/2 A 93.)

Communiqué par M. Weiss.

2 janvier 1552 (n. st.). — Raoullet de Breuille [libraire ?], voyez YVERNET.

31 août 1557. — Testament de Rollet Breuille, [libraire], demeurant rue des Carmes, aux Trois Lionnez ; exécuteurs : Isabeau Des Marroys, sa femme, et Claude Garamond [graveur de lettres]. (Arch. Nat., LL 757, f° 86 v°.)

25 juin 1565. — Mathurin Breuille, marchand libraire, bourgeois de Paris, poursuit les vente et criée d'une maison au faubourg Saint-Germain-des-Prés, appartenant à Antoine Thomas, pour 46 l. 6 s. 6 den. t. qui lui sont dus en vertu d'une obligation du 21 avril 1565 (n. st.). Guillaume Merlin [libraire] met opposition pour 11 l. 14 s. t. que Mathurin Breuille lui doit. (Arch. Nat,. Y 3466, f° 87.)

BRIE

9 janvier 1500 (n. st.). — Arrêt du Parlement condamnant les échevins, les clercs, les receveurs et le procureur de la Ville de Paris comme responsables de la chute du Pont Notre-Dame. Parmi les habitants du Pont, parties au procès : Anthoine de Brye, Jean Treperel, Gillet Ardouyn, Anthoine Vérard, Clément Longis [tous libraires], Henri Du Four [enlumineur]. (Arch. Nat., H 1778, f° 11 v°.)

Le Pont Notre-Dame s'était écroulé dans la Seine le 25 octobre 1499, à 9 heures du matin ; les habitants, sauf quatre ou cinq qui se noyèrent, avaient pu fuir et emporter la majeure partie de leurs biens.

Publié in-extenso dans le t. 1er du *Registre des Délibérations du Bureau de la Ville de Paris.*

28 avril 1512. — Eustace de Brye, libraire, demeurant dans

la Cité, près la Magdeleine, prend à bail, au loyer de 28 l. par., la 28ᵉ maison du Pont-Notre-Dame, au côté d'amont l'eau. (Arch. Nat., Q/1 1099/197 A, f° 92 v°.)

31 avril 1512. — Antoine de Brye, libraire et enlumineur, demeurant sur Petit-Pont, prend à bail, au loyer de 28 l. par., la 8ᵛ maison du Pont-Notre-Dame, du côté d'amont l'eau. (Ibid., f° 93 v°.)

10 février 1518 (n. st.). — Eustace de Brye, libraire et écrivain, est autorisé à céder à Pierre Delestuve, orfèvre, le bail de la 28ᵉ maison du Pont-Notre-Dame au loyer de 24 l. par. « lequel prix luy a esté trop cher et n'y pourroit plus fournir sans grant dommaige ». (Ibid., f° 118.)

7 décembre 1520. — Antoine de Brye, libraire et enlumineur, prend à bail la 8ᵉ maison du Pont-Notre-Dame, à partir de la Saint-Jean-Baptiste prochaine, au loyer de 28 l. par. (Ibid., f° 179 v°.)

5 mai 1522. — Jean de Brie, libraire, voyez LE ROYER, à la date du 22 novembre 1544.

6 juillet 1522. — Titre nouvel passé par Jean de Brye, marchand libraire, de 5 sols parisis de rente dus aux Mathurins pour la maison du Pot-d'Etain, rue Saint-Jacques. (Arch. Nat., LL 1545, p. 296.)

11 avril 1523. — Titre nouvel passé par Agnès Sucevin, veuve de Jean de Brye, pour la même rente et pour une autre rente de 6 l. 5 s. (Ibid.)

Agnès Sucevin, veuve de Jean de Brie, épousa en secondes noces Louis Royer ou Le Royer ; devenue veuve une seconde fois elle s'associa avec Martin Roux (voyez ces noms).

1ᵉʳ octobre 1524. — Denys Pauget, libraire, occupe la 8ᵉ maison du Pont-Notre-Dame, au lieu d'Antoine de Brye, et a payé pour la première fois le loyer de cette maison. (Arch. Nat., Q/1 1099/197 A, f° 179 v°.)

BRISEBARRE

15 avril 1509 (n. st.). — Sentence de la prévôté de l'Abbaye de Saint-Germain-des-Prés condamnant Pierre Carpes, menuisier à Saint-Germain-des-Prés, à payer 60 s. par. comme provision à Etienne Brisebarre, libraire, demeurant à Paris, qu'il a blessé et navré; Christophe Saillart, maître-barbier à Paris, a fait un rapport constatant que Brisebarre est « en danger de sa personne ». (Arch. Nat., Z/2 3281.)

BRUMEN

26 septembre **1562**. — Thomas Brumen, libraire, voyez
CAVEILLER.

29 janvier **1564** (n. st.). — Thomas Brumen, marguillier de
l'église Saint-Hilaire, donne reçu au collège Sainte-Barbe du prix
des obits fondés par Robert Du Gast, ancien curé de Saint-Hilaire.
(Signet manuel). (Arch. Nat., H 2895.)

30 septembre **1569**. — Thomas Brumen et Jacques Pautonnier
[relieur], donnent reçu pour la même cause, en la même qualité.
(Signets manuels). (Ibid.)

1571 — Voyez LE BOUC.

15 avril **1573**. — Voyez CAVELLAT.

29 décembre **1575**. — Contrat de mariage d'Anseaume Brumen,
marchand de vins à la porte Saint-Jacques, fils de Guillaume
Brumen, marchand de vins, et de Claude Gueullart, avec Marguerite de Bez; Témoin : Thomas Brumen, libraire, frère du futur.
(Arch. Nat., Y 117, f° 246 v°.)

14 août **1576**. — Voyez CAVELLAT.

3 janvier **1591**. — Contrat de mariage de Catherine Brumen,
fille de feu Thomas Brumen, libraire-juré, et de Madeleine Loys,
sa femme, avec Nicolas Viguier, procureur fiscal en l'Université,
rue des Poirées. Témoins : Jean Corbon, libraire-juré, tuteur de la
future; Clovis Eve, libraire, son beau-frère à cause de Perrette
Brumen, sa femme; Etiennette Brumen, veuve de Martin Breton,
sa tante ; Guillaume Gaudières, bonnetier, à cause de feue Jeanne
Aleaume, sa femme; Léon Cavellat, libraire, Nicolas Du Chesne,
lecteur du Roi en langue latine, cousins de la future; Jérôme de
Marnef, libraire, ami. La future possède 866 écus et deux tiers,
dont partie en marchandises de librairie, représentant le sixième
de la fortune de ses parents. (Arch. Nat., Y 135, f° 192 v°.)

Le 11 mars 1602, on trouve Catherine Brumen, mariée à Bernard Char-
retier, bourgeois de Paris, rue des Poirées. (Arch. Nat., Y 141, f° 18 v°.)

BRUNEAU

20 octobre **1570**. — Saisie de livres défendus chez Jean Bruneau, relieur, au Mont Saint-Hilaire, à la Maison-Blanche, des
appartenances du Collège des Lombards [rue des Carmes]; chez
François Trepeau, relieur [et libraire], à l'Homme-Sauvage, près
l'enseigne de la Trinité, rue des Carmes; chez Laurens Heurtelet
[libraire et relieur], au Cerceau, rue Saint-Jean-de-Beauvais; chez

Pierre Haultin [imprimeur et fondeur de caractères], rue Saint-Jacques. (Arch. Nat., L 428, n° 9.)

Publié in-extenso par M. Stein dans ses *Mélanges de Bibliographie*, 1" série, 1893, pp. 10 à 13.

1571. — Jean Bruneau, relieur, voyez CHARRON.

9 septembre 1575. — Pierre Bruneau, marchand à Broue, fait donation de terres à Broue, près Epernon, à Cyprien Bruneau, libraire en la Chambre des Comptes. (Arch. Nat., Y 117, f° 86 v°.)

4 octobre 1581. — Cyprien Bruneau [libraire], voyez JULLIEN.

Entre 1597 *et* mai 1598. — Lucas Bruneau [libraire et relieur] paye la taxe d'ouverture de boutique. (Bib. Nat., ms. fr. 21872.)

26 septembre 1601. — Voyez ROBINOT.

BRUNET

2 janvier 1583. — Pierre Brunet, libraire et relieur, voyez SAULNIER.

1586. — Jean Brunet, relieur, paye la taxe d'ouverture de boutique. (Bib. Nat., ms. fr. 21872.)

BRUSLÉ

31 décembre 1568. — Le Collège de Sorbonne donne à bail pour 6 ans à Nicolas Bruslé, imprimeur, la maison du Soleil-d'Or, rue Saint-Jacques, au loyer de 160 l. t., « ainsi que feu Guillaume Des Boys [imprimeur] et sa femme en ont de leur vivant jouy ». (Arch. Nat., MM 287, f° 118 v°.)

Le bail est copié sur celui de Guillaume Des Boys (voyez ce nom), mais on a ajouté cette clause : « De soy maintenir et gouverner avec sa femme et famille honnestement, sans scandalle ni reproche de voisin, et en icelle vivre catholiquement selon les saints decrets et institutions de l'église catholique romaine. »

1571. — Voyez LHUILLIER.

16 février 1573. — Nicolas Bruslé renouvelle ce bail pour 4 ans, au loyer de 170 l. t., à partir de Pâques prochain venant. (Arch. Nat., MM 287, f° 177.)

4 septembre 1576. — Voyez THIERRY.

BUFFE

14 avril 1577. — Les marguilliers de l'église Saint-Séverin donnent à bail pour 9 ans, à partir de la Saint-Jean-Baptiste prochaine, au loyer de 50 l. t., à Nicolas Buffe, maître-parchemi-

nier, du consentement d'Esprit Vollart, aussi maître-parcheminier, actuellement locataire de la maison, un ouvroir sur rue, soupente au-dessus, sallette basse et cour, dans la maison de l'image Saint-Séverin, rue Saint-Séverin, située entre Madame Baudesson et une maison appartenant au Collège de Calvi. (Arch. Nat., S 3503.)

BUFFET

5 juin 1551. — Testament de Nicolas Buffet, imprimeur, rue d'Ecosse, au Phénix; exécuteurs : Valérienne Malet, sa femme et Roullet Charpentier, [libraire]; témoins : sire Jean Hérant, Pierre Beauvais [imprimeur], et plusieurs autres. Il demande à être enterré à Saint-Hilaire et lègue à Oliver de Harsy [imprimeur], fils de sa femme, 25 l. t. pour les services qu'il lui a rendus. (Arch. Nat., LL 757, f° 13.)

14 juin 1551. — Inhumation de Nicolas Buffet, imprimeur, au cimetière Saint-Hilaire. (Ibid., f° 75.)

7 février 1555 (n. st.). — Testament de Jeanne Malet, âgée de 40 ans environ, demeurant rue d'Ecosse, au Phénix, chez Valériane Malet, sa sœur, qu'elle nomme sa légataire universelle et son exécutrice testamentaire. Témoins : Jean Moreau [libraire], Noel Lécuyer et Antoine Lancelin. (Ibid., f° 46.)

16 mai 1555. — Bail emphytéotique passé pour 99 ans par Geneviève Mallet, veuve de Nicolas Buffet, marchand libraire et imprimeur, de la maison de la Corne-de-Daim, appartenant au collège de Carembert, rue d'Ecosse, contiguë à la maison du Phénix et à l'allée qui mène de la rue d'Ecosse au collège de Carembert. Cette maison, qui mesure 9 pieds et demi de large sur 25 pieds de profondeur est en ruines, la preneuse la démolira et la reconstruira; loyer, 14 l. t. (Arch. Nat., MM 441, f° 110.)

11 mai 1557. — Valérienne Mallet est autorisée par le Collège de Carembert à prolonger le mur de sa maison devant l'allée qui conduit de la rue d'Ecosse au Collège, parce que cette allée abandonnée sert de réceptacle à « toutes les immondices » des voisins ; elle y fera une porte dont elle remettra une clef au principal et aux boursiers. (Ibid., f° 110 v°.)

20 juin 1562. — Testament de Valérienne Malet, veuve de Nicolas Buffet, demeurant en sa maison, rue d'Ecosse. Exécuteur : Roland Charpentier, [libraire], demeurant à l'image Saint-Etienne, près le collège de Reims; témoin : André de Hodicourt, maître tonnelier. Elle doit 55 l. t. à un papetier du Petit-Pont ; 11 à 12 l. à sa boulangère; 17 l. à Guillaume Merlin [libraire]; 12 l. à Jean, son apprentif; 6 l. à Jean Maugier, fripier, rue des Carmes; elle

déclare avoir donné à Olivier de Hersi (sic) [imprimeur] son fils
« pour luy ayder à soy monter en marchandises », 80 l.; il n'avait
rien reçu de sa part dans la succession de son père. (Arch. Nat.,
LL 757, f° 59.)

23 juin 1562. — Raoullant Charpentier, marchand [libraire]
et bourgeois de Paris, déclare renoncer à la qualité d'exécuteur
testamentaire de feue Valérienne Mallet, veuve de Nicolas Buffet.
(Arch. Nat., Y 5247, f° 130.)

31 janvier 1579. — Le collège de Tréguier obtient sentence
pour annuler le bail consenti à Valérienne Mallet le 16 mai 1555
de la maison de la Corne-de-Daim; elle rapporte au moins 120 livres
et on y a ajouté, sans augmentation de loyer, l'allée du collège de
Carembert. (Arch. Nat., MM 441, f° 111.)

Le Collège de Carembert étant tombé en ruines, ses biens avaient été
donnés au Collège de Tréguier. L'annulation du bail fut sans effet; Jean
Moreau et Olivier de Harsy (voyez ces noms) payaient encore le loyer en 1580,
et Elisabeth Moreau, fille de Jean, était encore locataire en 1659.

BUON

10 août 1564. — Gabriel Buon, libraire, voyez MARNEF.

21 avril 1571. — Voyez LA PORTE.

1571. — Voyez LE BOUC.

28 janvier 1574; 15 novembre 1576; 23 octobre 1577;
9 août 1581; 22 janvier 1586. — Gabriel Buon, libraire, demeurant au mont Saint-Hilaire, à l'image Saint-Claude, près le puits
Certain achète des terres à Vaugirard : 5 quarterons de vignes
en une pièce, lieu-dit les Plantes, pour 30 l. t. ; un quartier et
demi de terre, lieu-dit les Glaizes, pour 30 l. t., un demi-arpent
moins 3 perches, lieu-dit les Glaizes, qui lui est cédé par Pierre
Destannes, carrier, comme indemnité, pour avoir creusé une
carrière sous un terrain lui appartenant, il paye une soulte de
4 l. 9 s. t. ; 2 arpents de terre, lieu-dit la Carrière, pour 80 écus
d'or soleil ; un arpent de terre lieu-dit les Plantes, pour 26 écus
et 5 s. t. (Arch. Nat., S 1654, f°s 1, 1 v°, 5e série.)

27 mai 1585. — Gabriel Buon, libraire-juré, et Jeanne Rondel,
sa femme, renouvellent pour 45 ans le bail emphytéotique de la
maison de l'image Saint-Claude, rue [du Mont-] Saint-Hilaire,
appartenant à l'église Saint-Hilaire, au loyer de 53 écus un tiers.
Ils avaient le droit de Laurent Regnauld, maître-maçon, qui avait
pris cette maison à bail pour 99 ans, à charge de la reconstruire,
le 24 avril 1486; ce bail était passé depuis aux Chartreux. (Arch.
Nat., S 3370.)

22 janvier 1586. — Gabriel Buon achète un arpent de terre à Vaugirard. (Arch. Nat., S 1654, f° 3, 3ᵉ série.)

Sans date. — Gabriel Buon est propriétaire de la maison de la Tournelle, au coin des rues Chartière et du Mont-Saint-Hilaire. (Arch. Nat., S 1946/5.)

Sans date. — La grande maison vis-à-vis le Treillis-Vert [rue Chartière], ayant été au Collège de Coqueret, et depuis à Robert Du Gast, appartient en partie à Jeanne Du Gast, veuve de Guillaume Mondet [libraire], à Gabriel Buon, libraire, et à Jean Réal, relieur. (Arch. Nat., S 1947/4, f° 92; S 1946/3, f° 40.)

17 octobre 1598. — Feu Gabriel Buon, Nicolas Buon, Marie Buon, femme de Barthélemy Macé, libraire, voyez PILLEHOSTE.

31 mars 1599. — Jeanne Rondel, veuve de Gabriel Buon, libraire-juré, prend à bail pour 5 ans un corps de bâtiment faisant partie de la maison de la Corne-de-Cerf, attenant par derrière à celle de l'image Saint-Claude, rue du Mont-Saint-Hilaire, composé de deux chambres, l'une sur l'autre, salle basse, grenier et cave; loyer, 20 écus soleil. (Arch. Nat., S 3370.)

6 août 1604 ; 13 juillet 1609. — Nicolas Buon, libraire, renouvelle deux fois le bail de cette maison pour 5 ans. (Ibid.)

BURGYNE

3 juin 1528; 10 juin 1528. — Jean Burgyne, relieur en parchemin (*alias* relieur de livres), rue Saint-Jacques, devant les Mathurins, et Noël Girard, enlumineur, rue Saint-Jacques, se constituent caution pour Gillette Girard femme de Guillaume Baudin (*alias* Debaudin). (Arch. Nat., Y 5234.)

CÆSARIS

18 juillet 1487. — Pierre César, maître-ès-arts, prend à rente viagère du Collège de Sorbonne, une maison sise rue Saint-Jacques, où il est à présent demeurant, à l'enseigne du Chevalier-au-Signe moyennant 12 l. par. de rente. Maison, courcelle et petit jardin derrière; entre la maison du Gril et celle du Tresteau; tenant par derrière à la librairie de la Sorbonne. (Arch. Nat., MM 282, f° 44 v°.)

Reproduit in-extenso par M. Claudin, *Histoire de l'Imprimerie*, I, p. 128.

CAILLAULT

13 octobre 1488. — Anthoine Caillault, imprimeur, rue Saint-Jacques, à l'Homme-Sauvage, et Jean Favereau, libraire, rue Saint-

Jacques, à la Pomme-Rouge, sont écroués au Châtelet sur la plainte d'Arthus Richard, tondeur, qu'ils avaient, « avec plusieurs autres embastonnéz d'espéez, batu, et navré... jusques à grant effusion de sang. » Mis en liberté le 15 octobre. (Arch. Nat., Y 5266, f° 123.)

10 janvier 1493 (n. st.). — Jean Fortier, tailleur de robes, vend à Antoine Caillault, imprimeur, une maison, cour, jardin et ses appartenances, rue Saint-Jacques, à l'enseigne de la Coupe, au-dessus de Saint-Benoît, au coin de la rue Froid-Mantel (sic), contiguë à Jean Perir, chandelier, pour la maison du Rouet, et tenant par derrière au jardin de l'Hôtel de l'Estoile ; prix 500 l. t. et les charges. (Arch. Nat., S 1649, f° 178 v°, 4ᵉ série.)

29 août 1501. — Antoine Caillault, imprimeur, et Annette, sa femme, vendent la maison de la Couppe, rue Saint-Jacques, pour 420 l. t. et les charges à Florent Hamelin, greffier de l'officialité de Paris, et à Gillette Pinot, sa femme. (Arch. Nat., S 1650, f° 18, 1ʳᵉ série.)

Ces trois actes sont reproduits in-extenso dans *l'Histoire de l'Imprimerie* de M. Claudin, I, p. 233.

CAILLEU

1ᵉʳ juin 1504. — Henri Cailleu, compagnon-imprimeur, emprisonné sur la plainte de Pierre Du Four, tuillier, pour « batures et navrures, » est remis en liberté par le Prévôt de l'Abbaye de Saint-Germain-des-Prés, sur la caution de 10 l. par. fournie par Pierre Maucomble, serrurier à Saint-Germain-des-Prés. Jean « Le Cousturier le briant » demeurant rue de Bièvre, à l'image Saint-Michel, à Paris, a promis de dédommager Pierre Maucomble. (Arch. Nat., Z/2 3279.)

L'audience en laquelle Henri Cailleu fut remis en liberté porte, par erreur, la date du 1ᵉʳ juin 1484 sur le registre des audiences de la Prévôté de Saint-Germain-des-Prés; cette cause fut appelée et remise à huitaine pendant toute l'année 1504.

CALLET

18 novembre 1488. — Jean Callet, libraire, rue Saint-Jacques, à l'Arballaistre, et Laurens Trottet, vinaigrier, rue Saint-Martin, sont écroués au Châtelet sur la plainte de Perrette Martine, femme amoureuse, demeurant rue de Montmorency, « pour les batteries à elles faites de plusieurs coups qu'ils luy ont bailléz de leurs mains et oultre l'ont traynée en la boe et gatté sa robbe et son couvert. » Mis en liberté le même jour. (Arch. Nat., Y 5266, f° 154 v°.)

CALOT

15 avril 1551. — Jacques Calot [libraire], voyez BEGART.

2 mai 1552. — Jean Lornet, boursier du Collège de Carambert, saisit sur Salomon Le Jeune, principal de ce Collège, Jean Masson, boursier du Collège de Tréguier, et Jacques Callot, libraire, des biens provenant d'Yves Magnet, ancien principal du Collège de Carambert. (Arch. Nat., Y 3453, f° 131.)

22 janvier 1553 (n. st.). — Voyez CHARRON.

21 août 1553. — Testament de Nicolle Charron, femme de Jacques Calot « libraire et marchand de vin », rue des Sept-Voyes, au Griffon ; exécuteur testamentaire, son mari ; témoins : frère Jacques Du Breil, religieux profès, Robert Le Vasseur, marchand, Nicolas Aveline et Vigoure Nepveu, sa garde. (Arch. Nat., LL 757, f° 32.)

24 août 1553. — Inhumation au cimetière Saint-Hilaire de Nicolle Charron, femme de sire Jacques Calot, libraire. (Ibid., f° 76.)

26 août 1553. — Testament de Jacques Calot, « libraire et marchand de vins », demeurant rue des Sept-Voyes, au Griffon. Il nomme légataires universels, pour le cas où son enfant mourrait avant lui, Thibault Charron, libraire, et Nicolle de La Barre, sa femme. Legs : à sa mère naturelle, Marguerite Carré, une maison faisant le coin des rues Saint-Marceau et du Pot-de-Fer, joignant le puits ; à frère Eloy Charron, religieux non profès aux Carmes, 10 l. « pour luy avoir des libvres, sans que le couvent y prengne rien » ; à Jeanne... (sic), sa cousine, au village de Bièvre, la vache qu'il lui a baillée à louage sans lui demander jamais rien ; à Robert Vasseur et Robert Rigault, ses serviteurs ; à Girarde, sa chambrière ; à Vigoure [Nepveu], la garde de sa femme. Exécuteurs testamentaires : Thibault Charron, libraire, rue des Carmes, à l'image Saint-Jean, et Jean Des Nos, libraire, rue Saint-Etienne-des-Grès ; témoins : sire Pierre Jouault et Julien Fessard, fondeurs de lettres. (Ibid., f° 32 v°.)

12 septembre 1553. — Testament de Jeanne (sic) Carré, demeurant au Griffon, rue des Sept-Voyes ; exécuteur testamentaire : Jacques Calot, son fils. (Ibid., f° 35 v°.)

28 janvier 1555 (n. st.). — Mariage à l'église Saint-Hilaire de Jacques Calot avec Louise Dugast, fiancés depuis le 20 janvier. Témoins : Guillaume Mondet [libraire] et Louis Couronne. (Ibid., f° 72.)

1er juillet 1584. — Baptême à Saint-Jean-en-Grève d'Anne, fille de Guillaume Estienne, marchand, bourgeois de Paris, et de Nicole Calot ; parrain, Pierre Le Goix, sieur de La Cour ; marraines, Anne Le Goix, femme d'Aubin de La Noue, auditeur des comptes, et Marguerite Ricouart, femme de Jean Charron, libraire. (Bib. Nat., ms. fr. 32588.)

Nicole Calot est, sans aucun doute, une fille de Jacques Calot ayant le même prénom que sa mère; Marguerite Ricouart était sa tante.

CALVARIN

13 avril 1554. — Simon Calvarin, libraire imprimeur, et Guillaume Le Noir, libraire, et leurs femmes, demeurant rue Saint-Jacques, à la Rose-Blanche, constituent 10 l. t. de rente sur cette maison. (Arch. Nat., S 850/10, f° 50 v°; S 850/11, f° 40.)

20 avril 1554. — Pierre Foucquart, boulanger, et Claude Gourmont, sa femme, héritière de Jeanne Néret, femme en secondes noces de Pregent Calvarin [imprimeur] sont créanciers d'une rente de 36 s. par. constituée le 17 août 1535 à Calvarin par Gilles Orry. (Arch. Nat., Y 3455, f° 247.)

Jeanne Néret avait épousé en premières noces l'imprimeur Jean I" de Gourmont.

1571. — Simon Calvarin [imprimeur], voyez Roux.

9 mai 1572. — Simon Calvarin, libraire, achète une maison à Saint-Marcel, rue Neuve-Sainte-Geneviève, à l'image Sainte-Barbe. (Arch. Nat., S 1653, f° 79 v°, 3° série.)

14 février 1576; 27 janvier 1579. — Voyez Le Noir.

30 octobre 1585. — Voyez Langelier.

CAMPENON

15 janvier 1572. — Jean de Campenon, libraire, rue Saint-Jacques, fait donation de tous ses biens à son décès à Philippe Vatel, maître-brodeur du duc de Longueville. (Arch. Nat., Y 112, f° 350 v°.)

CANIVET

26 février 1563 (n. st.). — Jean Canyvet, libraire et papetier, bourgeois de Paris, présente requête au Parlement pour obtenir le payement du « fournissement par luy faict de papier, ancre, sacz et autres necessitéz d'icelle court ». (Arch. Nat., X/1 A 1604, f° 361.)

CAREAU

10 janvier 1581. — Jean Careau, maître-parcheminier, voyez Regnault.

CARREL

9 février 1564. — Cosme Carrel, marchand [papetier], bourgeois de Paris, passe titre nouvel pour la maison des Trois-

Poissons, rue du Petit-Pont, contiguë à la maison des Balances et par derrière à celle du Sabot. Deux corps d'hôtel l'un devant l'autre, cour au milieu. (Arch. Nat., S 1092 A.)

14 février 1566 (n. st). — Voyez LANGELIER.

1571. — Cosme Carrel, habitant rue Saint-Jacques, près Saint-Séverin, est taxé à 50 l. au don de 300 000 livres. (Bib. Nat., ms. fr. 11692, f° 293 v°.)

12 septembre 1598. — Cosme Carel, papetier, voyez VALLET.

CARRIER

1571. — Veuve Frémyn Carrier [libraire?], voyez NICOLLE.

CAVEILLER

26 septembre 1562. — Nomination de Guillaume Godières [*alias* Gaudière, bonnetier] comme tuteur de Thomas et de Jean Caveiller, fils de feu Jean Caveiller [libraire] et de feue Jeanne Richard, laquelle s'était remariée avec Michel Jullien [libraire]. Le conseil de famille se compose de Michel Jullien, beau-père à cause de sa femme; Thomas Richard [imprimeur], oncle maternel; Guillaume Godières et Jean Lebert [bonnetiers], oncles maternels à cause de leurs femmes; Guillaume Cavellat [libraire] ayeul maternel, à cause de Marie Alleaume, sa femme en secondes noces; Thomas Brumen [libraire], cousin à cause de sa femme; Gilles Gourbin [libraire] et Fleury Prévost [imprimeur], affins et amis. (Arch. Nat., Y 5250, f° 47.)

Sur cette famille qui comprend tant de libraires et d'imprimeurs, voyez CAVELLAT, à la date du 15-16 avril 1573.

2 octobre 1562. — Nomination d'un tuteur à Robert Caveiller, âgé de 7 ans, fils de feu Jean Caveiller [libraire] et de feue Isabeau Delaulnoy, au lieu de Benoist Prévost [libraire], décédé. Parmi les membres du conseil de famille, Fleury Prévost [imprimeur], affin et ami. (Ibid., f° 51 v°.)

Isabeau Delaulnoy était la première femme de Jean Caveiller, et Jeanne Richard, sa seconde femme.

1570, 1579. — Les héritiers de Jean Cavyllier paient le loyer de la maison de l'Etoile-d'Or, rue Frémentel, à cause du bail emphytéotique du 26 juillet 1540. (Arch. Nat., H 2855/1.)

C'est la maison qu'habitait Jean Caveiller.

15 et 16 avril 1573. — Voyez CAVELLAT.

CAVELLAT

1552-1553. — Guillaume Cavelat [libraire] paye 52 l. t. de loyer pour une petite boutique, avec grenier au-dessus, rue Saint-

Jean-de-Latran, contiguë à la boutique de Gilles Nyébert, couturier, devant la Commanderie de Saint-Jean-de-Latran. Il l'a prise
à bail depuis la Saint-Rémy passée, pour 9 ans, et payait auparavant 50 l. seulement de loyer. (Arch. Nat., S 5121/2, f° 25 ;
S 5121/1, f° 25.)

Les deux comptes, de 1552 et de 1553, indiquent l'un et l'autre que le
bail de Guillaume Cavellat datait de la Saint-Rémy passée.

26 décembre 1553. — Voyez GOURBIN.

26 septembre 1562. — Voyez CAVEILLER.

1ᵉʳ mai 1563; 10 août 1564. — Voyez MARNEF.

1571. — Voyez LE BOUC.

15 et 16 avril 1573. — Guillaume Cavellat, libraire, Thomas
Richard, imprimeur, et d'autres cohéritiers, font insinuer cette
clause du testament de Jean Aleaume, docteur-régent de la Faculté
de Théologie de Paris, en date du 28 mars 1573 : « Item... à mes
neveux et nièces, issus immédiatement de mes feux frères et sœurs,
qui seront vivans à mon trespas, 25 livres tournois de rente. »
(Arch. Nat., Y 114, fᵒˢ 58, 61, 63 v°, 70, 70 v°, 71, 77 v° et 78.)

D'après ces insinuations, l'acte du 26 septembre 1562, cité au nom de Jean
Caveiller, l'acte du 14 août 1576, cité plus bas, et d'autres pièces connues,
voici quels étaient les « feux frères et sœurs » de Jean Aleaume et leurs
descendants; presque tous ces noms intéressent l'histoire de l'imprimerie et
de la librairie :

A. — Marie Aleaume, mariée 1° à Guillaume Richard, libraire; 2° à
Guillaume Cavellat, libraire (remarié à Denyse Girault); enfants :
    a. — Catherine Richard, mariée à Robert Glannier ou Glanne, maître-
        pâtissier-oblayer;
    b. — Jeanne Richard, mariée 1° à Jean Caveiller, libraire; 2° à Michel
        Jullien, libraire (remarié à Françoise Petit); enfants :
            1° et 2°. — Thomas et Jean Caveiller.
    c. — Pierre Cavellat, libraire, marié à Jeanne Le Noble, mort
        le 12 juillet 1628; sept enfants parmi lesquels Marguerite
        qui épousa Regnault II Chaudière (voyez HIGMAN);
    d. — Jean Cavellat, libraire, marié à Marguerite Le Clerc ;
    e. — Léon Cavellat, libraire-imprimeur, marié en premières noces à
        Denyse Des Loges et en secondes noces à Simone de Lussé,
        mort le 12 octobre 1610.
B. — Perette Aleaume, mariée 1° à Jean Loys, imprimeur; 2° à Thomas
Richard, imprimeur ; enfants :
    a. — Madeleine Loys, mariée à Thomas Brumen, libraire, enfants :
        1°. — Perrette, mariée à Clovis Eve, libraire et relieur;
           enfants :
            A. — Robert, né le 8 mai 1598;
            B. — Clovis, né le 27 août 1605.
        2°. — Catherine, mariée par contrat du 3 janvier 1591
           à Nicolas Viguier, procureur fiscal de l'Uni-
           versité.
    b. — Charlotte Richard, mariée à Liénard Le Sueur, libraire.

C. — Jérôme Aleaume, bonnetier, marié 1° à Madeleine Bade, fille de Josse Bade, libraire-imprimeur; 2° à Marguerite de Verneuil, fille de Bertrand de Verneuil, maître-parcheminier; enfants :
    a, 1er lit. — Philippe, compagnon drapier-chaussetier.
    b, 1er lit. — Jeanne, mariée à Jean de Cabre, drapier-chaussetier.
    c, d, e, 2° lit. — Jérôme, Catherine et Louise.
D. — Marguerite Aleaume, mariée à Jean Lebert, bonnetier; enfant :
    a. — Catherine, mariée à Gabriel de Saint-Yves, marchand de drap de soie.
E. — Jeanne Aleaume, mariée à Guillaume Godières, Gaudières ou Godier, bonnetier; enfant :
    a. — Catherine, mariée à Mathurin Lebeau, bonnetier.
F. — Catherine Aleaume, mariée à Jean Vante, maître-pourpoinctier; enfant :
    a. — Gillette, mariée à Jean Chappelain, ferronnier.

Devaient appartenir à la même famille :

Pierre Aleaume, bonnetier, marié à Marie Attaignant, fille de Pierre Attaignant, imprimeur, mort sans enfants avant 1553; sa veuve épousa en seconde noces, le 26 décembre 1553, le libraire Gilles Gourbin;

Marie Alleaume et Gillette Richard, première et deuxième femmes du libraire Michel Clopejeau;

Louise Richard, mariée au libraire Antoine Gourdin, cousine des précédentes.

14 août 1576. — Nomination d'un tuteur aux enfants mineurs de Guillaume Cavellat [libraire] et de Denyse Girault : Denyse, âgée de 14 ans; Guillaume, de 12 ans; Jérôme de 6 ans; Barbe, de 4 ans; Blanche de 18 mois. Composition du conseil de famille : Pierre et Jean Cavellat [libraires] frères [utérins]; Guillaume Godier (ou Godières) [bonnetier] et Gilles Gourbin [libraire], oncles paternels, Robert Glanne [*alias* Glanier, pâtissier, beau-]frère utérin à cause de sa femme; Jérôme de Marnef, [libraire], grand-oncle paternel ; Pierre Drouart [libraire], oncle maternel ; Thomas Bremain [Brumen, libraire], Jean Chappellain [ferronnier], Mathurin Le Beau, [bonnetier], François Brisset ou Boisset, cousins maternels ; Michel Saulnier, Jean Sion, cousin maternel, Michel Clopejeau [libraire], et Antoine Le Bague, amis. (Arch. Nat., Y 5251, f° 138 v°.)

30 décembre 1581. — Voyez SITTART.

18 mai 1588. — Jean Cavelart, libraire, rue Saint-Jean-de-Latran et Marguerite Le Clerc, sa femme, mariés depuis longtemps et n'ayant pas d'enfants se font donation mutuelle. (Arch. Nat., Y 130, f° 238 v°.)

3 janvier 1591. — Léon Cavellat, libraire, voyez BRUMEN.

13 avril 1592. — Denyse Cavellat, voyez SITTART.

14 juillet 1597. — Contrat de mariage d'Anne Serenac (*alias* Serignac), fille de Pierre, tailleur d'habits, et de Gillette de Lussé,

avec Jean Haranguer, dit Le Gault, maître-mesureur de grains, demeurant rue Sainte-Croix-de-la-Bretonnerie dans la maison de M. Bigot, contrôleur du grenier à sel de France. Témoins : Léon Cavelat, libraire et imprimeur, oncle de la future à cause de Simonne de Lussé, sa femme, et Anne Sanguin, veuve de Simon Piètre, docteur-régent à la Faculté de médecine. (Arch. Nat., Y 136, f° 379.)

14 janvier 1625. — Pierre Cavelat, marchand-libraire juré en l'Université, procureur d'André Cavelat, son fils, donne reçu. (Signet manuel). (Bib. Nat., Pièces orig., vol. 628.)

CHALLOT

30 mars 1501 (n. st.). — Robin Challot, libraire, demeurant à Paris, achète une maison, cour et appartenances à Auteuil, devant le puits commun, pour 20 l. t. et une redevance de 10 sols de rente à Simon Voustre (sic) [libraire]. (Arch. Nat., S 1650, f° 8, 1re série.)

31 janvier 1504 (n. st.). — Robin Challot, relieur de livres, demeurant à Paris, rachète la rente due par cette maison à Simon Vostre, libraire, à Guillaume Le Pelletier, Gillette La Pelletière et Robine La Pelletière, pour 10 l. t. de capital. (Ibid., f° 59.)

CHALONNEAU

10 décembre 1533. — Lucas Chalonneau, marchand, bourgeois de Paris [et libraire], et Marie Le Breton, sa femme, vendent à Jean Hotman, orfèvre, leur part dans la maison des Balances, rue de la Calandre, qui leur provient de Mariette Regnault, veuve de feu Jean Le Breton [libraire], mère de Marie et héritière de feue Geneviève Le Pelletier, veuve de Simon Vostre [libraire]. (Arch. Nat., S 5079 B.)

1571. — Etienne Chalonneau, relieur, voyez LASTRE.

Entre août 1598 *et* mai 1600. — Benoît Chalonneau paye la taxe d'ouverture de boutique. (Bib. Nat., ms. fr. 21872.)

2 novembre 1599. — Benoist Chalonneau, libraire, voyez CLO-PEJEAU.

CHAMEROIT

3 novembre 1579. — Jean Chameroit, imprimeur, rue Saint-Nicolas-du-Chardonnet, et Mathurine Le Compte, sa femme, donation mutuelle. (Arch. Nat., Y 121, f° 147 v°.)

CHAMPION

13 juin 1517. — Jean Gervais est condamné par le Bailli de Saint-Germain-des-Prés à réparer à ses frais le dommage qu'il a causé au jardin de Jean Champion, libraire, demeurant à Paris, près la Porte Saint-Germain-des-Prés. (Arch. Nat., Z/2 3289.)

1er février 1521 (n. st.). — Jean Champion, libraire, demeurant à Paris, au louage de l'hôtel de Rouen, se porte caution des exécuteurs testamentaires de feu Hubert Destrimel. (Arch. Nat., Z/2 3291.)

17 avril 1521. — Jean Boysart, messager, rue Gilles-le-Queux, près Saint-André-des-Arcs, et Jean Champion, libraire, près la Porte Saint-Germain-des-Prés, passent acte comme exécuteurs testamentaires de Catherine La Jongleure. (Arch. Nat., Z/2 3293.)

13 novembre 1522. — Jean Champion [libraire] prisonnier à l'Abbaye de Saint-Germain-des-Prés à cause du « procès extraordinaire » qui lui est intenté, est mis en liberté jusqu'au premier jour « plaidoiable » après Noël prochain, sur une caution de 60 l. par. fournie par Olive Feuilleue (sic) sa belle-mère, demeurant devant le cimetière Saint-André-des-Arcs, à l'enseigne du Cerceau, par Etiennette, sa femme, et par Guillaume Prévost, maître-barbier à Saint-Germain-des-Prés. (Ibid.)

20 novembre 1522. — Maître Claude Michel, prêtre, official de Jean de Sallezart, grand archidiacre de Sens, agissant comme son procureur, se fait remettre, sous la caution d'Olivier Alligret, avocat au Parlement, les biens qui ont été trouvés chez Jean Champion, marchand relieur de livres, et chez Olive Feuillue, sa belle-mère, savoir : « une robbe de damas tanné à usaige d'homme, fourré de penne blanche; une autre robbe de damas noir doublé de velours tanné et par les plis de devant de fustaine tannée; une robbe de damas noir audit usaige, doublée de taffetas noir armoisy; une robbe courte de damas noir fourrée de penne noire, audit usaige; ung saye de damas noir sans manches, doublé de treillis noir; quatre surplitz de toille de Hollande; deux braquemars dont l'ung manche d'ivoire et l'autre à bec de corbeau, garnis de leurs fourreaulx; ung tappis de drap vert de deux aulnes de long ». (Ibid.)

Jean Champion se présenta à l'audience en février et mars 1523 et fut ajourné.

7-21 juin 1524. — Olive Feuilleux, demeurant à l'enseigne du Cerceau, rue Saint-André-des-Arts, déclare sous serment qu'elle a chargé Liénard Ferrant, avocat au Parlement, « d'aler et solliciter pour une fois et une heure seulement, pour elle et son gendre, à l'hostel de Monsieur Le Court, bailly de Saint-Germain, et que pour cette vaccation elle a déduit et rabattu audit Ferrant 14 sols 6 deniers tournois, ce qui lui a esté dénié par ledit Ferrant ». (Arch. Nat., Z/2 3298 et 3300.)

Voyez TREPEAU à la date du 7 juillet 1553.

CHAPPELAIN

30 octobre 1584. — Payé à Jean Chappelain marchant papetier « pour ung livre couvert de cuyr vert, où est escript le present compte, 40 sols ». (Arch. Nat., H 4644, f° 21.)

C'est le livre des comptes de la confrérie de la Vierge Marie, à l'église Saint-Séverin. Le registre est encore couvert de sa reliure de cuir vert. Nous relevons dans ces comptes cet article : « A esté payé 2 grosses d'ymaiges où est imprimée la figure de la Conception pour donner aux Confrères, à raison de 18 soubz la grosse, pour ce icy, 36 sols. » Le nom de l'imprimeur « d'histoires » qui a fourni ces images n'est pas mentionné.

CHAPPELET

1586. — Claude Chappelet [libraire] paye la taxe d'ouverture de boutique. (Bib. Nat., ms. fr. 21872.)

CHARPENTIER

7 janvier 1544 (n. st.). — Raouland Charpentier, libraire, prend à bail, au loyer de 80 l. t., une maison, rue des Sept-Voyes, appartenant à la Grande Confrérie des Bourgeois, entre une autre maison à la Confrérie et les héritiers de Macé Bart. (Arch Nat., S 860.)

30 juillet 1547. — Roulland Charpentier, libraire, demeurant près le collège de Reims, achète la maison de la Petite-Arbalète rue Mouffetard, pour 240 l. t. (Arch. Nat., S 1652, f° 229, 1ʳᵉ série.)

5 juin 1551. — Voyez BUFFET.

6 juillet 1553; 4 juillet 1562. — Raoullant Charpentier, libraire, renouvelle le bail de la maison qu'il habite, rue des Sept-Voyes. (Arch. Nat., S 860.)

20 juin 1562; 23 juin 1562. — Voyez BUFFET.

13 février 1568. — Raoulland (sic), libraire, achète pour 100 l. t. de rente rachetable par 2 600 l. t. de capital, une maison faisant le coin de la rue des Sept-Voyes autrement dite rue du duc de Bourgogne, et de la rue des Amandiers, devant le collège de Reims, tenant d'une part à l'image Saint-Etienne, appartenant à la grande Confrérie des Bourgeois, et par derrière à l'image Saint-Nicolas. (Arch. Nat., S 1653, f° 270, 2ᵉ série.)

On a mis postérieurement devant Raoulland le mot Charles; c'est l'abréviation du mot Charpentier qui n'a pu être déchiffrée une première fois par le rédacteur du Cartulaire de Sainte-Geneviève et qui a été mal interprétée la seconde fois.

La maison de l'image Saint-Etienne qui se composait de deux corps d'hôtel séparés par un jardin lorsqu'elle fut achetée par la Grande Confrérie des Bourgeois, en 1507, avait été divisée en deux maisons distinctes; c'est le corps d'hôtel faisant le coin de la rue des Amandiers qui est vendu ici à Charpentier ; l'autre corps d'hôtel, qui portait l'enseigne, était occupé aussi par Charpentier, mais comme locataire seulement.

1571. — Voyez NICOLLE.

9 novembre 1572. — Raoullant Charpentier, libraire, renouvelle le bail de la maison qu'il habite, rue des Sept-Voyes, au loyer de 100 l. t., entre une maison lui appartenant, qu'il a acquise de la Grande Confrérie des Bourgeois, et les héritiers de Michel Bart. (Arch. Nat., S 860.)

29 juillet 1575. — Nomination d'un subrogé tuteur à Antoinette, âgée de 6 ans et demi, Catherine, âgée de 4 ans et demi, et Alexandre, âgé de 6 mois, enfants mineurs d'Etienne de Vaulx et de feue Antoinette Charpentier, sa femme. Le conseil de famille se compose du père ; de Rolland Charpentier [libraire], aïeul maternel ; de Jean Masière, cousin maternel ; de Vallery Valentin [fourreur], de Guillaume Ruelle, de Nicolas Langlois, de Philibert Jullien, de Pierre Piou et de Jean Le Bouc [libraire], voisins. (Arch. Nat., Y 5251, f° 40 v°.)

30 juin 1576. — Enquête sur l'effondrement des bâtiments du collège de Carembert : Roolland Charpentier, libraire au Mont Saint-Hilaire, rue des Sept-Voyes, à l'image Saint-Etienne, âgé de 66 ans, dépose « qu'il y a quarante-deux ans ou environ qu'il est marié et demourant au quartier cy-dessus... que quelquefois les dits boursiers [du collège] alloient en son logis quérir du vin qu'il vendoit à potz... ». Nicolas Souliart, [ou Soullart], libraire, rue des Sept-Voyes, près le collège de Reims, âgé de 46 ans ou environ, et Henri Le Bé, relieur [et libraire] au Mont-Saint-Hilaire, rue des Sept-Voyes, devant le collège de Notre-Dame-de-la-Mercy, âgé de 45 ans ou environ, déposent aussi. (Arch. Nat., M 193.)

Il ressort de l'enquête que le Collège de Carembert était si pauvre que les boursiers gagnaient leur nourriture en chantant la messe dans les églises; les bâtiments menaçant ruine, faute d'entretien, furent abandonnés et s'effondrèrent peu après; le principal, réfugié dans une cahute « en manière d'étable à vaches » fit argent des matériaux en les vendant à un charpentier et à un maître-maçon, Thomas Blancvillain. Les biens du Collège furent alors attribués au Collège de Tréguier.

5 novembre 1576. — Roland Charpentier, libraire, est propriétaire de l'image Saint-Etienne, rue des Sept-Voyes, près l'église Saint-Hilaire, en face de la rue d'Ecosse, contiguë à la Chicheface

[rue des Amandiers], et tenant par derrière au collège des Grassieux. (Arch. Nat., S 1654, f° 35 v°, 1ʳᵉ série.)

12 août 1582. — Roland Charpentier, libraire, rue des Sept-Voyes, près le collège de Reims, est témoin au contrat de mariage d'un neveu de sa femme, Pierre Glanne, juré-mouleur sur bois, rue de la Harpe, avec Perrette Andry, veuve de Nicolas Mulot, maître-pâtissier-oublayer, rue de la Calande. (Arch. Nat., Y 123, f° 203.)

CHARRON

13 octobre 1552. — Sire Thibault Charron, libraire, voyez SAVETIER.

22 janvier 1553 (n. st.). — Testament de Thibault Charron, libraire, rue des Carmes, à l'image Saint-Jean; sain de corps. Il demande à être enterré dans l'église Saint-Hilaire, près des fonts, joignant défunt Nicole de La Barre [libraire, son beau-père]; exécuteurs : Collette de Labare [sic] sa femme; Jacques Calot [libraire], son gendre; Jean Charron [libraire] son fils; témoins : Jean Noyau et Pierre Jouault, imprimeurs. (Arch. Nat., LL 757, f° 22.)

26 août 1553. — Voyez CALOT.

17 octobre 1553. — Testament de Jean Briant, chandelier, rue des Carmes, à l'image Saint-Martin; témoins : sire Thibault Charron, libraire-juré, Toussaint Fillezin et Roulland Petit. (Ibid., f° 39.)

20 juillet 1562. — Testament de Nicole de La Barre, femme de Thibault Charron, libraire, rue des Carmes, à l'image Saint-Jean, saine de corps ; elle lègue à son fils Eloy Charron, religieux au couvent des Carmes 100 l. t. à prendre en 5 ans, 20 l. t. par an, et 20 aulnes de toile, ou autre chose équivalente ; à sa filleule, fille de Jean Durant, demeurant à Montreuil, un écu ; à une autre filleule, fille de Jean Courtault, un écu ; à sa cousine Tienette, sa méchante robe, cotte, corset et chapperon de tous les jours, et quatre chemises. Exécuteur testamentaire, son mari ; témoins : Jacques Ernault, libraire, Pierre Vendosme, serviteur, Martin Poullain et Jean Gilloys. (Ibid., f° 60.)

10 février 1569. — Jean Charron, libraire, voyez DOUART.

4 janvier 1570. — Jean Charron, libraire, garde des portes du palais royal, et Marguerite Ricouart, sa femme, donation mutuelle. (Arch. Nat., Y 110, f° 141 v°.)

1571. — Parmi les habitants de la rue des Carmes taxés au don de 300 000 livres se trouvent :

> La veuve Savetier [imprimeur, Maison-Rouge], 60 sols;
> Antoine Ruelle, 60 sols;
> Jean Bruneau, relieur [Maison-Blanche], 40 sols ;
> Veuve Charron, néant;
> Jean Charron, [libraire], 100 sols;
> Jean Charron le jeune, [libraire], 100 sols;
> Pierre Robillard, [fils d'André Robillard, libraire, et de Sansonne Charron], 8 livres; [ces quatre derniers habitant la maison de l'Image-Saint-Jean];
> Pierre Ramier, [imprimeur, Image-Saint-Martin];
> Jean Corbon, [libraire, aux Porcelets], 40 sols;
> Pierre Archambault, [libraire, aux Porcelets], 40 sols;
> Guillaume Nyon, [doreur de livres], 40 sols;
> Nicolas Moustier, ou Dumoustier, libraire, 40 sols;
> Marc Nyon, [libraire et relieur], 40 sols;
> Loys Berton, *alias* Verton, libraire, 40 sols.

(Bib. Nat., ms. fr. 11692, f°s 261 v°, 262, 266 v°, 748 v°, 761 et 761 v°.)

23 mai 1576. — Voyez COUETTE.

1er juillet 1584. — Voyez CALOT.

Sans date. — Jean Charron et Marguerite Ricouart, sa femme, sont propriétaires de la maison à l'image Saint-Jean-l'Evangéliste, rue des Carmes; Thibault Charron avait passé titre nouvel le 21 mars 1565. (Arch. Nat., S 1946/5.)

21 août 1585. — Marguerite Ricouart, veuve de Jean Charron, libraire-juré, et Olivier Mynagier, avocat au Parlement, exécuteurs testamentaires de feu Jean Charron, demandent main-levée des scellés qui ont été apposés. Leur requête est accordée. (Arch. Nat., Y 3879.)

21 mai 1586. — Marguerite Ricouart, veuve de Jean Charron, l'aîné, fait donation de tous ses biens moins 1 666 écus et deux tiers, à Olivier Mynaiger, avocat. (Arch. Nat., Y 127, f° 424.)

Voyez la généalogie de la famille Ricouart.

CHARTIER

13 octobre 1532. — Henri Chartier, maître-parcheminier-juré, prend à bail pour 6 ans, depuis le jour de Saint-Rémy passé, au loyer de 44 l. t., la maison de la Cour-Pavée, rue Saint-Séverin, appartenant à l'église Saint-Séverin. (Arch. Nat., S 3503.)

2 février 1544 (n. st.). — Bail de la même maison à Jeanne Marie, veuve d'Henri Chartier, parcheminier, au loyer de 50 l. (Arch. Nat., S 3508.)

CHASTELAIN

Entre août 1598 *et* mai 1600. — Charles Chastelain [libraire et relieur] paye la taxe d'ouverture de boutique. (Bib. Nat., ms. fr. 21872.)

17 janvier 1626. — Marie de La Noue, veuve de Charles Chastelayn, libraire, loue la maison de la Belle-Croix, rue Saint-Jacques, sous la réserve de la première chambre sur la rue, « pour y voir passer les entrées des Roys, Reynes et autres pompes ». (Arch. Nat., LL 1545 et S 4243.)

La maison fut successivement louée par Charles II Chastelain (1631), Jean Billaine (1634), Jean Piquet (1640), libraires; Balthazar de Montcornet, graveur, qui n'a le droit d'y mettre que des presses de taille-douce (1645); Guillaume Valet, graveur (1684); Louis Roulland, libraire, (1704) et Catherine Cotton, sa veuve (1722). (Ibid.)

CHAUDIÈRE

7 juillet 1531. — Regnault Chaudière, libraire, bourgeois de Paris, vend à Guillaume Raouland, marchand, bourgeois de Paris, une maison avec jardin, rue des Murs, paroisse Saint-Nicolas-du-Chardonnet, à l'enseigne de la Corne-de-Daim. (Arch. Nat., Q/1 1133/1 B.)

Voyez à HIGMAN la généalogie de la famille Chaudière.

11 septembre 1531. — Regnault Chaudière, libraire-juré, et Geneviève Hicman (sic), sa femme, constituent, pour 100 l. t. de capital, une rente de 8 l., 6 s., 8 den. t. sur les maisons de l'Homme-Sauvage, rue Saint-Jacques, et de l'image Saint-Sébastien, rue des Poirées, du propre de Geneviève. (Arch. Nat., MM 285, fᵒ 178 vᵒ.)

19 juin 1538. — Sire Regnault Chaudière, libraire-juré, achète de Nicole Amy, procureur au Parlement, pour 50 l. t. de rente, la maison de l'Ecrevisse, rue Saint-Jacques, située entre la maison du Renard-qui-ferre, aux hoirs de Jean Du Verger, boulanger, et celle de l'Homme-Sauvage. Corps d'hôtel sur le devant, bouge derrière et cour. (Arch. Nat., S 904, fᵒ 177 vᵒ.)

8 décembre 1541. — Regnault Chaudière, libraire-juré, demeurant rue Saint-Jean-de-Beauvais, au Soleil-d'Or, reconnaît que sa maison de l'Ecrevisse, rue Saint-Jacques, doit une rente au chapitre de Saint-Benoît. (Arch. Nat., S 894 B.)

30 décembre 1547. — Voyez COLINES.

9 avril 1548. — Voyez VASCOSAN.

1549. — Claude Chaudière, libraire-imprimeur, est porté aux comptes de l'entrée du Roi à Paris en 1549, comme « cappitaine de la bande des trois cens hommes de pié, imprimeurs, qui ont été èsdites entrées. » (Arch. Nat., KK 286, f° 141 v°.)

Registre des Délibérations du Bureau de la Ville de Paris, t. III.

30 mai 1550. — Voyez HIGMAN.

17 décembre 1551. — Claude Chaudière, marchand libraire, demeurant à Reims, vend à Mathurin Du Puy, libraire [à Paris] sa part des maisons de l'Homme-Sauvage et de l'Ecrevisse, rue Saint-Jacques, qui proviennent de la succession de Geneviève Jacquemant [pour Hicquemant, ou Higman], jadis sa mère, femme de Regnault Chaudière, son père. (Arch. Nat., S 904, f° 178 v°.)

1551; 1557. — Le Collège de Beauvais reçoit de Regnault Chaudière, libraire, les arrérages de la rente de 17 livres, 20 sols, 8 deniers t., due pour sa maison de l'Homme-Sauvage, rue Saint-Jacques. (Arch. Nat., M 97.)

22 février 1552 (n. st.). — Regnault Chaudière, libraire, est condamné à payer à Pierre de La Fosse, épicier, 4 l. 16 s. 8 d. t. pour les arrérages d'une rente assise sur un arpent de terre au terroir de Challeau, lieu-dit Belle-Feuille. (Arch. Nat., Y 5248.)

28 mars 1552 (n. st.). — Voyez GOURMONT.

25 novembre 1552. — Charles Estienne, ayant droit de Claude, fils de Regnault Chaudière, et plus tard comme tuteur avec Geneviève de Clermont des enfants de François Estienne, fait saisir sur le dit Regnault les maisons du Soleil-d'Or, rue Saint-Jean-de-Beauvais, de l'Homme-Sauvage et de l'Ecrevisse, rue Saint-Jacques. (Arch. Nat., Y 3453, f° 480.)

29 avril 1559. — Sentence condamnant les héritiers de Geneviève Hicqman [sic], femme de Regnault Chaudière, à payer à l'église Saint-Benoît le cens dû par deux maisons contiguës, rue Saint-Jacques, l'Ecrevisse et l'Homme-Sauvage, situées entre Michel Vascosan [libraire, la Fontaine, ancien Renard-qui-ferre] et Oudin Petit [libraire, la Fleur-de-Lys]. Les héritiers sont : Denis Pinsson, mari de Marguerite Chaudière, agissant aussi comme tuteur des enfants mineurs de Regnault Chaudière ; Nicole Chaudière, femme de Thibault Lourdet; André Roffet, libraire, comme tuteur et curateur des enfants mineurs qu'il a eus de Guyonne Chaudière, jadis sa femme; Catherine Chaudière, femme de Jean Massé, libraire; Hostelye Chaudière, femme de Mathurin Du Puys, libraire. (Arch. Nat., S 904, B.)

6 octobre 1559; 13 novembre 1559. — Sentences relatives à la même rente concernant la part de Jean Massé [libraire] et de sa femme. (Ibid.)

8 octobre 1559. — Voyez DU PUYS.

12 avril 1562. — Jean Fréquent, marchand bourgeois de Paris, par transport du Collège de Montaigu, poursuit les vente et criée de terres à Haubervilliers près Clamart, à Meudon et Fleury, appartenant à Denys Pinson comme tuteur des enfants mineurs de feux Regnault Chaudière [imprimeur] et Geneviève Hicquement sa femme, à Claude Chaudière [imprimeur] et consorts, pour obtenir le payement de 113 l., 15 s. t. d'arrérages d'une rente constituée le 13 septembre 1555. (Arch. Nat., Y 3471, f° 152.)

27 novembre 1564. — Millès Lombart, le jeune, marchand, bourgeois de Paris, à cause de sa femme ; Guillaume Chaudière, libraire ; Regnault Chaudière, boucher ; la veuve et les héritiers de Charles Estienne, docteur régent, Absalon Deschateaux, fripier, curateur des enfants de Thibault, Lourdet et de Nicole Chaudière ; Louis Pacquelin, notaire, et Guillaume Canto, procureur au Châtelet, paient une rente due à la Sorbonne, pour la maison du Soleil-d'Or et la maison contiguë rue Saint-Jean-de-Beauvais. (Arch. Nat., MM 287, f°ˢ 55 et 56.)

1571. — Guillaume Chaudière [libraire], voyez LHUILLIER.

14 janvier 1580. — Millès Lombard, marchand, et Marguerite Chaudière sa femme, donation mutuelle. (Arch. Nat., Y 121, f° 234.)

31 mai 1585. — Regnault Chaudière [libraire], achète une maison rue Saint-Jacques, à l'enseigne des Deux-Genettes, entre le Château-Rouge et l'Innocent; cour, cellier, petite cour, salle, ouvroir, chambres, greniers, montée mitoyenne avec la maison de l'Innocent. (Arch. Nat., S 904, f° 236 v°.)

En marge du Censier : « La maison où était pour enseigne les Deux-Genettes et l'Innocent, à présent le Nom-de-Jésus et l'Ecu-de-Florence, appartient aux sieurs Chaudière, Martin, de la Noue [libraires]».

Entre 1597 *et* mai 1598. — Regnault Chaudière [libraire] paye la taxe d'ouverture de boutique. (Bib. Nat., ms. fr. 21872.)

22 mai 1621. — M. Fouet, exécuteur testamentaire de feue Gillette Haste, veuve du sieur Guillaume Chaudière, donne 12 livres pour aider à faire le poisle de la Confrérie [de Saint-Jean-l'Evangéliste]. (Bib. Nat., ms. fr. 21872.)

Veuve de Guillaume Iᵉʳ Chaudière. Robert Fouet, libraire, était son gendre.

CHAUVIN

12 mars 1553 (n. st.). — Testament de Junian Chauvin, enlumineur, rue du Mont-Saint-Hilaire, aux Porcelets; exécutrice testamentaire : Denise Leeuille, sa femme ; témoins : Nicolas Boivin, enlumineur, et Michel Avice. (Arch. Nat., LL 757, f° 24 v°.)

CHEFDEVILLE.

7 septembre 1552. — Pierre Chefdeville, marchand de papier, est condamné à ouir le compte de tutelle que Pierre Martin, aussi marchand de papier, a l'intention de lui rendre, ainsi que le compte de la succession d'Etienne Chefdeville, son père, qui doit être rendu par Marie Thomas, veuve d'Etienne, remariée audit Pierre Martin. (Arch. Nat., Y 5241, f° 172.)

31 septembre 1552. — Nomination d'un subrogé-tuteur à Pierre Chefdeville, l'aîné, âgé de 24 ans, pour entendre les comptes que doivent lui rendre Pierre Martin et Marie Thomas. (Arch. Nat., Y 5242, f° 578 v°.)

6 juin 1575. — Nomination de tuteur à Guillaume et Pierre, fils mineurs de feu Pierre Chefdeville et de Marguerite Laurens. Le conseil de famille est composé de la mère, de Guillaume Laurens [papetier], oncle maternel, de Pierre Guyot [ou Guéau, papetier], cousin maternel, de Pierre Farcy, frère utérin ; de Pierre Le Blond, beau-frère utérin ; d'Albert Benoyst ; de Pierre et de Jean Ricouard [papetiers et libraires], cousins paternels et maternels. (Arch. Nat., Y 5251, f° 27.)

Il semble évident que ce Pierre Chefdeville, qui appartient à une famille dont les membres sont presque tous des papetiers, est le même que celui que nous citons plus haut ; on retrouve les mêmes parents dans les actes suivants :

18 juillet 1575 ; 21 juillet 1575. — Nomination de tuteur à Martin, âgé de 10 ans et à Antoine, âgé de 7 ans, fils mineurs de feu Jean Le Blond et de Claude Chefdeville. Le conseil de famille est composé de Pierre Guyot [ou Guéau, papetier], cousin germain maternel ; de Jean Ricouard [libraire et papetier], cousin germain maternel à cause de sa femme ; de Pierre de La Forest et de Jean Ricouart [libraire et papetier], cousins maternels, d'Etienne Victor, de Nicolas Salmon et de Guillaume Moreau, voisins. (Arch. Nat., Y 5251, f°ˢ 37 v° et 38.)

CHESNEAU

18 janvier 1563 (n. st.) ; 5 février 1563 (n. st.). — Nicolas Chesneau, libraire, voyez BRETON.

28 juin 1567. — Nicolas Chesneau, libraire, achète de feu Jean Truppelet, tonnelier, la maison de l'image Saint-Jacques, rue Saint-Jacques, du côté de Saint-Benoît, pour 3 500 l. t. et les charges. (Arch. Nat., S 904, f° 86.)

6 juillet 1568. — Antoine Ricout, marchand, bourgeois de Paris, poursuit les ventes et criée de la maison de l'image Saint-

Jacques, rue Saint-Jacques, appartenant à Nicolas Chesneau, marchand libraire et bourgeois de Paris, pour 812 l. t. qui lui sont dues en vertu d'une obligation du 3 juillet 1567. (Arch. Nat., Y 3468, f° 213.)

11 janvier 1569. — Nicolas Chesneau, marchand libraire et bourgeois de Paris, poursuit les vente et criée d'une maison commencée à bâtir rue de la Barillerie, appartenant à Girard Beroul, marchand quincaillier, pour 60 écus d'or soleil qui lui sont dus en vertu d'une obligation du 7 janvier 1569. (Ibid., f° 86.)

1571. — Nicolas Chesneau, voyez LHUILLIER.

1571. — Thomas Chesneau, voyez QUESTIGNY.

18 mai 1573. — Nicolas Chesneau, voyez NIVELLE.

28 mai 1575. — Nicolas Chesneau, libraire-juré, syndic de la Communauté des libraires et imprimeurs, voyez DU PRÉ.

2 août 1575. — Voyez ESTIENNE.

30 juillet 1576. — Thomas Chesneau, voyez LE DUC.

22 juillet 1578. — Marie Aurillet, femme de Nicolas Chesneau, libraire, est marraine à Saint-André-des-Arcs de Catherine, fille de Jacques Brion, apothicaire, et de Jeanne Aurillet. (Bib. Nat., ms. fr. 32589.)

11 mai 1581. — Voyez BELOT.

24 février 1582. — Thomas Chesneau, imprimeur, rue des Sept-Voyes, à l'image Saint-Laurent, fait donation de tous ses biens à Simon Rabardel, imprimeur, et à Françoise Chabot sa femme, gendre et fille de feue Louise Beauté, femme de Thomas Chesneau. (Arch. Nat., Y 124, f° 7 v°.)

7 mars 1586. — L'adjudicataire (non dénommé) de la maison du Chesne-Vert, rue Saint-Jacques, ayant appartenu à Nicolas Chesneau, est ensaisiné. (Arch. Nat., S 904, f° 222 v°.)

CHEVALLIER

28 juin 1597. — Contrat de mariage de Pierre Chevallier, imprimeur en l'Université, âgé de 25 à 26 ans, fils de feu Simon Chevallier, marchand de vins, et de Catherine de La Marche, avec Madeleine Roger, veuve de Pierre Hury, libraire-juré et imprimeur, rue des Sept-Voyes, près Saint-Hilaire. Témoins : François Du Chesne, maître-imprimeur; Martin Vérac, compagnon-imprimeur, ami ; Georges Nyver, imprimeur, cousin de la future ; Pierre Hury, maître-cordier, beau-frère. (Arch. Nat., Y 137, f° 149.)

26 novembre 1609; 18 avril 1610; 3 mars 1611. — Voyez DU FOSSÉ.

20 juin 1613. — Déclaration de Pierre Chevallier, libraire-juré et imprimeur, rue des Sept-Voyes, relative à une donation à lui faite par Pierre Buret, imprimeur, rue des Amandiers. (Arch. Nat., Y 154, f° 121.)

Il y avait deux frères du nom de Pierre Chevallier, exerçant tous deux, l'un habitant rue Saint-Jacques, l'autre rue des Sept-Voyes. En 1639, Elisabeth Chevallier, fille majeure de Pierre Chevallier, libraire, et d'Elisabeth Macé, sa veuve, vend la maison de l'image Saint-Pierre, rue Saint-Jacques, au libraire Sébastien Huré. (Arch. Nat., LL 1545, p. 243.)

CHEVALLON

18 juillet 1537. — Gervais Chevallon, marchand libraire-juré en l'Université de Paris, vend à Louis Chevallon, son frère, avocat au Parlement, le sixième de la maison du Rouet, sise rue Saint-Jacques, entre les religieux de la Couture et la Coupe-d'Or, provenant de la succession de Claude Chevallon, leur frère (sic). Le prix de 400 l. t. a été payé en marchandises de librairie d'après l'estimation faite après le décès de Claude Chevallon [imprimeur], leur père (sic). (Arch. Nat., S 1651, f° 86, 3° série.)

25 avril 1549. — Charlotte Guillard, veuve de Claude Chevallon, voyez NIVELLE.

9 juin 1553. — Charlotte Guillard, bourgeoise de Paris, demeurant rue Saint-Jacques, fait donation à Perrette Aubert, son arrière-nièce, de 200 écus soleil « en faveur du mariage de ladite Aubert, et qu'elle trouve meilleur parti en l'état dudit mariage. » (Arch. Nat., Y 99, f° 148.)

Perrette épousa Marin Ségur, avocat au Parlement; en 1581, elle était veuve, et sa fille Jeanne, veuve d'Adam Guérin, avocat au Parlement, était remariée à Martin Sédile, même qualité. (Arch. Nat., Y 100, f° 339; Y 123, f° 68 v°.)

20 juillet 1557; 29 décembre 1557; 31 décembre 1557; 12 août 1558; 16 novembre 1558; 12 mars 1559 (n. st.). — Feue Charlotte Guillard, voyez DES BOYS.

8 mai 1571. — Feue Charlotte Guillard, voyez NIVELLE.

CHEVILLOT

20 mars 1596. — Pierre Chevillot, imprimeur du roi à Troyes [et précédemment imprimeur à Paris], voyez VALLET.

CHION

29 octobre 1549. — Pierre Chion, [libraire], voyez NIQUET.

20 août 1555. — Voyez CRETEL.

2 avril 1556. — Pierre Chion, libraire, est témoin au testament de Jeanne Le Febvre, femme de Crespin Fillau. (Arch. Nat., LL 757, f° 51.)

4 septembre 1562. — Pierre Chion, libraire, voyez MOREL.

2 juin 1567; 10 juin 1569. — Pierre Chion, voyez PAUTON-NIER.

CHRESTIEN

3 mai 1564. — Jean Chrestien entre en apprentissage chez Guillaume Merlin, libraire-juré. (Bib. Nat., ms. fr. 21842, à la date du 20 octobre 1627.)

9 août 1605. — Jean Chrestien, maître-doreur de livres, voyez FEBVRIER.

CHUCQUET

13 juillet 1578. — Contrat de mariage de Jean Chuquet [sic], maître-graveur, fils de feu Jean Chucquet [sic], imprimeur, et de Gillette Barrault, remariée à Pierre Charpentier, porteur de grains, avec Gillette Boulart. (Arch. Nat., Y 120, f° 128 v°.)

CHUPIN

9 décembre 1540. — Pierre Chupin, libraire et relieur, prend à bail des Mathurins la moitié de la cave et quelques logements de la maison de la Croix-Verte, rue du Foin. (Arch. Nat., LL 1545, p. 151.)

CLOPEJEAU

1571. — Michel Copigleau [Clopejeau, libraire], voyez LE BOUC.

15 et 16 avril 1573; 14 août 1576. — Michel Clopejeau, [libraire], voyez CAVELLAT.

Entre août 1598 *et* mai 1600. — Gabriel Clopejeau paye la taxe d'ouverture de boutique. (Bib. Nat., ms. fr. 21872.)

2 novembre 1599. — Contrat de mariage de Gabriel Clopigeau [sic], marchand libraire, âgé de 26 ans, demeurant rue de la Barillerie, fils de feu Michel Clopigeau, aussi libraire, et de Gillette Richard, sa femme, avec Jeanne Magdelain, fille de Jean Magdelain, épicier, et de Claude Poupart. Témoins du futur : Antoine Gourdin, libraire, et Louise Richard, sa femme, cousins ; Benoît Chalonneau, libraire, cousin issu de germain ; Nicolas Fèvre, oncle à cause de Judic Richard, sa femme ; Jean de Heuqueville, libraire, maître et ami ; témoins de la future : Etienne Vallet, libraire, et Suzanne Cheval, sa femme, cousins germains ;

Isabelle Regnault, veuve de Jean Poupart, bonnetier, aïeule. (Arch. Nat., Y 138, f° 256.)

4 mai 1600. — Geneviève Clopejeau [fille de Michel], fait donation d'une maison à Saint-Martin-du-Tertre. (Arch. Nat., Y 93, f° 87.)

CLOTIN ou CLUTIN

5 mai 1464. — Jean Le Bret, huilier-chandelier, achète une maison de la rue Saint-Christophe, faisant le coin d'une petite ruelle par où l'on va à Sainte-Geneviève-des-Ardents, en entrant par le petit huys, et tenant à la maison habitée par Arnoul Clotin, libraire. (Arch. Nat., S 5079 B.)

1ᵉʳ septembre 1496. — René Biétrix, tailleur de robes, achète la moitié de la maison de la Rose-Rouge, rue Neuve-Notre-Dame; l'autre moitié appartient à Jean Danans, historieur, enlumineur et libraire-juré, et à Geneviève Clutin, sa femme, qui en est devenue propriétaire à la suite des décès d'Arnoul Clutin, son père et de Pierre Clutin, son frère, prêtre, curé de la Varenne-Saint-Maur. Elle est contiguë aux héritiers de Guyot Le Musnier et à une maison appartenant à l'église Sainte-Geneviève-des-Ardents [l'image Saint-Jean-Baptiste]. (Arch. Nat., S 5082/3, f° 193.)

1564. — Pierre Biétrix, couturier, paye à la Commanderie du Temple au lieu des héritiers de feu Arnoul Cloutin, 100 s. par. de cens pour une maison rue Neuve-Notre-Dame, entre Marguerite Delassus, veuve de Jacques Huot, et Gilles Luillier. (Arch. Nat., S 5081/4.)

CODORÉ

4 juillet 1571. — Olivier Codoré, graveur en pierre, demeurant à Paris, reçoit de la Ville de Paris 15 l. t. pour la réimpression, à 1 300 exemplaires, de trois feuillets du livre de l'Entrée du Roy : « Lesquelles il falloit refaire pour avoir trouvé que l'ordre d'aucuns seigneurs et dames n'avoit esté bien observé; mesmes pour [avoir] mis la Royne avant la Royne mère, Messieurs les Ambassadeurs en autre rang qu'ils ne devoient, et adjousté aucuns seigneurs qui avoient esté obmis. » Il reçoit encore le prix de 48 exemplaires, dont 40 en blanc, à 12 sols pièce « qui furent baillés à reigler, laver, dorer et relier [à Claude de Picques, relieur] pour donner tant au Roy, à la Royne, à Messieurs ses frères que autres princes et seigneurs, » et le prix de 8 exemplaires reliés en parchemin commun, à 15 sols pièce, dont six pour être donnés à différents personnages et deux pour être déposés au greffe de la Ville. Soit en tout, 45 l. t. (Bib. Nat., ms. fr. 11690, f° 63 v°.)

Ce sont les exemplaires achetés par la Ville de Paris du « Bref et sommaire recueil de ce qui a esté fait... à la joyeuse et triomphante entrée de... Charles IX... en sa bonne ville et cité de Paris », imprimé par Denys Du

Pré pour le compte d'Olivier Codoré qui en avait gravé les planches ; les reliures de ces exemplaires furent confiées à Claude de Picques, relieur du roi, et l'enluminure à Fleurant Le Pelletier. La Ville avait pris à sa charge la réimpression des cartons dont il est question plus haut ; elle en paya le papier à Guillaume Merlin. (Voyez PICQUES, MERLIN et LE PELLETIER.)

COIGNART

17 août 1510. — Gervais Coignart, marchand libraire, bourgeois de Paris, vend pour 400 l. t. à Oudine de Villers, une maison rue du Mont-Saint-Hilaire, contiguë à la Corne-de-Cerf, qui lui avait été donnée le 17 juin 1504 par Nicole de Conty, docteur en décrets. (Arch. Nat., S 904, f° 111.)

COL ou COLLE

1571. — Jacques Col, parcheminier, voyez ROUX.

23 mai 1577. — Jacques Colle, parcheminier, voyez REGNAULT.

COLINES

26 avril 1529 ; 25 juillet 1530 ; 11 janvier 1532 (n st.). — Simon de Colynez (Collinez ou Collynes), libraire, achète des terres à Saint-Marcel : un arpent ou environ de vignes à prendre sur une pièce aboutissant au chemin de l'Arbalète, pour 30 l. t. ; un demi-arpent de terre, lieu-dit les Poutrais, pour 30 l. t. ; une pièce d'oseraie et saussaie, près Saint-Victor, lieu-dit Coppeaux, pour 80 l. t. (Arch. Nat., S 1651, f°ˢ 52, 51 v° et 90 v°, 2ᵉ série.)

5 janvier 1530 (n. st.) ; 20 septembre 1530 ; 7 novembre 1530 ; 22 janvier 1531 (n. st.) ; 19 août 1531 ; 15 novembre 1531 ; 3 avril 1532 ; 15 novembre 1532 ; 12 janvier 1534 (n. st.) ; 17 janvier 1534 (n. st.). — Simon de Colinnes, marchand imprimeur de livres, demeurant rue de Beauvais (sic), achète des terres à Saint-Marcel : un demi-arpent de vignes, lieu-dit Peghour, pour 8 l. t. ; un demi-arpent de vignes, même lieu, pour 13 l. t. ; un demi-arpent de terre, lieu-dit Haultebonne et un quartier de vignes, lieu-dit Peghour, pour 6 l. t. ; un demi-arpent de terre à Haultebonne, pour 13 l. 10 s. t. ; un quartier de terre, pour 7 l. 10 s. t. ; un quartier de vignes, lieu-dit Peghour, pour 6 l. t. ; un arpent de terre, lieu-dit l'Orme-au-More, pour 40 l. t. ; deux quartiers de terre lieu-dit Chassegay, pour 11 l. t. ; 2 arpents de vignes en friche, lieu-dit Haultebonne, pour 60 l. t. ; un arpent de terre, lieu-dit La-Croix-du-Gort, pour 19 l. t. (Arch. Nat., S 5120/4, f°ˢ 4 v°, 18 v° et 35 v°.)

1532. — Symon de Collines, libraire-imprimeur, rue Saint-Jean-de-Beauvais, au Soleil-d'Or, paye à la Commanderie de Saint-Jean-de-Latran, le cens dû pour 12 pièces de terre dont il est proprié-

taire à Saint-Marcel, lieux-dits Peghour, Haultebonne, Chassegais, la Tournelle, l'Orme-au-More et les Reculettes. (Arch. Nat.,
S 5118/3.)

19 août 1533. — Symon de Colynez, libraire, achète pour
450 l. t. une grange, avec volière au-dessus de l'entrée, appentis
appliqué à de petites étables, grande cour sur rue avec puits commun enclavé, petite courelle sur rue, petit jardin sur le derrière, au
coin de la rue Mouffetard, à Saint-Marcel, et de la porte de l'Arbaleste, tenant par derrière au chemin qui mène à la Porte Saint-
Jacques. (Arch. Nat., S 1651, f° 117 v°, 2ᵉ série.)

1535. — Symon de Colinnes, libraire-imprimeur, paye à la
Commanderie de Saint-Jean-de-Latran le cens dû pour 16 pièces
de terre dont il est propriétaire à Saint-Marcel, lieux-dits Peghour,
Haultebonne, Chassegais, la Tournelle, l'Orme-au-More, les Reculettes et la Croix-du-Gort. (Arch. Nat., S 5118/7, nᵒˢ 161 à 180.)

30 décembre 1547 ; 20 avril 1548. — Saisie sur feu Damien
Hicquement l'aîné [Higman, libraire] de la moitié de la maison
de l'image Saint-Sébastien, rue des Poirées, et de la moitié de la
ferme de Pisseleu provenant de la succession de Guyonne Viart,
sa mère, femme en tierces noces de feu Simon de Colines. —
3 décembre 1550. — Adjudication de l'image Saint-Sébastien à
Jean Macé, libraire. (Arch. Nat., Y 3448, fᵒˢ 408, 437 v°, 457 v° ;
Y 3449, f° 240 ; MM 286, f° 35.)

Ces actes nous donnent les noms des héritiers de Simon de Colines et de
Guyonne Viart ; ceux de Colines étaient, chacun pour un tiers, Nicolas de
Colines, Geneviève de Colines femme de Jean Boisseau, et feu Christophe
de Colines, représenté par ses deux fils noble personne Jacques de Colines et
Jean de Colines, et ses deux gendres, François Du Boys et Macé Bonneguy ;
ceux de Guyonne étaient, chacun pour un sixième, Damien et Geneviève Higman, femme de Regnault Chaudière, Robert, Charles et François Esfienne
et leur sœur Nicole, femme de Guillaume Buron, procureur au Châtelet. Ils
nous renseignent aussi sur les enfants et la femme de Damien, et nous
donnent les renseignements qu'on trouvera sur leur compte dans la généalogie à l'article HIGMAN.

31 mars 1552 (n. st.). — Feu Simon de Colines, voyez ROFFET.

5 mai 1554. — Nicolas Decolignes, laboureur à Gentilly, et Jean Boisseau, rue de l'Arbalète à Saint-Marcel, tuteurs des enfants mineurs de feu
François Decolignes. (Arch. Nat., ZZ/1 301.)

22 juin 1560. — Jean Boysseau, en son nom et comme tuteur
et curateur des enfants mineurs de feu Nicolas Badain et de
Louise Boysseau, héritiers par représentation de feue Geneviève
de Colynes, femme de Jean Boysseau, leur ayeule ; Nicolas de
Colynes ; Jean Angot et Jean Guillaume et leurs femmes, filles et
héritières de Geneviève de Colines, mettent opposition sur le prix

à provenir de la vente des biens de Charles Guillaume, en garantie 1° de 30 l. t. de rente faisant la moitié d'une rente de 60 l. t. constituée par feu Simon de Collines [imprimeur] à maître Pierre Berthomyer ; 2° de 18 l. t. de rente constituée par Geneviève de Collines et Jean Boysseau à feu Fleurant Lhuillier ; 3° de 300 l. t. pour le legs fait par feu Simon de Colines aux enfants de feu François de Colines. (Arch. Nat., Y 3460, f° 12 v°.)

23 juillet 1562. — Jean Angot et Guyonne Guillaume sa femme, Jean Guillaume et Jean Boisseau, ce dernier agissant aussi comme tuteur des enfants de feu Nicolas Badrain et de Louise Boisseau, tous héritiers de Geneviève de Collines, femme en dernières noces de Jean Adcoquesy (?), et Nicolas de Collines sont propriétaires de moitié d'une rente de 60 l. t. constituée à maître Jean Barthomyer [avocat au Parlement] par Simon de Collines [imprimeur] et Guyonne Viart, sa femme. (Arch. Nat., Y 3462, f° 124.)

COLOMBEL

1571. — Robert Colombel [libraire], voyez BOREL.

COQUERET ou COCQUERET

10 février 1550 (n. st.). — Testament de Jeanne Valoise, veuve de Jean Morineau, laboureur, demeurant à l'Ecu-de-France, au Clos-Bruneau. Exécuteur testamentaire : Pierre Coqueret (*alias* Quoqueret), libraire; légataire universelle : Catherine Coqueret, fille de Pierre « pour les bons services que luy a faits ledit Pierre Coqueret, par cy devant, sçavoir pour l'avoir gouvernée malade et saine l'espace de cix ans et plus »; témoins : Jean Lambert et Jean Marchade. (Arch. Nat., LL 757, f° 3 v°.)

1er décembre 1551. — Voyez YVERNET.

12 décembre 1601. — Jean Cocqueret, libraire et relieur, rue des Poirées, et Geneviève Bailleur, sa femme, donation mutuelle. (Arch. Nat., Y 140, f° 365.)

COQUET

26 juin 1564. — Contrat de mariage de Claude Coquet, libraire, rue Saint-Victor, avec Claude Beaugrand, veuve de Laurent Hochet, tavernier. (Arch. Nat., Y 125, f° 402 et ZZ/1 303, f° 81.)

8 juillet 1574. — La Ville de Paris donne à bail à Claude Coquet, garde-clefs de la Porte Saint-Victor depuis la semaine sainte dernière, pour 9 ans, au loyer de 30 l. t., deux corps d'hôtel,

l'un neuf et l'autre vieux, près la Porte. (Arch. Nat., Q/1 1099/200, f° 93 v°.)

9 août 1578. — La Ville de Paris donne à bail à Claude Coquet, portier de la Porte Saint-Victor, pour 99 ans, au loyer de 16 s. par., une petite place vide contre la Porte, avec l'obligation d'y construire une maison. (Ibid., f° 157.)

23 mars 1583. — Bail de l'habitation ordinaire du portier de la Porte Saint-Victor renouvelé pour 9 ans à Claude Coquet; loyer, 12 écus d'or. — (Ibid., f° 248 v°.)

8 avril 1584. — Testament de Claudé Beaugrand, veuve en premières noces de Jean Le Duc, dit de Marillac; en secondes noces de Laurent Hochet, tavernier; femme en troisièmes noces de Claude Coquet; « en son hostel, près et joignant la Porte Saint-Victor ». (Arch. Nat., Y 126, f° 125.)

8 août 1584. — Ratification du contrat de mariage passé 10 ans auparavant entre Claude Coquet et Claude Beaugrand. (Arch. Nat., Y 125, f° 403.)

CORBERAN

9 février 1584. — Jean Corberan, relieur de livres, rue Frémentel, est témoin au contrat de mariage de Catherine Testu, veuve de Marc Pilloys, barbier et chirurgien, avec Balthazar de Maupin, même profession. (Arch. Nat., Y 125, f° 531.)

CORBON

1er avril 1549 (n. st.). — Jean Corbon, libraire, voyez LE FEBVRE.

10 novembre 1549. — Jean Corbon, libraire, est témoin au testament de Denyse Rigoise, femme de Pierre Pescheur, bonnetier. (Arch. Nat., LL 757, f° 3.)

2 juin 1551. — Voyez ARCHAMBAULT.

18 juin 1555. — Jean Corbon [libraire], Jean Tonyn [savetier] et Thomas Le Febvre [tailleur] sont témoins du testament de Pierre Godemer. (Signet manuel). (Ibid., f° 55.)

9 novembre 1557. — Jean Corbon [libraire], demeurant aux Porcelets, rue des Carmes, est témoin au testament de Jacqueline Duval, femme de Zacharie Perot [compagnon-barbier]. (Ibid., f° 87.)

1571. — Voyez CHARRON.

26 avril 1575. — Voyez LALISEAU.

3 janvier 1591. — Voyez BRUMEN.

CORDIER ou LE CORDIER

Entre 1595 *et* mai 1596. — Geoffroy Cordié paye la taxe d'ouverture de boutique. (Bib. Nat., ms. fr. 21872.)

7 octobre 1606. — Contrat de mariage de Jacqueline, fille de Geoffroy Le Cordier, libraire et relieur, rue Saint-Jean-de-Latran, avec Pierre Guillemet, praticien au Palais; témoin : Geoffroy Le Cordier, libraire et relieur, frère de la future. (Arch. Nat., Y 145, f° 349.)

CORROZET

29 avril 1562. — Bail à gouvernement de Jean Guere, jeune, fils de Jean Guere et de feue Jeanne Robin. Parmi les membres du conseil de famille : Gilles Corrozet, affin, et Jean Corrozet [libraires], Alexandre Guignard, ami, et Pierre de La Cour [drapiers ?]. (Arch. Nat., Y 5247, f° 88.)

19 février 1564 (n. st.). — Gilles Corrozet, libraire, et Catherine Cramoisy, sa femme, propriétaires d'un banc au Palais, au premier pilier devant la chapelle de la grand'salle. (Arch. Nat., Y 105, f° 19 v°.)

29 juillet 1567. — Catherine Cramoisy, femme de Gilles Corrozet, libraire, fille de Philippe Cramoisy [drapier] et de Catherine Bérangeon [*alias* Béranjon], sa femme, fait donation à Jeanne Cramoisy, sa sœur. (Arch. Nat., Y 108, f° 173.)

1571. — Jean Corrozet, libraire, voyez ROBINOT.

21 janvier 1581. — Contrat de mariage de Suzanne Couvrechef, servante de Galliot Crozet [sic], libraire, demeurant en sa maison; avec Bénard Musnier, grande rue, à Saint-Marcel. (Arch. Nat., Y 122, f° 322.)

8 mars 1582. — Jean Corrozet, mercier au Palais, et Nicole Divry, sa femme, demeurant rue de la Licorne, reçoivent donation. (Arch. Nat., Y 123, f° 411.)

2 janvier 1596. — Contrat de mariage de Denyse Corrozet, fille de Galliot Corrozet [libraire], rue de la Vieille-Pelleterie, marié en secondes noces à Jeanne Chausson, et de feue Marie Desmolins [*alias* Des Moulins], sa première femme; avec René Du Plesset, maître-quincaillier en fer blanc, demeurant rue de la Barillerie. Dot : 166 écus et deux tiers, dont 66 écus et deux tiers en argent comptant, plus une rente de 8 écus servie par Guillaume Durand, marié à Jeanne Destamyn, parent de la future. Témoins :

Jean Corrozet, [libraire], oncle, et Marie Corrozet, femme de Martin Bobye, tante. (Arch. Nat., Y 135, f° 180.)

29 juin 1612. — Jean Corrozet, marchand [mercier], rue de la Pelleterie, fait donation à Robert Corrozet, écolier-juré de l'Université, son fils. (Arch. Nat., Y 152, f° 356 v°.)

COSME

25 mai 1553. — Testament de Pierre de Cosme, libraire, « en la maison louable du collège de Calembert, » rue des Sept-Voyes. Légataire universel : Jean de Cosme, son frère ; legs de 30 l. t. à Marguerite de Cosme, sa sœur ; exécuteurs testamentaires : Guillaume Febvrier, libraire, son compère et ami, demeurant « tout devant son logis », et Jean Fourdin ; témoins : maître André Brin, maître Pierre Colinas et maître Louis Couronne. (Signet manuel. — *Cancellé*). (Arch. Nat., LL 757, f° 27 v°.)

1er décembre 1554. — Autre testament de Pierre de Cosme, libraire, même adresse. Légataire universel : Jean de Cosme, son frère; exécuteurs : son frère et Tiennette Garmonde, sa femme. Témoins : maître Pierre Dangennes, Guillaume Guerne et Marin Lambert. (Signet manuel. — *Cancellé*). (Ibid., f° 47.)

2 décembre 1554. — Autre testament du même. Légataire universel : Jean de Ribes, étudiant en médecine; legs de 50 l. t. à Jean de Cosme, son frère; exécutrice testamentaire : Tiennette Garmonde, sa femme ; témoins : Guillaume Demourancourt et Antoine Marchant, libraires. (Signet manuel). (Ibid., f° 48.)

23 mai 1578. — Contrat de mariage d'Agnès Cocquet, veuve en dernières noces de Philippe de Cosme, libraire, avec Bertrand Potier, marchand à Paris. (Arch. Nat., Y 121, f° 220.)

COSTEL

8 juin 1560. — Testament de Gilles Costel, imprimeur, demeurant à la Pomme-de-Pin [rue du Mont-Saint-Hilaire] ; exécutrice testamentaire, Catherine Petit, sa femme ; témoins : Jacques Blanchon, Pierre Doynau, Pierre Cornyer, Claude Predomme et Michel Barbyer. (Arch. Nat., LL 757, f° 89 v°.)

COUETTE

1571. — Robert Couet [libraire], rue Traversine, est taxé à 40 sols au don gratuit de 300 000 livres. (Bib. Nat., ms. fr. 11692, f° 269.)

23 mai 1576. — Nomination d'un subrogé tuteur à Jacques Couette âgé de 14 ans ou environ, fils de Robert Couette, mar-

chand libraire à Paris, et de feue Marie Boret, sa femme. Parmi les membres du conseil de famille, Jean Charron et Nicolas Soullart [libraires], voisins. (Arch. Nat., Y 5251, f° 120.)

COURBES

1586. — Jérôme de Courbes paye la taxe d'ouverture de boutique. (Bib. Nat., ms. fr. 21872.)

Nous ne savons si ce fut en qualité d'imprimeur, de libraire, de relieur ou de papetier ; il fut maître de la confrérie de Saint-Jean-l'Evangéliste de 1608 à 1610 en même temps que Robert Fouët, libraire et relieur et que Jean Le Duc, papetier, ce qui pourrait laisser croire qu'il était imprimeur, mais on ne cite aucune impression à son nom. Ses descendants furent libraires jusqu'au milieu du XVIII° siècle.

COURTILLIER

1454; 1455. — Denis Courtillier, libraire, paye à la Commanderie de Saint-Jean-de-Latran le cens dû par la maison du Mortier-d'Or, rue Saint-Jacques, celle de l'Arbalète, rue des Noyers, et deux maisons, même rue, appelées les Basses-Maisons, dont l'une porte pour enseigne le Signe. (Arch. Nat., S 5117.)

1469; 1472 — Maître François Ferrebourc, paye le cens de la maison du Mortier-d'Or, rue Saint-Jacques, sise entre une maison lui appartenant et celle de Maurice Royer, au lieu de feu Denys Courtillier, libraire. (Arch Nat., S 5117/12 et /10.)

COURTIN

20 novembre 1576. — Nomination d'un tuteur à Philippe Courtin, âgée de 17 ans ou environ, fille mineure de feu Pierre Courtin, papetier, et de Marguerite Hardie. (Arch. Nat., Y 5251, f° 170 v°.)

COYPEL

19 septembre 1580. — Henri Coipel, maître-imprimeur, rue Judas, et Marguerite Pyvert, sa femme, font donation à Baruch Le Rouge, compagnon-imprimeur, rue Bordelle, de meubles et ustensiles mobiliers. (Arch. Nat., Y 122, f° 105.)

La femme de Coypel est nommée Marguerite Syvert, dans un acte cité par MM. Pichon et Vicaire (p. 178).

13 septembre 1590. — Henri Coipel, maître-imprimeur, voyez LE BLANC.

Henri Coypel mourut le 10 décembre 1603 et fut inhumé à Saint-Nicolas-du-Chardonnet (Jal, *Diction. critique*).

CRAMOISY

19 février 1563; 29 juillet 1567. — Catherine Cramoisy, voyez
CORROZET.

Fille de Philippe Cramoisy, drapier, et de Catherine Béranjon, sœur de
Jeanne Cramoisy, elle devait appartenir à la famille de ce nom qui s'illustra
plus tard dans l'imprimerie. Nous avons relevé les noms de Pierre Cramoisy,
marchand et bourgeois de Paris en 1513 (Bib. Nat., ms. fr. 33047, f° 623);
de Philippe Cramoisy, étudiant en l'Université en 1544, neveu et cousin de
Claude Des Fossés, marchand, d'Isabeau Langlois, teinturier, de Gillette
Cramoisy, veuve de Pierre Payen, marchand (Arch. Nat., Y 91, f° 20 v°) ;
d'Abel Cramoisy, huissier ordinaire au Conseil privé, et au grand Conseil en
1572, conseiller, notaire, secrétaire du roi, maison et couronne de France en
1591, marié à Marie Poullard (Arch. Nat., Y 113 f° 240; Y 132, f° 361); de
Pierre Cramoisy, marié à Madeleine Guy en 1576 (Arch. Nat., Y 116,
f° 150 v°); d'Anne Cramoisy, mariée à André Cossart, drapier, rue de la
Vannerie, en 1590 (Arch. Nat., Y 132, f° 88); de Claude Cramoisy, mariée
le 13 février 1601, à Saint-Jean-en-Grève, à Louis de Lions (Bib. Nat., ms.
fr. 33047, f° 623); de Marie de Florette, femme de Jean Cramoisy, avocat
au Parlement, morte le 30 juin 1614, inhumée à Saint-André-des-Arcs (Bib.
Nat., ms. fr. 32589).

CRÉPON

5 janvier 1551 (n. st.). — Pierre Crépon, l'aîné, imprimeur
à Paris, et Jeanne Girard, sa femme, font donation de droits successifs à Pierre Crépon, le jeune, écolier étudiant en l'Université,
leur fils. (Arch. Nat., Y 96, f° 115.)

CRESPIN

1519. — Nicolas Crespin paye au Collège de Beauvais 17 l.
par. pour le loyer de la maison à l'image Sainte-Catherine rue [du
Mont] Saint-Hilaire, au lieu de 24 l. qu'il devait « par modération
à lui faite par délibération de Messieurs du collège parce qu'il
n'avait pu faire son pourfit dudit hostel par longue espace de
temps à l'occasion de la peste qui a esté en l'an de cedit compte
en ladite rue, et mêmement près et à l'environ dudit hostel; parce
que pour éviter inconvénient l'aurait abandonné pour certain
temps. » (Arch. Nat., M 96.)

1521; 1522; 1523; 1524; 1528. — Nicolas Crespin, libraire,
paye 24 livres de loyer au Collège de Beauvais pour la maison de
l'image Sainte-Catherine. (Ibid.)

1528. — Le Collège de Beauvais paye à Nicolas Crespin,
libraire, 41 s. t. et 4. d. par. pour avoir relié, réparé et mis à point
plusieurs livres de la chapelle, le messel de parchemin, un pseau-
tier, le livre des Evangiles, un petit bréviaire en parchemin, et pour
avoir mis des fermoirs et clous à d'autres livres. (Ibid.)

9 mars 1529 (n. st.). — Nicolas Crespin, libraire et bourgeois de Paris, renouvelle pour 9 ans son bail de la maison de l'image Sainte-Catherine, au Mont Saint-Hilaire, où il habite déjà, au loyer de 30 l. t. (Arch. Nat., S 6357.)

Voyez FEBVRIER.

8 août 1553. — Testament de Jeanne de La Porte, femme de Jean Crespin, libraire au clos Bruneau, au coin du collège de Coqueret. Exécuteur testamentaire, son mari ; témoins : Jacques de Busserolles, marchand, et Guillaume Renoult. (Arch. Nat., LL 757, f° 32.)

12 août 1553. — Inhumation au cimetière Saint-Hilaire de Jeanne de La Porte, femme de Jean Crespin, libraire. (Ibid., f° 76.)

9 octobre 1553. — Testament de Jean Crespin, libraire, rue [du Mont] Saint-Hilaire, au clos Bruneau, au coin du collège de Coqueret; exécuteurs testamentaires : honorable veuve Katherine Lhéritier [veuve de Maurice Ier de La Porte], et Maurice de La Porte. [Le nom de Maurice de La Porte, cancellé, a été remplacé par celui de son frère Ambroise]. Il demande à être enterré auprès de sa femme. Témoins : Jacques de Busserolles, marchand, et Jacques Eline [Héline, libraire ?]. (Ibid., f° 39 v°.)

14 décembre 1553. — Inhumation de Jean Crespin, libraire, au cimetière Saint-Hilaire. (Ibd., f° 76 v°.)

30 avril 1560, après Pâques. — Claude Du Chastel, veuve de Nicolas Crespin, libraire, prend à bail une maison près la Porte Bordelle. (Arch. Nat., Q/1 1099/197 C, f° 196 v°.)

2 mai 1568. — Contrat de mariage de Guillemette Crespin, fille de feu Nicolas Crespin, libraire, et de Claude Du Chastel, sa veuve, remariée à Jean..., dit de la Colombière, avec Nicolas Colson, argentier de M. de Lénoncourt. (Arch. Nat., Y 110, f° 88 v°.)

CRETEL

20 août 1555. — Testament de Roullet Cretel, libraire, rue Chartière, à l'image Saint-Sébastien; exécutrice testamentaire : Jeanne Laliseau, sa femme ; témoins : Pierre Chion [libraire], Etienne Crevel, bachelier en théologie, et Jean Noblot. (Arch. Nat., LL 757, f° 46 v°.)

CUSTODE

1552-53. — André Custode, libraire, et Guillaume Tyou [Guyon Thioust, libraire], paient à la commanderie de Saint-Jean-de-Latran, le loyer de deux petits ouvroirs contigus, derrière les celliers et greniers de céans, rue Saint-Jean-de-Latran [à l'image Sainte-Anne]. (Arch. Nat., S 5121/2, f° 24 v° ; S 5121/1, f° 24 v°.)

19 octobre 1557. — Voyez WARRANCORE.

DABENET

1586. — Jean Dabenet, papetier, paye la taxe d'ouverture de boutique. (Bib. Nat., ms. fr. 21872.)

Jean Dabenet fut l'un des maîtres de la Confrérie de Saint-Jean-l'Evangéliste de 1612 à 1618.

DAILLANT

19 août 1488. — Crespin Daillant, relieur, demeurant près Saint-Etienne-des-Grès, est écroué au Châtelet pour avoir été trouvé rue Beaubourg, près le Lion-d'Argent, armé d'une petite épée, ce qui est contraire aux cris et ordonnances. Mis en liberté le même jour. (Arch. Nat., Y 5266, f° 70.)

25 décembre 1488. — Crespin Daillant, relieur, près la Porte Saint-Jacques, est écroué au Châtelet pour flagrant délit dans une affaire de mœurs. Mis en liberté le 28 décembre. (Ibid., f° 188 v°.)

DAILLON

4 août 1488. — Robert Daillon, relieur de livres, est écroué au Châtelet, sur la plainte de Guillaume Guion, aussi relieur, « par ce que ledit Robert accompagné d'un quidam, enbastonnez d'espéez, entrèrent en son hostel et le voullut ledit Robert frapper d'une espée qu'il tenoit ». Mis en liberté le lendemain. (Arch. Nat., Y 5266, f° 57 v°.)

DALLIER

1571. — Imposition au don de 300 000 livres. Jean Dallier, [libraire], taxé à 15 livres, et Nicolas Roffet, [libraire], taxé à 60 sols, habitant sur le Pont Saint-Michel. (Bibl. Nat., ms. fr. 11692.)

DANANS

1er septembre 1496. — Jean Danans, historieur, enlumineur et libraire-juré, voyez CLOTIN.

DANFRIE

3 mai 1559. — Philippe Danfrie [graveur de lettres], écroué à la Conciergerie, est remis en liberté en attendant que Richard Breton [libraire-imprimeur], Julien Fesart [Fessard, fondeur de

lettres], et François Desprez [libraire] soient ajournés à comparaître. (Arch. Nat., X/2 A 123.)

Communiqué par M. Weiss.

10 octobre 1561. — Marguerite Boudard, veuve de Guillaume Marchand, boucher, vend à Philippe Danfrye, « graveur en l'imprimerie », à Paris, un sixième de la maison du Loup, rue Saint-Jacques, devant les Mathurins. (Arch. Nat., S 904, f° 183.)

27 janvier 1563. — Voyez Le Noir.

Sans date. — Philippe Damphrie, graveur du roi, occupe la maison de l'Etoile, rue des Carmes. (Arch. Nat., S 1946/3.)

21 août 1602. — Philippe d'Anfrye, l'aîné, tailleur général des poinçons et effigies de Sa Majesté, assiste au contrat de mariage de Philippe d'Anfrye, le jeune, son fils, contrôleur des poinçons et effigies des monnaies de France, avec Marie Maugier. Il lui donne une maison rue Quincampoix. (Arch. Nat., Y 141, f° 390.)

4 août 1605. — Voyez Vallet.

27 juin 1606. — Testament de Philippe Danfrye [l'aîné], rue des Carmes. Legs à Thomas Varignon, libraire, la moitié d'une maison, rue Saint-Jean-de-Latran; à Gabriel Tavernier, les planches qu'il a faites de globes et astrolabes ; à Jean Auvray les planches et exemplaires du graphomètre qu'il a inventé ; à Abraham Du Chesne, la moitié de sa bibliothèque; à Jean Jesselin [Gesselin], libraire, 100 l. t. (Arch. Nat., Y 145, f° 304.)

10 août 1606. — Marie Maugier, fille de feu Zacharie Maugier et de feue Louise de Chesnac, sœur de Pierre Maugier, veuve de Philippe Danfrye [le jeune]. (Arch. Nat., Y 145, f° 261.)

DAPPE

3 août 1604. — Denys Dappe, libraire et relieur, voyez Dauvergne.

Denys Dappe exerçait dès la fin du xvie siècle, car son nom ne se trouve pas dans les listes d'ouverture de boutiques qui ont été conservées sans lacune de 1595 à décembre 1604.

DASSERRE

3 septembre 1491. — Jean Dasserre, imprimeur, voyez Le Maçon.

DAUMALE

16 octobre 1573. — Jean Domasle, libraire, et Geneviève Le Bé, sa femme, font donation à François Domasle, relieur, leur fils. (Arch. Nat., Y 114, f° 385.)

22 janvier 1579. — Le Collège de Fortet donne à bail à François Daumalle, libraire, la moitié de la maison à l'image Saint-Pierre, rue des Sept-Voyes, entre les collèges de Reims et de Montaigu, dont l'autre moitié est louée à Gabriel Nicot [libraire]; loyer : 30 écus. (Arch. Nat., MM 398, f° 122.)

1er janvier 1586. — Bail renouvelé au loyer de 38 écus un tiers. (Ibid.)

21 mai 1594. — Bail renouvelé au loyer de 30 écus à la veuve de François Daumalle. (Ibid.)

Le 5 février 1601 la maison était louée à Antoine Mirault (voyez ce nom).

1619. — Jean d'Aumalle, marchand libraire, reçoit de l'Hôtel-Dieu 90 l. pour la reliure en vélin de 4 volumes. (Arch. hospit., Hôtel-Dieu, 6757.)

DAUVERGNE

3 août 1604. — Contrat de mariage de Catherine Foucques, veuve de Noël Davergne, relieur [et libraire], demeurant rue Saint-Jean-de-Latran, avec Pierre Diotant, relieur, rue Saint-Jacques, vis-à-vis le collège de Marmoutiers. Témoins : Jonathan Provencel, Denys Dappe, François Michon, Pierre Boucquet, tous libraires et relieurs. (Arch. Nat., Y 143, f° 302.)

DAUVET

13 novembre 1577. — Abraham Dauvet, serviteur libraire, voyez LE BÉ.

12 août 1584. — Abraham Dauvet, libraire, est témoin au contrat de mariage d'André Gérard, marchand, rue du Cimetière, paroisse Notre-Dame-des-Champs, avec Catherine Delorme. (Arch. Nat., Y 126, f° 57.)

DAVID

19 ou 20 juin 1564. — Testament de Jacques David, prêtre, correcteur d'imprimerie, demeurant rue de Bourdelles à l'hôtel de Vendôme ; exécuteurs testamentaires : Nicolas de Gonffreville, prêtre, et Jean David, maître-imprimeur à Paris. (Arch. Nat., ZZ/1 303, f° 76 v°.)

DAVYN

16 février 1538 (n. st.); 15 novembre 1543. — Jean Davyn, maître-imprimeur, puis sergent à verges, voyez HOPYL.

Voyez aussi la généalogie à l'article HIGMAN.

DEAUE

4 avril 1523. — Pierre Deaue [libraire], voyez LE ROYER à la date du 22 novembre 1544.

DE-LABEL

Entre 1597 *et* mai 1598. — Pierre De Label [libraire] paye la taxe d'ouverture de boutique. (Bib. Nat., ms. fr. 21872.)

DELEWAQUAN, voyez LE WAQUAN.

DELORNE

1516 (*entre le* 8 juin *et le* 21 septembre). — Les exécuteurs testamentaires de Vincent Delorne, imprimeur, délivrent à la fabrique de l'église Saint-Etienne-du-Mont un legs de 22 sols parisis. (Arch. Nat., H 4347.)

DEMOURANCOURT

2 décembre 1554. — Guilaume Demourancourt, libraire, voyez COSME.

C'est peut-être Guillaume Warrancore, dont on trouve le nom écrit de façons très différentes, quelquefois : de Warancourt.

DES BOYS

22 avril 1547. — L'église Saint-Etienne-des-Grecs saisit sur Macé Des Bois, marchand libraire, pour 30 l. 15 s. t. dus depuis le 7 mars 1531 (n. st.), une maison et des terres à Fleury près Meudon. (Arch. Nat., Y 3448, f° 189.)

9 janvier 1553 (n. st.). — Guillaume Des Boys, libraire-imprimeur, voyez RUELLE.

20 juillet 1557. — Le Collège de Sorbonne donne à bail à Guillaume Des Boys, pour 6 ans, au loyer de 160 l. t., la maison du Soleil-d'Or, rue Saint-Jacques, où il demeure déjà, et dont la précédente locataire à viager était Charlotte Guillard, veuve de Claude Chevallon [libraire]. Il ne fera aucun dommage à la librairie de la Sorbonne, « joignant le lieu ou le dict preneur fait ladite imprimerye, sans souffrir gecter aulcunes pierres ni aultres choses contre les vistres d'icelle librairie. » (Arch. Nat., MM 286, f° 219.)

29 décembre 1557; 31 décembre 1557; 12 août 1558; 16 novembre 1558; 12 mars 1559 (n. st.). — Guillaume Des Boys et Sébastien Nivelle, libraires-jurés, achètent différentes parts d'une succession comprenant la maison du Rouet, rue Saint-Jacques, les meubles et la marchandise de librairie qu'elle contient, et une maison au faubourg Saint-Jacques. Parmi les vendeurs : René

Aubert, conseiller au siège présidial du Mans, Jean Guillard, teinturier, Michel Jusseaulme, praticien en cour laye, Gilles de La Porte, drapier à Congé-sur-Orne, Pierre Handerstein, et Marie Chalambert, sa femme en secondes noces. (Arch. Nat., S 1654, f°s 71 v°, 72, 72 v°, 5e série.)

Succession de Charlotte Guillard, veuve de Berthold Renbolt et de Claude Chevallon; la part de Des Boys fut rachetée en 1604 par la veuve de Nivelle (voyez ce nom).

24 mars 1562. —- Bail renouvelé pour 6 ans, à partir de la Saint-Jean-Baptiste prochaine, au même loyer. (Arch. Nat., MM 287, f° 35 v°.)

30 janvier 1563 (n. st.). — Sébastien Nivelle et Guillaume Des Boys, marchands à Paris, obtiennent défaut contre Jean Courtin, marchand à la Ferté-Bernard et Thomas Navets, élu pour le roi audit lieu. (Arch. Nat., X/1 A 1604, f° 237.)

13 mars 1567. — Michelle Guillard, veuve de Guillaume Des Boys, libraire-juré, voyez GIRAULT.

31 décembre 1568. — Voyez BRUSLÉ.

DESCARS

28 mai 1464. — Feu Nicolas Descars et Guillaume Descars, parcheminiers, voyez BERTHELIN.

29 septembre 1464. — Voyez FRÈRE.

DESCHAMPS

2 juin 1553. — Marin Deschamps, compagnon-imprimeur, rue Saint-Jacques, fait donation à Jeanne de Bossozel, rue du Foin, d'une maison à Croissy-en-Brie, à l'enseigne de la Croix-Blanche, et de vignes au dit lieu. (Arch. Nat., Y 98, f° 436.)

DESFOSSEZ

25 juillet 1576. —- Nicolas Desfossez, libraire, voyez DU CHEMIN.

4 juin 1577. —- Voyez SAINT-DENYS.

29 juin 1583. — Nicolas Desfossez, libraire et relieur, est témoin au contrat de mariage de Geoffroy Léger, gagne-deniers à Saint-Germain-des-Prés, rue Casset, avec Perrette Truteonnie, veuve de Jean Vallot, même profession. (Arch. Nat., Y 125, f° 13 v°.)

·3 février 1584. — Voyez TUFFÉ.

DESGRANCHES

23 août 1503; 6 avril 1511. — Jean Des Granches, prêtre, voyez MARCHANT.

1507. — L'Hôtel-Dieu paye à Jean Desgranches, imprimeur, 110 sols parisis pour plusieurs écussons d'armes du Pape. (Arch. hospit. de Paris, Hôtel-Dieu, 6577.)

Jean Des Granches était l'associé de son neveu Guy Marchant, prêtre comme lui.

DES HAYES

8 décembre 1548. — Etienne Deshayes, libraire, et Jeanne Gareau sa femme, prennent à bail, au loyer de 90 l. t., une maison de la rue des Sept-Voyes, appartenant à la Grande Confrérie des Bourgeois, faisant le coin de la rue des Amandiers, contiguë à l'image Saint-Etienne et tenant par derrière à l'image Saint-Nicolas. (Arch. Nat., S 860.)

Précédemment louée à Pierre Vidoue, imprimeur, et à Jeanne Garreau, sa femme, qui épousa sans doute Etienne Deshayes en secondes noces.

17 décembre 1557. — Etienne Deshayes, libraire, renouvelle le bail de cette maison au loyer de 100 l. t. (Ibid.)

4 novembre 1563. — La Grande Confrérie des Bourgeois traduit Etienne Deshayes devant la juridiction du Châtelet, pour le faire condamner à payer 26 l., 12 s., 6 den. t., dus pour les termes de Pâques et Saint-Jean-Baptiste passés de la maison qu'il habite, dont la Grande Confrérie est propriétaire. (Arch. Nat., Y 5245, f° 4 v°.)

4 août 1582. — Pierre Deshaies, maître-imprimeur, voyez ALAIN.

DESMARESTZ, DES MARRAIS, DES MAREYS, DES MAROYS

20 septembre 1555. — Jean Des Mareys [libraire] voyez POCHARD.

8 août 1556. — Jean Des Maroys, libraire, voyez MOREL.

19 août 1557. — Jean Des Marrays, libraire, voyez JOLY.

1er octobre 1560. — Voyez HEUQUEVILLE (signet manuel : Desmarestz).

DESMARQUETZ

28 novembre 1597. — Contrat de mariage d'Antoine Desmarquetz, libraire et relieur, rue d'Ecosse, fils de feu Fiacre Desmar-

quetz, laboureur à Carlepont, près Noyon, en Picardie, et de Jeanne Sailly; avec Nicole Lionnette, veuve de Jean Rivery, libraire. Témoin : Pierre Le Bret, libraire, voisin et ami de la future. (Arch. Nat., Y 136, f° 468.)

DES NOS

26 août 1553. — Jean Des Nos, libraire, voyez CALOT.

DESPREZ

3 mai 1559. — François Desprez, libraire, voyez DANFRIE.

5 avril 1565. — Grégoire Desprez, marchand papetier, rue Alexandre-Langlois, achète pour 60 s. t. de rente une maison sise rue Traversine, derrière le collège de Navarre. (Arch. Nat., S 1653, f° 210 v°, 2ᵉ série.)

1571. — Grégoire Desprez, vendeur de papier, voyez PACQUET.

9 avril 1576. — Grégoire Desprez, marchand papetier, achète pour 50 l. t. et les charges, la maison du Paon, rue Alexandre-Lan-glois, entre Sulpice Bellamy, maître-joueur d'instruments, et la veuve de Jean Symart, maître faiseur d'esteufs. (Arch. Nat., S 1654, f° 24 v°, 1ʳᵉ série.)

DESTRIER

11 septembre 1512. — Guillaume Destrier, parcheminier, « qu'on dit avoir esté autreffois reprins par justice, et mal renommé » est écroué à la prison de Saint-Germain-des-Prés sur la plainte de Geoffroy Le Maistre, licencié-ès-lois, avocat au Châtelet. Des voleurs ayant pénétré la nuit précédente dans l'hôtel de Geoffroy Le Maistre, situé devant le cimetière Saint-André-des-Arcs, on a trouvé près de la porte par laquelle ils sont entrés des souliers reconnus pour appartenir à Destrier qui les portait le soir du vol, et des outils de maçon, « le dit Destrier se mêle aussi d'être aide à maçon ». (Arch. Nat., Z/2 3284, f° 166.)

DIOTANT

3 août 1604. — Pierre Diotant, relieur, voyez DAUVERGNE.

DIXMONT

4 novembre 1585. — Nicolas Dixmont, maître-correcteur d'imprimerie, voyez THIERRY.

C'est peut-être Nicolas Dumont auquel La Croix du Maine a consacré un article.

DONGOYS

19 juin 1573. — Contrat de mariage de Jean Dongois, maître-imprimeur, fils de feu Charles Dongois, payeur de la compagnie du seigneur de Villeroy, et de Jeanne Lambert, avec Marie Gervais, veuve de Mahiet Le Roux, imprimeur, rue Alexandre-Langlois, dite du Paon. (Arch. Nat., Y 114, f° 332 v°.)

DOUART

20 décembre 1537. — Etienne Douart, libraire, prend à bail emphytéotique la maison de l'Arbre-Sec, rue Saint-Jean-de-Latran, au loyer de 15 l. t.; il y habitait déjà et payait seulement 6 l. t. (Arch. Nat., H 2855/1.)

1538; 1539; 1542; 1543. — Etienne Douart, libraire, paye les loyers de la maison de l'Arbre-Sec. (Ibid.)

4 juin 1545 ; 23 avril 1551. — Feu Etienne Douart, libraire, voyez THIOUST.

1566 ; 1567 ; 1569 ; 1572. — Etienne Douart, libraire, paye le loyer de la maison de l'Arbre-Sec. (Ibid.)

16 octobre 1568. — Saisie chez André Bidelly, marchand chaussetier, place Maubert, à la Croix-de-Fer, de douze volumes imprimés que lui avait remis Estienne Douart. (Arch. Nat., H 2065/1.)

10 février 1569. — Jacques Kerver, échevin de Paris, remet à Nicolas Cordelle, huissier au Parlement, 25 sacs contenant les livres et papiers saisis chez Estienne Douart, Jean Charron, Jean Petit et Richard Breton [tous libraires], de la nouvelle religion. (Arch. Nat., H 1780, f° 147.)

Registres des Délibérations du Bureau de la Ville de Paris, t. VI.

DOUCEUR

31 décembre 1594. — Jacques Doulceur, libraire, sortant de la messe paroissiale de l'église Saint-Séverin, est témoin de la criée faite devant le porche de l'église, de la maison de la Seraine, rue Saint-Jacques. (Arch. Nat., S 3501.)

20 juillet 1597. — Pierre Douceur et Germain Barat, libraires, sont témoins, dans la même circonstance, d'une autre criée de la même maison. (Ibid.)

3 août 1597. — Pierre Douceur, libraire, est témoin d'une troisième criée de cette maison. (Ibid.)

La maison fut mise aux enchères le 2 décembre 1600, voyez PETIT.

10 juillet 1605. — David Doulceur, libraire, achète d'Abraham, Jean, Simon, Anne et Philippe Le Royer tous frères et sœur, enfants de feu Jean Le Royer, apothicaire à Genève, partie de la maison du Pot-d'Etain, autrement la Limace, à présent le Mercure-Arresté, rue Saint-Jacques, entre les héritiers Royer et le Signe-de-la-Croix. (Arch. Nat., Q/1 1133/1 B.)

24 octobre 1605. — David Doulceur, libraire, passe titre nouvel pour partie de cette maison, sise entre la rue des Noyers et le Cigne [sic] de la Croix. (Arch. Nat., Q/1 1099/207, f° 298.)

1606. — David Doulceur, libraire, achète des mêmes vendeurs, un tiers de la même maison portant maintenant l'enseigne du Mercure-Arrêté. (Arch. Nat., Q/1 1133/1 B.)

14 août 1606. — David Doulceur, libraire, passe titre nouvel pour cette maison acquise des héritiers Le Royer, d'Etienne Hervy [maçon] et de Clémence Olivier sa femme, de Jacques Bicheur et d'Antoinette Olivier, sa femme. (Arch. Nat., Q/1 1099/207, f° 346 v°.)

18 janvier 1609. — Voyez Du May.

14 janvier 1614. — Pierre Douceur, libraire, prend à bail pour 9 ans, au loyer de 4 livres, une place de 4 toises de long sur une toise de large, au bas du quai du Pont-Neuf, du côté de la Vallée-de-Misère; il tiendra seulement des « establiers et haut-vants » qu'il mettra le matin et enlèvera le soir, sans bâtir ni sceller en plâtre. (Arch. Nat., Q/1 1099/198, f° 495 v°.)

Premier bail fait par la ville à un bouquiniste sur les quais.

13 décembre 1623. — Vente de la maison du Mercure-Arrêté, rue Saint-Jacques, appartenant à David Douceur, libraire, à la requête de Jean Le Febvre, conseiller du roi en l'élection de Paris. Le prix est partagé entre diverses personnes, parmi lesquelles Anne Sauvage, veuve de Mathieu Guillemot, libraire, et Mathieu leur fils. (Bibl. Nat., ms. fr. 22104.)

DROBET

8 mars 1597. — Feu Georges de Robet [sic], libraire, voyez Gesselin.

DROUART

29 décembre 1562. — Contrat de mariage d'Antoine Thubert, maître-épicier à Paris, natif de Charlieu, en Lyonnois, avec Marie Delaunay, fille de feux Etienne Delaunay, marchand fripier, et Françoise Babinet, sa femme. Témoins : Gillette Everard, veuve de Nicolas Babinet, maître-barbier et chirurgien, aïeul ; Hugues

Babinet, docteur régent à la faculté de médecine, oncle et tuteur ; Etienne Babinet, maître-barbier et chirurgien, oncle ; Pierre Drouart, libraire, cousin et tuteur ; Marie Babinet, femme de Nicolas de Fricque, maître-barbier et chirurgien ; Etienne Descoulx, premier huissier du roi à la Cour des Aides, et Michelle Babinet, sa femme ; Jean Gourjon, marchand apothicaire. La future constitue une rente sur la maison de la Bible-d'Or, rue des Amandiers, qui lui appartient, et dans laquelle demeure Thomas Richard, libraire. (Arch. Nat., Y 103, f° 331 v°.)

1er mai 1563. — Voyez MARNEF. .

1567 — Pierre Drouart, libraire, passe titre nouvel pour 6 sols de rente dus à la chapelle des Morts, en l'église Saint-Benoît, par deux maisons contiguës, rue Saint-Jacques, les Trois-Faucilles et l'Ecu-au-Soleil. (Arch. Nat., S 903, f° 139.)

10 janvier 1569. — Pierre Drouart, libraire, et Guillemette Girault, sa femme, font donation à Benoît Grandis, médecin, de l'usufruit de biens qui leur ont été légués par Jean de Horne, marchand apothicaire et épicier. (Arch. Nat., Y 109, f° 227 v°.)

Un acte identique fut passé en faveur du même Grandis par François Gobelin le jeune, sur des biens provenant de la succession de Jean de Horne (Y 110, f° 350) : on trouvera aux noms DU PUYS et HOPYL des actes relatifs à la même succession.

1571. — Voyez LHUILLIER.

14 août 1576. — Voyez CAVELLAT.

30 décembre 1581. — Voyez SITTART.

27 août 1592. — Feu Guillaume Drouart, libraire, voyez TOUCHARD.

Entre 1597 *et* mai 1598. — Jérôme Drouart [libraire] paye la taxe d'ouverture de boutique. (Bib. Nat., ms. fr. 21872.)

DUBOIS

3 novembre 1548. — Claude Duboys, papetier, voyez LE BÉ.

1571. — Mathieu Du Bois, tailleur d'histoires, voyez BOREL.

19 avril 1592. — Feu Mahiet Dubois, maître-tailleur d'histoires, voyez DU VAL.

DU BREYET

Entre 1595 *et* mai 1596. — Jean Du Breyet [libraire] paye la taxe d'ouverture de boutique. (Bib. Nat., ms. fr. 21872.)

DU BRUEIL

1561. — Le Collège Sainte-Barbe paye à Guillaume Du Brueil, libraire, 6 livres tournois « pour avoir recouvert de neuf un antiphonier et avoir reffait plusieurs feilletz qui estoient rompuz ». (Arch. Nat., H 2808/1.)

6 avril 1594. — Le Collège de Tréguier donne à bail pour 6 ans à Claude Du Brueil, libraire, une chambre et une boutique au collège. (Arch. Nat., H 2855/1.)

DU BUT, DU BUST, DU BOUT

6 novembre 1562. — Nicolas Du Bust, parcheminier, voyez AUCHER.

1571. — Voyez VOLLART.

24 août 1574. — Nicolas Dubout, parcheminier, paye à la Commanderie de Saint-Jean-de-Latran le cens dû pour sa maison de la rue de Bourgogne. (Arch. Nat., S 5118.)

5 février 1586. — Voyez MESTAYER.

29 *et* 30 mai 1587. — Voyez YSAAC.

22 février 1590. — Voyez LE BAY.

17 février 1593. — Voyez POULLAIN.

6 novembre 1594. — Voyez DU PRÉ.

DU CARROY

23 novembre 1566. — Contrat de mariage de Gillette Fezandac, veuve de Hugues Du Carroy, imprimeur, rue des Carmes, à l'image Saint-Martin; avec Jean Tambon, étudiant en la Faculté de médecine. (Arch. Nat., Y 115, f° 335 v°.)

DU CHEMIN

1571. — Nicolas Du Chemin [imprimeur], voyez BOREL.

6 février 1572. — Nicolas La Litte, menuisier à Villers-Cotterets, et Adrienne Sécourjon, sa femme, cèdent à Pierre Papillon, marchand au marché neuf de La Ferté-Millon, leur droit au bail de portion d'une maison, rue Saint-Jean-de-Latran, contenant deux corps d'hôtel et deux boutiques et ouvroirs, aux enseignes de la Lanterne et du Griffon-d'Argent, occupés tous deux par Nicolas Du Chemyn, libraire. (Arch. Nat., Y 112, f° 379 v°.)

25 juillet 1576. — Nomination de tuteur aux enfants de feu Nicolas Duchemyn [imprimeur] et de Jeanne Deshayes, sa femme : Simonne, âgée de 10 ans, Pierre, de 8 ans, Jeanne, de 5 ans. Le conseil de famille est composé de la mère ; de Marc Locqueneulx [libraire], beau-frère ; Jacques Deshayes l'aîné, aïeul maternel ; Jacques Deshayes le jeune, oncle ; Jean Réau, oncle maternel ; André Toisin et Jean Aubry, cousins maternels ; maître Jacques

Chappelain, notaire au Châtelet, cousin paternel ; maître Henry Chandor, voisin ; maître Nicolas de Vignier ; Jean Heuqueville [libraire] ; Jean Sevestre [imprimeur] ; Etienne Tasset [libraire] ; Nicolas Desfossez [libraire] ; Pierre Maillart ; Guillaume Auvray [libraire] ; Jean de Bourdeaux [libraire], voisins et amis. (Arch. Nat., Y 5251, f° 134.)

DU CHESNE

19 mars 1511 (n. st.). — Thomas Duchesne, compagnon-enlumineur à Paris, rue Breneuse, se porte pleige et caution pour Gillette La Chauderonne emprisonnée à l'Abbaye de Saint-Germain-des-Prés. (Arch. Nat., Z/2 3283, f° 68 v°.)

23 août 1511. — Guillemette, femme de Thomas Duchesne, imprimeur, est emprisonnée à l'abbaye de Saint-Germain-des-Prés, sur la plainte de Regnée, femme de Pierre de Monthaudouyn, menuisier. Guillemette, habitant le louage du Cheval-Blanc, à Paris, avait pénétré dans la chambre de Regnée et de son mari, habitant au même louage, pour battre et outrager la plaignante; mise à la porte elle rentra dans sa chambre, prit une rappière « et d'icelle rappière par dessoubz l'uys de leur chambre, qui est vielz et fendu en divers lieux, getta par deux fois de grans coups d'estoc, dont et de l'un d'iceulx elle auroit navré et blessé ladicte complaignante en l'une des jambes à plaie ouverte et grande effusion de sang ». — 24 août 1511. — Simonet Marteau, maître-tonnelier, se porte caution pour Guillemette qui est remise en liberté sous condition de ne « meffaire ni mesdire » à l'encontre de la plaignante. (Arch. Nat., Z/2 3283, f°ˢ 200 et 201.)

28 juin 1597. — François Du Chesne, maître-imprimeur, voyez Chevallier.

DU COUDRAY ou DU COUDRET

17 août 1587. — Feu Laurent Du Coudray, imprimeur, voyez Velu.

DU CROCQ

Entre août 1598 *et* mai 1600. — Jean Du Crocq paye la taxe d'ouverture de boutique. (Bib. Nat., ms. fr. 21872.)

Nous ne savons s'il fut libraire, relieur, imprimeur ou papetier ; on trouve le nom de Jean Du Crocq sur quelques mazarinades de 1649, avec cette adresse : « Rue des Cosses, près le puits Certain. »

DU FAY

12 octobre 1569. — Antoine Du Fay, maître-parcheminier, poursuit les vente et criée d'une maison sise rue de la Chausset-

terie, appartenant à Jean Le Roy, maître-fripier, pour 800 l. t. qui lui sont dues en vertu d'une obligation du 21 septembre 1569. (Arch. Nat., Y 3470, f° 497.)

4 août 1576. — Contrat de mariage de Marie Du Fay, veuve en premières noces de Pierre Yver, greffier du Fort-l'Evêque, et en secondes noces de Pierre Taveau, maître-parcheminier, fille d'Antoine du Fay, maître-parcheminier, et de Rose de Montmartre, sa femme, avec Jean de Cosette, écuyer. Elle possède, entre autres biens, une maison, rue Saint-Germain-l'Auxerrois, contiguë aux hoirs de Jean Fade (parcheminier ?) et de Marie Garnier sa femme. (Arch. Nat., ZZ/1 304.)

DU FOSSÉ

1586. — Nicolas Du Fossé paye la taxe d'ouverture de boutique. (Bib. Nat., ms. fr. 21872.)

26 novembre 1609. — Nicolas Du Fossé et Pierre Chevalier, libraires, prennent à bail trois maisons en ruines appartenant aux Mathurins, rue Saint-Jacques, entre l'image Saint-Claude et l'hôpital des Mathurins, à charge de les démolir et de construire des maisons neuves. (Arch. Nat., LL 1545, p. 239.)

18 avril 1610. — Modification au bail ci-dessus, à la suite d'un incendie qui s'est déclaré avant que les locataires soient entrés en possession. (Ibid., p. 241.)

3 mars 1611. — Partage entre Nicolas Du Fossé et Pierre Chevalier, libraires, des deux maisons neuves construites par eux; l'une, la cinquième maison en montant depuis la rue du Foin, écheoit à Chevalier, l'autre, la sixième, à Du Fossé. (Ibid., p. 242.)

DU FOUR

9 janvier 1500 (n. st.). — Henri Du Four [enlumineur], voyez Brie.

20 juin 1516. — Henri Du Four, enlumineur, et Huguette, sa femme, prennent à viager au loyer de 25 l. t. la 9ᵉ maison du Pont-Notre-Dame, en récompense de la 1ʳᵉ maison de l'ancien Pont, côté d'amont l'eau, qu'ils occupaient lors de sa chute. (Arch. Nat., Q/1 1099/197 A, f° 179 v°.)

8 février 1522 (n. st.). — Henri Du Four cède le bail viager de cette maison à Jean Cousin, orfèvre. (Ibid., f° 179 v°.)

DUHAM

25 novembre 1562. — Feu François Duham, libraire, voyez Maule.

DU HAMEL

14 décembre 1497. — Jean Barbedor, marchand joaillier, est propriétaire de la maison de la « Coste de Balayne », entre le bout du Pont-au-Change et la rue de la Vieille-Pelleterie, tenant d'une part à l'hôtel de « l'Elefant » qui appartient à Jean Du Hamel, libraire, et à sa femme, et d'autre part à la maison de maître Jacques de Toul, au coin de la rue de la Vieille-Pelleterie. (Arch. Nat., S 1092 A.)

1532. — Richard Duhamel [libraire], et sa femme, sont condamnés à payer 18 den. par. de cens dus au chapitre de Saint-Benoît pour la maison du Roy-David, rue Saint-Jacques, dont ils sont propriétaires. (Arch. Nat., S 903, fᵒ 47.)

15 mai 1532; 15 juillet 1532. — A la requête de Richard Du Hamel, libraire, propriétaire pour une portion indivise de la maison du Roi-David, rue Saint-Jacques, à cause de Germaine Le Febvre, sa femme, fille de feu Jean Le Febvre [tailleur de robes], la maison est mise en licitation et lui est adjugée. Ses co-propriétaires étaient Jean Geuffroy [Geoffriot] et Séverin Rousseau. (Arch. Nat., S 904, fᵒ 165.)

24 novembre 1535. — Richard Du Hamel, libraire, et Germaine Le Febvre, sa femme, vendent au Collège de Sorbonne une maison faisant le coin de la rue des Mathurins, où elle porte l'enseigne du Paon, et de la rue Saint-Jacques, où elle porte celle du Roi-David, prix 2200 l. t. (Arch. Nat., MM 285, fᵒ 181; S 897, fᵒ 7 vᵒ.)

Même jour. — Contre-lettres relatives à cette vente. (Arch. Nat., MM 285, fᵒ 184.)

Même jour. — Richard Du Hamel et sa femme, prennent cette maison à bail pour 20 ans, au loyer de 100 l. t. (Ibid., fᵒ 192.)

23 août 1537. — Richard Du Hamel, libraire, et sa femme sont contraints de quitter la maison du Roi-David, qui menace ruine et « où y a péril imminent »; ils y rentreront aussitôt qu'elle sera reconstruite et subiront une augmentation de loyer de 10 l. t., à cause « du grand profit, utilité et commodité » qu'ils y trouveront. (Ibid., fᵒ 194 vᵒ.)

La Sorbonne avait mis la maison en vente publique le 19 juillet 1536 et n'avait pas trouvé d'acquéreur. (MM 285, fᵒ 186.)

1564. — Gabriel Du Hamel, libraire, est propriétaire de deux maisons contiguës, rue Marivaulx, entre les hoirs de Christophe Voisine et Jean et Jacques de Livres, frères. (Arch. Nat., S 5081/4.)

27 septembre 1585. — Etienne Du Hamel, libraire et relieur, et Jeanne Drouyn, sa femme, demeurant rue du Puys d'Arras, ou des Murs, au Dauphin, achètent la maison du Cœur-de-Jésus, même rue, en laquelle est à présent Jean Guérin, maître-imprimeur, pour 16 écus deux tiers d'or soleil, de rente. (Arch. Nat., S 498, p. 329.)

21 novembre 1585. — Etienne Duhamel, libraire, passe titre nouvel pour le cens dû au Chapitre de Notre-Dame par une maison qu'il vient d'acheter, rue des Murs, dite d'Arras, à l'enseigne du Nom-de-Jésus, entre le Jeu de Paume de l'image Notre-Dame et la Corne-de-Daim. (Arch. Nat., S 507, f° 77.)

Entre août 1598 *et* mai 1600. — Claude Du Hamel [libraire et relieur] paye la taxe d'ouverture de boutique. (Bib. Nat., ms. fr. 21872.)

DU HANOT ou HANOT

3 août 1551. — Marguerite Le Saige, veuve de Quentin de Hanot, maître-enlumineur et historieur, se trouvant « mal disposée », fait affirmer, par procureur, l'exactitude de l'inventaire dressé après le décès de son mari, le 19 septembre 1549, en présence de Jean Cayer, maître-fourreur, tuteur de ses enfants. (Arch. Nat., Y 5248.)

31 décembre 1551. — Marguerite Le Saige, veuve de Quentin Du Hanot, maître-enlumineur et bourgeois de Paris, fait donation à la Chapelle diaconale, en l'église Saint-Benoît, à charge de service religieux, de terres à Saint-Maur-les-Fossés, lieu-dit la Varenne, et de partie d'une rente due par Guillaume Nasse sur une maison à Saint-Maur-les-Fossés; le tout provenant de la succession de son père, Martin Le Saige, procureur au Châtelet. (Arch. Nat., S 895 B.)

DU MAUR

31 octobre 1560. — Jean Du Maur, fondeur de lettres, voyez JOUAULT.

DU MAY, DU MAS, DU METZ

Entre 1597 *et* mai 1598. — François Du Metz, le jeune, paye la taxe d'ouverture de boutique. (Bib. Nat., ms. fr. 21872.)

2 mai 1607. — François Du May, libraire et relieur, rue Saint-Jacques, est témoin au contrat de mariage de Jacques Chevallier, compagnon-taillandier, rue de Lourcines au faubourg Saint-Marcel, avec Vincente Nicolas. (Arch. Nat., Y 147, f° 288.)

27 juillet 1608. — François Du Mays, libraire et relieur, rue

Saint-Jacques, paroisse Saint-Benoît, fait donation de 300 l. t. à Geneviève Aubry, sa servante. (Ibid., f° 257.)

18 janvier 1609. — Contrat de mariage de Pierre Pic, relieur, demeurant rue Saint-Jacques, dans la maison de François Du Mas, libraire et relieur, avec Geneviève Aubry, servante du dit Du Mas; témoin : David Doulceur, libraire. (Arch. Nat., Y 148, f° 34.)

DU MOUSTIER, voyez MOUSTIER

DU PRÉ

16 février 1487 (n. st.). — Jehannin Du Pré, imprimeur, achète de Geoffroy Le Roux, relieur, et de Guérin Rohart, écrivain [et libraire], pour 130 l. t. et les charges, une petite maison, rue Saint-Jacques, tenant à Andry Dude, lignier, aux héritiers de Jean Dailly, pâtissier, et, par derrière à Antoine Geoffrio, tailleur de robes, ayant cause des héritiers d'Oudin Petit, boucher. (Arch. Nat., S 904, f° 7.)

Maison des Deux-Genettes.

Reproduit in-extenso par M. Claudin, *Histoire de l'Imprimerie*, I, p. 239.

20 novembre 1489. — Cette maison, contiguë au Château-Rouge, et naguère à Guérin Rohart, appartient de présent à Jean Du Pré, imprimeur de livres. (Arch. Nat., LL 463, f° 71 v°.)

19 janvier 1492 (n. st.). — Jean Du Pré, imprimeur, et Clère, sa femme, vendent la même maison, ayant appartenu à feu Geoffroy Le Roux, à Godefroy Staine, huilier et chandelier de suif, pour 183 l. t. (Arch. Nat., S 904, f° 56.)

26 octobre 1504. — « Aujourd'huy honn. femme Clère Dimenche, vefue de feu maistre Jehan Larcher, dit Dupré, en son vivant libraire, demourant à Paris, et Estienne Larcher soy disant frère et héritier d'icelluy deffunct, sont venus et comparus céans. Lesquelz, après serment, etc. (sic) ont fait la sollepnité d'avoir bien et loyaulment monstré et enseigné tous et chacuns les biens meubles et immeubles, les debtes et créances estans de la succession dudit deffunct mᵉ Jehan Dupré, et tenu l'inventaire fait desdits biens demourez du décez d'icelluy deffunct pour cloz, à la réservacion d'aucuns biens que icelle vefue dit non avoir esté inventoriéz, lesquels elle déclairera et baillera par escript aux notaires qui ont fait ledit inventaire dedans viijᵉ, et dedans la viijᵉ après ensuivant Clère viendra tenir ledit inventaire pour cloz ». (Arch. Nat., Y 5233, f° 111.)

Même jour. — Gilles Courtin, élu de Paris, demande que Etienne Larcher et consors, héritiers de feu Jean Dupré, libraire, fournissent caution pour 233 l. 10 s. qui lui sont dus par la succession de Dupré. (Ibid., f° 111 v°.)

2 octobre 1510; 5 septembre 1513. — La fabrique de l'église Saint-Séverin, contraint Clère Dimanche, veuve de Jean Du Pré, libraire, à abandonner la maison des Deux-Cygnes, rue Saint-Jacques, où avait habité Jean Du Pré, pour la démolir et agrandir le cimetière auquel elle est contiguë, tenant, de l'autre côté, à Simon Vostre [libraire, maison de la Gibecière]. Clère Dimanche avait offert de payer n'importe quel loyer pour rester dans la maison. (Arch. Nat., S 3501.)

La maison ne fut pas démolie; elle porta plus tard pour enseigne l'image Saint-Séverin.

16 mai 1515. — Galliot Du Pré, libraire, prend à bail la 32ᵉ maison du Pont-Notre-Dame du côté d'amont l'eau. (Arch. Nat., Q/1 1099/197 A, f° 104.)

24 juin 1521. — Galliot Du Pré, libraire, renouvelle ce bail, pour 9 ans à partir de la Saint-Jean-Baptiste prochaine, au loyer de 28 l. par. (Ibid., f° 184 v°.)

27 septembre 1522. — Cette maison est louée à Girard de Méel [*alias* de May], peintre, au lieu de Galliot Du Pré. (Ibid., f° 184 v°.)

1526. — Hervé de Kerquifinem, receveur des exploits et amendes du Parlement paye à Galiot Du Pré, libraire, 6 l., 4 s. par. pour avoir livré au greffe civil deux cours de droit canon et civil. (Arch. Nat., X/1 A 1530, f° 41 v°.)

23 novembre 1528. — Hervé de Kerquifinem, receveur des exploits et amendes du Parlement, paye à Galiot Du Pré, libraire, 11 l. 12 s. par. pour avoir livré au greffe des textes de décrets et de lois. (Arch. Nat., X/1 A 1532, f° 7 v°.)

28 novembre 1530. — Ordre du Parlement à Hervé de Kerquifinem, receveur des exploits et amendes de la Cour, de payer à Galliot Du Pré, marchand libraire, la somme de 14 l. par. « pour avoir par luy mis au greffe d'icelle court les textes des decretz et loix pour servir aux affaires d'icelle court ». (Arch. Nat., X/1 A 1534, f° 12 v°.)

Ces trois derniers actes communiqués par M. Weiss.

1551 ; 1557. — Le Collège de Beauvais reçoit de Galliot Du Pré, marchand, bourgeois de Paris, 40 l. t. de loyer pour 200 arpents de terres, prés, taillis, en deux pièces, à lui loués à Duisy-en-France et Cochery, lieu-dit les Vieilles-Loges. (Arch. Nat., M 97.)

26 juin 1556. — Galliot du Pré [libraire] met opposition sur le

produit de la vente des biens de Claude Delacourt, pour une somme de 9 l. par. due en vertu d'une sentence du Châtelet du 11 décembre 1553. (Arch. Nat., Y 3457, f° 68.)

15 octobre 1561. — La veuve et les héritiers de Galliot Du Pré mettent opposition sur le prix à provenir de la vente des immeubles de Perrette Jourdin, veuve d'André Barat, pour 100 l. de rente constituées le 4 février 1556 (n. st.) ; ils font élection de domicile rue de la Vieille-Draperie, à la Gallée. (Arch. Nat., Y 3461, f° 98.)

5 janvier 1562 (n. st.) ; 8 août 1563 ; 16 mars 1565 (n. st.) ; 2 mai 1565. — Feu Galliot Du Pré, voyez ESTIENNE.

16 juillet 1565. — Geneviève Le Blanc, veuve de Galliot Du Pré, marchand libraire, au nom de ses enfants mineurs, et Catherine Du Pré, femme de Jacques Desprez, héritière de Galliot Du Pré, poursuivent les vente et criée de quatre maisons, dont trois sises rue Vieille-Draperie contiguës à la maison de la Gallée, en garantie de 24 l. 12 s. 6 den. t. de rente dus par les héritiers de Nicolas de Batteral, seigneur de Lignières, et de Michelle Bouchard, sa femme, en vertu d'une sentence du 12 février 1563 (n. st.). (Arch. Nat., Y 3467, f° 389.)

1ᵉʳ avril 1566 (n. st.). — Geneviève Le Blanc, veuve de Galliot Du Pré, libraire-juré, au nom de ses enfants mineurs, poursuit les vente et criée d'une maison appartenant aux héritiers de Guillaume de La Villette, orfèvre, pour 25 l. t. de rente qui leur sont dues. (Arch. Nat., Y 3467, f° 89.)

29 mai 1570. — Geneviève Le Blanc, veuve de Galliot Du Pré, libraire-juré, Catherine Du Pré, veuve de Jacques Desprez, procureur au Châtelet, Jean Du Pré, receveur du révérendissime cardinal de Strossy, Denys Du Pré, avocat au Parlement, poursuivent les vente et criée de la moitié de la maison de la Levrière, rue des Marmouzets, pour 125 l. t. d'arrérages d'une rente constituée à Galliot Du Pré le 12 juillet 1531. La poursuite est dirigée contre Pierre Le Maistre, maître-peignier-tablettier, curateur aux biens vacants de feu Jean Jourdain, avocat au Parlement (Arch. Nat., Y 3470, f° 153.)

3 septembre 1571. — Denys Du Pré, imprimeur, rue des Amandiers, reçoit donation de tous les biens qu'Antoine Pacquot, cordonnier, se trouvera posséder à son décès. (Arch. Nat., Y 112, f° 83 v°.)

1571. — Galliot Du Pré, voyez ROUX.

1571. — Denys Du Pré, rue des Amandiers, est taxé à 100 sols au don de 300 000 livres. (Bib. Nat., ms. fr. 11692, f° 758 v°.)

28 janvier 1575. — Le collège de Fortet donne à bail à Denys Du Pré, imprimeur, pour 6 ans à partir de Noël 1576, la maison de la Vérité, rue des Amandiers, au loyer de 120 livres. — 12 décembre 1581. — Denys Du Pré renouvelle ce bail, au loyer de 60 écus. — 8 février 1588. — Denys Du Pré renouvelle ce bail au loyer de 66 écus et deux tiers. (Arch. Nat., MM 398, f° 111.)

28 mai 1575. — Sentence rendue par Nicolas Chesneau, libraire-juré en l'Université, syndic de la Communauté des libraires et imprimeurs de Paris; Galliot Du Pré est condamné à faire réimprimer le premier feuillet d'un livre intitulé : « *Dictionarium linguæ latinæ et gallicæ* », et d'y mettre : « Ce livre a esté imprimé à Rouen, et se vend à Paris par le dit Galliot Du Pré, » au lieu de la suscription qu'il y avait précédemment : « *Parisiis, apud Galeotum a Prato, via Jacobæa, ad insigne Navis Aureæ* », en outre défenses sont faites à tous autres libraires et imprimeurs de Paris, « de plus faire imprimer hors la dite ville de Paris, au Royaume de France, qu'ils ne mectent à l'intitulation du livre le lieu où aura esté imprimé le livre et le nom de l'imprimeur. » (Arch. Nat., Y 5251, f° 24 v°.)

4 avril 1577. — Nomination de subrogé tuteur à Pierre Du Pré, âgé de 7 ans, fils de feu Pierre Du Pré [libraire], et de Françoise de Louvains, sa veuve, à présent femme d'Abel Langelier [libraire]. Le conseil de famille se compose d'Abel Langelier, beau-père ; noble homme Denys Du Pré, avocat au Parlement, oncle paternel ; Claude Pot, oncle paternel à cause de sa femme ; Jean Du Pré [libraire ?], cousin paternel ; Nicolas de Louvains, oncle maternel ; Jean de Cosme, grand-oncle maternel ; Philippe de Cosme, cousin maternel ; maître Martin de la Cappelle, procureur au Châtelet, ami ; maître Robert Faürin, procureur au Parlement, oncle paternel à cause de sa femme. (Ibid., f° 218 v°.)

27 mars 1581. — Denys Du Pré, imprimeur, voyez THIERRY.

15 décembre 1584. — Denys Du Pré, imprimeur, et considérable personne Jean de Cinq-Arbres, principal du collège de Fortet, sont témoins d'une donation faite par Jean Plouquin, pédagogue, demeurant au collège de Fortet, à Jacques Hétru, son neveu, compagnon-tonnelier. (Arch. Nat., Y 126, f° 251 v°.)

6 novembre 1594. — Denys Du Pré, maître-imprimeur-juré et libraire, est témoin au contrat de mariage de Nicolas Du But, maître-parcheminier, demeurant rue de la Parcheminerie, avec Martine Plastron. Il était cousin d'Anne Touchard, première femme de Nicolas Du But. (Arch. Nat., Y 134, f° 70 v°.)

13 mai 1596. — Philippe Du Pré, imprimeur, renouvelle le

bail de la maison de la Vérité, rue des Amandiers, passé pré-cédemment à Denys Du Pré, au loyer de 40 écus. — 30 mars 1602. — Philippe Du Pré, renouvelle ce bail au loyer de 50 écus. — 8 février 1608. — Philippe Du Pré renouvelle ce bail au loyer de 160 livres. (Arch. Nat., MM 398, f°s 111 et 111 v°.)

Le 17 août 1612 la maison fût louée à l'imprimeur Heureux Blancvillain.

10 août 1599. — Pierre Du Pré, bourgeois de Paris, tant pour lui que pour Claude Du Pré, mariée à Jean de Conty, conseiller au siège présidial de Caux, héritiers tous deux de Galliot Du Pré [libraire], et de Geneviève Le Blanc, sa femme, donne quittance des arrérages d'une rente de 223 livres constituée à Galliot Du Pré par la princesse de Montpensier le 13 juin 1576. (Signets manuels). (Bib. Nat., Pièces orig., vol. 2372.)

20 janvier 1600. — Catherine Du Pré, seconde femme de Robert Faurin, procureur en la cour de Parlement, donne à Madeleine Faurin, sa belle-fille, à l'occasion du mariage de celle-ci avec Nicolas Coutant, procureur au Parlement, rue Trassenonin, une rente de 16 écus et deux tiers provenant de Galliot Du Pré, libraire-juré. (Arch. Nat., Y 139, f° 48 v°.)

18 mai 1612. — Charles Hardy, notaire et secrétaire du roi, ayant droit, par transport, d'Antoine Du Pré, sieur de la Grève, héritier de feu Galliot [II] Du Pré, lequel était aussi héritier de feu Denys Du Pré, avocat au Parlement, leur frère, dont Galliot avait hérité, donne quittance des arrérages d'une rente constituée par Geneviève Le Blanc, mère d'Antoine. (Bib. Nat., Pièces orig., vol. 2372.)

DU PUYS

17 décembre 1551; 29 avril 1559. — Mathurin Du Puys, [libraire], voyez CHAUDIÈRE.

23 novembre 1552. — Jacques Du Puys, [libraire], voyez VASCOSAN.

Voyez la généalogie à l'article BADE.

8 octobre 1559. — Guillaume Guyart [libraire], bourgeois de Paris, poursuit les vente et criée de deux maisons contiguës rue Saint-Jacques, portant les enseignes de l'Homme-Sauvage et de l'Ecrevisse, apartenant pour partie à Hostellye Chaudière, cura-trice de Mathurin Du Puys [libraire], son mari, pour 10 écus d'or soleil, représentant la valeur et estimation d'un cheval, et 14 l. t. Parmi les oppositions mises sur le prix à provenir de la vente se trouvent celle de Martin Bezart, doyen de la Nation d'Allemagne, comme procureur de Christofle Ferchanors (?), marchand libraire

en la ville de Surein, en Suisse, pour 60 l., 10 s. t. dus en vertu d'une sentence du 5 mars 1557 ; de Charles Estienne ; de Denys Pinson, mari de Marguerite Chaudière, et tuteur des enfants de Regnauld Chaudière [imprimeur] ; de Philippe Brunel et Geneviève Raoullant, sa femme, fille de Guillaume Raoullant, papetier ; de Nicolas Levesque, marchand libraire. (Arch. Nat., Y 3459, f°ˢ 601, 603 v°, 612 v°, 611 v°.)

30 janvier 1563 (n. st.). — Michel Vascossan [Vascosan], libraire, curateur de Baptiste Dupuys, fils mineur de feue Catherine Badius et de Jacques Dupuys, libraire, et Marguerite Vaillant, âgée de 17 à 18 ans, femme légitime dudit Jacques Dupuys, présentent requête pour obtenir la restitution de livres qui ont été saisis. Le serviteur de Marguerite Vaillant ayant préparé quelques tonneaux de livres pour les envoyer à la foire de Francfort, le capitaine du quartier les avait fait saisir, avait brûlé quelques livres réprouvés, et mis deux hommes en garnison dans sa maison. Ordre est donné au capitaine de visiter immédiatement les dits livres et de restituer ceux qui ne sont pas réprouvés. (Arch. Nat., X/1 A 1604, f° 235.)

8 mars 1564. — Jacques Du Puys, libraire, achète de Balthazar de Lesglise et d'Andrée Houspel [Hopyl], sa femme, pour 600 l. t. et les charges, la maison de la Corne-de-Daim, rue Saint-Jean-de-Latran, provenant de la succession de Jean de Horne, apothicaire ; située entre la maison de l'œuvre Saint-Benoît et la Nef-d'Argent, dépendant de la même succession : corps d'hôtel à pignon sur rue. (Arch. Nat., S 904, f° 169 v°.)

Voyez Drouart, à la date du 10 janvier 1569.

15 janvier 1566 (n. st.). — Henri Pierre, la veuve de Michel Ysegrain, Aurélies et Ambroise Fourbeur, enfants de feu Jérôme Le Fourbeur, poursuivent les vente et criée de la neuvième partie de l'image Saint-Sébastien, rue des Poirées, appartenant à Hosteleye Chauldière, tant pour elle que comme curatrice de Mathurin Du Puys [libraire], son mari. Il leur était dû 321 l. 6 s. t. de reste d'une plus grosse somme, suivant une obligation du 25 juin 1555, et 66 s. t. de frais taxés le 8 janvier 1566 (n. st.). (Arch. Nat., Y 3467, f° 283.)

1571. — Jacques Du Puys, libraire, voyez Borel.

19 mars 1572. — Sentence condamnant Jacques Du Puys, libraire, à payer 50 sols de rente au chapitre de Saint-Benoît, pour une maison dont il est propriétaire, rue Saint-Jean-de-Latran. (Arch. Nat., S 894 B.)

3 septembre 1576. — Nomination d'un subrogé tuteur à Jacques

Du Puys, âgé de 9 à 10 ans, fils de Jacques Du Puys [libraire], et de feue Marguerite Vaillant. Parmi les membres du conseil de famille : Jacques Du Puys, père ; Jean Vaillant, grand-oncle maternel ; Philibert Laisné, oncle maternel ; Martin Le Jeune, Jean Heucqueville et Gilles Gilles [libraires], et Jean Néaubar, voisins et amis. (Arch. Nat., Y 5251, f° 148.)

1586. — Jacques Du Puys, le jeune, paye la taxe d'ouverture de boutique. (Bib. Nat., ms. fr. 21872.)

15 février 1591. — Jacques Dupuys, libraire-juré, rue Saint-Jacques, au Coq-d'Or, mari de Catherine Sonnius, fils de feu Jacques Du Puys, libraire, et de sa femme, née Vaillant, fait donation à Pierre Pasquier, procureur en la cour de Parlement, de 1·666 écus et 40 sols tournois. Le donataire aura à payer de nombreux legs, entre autres aux enfants d'Emmanuel Richard, libraire, et de Jeanne Dupuys, sa femme, fille de Nicolas Dupuys, tisserand en toiles, près Dreux; à Olivier de Varennes, libraire, fils de feu Michel de Varennes, relieur; à Jean Vaillant, marchand de drap, et à Charlotte Roigny, sa femme. Jacques Dupuys possède une maison, cour, puits, dépendances et appartenances, rue des Prouvelles, à l'hôtellerie de la Cornemuse, provenant du partage fait le 4 août 1574 entre son père et feue Nicole Couasse, veuve de Claude Vaillant, son aïeule maternelle. (Arch. Nat., Y 132, f° 299.)

DU QUESNOY

27 mars 1581. — Aubin Du Quesnoy, voyez THIERRY.

6 juillet 1602. — Contrat de mariage d'Aubin Du Quesnoy, imprimeur, rue des Amandiers, avec Françoise Léger, veuve de Jean Chobart, compagnon-teinturier. Témoin : Jean Le Duc, imprimeur. (Arch. Nat., Y 141, f° 243 v°.)

DU VAL

20 février 1579. — Simon Janot, maître-teinturier en cuirs, vend à Jullian Du Val [libraire] et à Geneviève de Gandouyn, sa femme, une maison avec un jeu de paume en ruines et un jardin clos de murs, rue Trippelet, à Saint-Marcel, à l'enseigne de la Nonpareille. (Arch. Nat., S 1654, f° 101, 1ʳᵉ série.)

14 juillet 1581. — Contrat de mariage de René Piscot, fils de Jean Piscot, barbier-chirurgien à Cormeilles-en-Vexin, avec Jeanne Duchesne. Témoins : Denys Du Val, libraire, oncle du futur à cause de sa femme; Julien Bazemont, maître-imprimeur; Bastienne Du Chesne, veuve de Pierre Chevillon, maître-peintre, et Baltha-

zar de Hunal, maître-barbier-chirurgien. (Arch. Nat., Y 123, f° 243.)

22 août 1587. — Feu Jullian Du Val, libraire, Claude, Cosme, Jean et Raoullin Du Val, voyez Becquet.

19 avril 1592. — Denys Du Val, libraire, et Françoise Piètre, veuve de François Louytre, imprimeur, sont témoins au contrat de mariage d'Antoinette Piètre, veuve de Mahiet Dubois « maistre taillier d'istoires, » rue des Vieux-Augustins, avec Maurice Belier, maître-peignier et tablettier, rue de la Vieille-Draperie. (Arch. Nat., Y 133, f° 12.)

1594 *(avant le* 14 juillet). — Denys Du Val, libraire, rue Saint-Jean-de-Beauvais, au Cheval-Volant, déclare que Chrestien Wechel [libraire], a joui à loyer de cette maison, depuis long-temps, sans avoir jamais fait de bail, et qu'il n'a jamais payé plus de 200 livres de loyer par an. (Arch. Nat., S 5118/5, n° 6.)

14 juillet 1594. — Denys Du Val, marchand libraire imprimeur, prend à bail pour 8 ans la maison du Cheval-Vollant, rue Saint-Jean-de-Beauvais, appartenant à la Commanderie de Saint-Jean-de-Latran, dans laquelle il habite déjà, au loyer de 50 écus d'or soleil; l'ancien jeu de paume a été transformé en jardin. (Ibid., f° 20 v°.)

EDOARD

26 décembre 1563. — Nicolas Edouard, libraire-imprimeur, voyez Borel.

ERNAULT

20 juillet 1562. — Jacques Ernault, libraire, voyez Charron.

ERONDELLE

1586. — Elizée Erondelle paye la taxe d'ouverture de boutique. (Bib. Nat., ms. fr. 21872.)

Nous ignorons s'il était imprimeur, libraire, relieur ou papetier.

ESCHART

10 août 1591. — André Eschart, relieur, voyez Sommaville.

7 octobre 1608. — André Eschart, libraire et relieur, rue Fre-mentel, et Louise Nicot, sa femme, vendent une part de la maison de la Belle-Etoile, rue des Lavandières, provenant des successions

de Jean Eschart et de Marie Pelault, père et mère d'André. (Arch. Nat., LL 423, f° 236.)

ESTIENNE

9 avril 1502. — Henri Estienne, libraire, rue Saint-Jean-de-Beauvais, achète la maison de l'image Sainte-Geneviève, rue Mouffetard, pour 400 l. t. (Arch. Nat., S 1650, f° 31 v°, 1re série.)

24 juin 1506. — « Les escoles du cloz Brunel sont baillées à tiltre de louaige à Hanry Estienne du jour sainct Jehan Baptiste mil vc et six jusques à douze ans » au loyer de 20 l. 16 s. par. ; maison appartenant à la Commanderie de Saint-Jean-de-Latran et à la Commanderie de Saint-Jean-en-l'Isle, près Corbeil. (Arch. Nat., S 5117/11, n° 103 ; S 5119/4, f° 30.)

1506. — Voyez VAULTIER.

1508. — Henri Estienne rembourse à l'Hôtel-Dieu de Paris le capital d'une rente qui grevait sa maison du clos Bruneau. (Arch. hospit., Hôtel-Dieu, 6578.)

1514-15; 1515-16. — Henri Estienne, marchand imprimeur de livres, paye à la Commanderie de Saint-Jean-de-Latran 26 l. t. de loyer pour la maison vulgairement appelée les Ecoles de Corbeil, sur les murs de laquelle est l'image Saint-Jean-Baptiste, rue du Clos Brunel, devant les écoles de Décret. (Arch. Nat., S 5119/3, f° 22; S 5119/2 ; S 5119/1, f° 29.)

25 novembre 1516. — Henri Estienne, libraire, achète pour 60 l. t. de Martin Chubere, marchand chandelier, 4 l. de rente à prendre sur un chantier, cour et jardin, rue de la Buscherye, entre l'image Saint-Jacques et l'image Saint-Jean. (Arch. Nat., S 1651, f° 92, 3e série.)

14 août 1517. — Arrêt du Parlement de Paris, sur appel d'une sentence de la Prévôté du 2 juin 1507, dans un procès relatif au fermage des terres de Drachy et de Pisseleu, appartenant à l'Hôtel-Dieu de Soissons, prises à bail le jour de la Saint-Jean-Baptiste 1495, pour 99 ans, par feu Jean Hicquemen [Higman, imprimeur]. Henri Estienne, messager-juré de l'Université, et sa femme, Guyonne [Viart], veuve de Jean Higman, sont condamnés tant en leur nom qu'en celui des enfants mineurs de Guyonne et d'Higman. (Arch. Nat., X/1 A 159, f° 225.)

Publié in-extenso par M. Stein, d'après une expédition conservée aux Archives hospitalières de Soissons, dans les *Mémoires de la Société de l'Histoire de Paris et de l'Ile-de-France*, t. XXII, pp. 257 et ss. ; on y trouvera aussi d'autres pièces relatives à ce procès.

Voyez à HIGMAN la généalogie des descendants de Guyonne Viart.

1520-21. — La veuve Henri Estienne paye le loyer de la maison des Ecoles de Corbeil, rue Saint-Jean-de-Latran, pour les termes de Noël 1520, Pâques et Saint-Rémy 1521. (Arch. Nat., S 5119/8, fᵒˢ 14, 14 vᵒ et 15 vᵒ.)

Le bail de 1506 avait été renouvelé pour 29 ans, au loyer de 34 l. t. le 4 octobre 1518 (Coyecque, *Minutier*; aussi publié in-extenso par Stein, *loc. cit.*, p. 260.)

16 juillet 1533. — Nouveau bail de cette maison passé pour 99 ans par Robert Estienne, imprimeur, libraire et bourgeois de Paris, au loyer de 36 l. t. Maison, cour et jardin « tenant du costé devers orient du jardin à grandes escolles de décret, aboutissant en ladicte rue dudit costé dorient et devers occident au dit S. Jehan de Latran ; du costé de la tramontane à Robert Vydet, et devers mydy à la maison dudit jeu de paulme qui est dudit S. Jehan de Latran ». (Arch. Nat., S 5118/5, fᵒ 17.)

1536-37; 1542-43; 1544-45. — Le loyer de cette maison est payé par Robert Estienne, imprimeur. — 1552-53. — Le loyer est payé par Charles Estienne, comme tuteur des enfants de Robert. (Arch. Nat., S 5121/5, fᵒ 26 vᵒ ; S 5121/4, fᵒˢ 28, 37 vᵒ, 42, 45 vᵒ ; S 5121/3, fᵒˢ 3 vᵒ, 16 vᵒ, 18 vᵒ, 24 ; S 5121/2, fᵒ 24 vᵒ ; S 5121/1, fᵒ 24 vᵒ.)

17 et 19 mars 1539 (n. st.). — Voyez Bade.

26 mai 1542. — Charles Estienne, licencié en médecine, est propriétaire de la moitié indivise de la maison du Roi-David, rue Saint-Jean-de-Beauvais, contiguë aux Ecoles de Corbeil. (Arch. Nat., S 893 A.)

4 septembre 1542. — Sentence du Parlement ordonnant que deux conseillers interrogeront François Estienne, libraire-juré, auquel il est fait défense de sortir de Paris, sur les charges et informations faites à la requête de Jacques Nyverd et Jean André, libraires-jurés. (Arch. Nat., X/2 A 93.)

23 septembre 1542. — Remise à huitaine pour la confrontation des témoins. (Ibid.)

30 octobre 1542. — Défense est faite à François Estienne de « doresnavant user de rebellions et désobéissances aux arrêts et ordonnances de ladite cour et aux exécuteurs d'iceulx par elle commis » ; il devra laisser visiter ses livres sous peine de prison, amende arbitraire et punition corporelle. (Ibid.)

Ces trois actes communiqués par M. Weiss.

30 mai 1550. — Voyez Higman.

3 décembre 1550. — Voyez Colines.

17 août et 28 septembre 1557. — Voyez TURNÈBE, à la date du 10 avril 1556.

16 mars 1552 (n. st.). — Adrien Turnèbe, imprimeur du roi pour le grec, requiert la comparution au Châtelet de Charles Estienne, tuteur et curateur des enfants de Robert Estienne, pour lui faire déclarer sous serment de « quelle quantité de quaisses [casses], carractères poinsonnés, matrices et aultres utancilles » se composait le matériel grec de Robert, et le faire condamner à lui remettre tout ce qu'il en a conservé ou tout ce qui se trouve entre les mains d'Angelo, l'écrivain [Ange Végèce]. (Arch. Nat., Y 5248.)

Même jour. — Adrien Turnèbe réclame à Charles Estienne, tuteur et curateur des enfants de Robert Estienne, des dommages et intérêts pour l'opposition qu'il a faite à sa réception comme imprimeur pour le roi des lettres grecques, et pour avoir « empesché que ledict demandeur feist son prouffit de ladicte imprimerie ». *(Fragment).* (Arch. Nat., Y 5238, f° 70 v°, 2ᵉ série.)

Voyez Ph. Renouard, *Les Grecs du Roi*, dans le *Bulletin du Bibliophile*, 15 avril 1901, où ces deux actes sont reproduits in-extenso.

13 septembre 1552. — Les biens de feu Denys Lescaloppier actuellement à ses héritiers ; Claude Chauvet, Martin Pellier et Denyse Courtois sa femme, Jacques Rousseau et Guillemette Chauvet, sa femme, et Nicolas Varlet, sont grevés d'une hypothèque pour garantir noble homme maître Charles Estienne dans une action à lui intentée par Robert Du Gast, curé de Saint-Hilaire-au-Mont, à Paris, relativement à une maison sise près de l'église Saint-Hilaire ; cette maison, vendue par feu Denys Lescaloppier à Charles Estienne, avait été revendue par ce dernier à Salladin. (Arch. Nat., Y 5242, f° 289.)

6 novembre 1552. — Testament de François Estienne, libraire, demeurant à l'Ecu-de-France, au clos Bruneau; exécutrice testamentaire : Geneviève de Clermont, sa femme; témoins : sire Richard Le Gué [couturier] et maître Jean de Dampierre. (Arch. Nat., LL 757, f° 18 v°.)

25 novembre 1552. — Voyez CHAUDIÈRE.

23 juin 1553. — Inhumation de François Estienne dans la chapelle Notre-Dame de l'église Saint-Hilaire. (Ibid., f° 75.)

Isabeau Estienne, demeurant rue Saint-Hilaire, à l'image Notre-Dame, testa le 6 septembre 1553 et fut inhumée auprès de François le 11 septembre suivant; elle avait une sœur, Marguerite. (Ibid., f°⁸ 34 v° et 76.)

9 novembre 1554. — Testament de Richard Le Guay, couturier, demeurant à l'Ecu-de-France, au clos Bruneau; exécutrice testamentaire : Geneviève de Clermont ; légataire universelle : Gene-

viève Estienne, fille de ladite Geneviève et de feu François Estienne « à la charge de le nourrir, alimenter et gouverner tout le reste de sa vie »; témoins : Pierre Morice [couturier] et Tiennette Du Hamel. (Ibid., f° 45 v°.)

9 juin 1555. — Mariage à l'église Saint-Hilaire de Geneviève de Clermont avec Pierre Berthelot, fiancés depuis le 27 mai dernier. (Ibid., f° 72 v°.)

11 avril 1555 (n. st.). — Lettres patentes du roi données à Fontainebleau le 11 avril 1554, avant Pâques, ordonnant au lieutenant civil de faire toute diligence pour recouvrer les frappes et matrices des lettres grecques, petites et moyennes faites sur l'ordre du feu roi François, dont les poinçons étaient déposés à la librairie du roi, à Fontainebleau, Pierre de Montdor étant garde de cette bibliothèque. Henri Estienne, imprimeur à Paris, avait obtenu l'autorisation de faire faire une frappe au moyen de ces poinçons, en payant une somme qui devait servir à acheter des livres pour la bibliothèque de Fontainebleau ; il s'était enfui avec les matrices, sans qu'on puisse avoir de nouvelles de lui. Le lieutenant civil devra interroger, sous la foi du serment, toute personne pouvant fournir des indications sur le lieu où se trouvent ces matrices, et notamment Charles Estienne, oncle, tuteur et curateur d'Henri. En vertu de ces lettres patentes, dont il lui est donné lecture, Charles Estienne comparaît au Châtelet et déclare, sous la foi du serment « qu'il ne sçavoit où ilz estoient et que les avoit jamais vuz et qu'il ne sçait où ledit Henry est allé, sinon qu'il a entendu qu'il est de présent à Fleurance, et aultre chose ne sçait ». (Arch. Nat., Y 5244, f° 537.)

Voyez : Ph. Renouard, *Les Grecs du Roi*, dans le *Bulletin du Bibliophile*, 15 avril 1901, où cet acte est reproduit in-extenso.

16 novembre 1561. — Adriain Arragon, notaire au Châtelet, poursuit les vente et criée d'immeubles appartenant à Charles Estienne, docteur régent à la Faculté de médecine, pour obtenir le payement de 123 l. t. d'une part et de 120 l. t. dautre part, auquel Charles Estienne a été condamné par une sentence du Châtelet du 31 juillet 1557. Ces immeubles sont : une maison rue de l'Arbalète, à Saint-Marcel, contenant deux corps d'hôtel séparés par une cour, granges, étables et jardin derrière, le tout d'une contenance de un arpent ou environ, et un clos de 9 arpents ou environ situé en face de la maison et clos de murs. (Arch. Nat., Y 3461, f° 313.)

Comme conséquence de cette saisie et de celle du 21 juillet 1563 (voyez plus bas), les créanciers de Charles Estienne vinrent successivement au Châtelet mettre opposition sur le prix à provenir de la vente :

26 novembre 1561. — Pierre Papeau et Jean Picart, laboureurs, mettent opposition comme garantie du bail qui leur a été passé par Charles

Estienne, pour 6 ans, à la Saint-Rémy 1556, d'une place close de murs, au mont Sainte-Geneviève, lieu-dit les Potteryes, et pour se couvrir de leurs labours, semences et améliorations. (Arch. Nat., Y 3461, f° 313.)

11 décembre 1561 ; 8 octobre 1563. — Jean Liébault [son gendre], docteur régent à la Faculté de Médecine, pour 828 l. t. de rente, reste de 1 200 l. t. de rente constituées le 9 novembre 1556. (Arch. Nat., Y 3461, f° 313 v° ; Y 3463, f° 124 v°.)

5 janvier 1562 (n. st.) ; 8 août 1563 ; 2 mai 1565. — La veuve et les héritiers de Galliot Du Pré pour 50 l. t. de rente constituées par feu Galliot Du Pré [libraire] le 9 novembre 1556. (Arch. Nat., Y 3461, f°° 313 v° et 316 ; Y 3463, f°° 124 et 129.)

16 janvier 1562 (n. st.) ; 8 octobre 1563 ; 12 juin 1564. — Gillette Everard, veuve de Jean de Gayette, maître-barbier chirurgien, pour 25 l. t. de renfe constituées le 11 juin 1555. (Arch. Nat., Y 3461, f°° 313 v°, 315 v° ; Y 3463, f° 124 v°.)

24 janvier 1562 (n. st.) ; 15 novembre 1563. — Étienne de Navières, avocat au Grand-Conseil, puis Jacques Rogier, huissier de la Chambre, des Comptes auquel il avait cédé son droit, pour 1 100 l. t. de rente. (Arch. Nat., Y 3461, f°° 313 v° et 314 v°.)

8 février 1562 (n. st.). — Jacques Pique et Marie Péron, sa femme, et les enfants mineurs de Marie Péron et de feu Alexandre Sergent, en garantie du bail à rente fait par Charles Estienne à Alexandre Sergent, pour 216 l., 4 den. t., de la maison de l'Etoile sur Petit-Pont. (Arch. Nat., Y 3461, f° 314.)

16 avril 1562 ; 2 octobre 1563. — Jean de La Place, procureur au Châtelet, pour 25 l. t. de rente constituées le 16 janvier 1556 (n. st.). (Arch. Nat., Y 3461, f° 314 ; Y 3463, f° 124.)

17 juin 1562 ; 8 mars 1564 (n. st.). — Guillaume Lebel, marchand apothicaire, bourgeois de Paris, pour 38 l. 9 s. t. (Arch. Nat., Y 3461, f° 314 ; Y 3463, f° 125.)

24 juin 1562. — Michel Vascosan, imprimeur, tuteur et curateur des enfants mineurs de feu Robert Estienne, pour 19 000 et tant de livres tournois, somme à laquelle les biens des mineurs ont été prisés. Charles Estienne, tuteur ainsi que Vascosan en est responsable comme lui. (Arch. Nat., Y 3461, f° 314 v°.)

13 août 1562. — Le doyen, les chanoines et le chapitre de Saint-Marcel pour leur droit de 40 l. t. de cens sur les immeubles de Charles Estienne. (Ibid., f° 314 v°.)

15 novembre 1563. — Adrien Arragon, notaire au Châtelet, ayant le droit de René Gaudyon, bourgeois de Paris, pour 707 l., 2 s., 6 den. t., en vertu d'une reconnaissance du 7 février 1562 (n. st.). (Ibid., f° 315.)

14 janvier 1564 (n. st.). — Geneviève Daverly (sic), veuve de Charles Estienne, pour son douaire coutumier, pour 300 l. t. à employer en 25 l. t. de rente de son propre, et pour 50 l. t. de rente dont son mari lui avait fait garantir le payement. (Ibid., f° 315.)

7 novembre 1564. — Robert, François et Charles Estienne, frères, enfants de feu Robert Estienne, imprimeur, et de Perrette Badde, sa femme, pour leur compte de tutelle, la restitution de marchandises, impressions et caractères, lettres, titres et enseignements des successions de leurs père et mère. (Ibid., f° 315 v°.)

8 février 1565 (n. st.). — Zacarie Bertrand, avocat au Châtelet, pour 25 l. t. de rente. (Arch. Nat., Y 3461, f° 315 v° ; Y 3463, f° 125.)

23 février 1565 (n. st.). — Julien de Monhénault (?), maître-priseur et vendeur de biens, pour 13 l. t. par transport d'Antoinette Le Faulcheur, veuve de Charles Le Roy ; brevet du 4 septembre 1561. (Arch. Nat., Y 3461, f° 315 v°.)

9 mars 1565. — Jean Anastaze [faiseur de taffetas et velours à Genève] et Jeanne Estienne sa femme, Etienne Anastaze [imprimeur à Genève] et Catherine Estienne sa femme, héritiers de Perrette Bade jadis femme de feu Robert Estienne, pour les comptes de tutelle que Charles Estienne avait à leur rendre. (Arch. Nat., Y 3463, f° 129.)

7 avril 1565 (n. st.). — Philbert Terrien, pour le compte de tutelle de sa femme, Jeanne de Verly, dont Charles Estienne avait été tuteur et curateur. (Arch. Nat., Y 3461, f° 316 ; Y 3463, f° 125.)

Même jour. — Gilles de Verly, tuteur d'Antoine de Verly, enfants de feu Gilles de Verly [chirurgien] et de Marguerite Vostre, pour leur compte de tutelle, Charles Estienne ayant été leur tuteur. (Arch. Nat., Y 3461, f° 316 ; Y 3463, f° 125.)

Voyez VOSTRE.

3 mai 1565. — Jérôme Aleaulme, marchand [bonnetier], bourgeois de Paris, pour 8 l. 15 s. t., montant d'une cédule du 4 janvier 1561 (n. st.). (Arch. Nat., Y 3461, f° 316 ; Y 3463, f° 129.)

Même jour. — Antoine Chappelier, curateur aux biens vacants de Charles Estienne, pour les frais qu'il a eus et qu'il aura. (Arch. Nat., Y 3461, f° 316 v° ; Y 3463, f° 129.)

8 juin 1565. — Jérôme Savyn, avocat au Parlement, ayant le droit de Jean Legay, docteur-régent à la Faculté de médecine, pour 10 l. t. de rente constituées le 17 juillet 1544. (Arch. Nat., Y 3461, f° 316 v°.)

9 juin 1565. — Nicolas Petit, bourgeois de Paris, comme tuteur et curateur des enfants de feu Claude Guymier. (Ibid., f° 125 v°.)

22 août 1562. — Le Parlement accorde à Jean Tauchon, capitaine de la dizaine de Gilles de Launay, quartier d'Oudin Petit [libraire], pour le couvrir de ses frais, les sommes suivantes à prendre sur le produit des biens meubles, saisis dans différentes maisons, qui ont été vendus ou qui sont à vendre : 140 l., 10 s., 8 den. par. dans la maison de la Salamandre, rue Saint-Jacques ; 120 l., 10 s., 8 den. par. dans la maison du Vrai-Potier, même rue [saisie sur Jean Le Royer, imprimeur] ; 92 l., 10 s., 8 den. par. dans la maison de Robert et Charles Estienne, libraires et imprimeurs ; 36 l. par. dans la maison de l'Ecu-de-Venise, rue Saint-Jacques [saisie sur Mathurin Prévost, libraire] ; 8 l., 16 s. par. dans la maison de la Nef-d'Argent, même rue, [saisie sur Hercule François, libraire]. (Arch. Nat., X/1 A 1603, f° 295 v°.)

21 juillet 1563. — Zacarie Bertrand, avocat au Parlement, poursuit les vente et criée d'une maison appartenant à Charles Estienne, docteur régent à la Faculté de médecine, située rue

Saint-Jean-de-Beauvais, à l'enseigne du Soleil-d'Or, contiguë à celle de maître Guillaume Buron, procureur au Châtelet, pour 2 années d'arrérages d'une rente de 25 l. t. (Arch. Nat., Y 3463, f° 124.)

5 février 1564 (n. st.). — Jean Anastaze, « faiseur de taffetaz et veloux », Etienne Anastaze, maître-imprimeur, frères, bourgeois de Genève, mariés à Jeanne et Catherine Estienne, François Estienne, maître-imprimeur, bourgeois de Genève, et Blanche de Corquilleret, sa femme, vendent pour 1 000 l. t. à Robert Estienne, imprimeur du roi, leur frère et beau-frère, leur part dans la succession de leur mère, Perrette Badius, femme de Robert Estienne, imprimeur du roi. (Arch. Nat., Y 105, f° 82 v°.)

1er juillet 1564; 25 janvier 1565. — Arrêts du Parlement rendus en faveur de Robert Estienne, imprimeur du roi, Charles Estienne, François Estienne, Jean et Etienne Anastaze, de Genève, mariés à Jeanne et Catherine Estienne, tous frères, sœurs et beaux-frères, contre Michel Vascosan, imprimeur, leur oncle, au sujet de la succession de Perrette Bade, leur mère, comprenant notamment la maison du Preschement, rue Saint-Jean-de-Beauvais, prise à bail pour 99 ans. (Arch. Nat., X/1 A, 1610, f° 10 et 1611, f° 291 v°.)

Ces deux actes publiés in-extenso par M. Stein, *loc. cit.*, pp. 278-283.

3 août 1564. — Renonciation de Jean Liébault et de Nicolle Estienne, sa femme, à la succession de Charles Estienne, leur beau-père et père. (Arch. Nat., ZZ/1 302, f° 177.)

Signet manuel de Nicolle Estienne (Arch. Nat., ZZ/1 306, f° 150 v°).

7 septembre 1564. — Saisie d'une maison appartenant à Jacques Estienne, fils de feu François Estienne [libraire], sise au carrefour du Clos Bruneau, portant l'enseigne de l'Ecu-de-France, pour 257 l., 4 s., 4 den. t. Parmi les créanciers mettant opposition sur le prix à provenir de la vente : Guillaume Buron, veuf de Nicolle Estienne, tuteur des enfants mineurs de feu François Estienne, et Pierre Taillandier, tuteur et curateur de Geneviève, aussi fille de François, ces mineurs héritiers de Henri Estienne et de Guyonne Viart sa femme ; Liénarde Hicqman, fille mineure de feu Damien Hicqman [Higman, imprimeur]. (Arch. Nat., Y 3464, f°ˢ 652, 653, 655.)

27 novembre 1564. — Voyez CHAUDIÈRE.

16 mars 1565 (n. st.). — La veuve et les héritiers de Galliot Du Pré [libraire] poursuivent les vente et criée d'une maison sise rue Mouffetard, et de deux maisons rue Coippeaulx ayant appar-

tenu à Charles Estienne. (Arch. Nat., Y 3464, f° 691 ; Y 3465, f° 219.)

A la suite de ces nouvelles saisies plusieurs des créanciers de Charles Estienne mirent encore opposition, Gilles de Verly, Philibert Terrien, Antoine Chappelier, Adrien Arragon, Etienne de Navières, Jean de La Place, Gillette Everard ; on trouve en plus Guillaume Le Bé [fondeur], habitant rue Saint-Jean-de-Beauvais, Jacques Barthomyer, bailli de Montfort, Vincent Moulle, agissant au nom de Nicolle de Verly, sa femme, et Claude de Verly, fils de Gilles de Verly et de Marguerite Vostre, agissant au nom de Jacqueline de Verly.

21 janvier 1569. — Geneviève de Pluy, (sic) veuve de Charles Estienne, docteur régent de la Faculté de médecine [et libraire], est marraine à Saint-Sulpice avec Simonne, fille dudit Charles Estienne. (Bib. Nat., ms. fr. 32593.)

1571. — La veuve Robert [Estienne], voyez LE ROY.

20 janvier 1574. — Voyez PATISSON.

12 juillet 1575. — Nomination d'un subrogé tuteur à Robert et Henri Estienne, enfants mineurs de feu Robert Estienne, maître-imprimeur, et de Denyse Barbé, remariée à Mamert Patisson, maître-imprimeur. Le conseil de famille est composé de Mamert Patisson, beau-père; Jean Lyébault, docteur régent de la Faculté de médecine, cousin paternel par sa femme; François Estienne, oncle paternel; Fédéric Morel [imprimeur], cousin paternel par sa femme; Tessermant Barbé [mercier], oncle maternel; maître Germain Binoys, avocat au Parlement, voisin ; Philippes Patisson, affin et ami, et Guillaume Le Bé [fondeur de lettres], voisin. (Arch. Nat., Y 5251, f° 36 v°.)

Publié in-extenso par M. Stein, *loc. cit.*, p. 286.

2 août 1575. — Nomination d'un tuteur à Jeanne Estienne, âgée de 20 ans ou environ, fille de feu Charles Estienne, docteur régent à la faculté de médecine, et de Geneviève de Verly. Jean Liébault, docteur régent à la faculté de médecine, parent par sa femme ; François Estienne, cousin paternel ; Raoul Thomas, maître-lapidaire, parent par sa femme; Philippes Maltouyn, parent par sa femme; Philibert Terrien, oncle maternel par sa femme; Nicolas Chesneau [libraire ?], cousin maternel par sa femme ; Mamer Patisson [imprimeur], affin et ami ; Julien Basemont [imprimeur], ami, et Nicolas Abada, doreur du roi. (Ibid., f° 41 v°.)

1594. — Voyez PATISSON.

30 juillet 1598. — Arrêt rendu entre les enfants de feu Robert Estienne déclarant que les presses d'imprimerie sont tenues et réputées pour meubles. (Mentionné *in* Bib. Nat., ms. fr. 22065.)

EUSTACE

26 août 1553. — Nicolas Fourmentin se rend acquéreur, au Châtelet, pour 320 l. t., du quart indivis de la maison des Sagittaires, rue de la Juiverie, appartenant à Pierre Le Febvre et Claude Eustace, sa femme. (Arch. Nat., S 1653, fº 121 vº, 2ᵉ série.)

Maison du libraire Guillaume Eustace. Voyez MAHEU.

25 janvier 1561 (n. st.). — Jean Cauchy, maître-joueur d'instruments, et Isabeau Eustace, sa femme, donation mutuelle. (Arch. Nat., Y 101, fº 121 vº.)

10 mars 1561. — Claude Eustace, veuve en premières noces de Didier Maheult, imprimeur, et en secondes noces de Pierre Le Febvre, fait donation à François Le Gendre, marchand à Saint-Germain-des-Prés, et à Jean Ducloz, bonnetier à Saint-Marcel, ses gendres, de ses droits dans la succession de Nicolas Eustace, son neveu, fils de Nicolas Eustace, libraire à Paris. (Arch. Nat., Y 102, fº 169 vº.)

EVE

3 janvier 1591. — Clovis Eve, libraire, voyez BRUMEN.

26 janvier 1601. — Le Collège de Beauvais donne à bail à Clovis Eve, libraire et relieur ordinaire du Roi, la maison de l'image Sainte-Catherine, au Mont-Saint-Hilaire, près le clos Bruneau, au loyer de 53 écus un tiers. (Arch. Nat., S 6357.)

30 décembre 1606. — Voyez FEBVRIER.

Sans date. — La maison des Porcelets (rue des Carmes) en laquelle demeure la veuve de Nicolas Eve, relieur, appartient à Pierre Corbin. (Arch. Nat., S 1946/3.)

Voyez CAVELLAT à la date des 15-16 avril 1573.

FADE

11 juillet 1551. — Jean Fade, maître-parcheminier, se disant propriétaire de trois quartiers et une perche de terre au terroir de Boudoufle, lieu-dit les Tremblais, fait comparaître au Châtelet noble homme Claude Eschars, seigneur en partie de Boudoufle, Pierre Scofier, prêtre, et Jean Harmet. Il déclare qu'au mois de mars 1550 Scofier a ensemencé sa terre d'avoine, qu'Harmet l'a labourée et Eschart l'a hersée ou fait herser. Simon Bruslé, commissaire-examinateur au Châtelet, est commis pour faire une enquête. (Arch. Nat., Y 5248.)

28 mars 1552 (n. st.). — Jean Fade, maître-parcheminier, l'un des cent hacquebutiers de la ville de Paris, comparaît au Châtelet comme demandeur « en cas de saisine et nouvellettre ». (Arch. Nat., Y 5240, nº 1984.)

5 février 1553 (n. st.). — Jean Fade, parcheminier, prend part à une assemblée de bourgeois de Paris, au Bureau de la Ville de de Paris. (Arch. Nat., H 1782, f° 45; H 1783, f° 98.)

Registre des Délibérations du Bureau de la Ville de Paris, t. IV.

4 août 1576. — Feu Jean Fade, voyez DU FAY.

FAUCE

16 mai 1568. — Contrat de mariage de Vigor Fauce, l'aîné, imprimeur, avec Marguerite Le Clerc, veuve de Gilles Le Fort, imprimeur. (Arch. Nat., Y 117, f° 471.)

FAULCHER

13 octobre 1543. — Baptême à l'église Saint-Landry de Guillaume fils de (le nom cancellé); parrains : Guillaume Faulcher, libraire, de Saint-Christophe, Jean Bofon [Bonfons?], libraire, de Sainte-Geneviève, et Françoise Gateau, de Saint-Denys-de-la-Châtre. (Arch. Nat., L 670 n° 1, f° 9 v°.)

Le scribe avait fait erreur sur le nom des parents de cet enfant, qu'il appelle Pierre Peron et Jeanne ; ce sont les noms des parents d'un enfant baptisé quelques jours plus tard ; il a malheureusement biffé le nom de Pierre Peron sans le remplacer par celui du père, qui était peut-être libraire comme les deux parrains.

FAVAT

2 septembre 1488. — Mathieu Favat, clerc, libraire, rue Saint-Victor, est écroué au Châtelet sur la plainte de Guillaume Bigneaulx, « vendeur de livres et impression », place Maubert « pour ce que le premier jour de may devant passé icelluy Mathieu luy bailla ung coup de dague jusques à plaie et grant effusion de sang, luy estant en la rue Saint Victor, au moian de quel coup il en fut huit jours au lit. » Mis en liberté le même jour. (Arch. Nat., Y 5266, f° 85 v°.)

FAVEREAU

13 octobre 1488. — Jean Favereau, libraire, voyez CAILLAULT.

FEBVRIER ou FÉVRIER

15 octobre 1488. — Guillaume Février, maître-imprimeur, au Champ-Gaillard, est écroué au Châtelet sur la plainte de Robine, veuve de Pierre Le Cyrier, accusé d'avoir « battue et frappée ladite veuffve de plusieurs coups de pié... et traynée par les cheveulx en la bou ». Mis en liberté le même jour. (Arch. Nat., Y 5266, f° 125.)

25 mai 1553. — Guillaume Febvrier, libraire, voyez COSMÉ.

1571. — Jean Febvrier, libraire, voyez NICOLLE.

26 avril 1575. — Voyez LALISEAU.

Entre août 1598 *et* mai 1600. — Louis Febvrier paye la taxe d'ouverture de boutique. (Bib. Nat., ms. fr. 21872.)

9 août 1605. — Louis Febvrier, libraire, rue des Sept-Voyes, et Jean Chrestien, maître-doreur de livres, rue d'Ecosse, au Petit-Poirier, recoivent au nom de l'église Saint-Hilaire, dont ils sont marguilliers, donation d'une rente de 9 l. t., faite par Venise Tellier, veuve de Michel Goux, serrurier, rue des Carmes. (Arch. Nat., Y 144, f° 222.)

30 décembre 1606. — Le Collège de Beauvais donne à bail à Pierre-Louis Febvrier, libraire, au loyer de 200 l. t., **la maison de l'image Sainte-Catherine**, au Mont-Saint-Hilaire, près le clos Bruneau, où Clovis Eve, marchand libraire, est à présent demeurant. (Arch. Nat., S 6357.)

30 octobre 1612; 25 mai 1619 — Pierre-Louis Febvrier, libraire, renouvelle le bail de cette maison, au loyer de 200 l. t. (Arch. Nat., S 6357; M 97.)

13 avril 1624. — Sur le désistement de Marie Buisson, veuve de Pierre-Louis Febvrier, libraire, qui avait renouvelé le bail de cette maison à partir de Pâques 1624, un nouveau bail est passé à Rolet Boutonné, libraire. (Arch. Nat., S 6357 ; M 97.)

L'image Sainte-Catherine, qu'avaient occupée au XVIe siècle Nicolas Crespin, Pierre Moreau, Nicolas de Gaingant, Robert Icouard et Clovis Eve (voyez ces noms), fut louée, aux XVIIe et XVIIIe siècles à d'autres libraires et relieurs : Rolet Boutonné, libraire, dont le loyer fut porté à 300 l. en 1636; François Joron, libraire, au loyer de 360 l. en 1642 et de 400 l. en 1648; François Lhermitte, libraire, au loyer de 380 l. en 1660 et de 300 l. en 1683; Martine Bridou, sa veuve, en 1687, 1697 et 1698, au loyer de 176 l.; Louise et Françoise Lhermitte, leurs filles, en 1708, au loyer de 200 l.; Charles Bradel, relieur, en 1714, au loyer de 300 l.; André Chamois colporteur, en 1759, au loyer de 409 l.

FESSARD

26 août 1553. — Julien Fessard, fondeur de lettres, voyez CALOT.

3 mai 1559. — Voyez DANFRIE.

FINÉ

13 mai 1550. — Claude Finé, libraire, est témoin au testament de Claude Giignos, prêtre, demeurant au collège de Carembert. (Arch. Nat., LL 757, f° 4 v°.)

FLANDRAS

19 janvier 1586. — Contrat de mariage de Romaine Julien, veuve de Boniface Flandras, libraire, rue Neuve-Notre-Dame, avec Jean Marc, tonnelier, rue de la Parcheminerie. (Arch. Nat., Y 127, f° 384.)

FLORENTIN

6 janvier 1510 (n. st.). — La fabrique de l'église Saint-Etienne-du-Mont paye à Jacques Florentin, relieur, 8 sols par. pour avoir nettoyé et relié le livre des Evangiles, et à Hémon Prévost, chasublier, 38 sols 6 den. « tant pour avoir par luy baillé et livré ung quartier de veloux cramoisy, pour couvrir les Evangiles, que pour le brodeur qui attacha les ymaiges sur ledit livre. » (Arch. Nat., H 4347.)

16 novembre 1511. — La même fabrique paye à Jacques Florentin, relieur, 86 sols par. pour avoir relié nettoyé et doré l'un des « Messes » en parchemin de l'église. (Ibid.)

14 mars 1512 (n. st.). — La même fabrique lui paye 24 sols par. pour avoir relié, recollé et nettoyé douze volumes appartenant à l'église, et pour avoir mis des fermoirs neufs. (Ibid.)

4 mai 1519. — La même fabrique lui paye 12 sols par. pour avoir relié le livre « *Fiant a baptisto...* » et y avoir refait plusieurs feuillets. (Ibid.)

Jacques Florentin était aussi libraire.

FORTIN

26 avril 1472. — Jean Fortin, écrivain et libraire, est propriétaire de la moitié de la maison du Sanglier, rue de la Bretonnerie; l'autre moitié est vendue par Etienne Hardy, sergent à verges, son oncle, à Etienne de Montigny. (Arch. Nat., S 5082/2, f° 71 v°.)

FORVESTU

1551. — Le collège de Beauvais paye à Mathurin Forvestu [libraire et relieur] 16 sols t. pour la reliure d'un bréviaire de la chapelle. (Arch. Nat., M 97.)

19 novembre 1564. — Claude Tronchet, veuve de Mathurin Forvestu, bourgeois de Paris donne à bail une maison à Gentilly. (Arch. Nat., ZZ/1 303, f° 214).

FOSSE

23 août 1562. — Victor Fosse, imprimeur, voyez VIOSSE.

FOUCAULT

17 février 1545. — Antoine Foucault, libraire, voyez GRYPHE.

10 octobre 1556. — Antoine Foucault [libraire], rue Saint-Jacques, met oposition sur le prix à provenir de la vente des biens de Jean Penescher, pour 12 écus soleil d'or qui lui sont dus en vertu d'une cédule du 7 février 1545 (n. st.). (Arch. Nat., Y 3457, f° 84.)

26 octobre 1556. — Antoine Foucault, libraire, et Catherine Penecher, sa femme, vendent à Pierre Marchant, maître-couvreur de maisons, leur part dans la maison de la Trinité, rue Bourg-de-Brie, provenant de la succession de Jeanne Marche, mère en premières noces d'Antoine Foucault et en secondes noces de Pierre Marchant. (Arch. Nat., S 904, f° 182.)

Le 6 décembre 1556, Pierre Marchant achète des parts indivises de cette maison à Gillette Foucault, femme de Jean Giron, couvreur de maisons. (Ibid., f° 182 v°.)

Voyez ROUX à la date du 6 janvier 1561 (n. st.).

30 janvier 1563 (n. st.). — Voyez FRANÇOIS.

30 novembre 1598. — Jean Foucault, compagnon-cordonnier, et Marie Alain, sa femme, vendent la maison de la Trinité, rue Erambourg-de-Brie, provenant de la succession d'Antoine Foucault, leur père et beau-père. (Ibid., f° 259.)

Entre août 1598 *et* mai 1600. — Eustache et Pierre Foucault [libraires], payent la taxe d'ouverture de boutique. (Bib. Nat., ms. fr. 21872.)

6 février 1606. — Eustache Foucault, libraire, rue Saint-Jacques, prend à bail pour 9 ans la maison de la Coquille, rue Saint-Jacques, appartenant au Chapitre de Notre-Dame, « en laquelle soulloit demeurer Rolin Thierry [imprimeur] », au loyer de 270 l. t. (Arch. Nat., S 23.)

24 avril 1610. — Contrat de mariage de Jean Millot, marchand libraire, tenant sa boutique au Palais et demeurant rue Saint-Jacques, avec Madeleine Cornu, papetière, rue de la Barillerie, devant Saint-Barthélemy, veuve de Rollin Fouré, papetier. Témoins : Eustache Foucault, marchand libraire, rue Saint-Jacques, et Hervé Du Mesnil, marchand libraire, au collège de Tréguier. (Arch. Nat., Y 150, f° 79.)

Jean Millot et Hervé Du Mesnil payèrent la taxe d'ouverture de boutique en 1608-1610.

14 novembre 1614. — Eustache Foucault, libraire, renouvelle pour 9 ans le bail de la maison de la Coquille, rue Saint-Jacques, au loyer de 350 l. t. (Ibid.)

23 décembre 1617. — Requête d'Eustache Foucault pour obtenir la saisine de la maison des Trois-Bourses, rue Saint-

Jacques, qui lui a été adjugée au Châtelet. (Arch. Nat., Q/1 1133/1 B.)

13 novembre 1623; 14 novembre 1632. — Eustache Foucault, libraire, renouvelle le bail de la maison de la Coquille, rue Saint-Jacques, dont le loyer est porté à 400 l. t., puis à 450 l. t. (Arch. Nat., S 23.)

Après Eustache Foucault, cette maison qui avait été occupée précédemment par Pierre Lhuillier et Rolin Thierry, fut louée à Jacques Quesnel, libraire, pour 600 l. t. de loyer en 1641; à Antoine Bertier, imprimeur, pour 830 l. t. en 1668; à Georges II et Louis Josse, libraires, pour 675 l. en 1680, pour 600 l. en 1687; à Louis Josse, libraire, pour 525 l. en 1696 et 1703, pour 500 l. en 1711, pour 1000 l. en 1720; elle fut occupée à partir de 1723, jusqu'à la Révolution par des perruquiers.

FOUCHER

28 avril 1535. — Jean Petit, marchand libraire et imprimeur, prend à bail pour le compte de Jean Foucher, de présent son serviteur, la maison de la Heuze, rue Saint-Jacques; il n'y pourra mettre plus d'une presse sans le consentement des bailleurs. (Arch. Nat., S 889 B.)

27 octobre 1540. — Jean Foucher [libraire], voyez Lambert.

12 octobre 1552. — Jean Foucher, libraire, voyez Bonhomme.

23 novembre 1552. — Voyez Vascosan.

9 janvier 1563 (n. st.). — Voyez Paquot.

1571. — Voyez Lhuillier.

12 avril 1571. — Jean Foucher, libraire, est témoin au contrat de mariage de Florent Chondieu avec Madeleine Guérin, veuve d'Etienne Maçon, marchand, bourgeois de Paris. (Arch. Nat., Y 112, f° 109 v°.)

26 octobre 1571. — Guyon Guillebert, maître-pâtissier-oblayer, achète de l'Hôtel-Dieu de Paris la maison de l'Ange, rue Saint-Jacques, « en laquelle estoit demourant Jehan Fauchier, libraire ». (Arch. Nat., S 904, f° 203 v°.)

17 octobre 1574. — Jean Foucher, libraire, est témoin au contrat de mariage de Pierre Janoctin, son beau-frère, avec Marie Dupré, veuve de Jacques de Compiègne. (Arch. Nat., Y 116, f° 28.)

FOUET

Entre 1595 *et* mai 1596. — Robert Fouet [libraire et relieur] paye la taxe d'ouverture de boutique. (Bib. Nat., ms. fr. 21872.)

22 mai 1621. — Voyez Chaudière.

Voyez aussi de Courbes.

FOURNIER

13 octobre 1552. — Jean Fournier, imprimeur, voyez SAVE-TIER.

13 août 1555. — Mariage à l'église Saint-Hilaire de Jean Fournier, libraire, avec Perrette Fourquette. (Arch. Nat., LL 757, f° 70 v°.)

1571. — Gilles Fournier, libraire, rue de Versailles, est imposé à 60 sols au don de 300 000 livres, et fait réduire sa taxe à 40 sols. (Bib. Nat., ms. fr. 11692, f°ˢ 268 et 769.)

1571. — Etienne Fournier, relieur, voyez PACQUET.

29 décembre 1578. — Gilles Fournier, libraire, passe titre nouvel pour le cens dû au Chapitre de Notre-Dame par la maison de l'image Notre-Dame, qu'il vient d'acheter, entre la Bouteille et le Dauphin, sur les rues Traversine et de Versailles. (Arch. Nat., S 507, f° 89.)

23 novembre 1581. — Gilles Fournier, libraire, est témoin en qualité d'ami et voisin au contrat de mariage de Jeanne Le Gay, veuve de Guillaume Lugard, rue de Nevers, près la Porte Saint-Victor, avec Jean Pastor, maître-maçon, rue Clopin, près le Petit-Navarre. (Arch. Nat., Y 123, f° 242.)

24 septembre 1596. — La maison du Dauphin, rue de Versailles, est saisie entre les mains du curateur aux biens vacants de feu Gilles Fournier, libraire. (Arch. Nat., S 498, p. 213.)

10 juin 1605. — Feu Gilles Fournier, voyez PAUTONNIER.

FRAMERY

19 juin 1488. — Jean Framery, imprimeur, rue Saint-Jacques, aux Balances, est écroué au Châtelet; remis en liberté le lendemain. (Arch. Nat., Y 5266, f° 6.)

FRANÇOIS

22 août 1562. — Hercule François, libraire, voyez ESTIENNE.

10 novembre 1562. — Entre Hercule François, libraire, et Gilles Gourbin, aussi libraire, tuteur et curateur des enfants de feu Hubert Juillet et de Germaine Attaignae [Attaignant], sa femme, qui sont héritiers de Claude Juillet, jadis femme d'Hercule François, il a été convenu que les scellés mis sur la maison de la Nef-d'Argent, rue Saint-Jacques, seront levés, que les biens seront inventoriés et partagés par moitié, l'une remise à Gourdin et l'autre gardée par François. (Arch. Nat., X/1 A 4992, f° 508.)

30 janvier 1563 (n. st.). — Pierre Héguin et Antoine Fou-

cault, libraires, reçoivent 30 l. t. pour avoir passé 15 jours entiers
à faire l'inventaire des livres trouvés en l'hôtel d'Hercules François [libraire], absent pour le fait de la nouvelle religion. (Arch.
Nat., X/1 A 1610.)

1571. — Hercules François, libraire, voyez ROUX.

FRÉMY

21 avril 1553. — Contrat de mariage de Claude de Frémy,
libraire, né à l'Isle-sous-Montréal, en Champagne, avec Françoise
de Rieux, veuve de Vivant Gautherot, libraire-juré. Elle assure à
son mari, en cas de décès sans enfants, une part indivise de la maison de l'image Saint-Martin, rue Saint-Jacques, et 600 l. t. (Arch.
Nat., Y 99, f° 332.)

3 juillet 1562. — Claude Frémyn, marchand libraire, bourgeois de Paris, achète de Claude Perrot, le jeune, le quart indivis
de l'image de Saint-Martin, rue Saint-Jacques, pour 250 l. t. (Arch.
Nat., S 904, f° 179 *bis*.)

12 juin 1564. — Jean Boudet, huissier au siège de la Table de
marbre du Parlement de Paris, Madeleine Feucher, sa femme, et
les enfants mineurs de Claude Feucher vendent à Claude Frémy,
libraire, la moitié indivise de la même maison pour 100 l. t. de
rente rachetable. (Ibid., f° 186 v°.)

1571. — Voyez LHUILLIER.

FRÈRE

29 septembre 1464. — Jean Frère, parcheminier, rue de la
Parcheminerie, et Guillemette, sa femme, sœur de Guillaume Descars, parcheminier, achètent le quart de la maison du Saint-Esprit,
rue de la Parcheminerie, contiguë à Henri Berthelin [parchemi-
nier], et donnant par derrière sur la rue Saint-Jacques, et le quart
d'une maison à Vitry, rue Saint-Aubin, le tout ayant appartenu à
Nicolas Descars [parcheminier], père de Guillemette et de Guillaume. (Arch. Nat., S 5082/2, f° 33 v°.)

6 décembre 1464. — Jean Frère, parcheminier, achète à
Pierre Planchamps, carrier, qui en était propriétaire du chef de
Catherine, sa femme, un autre quart de la même maison. (Ibid.,
f° 33 v°.)

FRESNEL

4 mars 1534 (n. st.). — Philippe Fresnel, marchand libraire à
Paris, et Guillemette Le Breton, sa femme, vendent à Jean Hotman
[orfèvre] leurs droits sur la maison des Balances, rue de la
Calandre, qui leur proviennent de Mariette Regnault, [veuve de

Jean Le Breton, libraire] héritière pour un huitième de Geneviève Le Pelletier, veuve de Simon Vostre [libraire]. (Arch. Nat., S 5079 B.)

FRUISSART

29 juillet 1488. — François Fruissart, imprimeur, rue des Prouvaires, est écroué au Châtelet, et remis en liberté le lendemain. (Arch. Nat., Y 5266, f° 49 v°.)

GACHELIN

29 septembre 1551. — Marin Gachelin, imprimeur, rue Saint-Jacques, reçoit de Claude Solliot, maçon, et de Marguerite Hatton, sa femme, donation de loyers à eux dus pour partie de la maison de l'image Sainte-Barbe, rue des Ménétriers. (Arch. Nat., Y 97, f° 63.)

GADOULLEAU

1571. — Michel Gadoulleau, voyez LE BOUC.

24 décembre 1585. — Michel Gadoulleau, libraire et relieur, au Mont Saint-Hilaire, prend à bail pour 9 ans, au loyer de 33 écus et un tiers, la maison de la Corne-de-Cerf, dans laquelle il habite déjà, rue du Mont-Saint-Hilaire. (Arch. Nat., S 3370.)

Renouvellement d'un bail du 10 juin 1579 (Baron Pichon et Vicaire, p. 168) qui était déjà le renouvellement d'un bail précédent.

12 août 1600. — Voyez HARSY.

GAINGANT, GUINGANT, GAINGAMP

2 janvier 1552 (n. st.). — Nicolas Gaingant [libraire], voyez YVERNET.

5 octobre 1555. — Le Collège de Beauvais donne à bail à Nicolas de Gaingant, libraire, pour 6 ans à partir de Pâques prochaines, au loyer de 100 l. t., la maison de l'image Sainte-Catherine, rue [du Mont-] Saint-Hilaire, près le clos Bruneau. (Arch. Nat., S 6357.)

Voyez FEBVRIER.

25 juin 1554. — Nicolas Gaingant, libraire, reçoit de Michel Lécuyer, prêtre, maître-ès-arts, bachelier en décrets, son oncle, donation d'une maison située au Mont Sainte-Geneviève « où soullayt autrefois pendre pour enseigne la Créacion. » (Arch. Nat., Y 99, f° 299.)

1557. — Nicolas Gaingant paye au collège de Beauvais 100 l. t. de loyer pour la maison de l'image Sainte-Catherine, au clos Bru-

neau; le bail en été passé pour 9 ans à la Saint-Jean-Baptiste 1556.
(Arch. Nat., M 97.)

1571. — Veuve Gaingant, voyez LE BOUC.

GARAMOND

18 avril 1554. — La veuve de feu Chrestien Wechel [imprimeur] est condamnée à restituer à Claude Garamond, [graveur de lettres d'imprimerie] « l'obligation dont est question... comme sollutée et acquittée ». (Arch. Nat., Y 5243, f° 14.)

Mai 1554. — Mariage à l'église Saint-Hilaire de Jean Panier et de Clère Garamonde. (Arch. Nat., LL 757, f° 71.)

31 août 1557. — Voyez BREUILLE.

18 novembre 1561. — Inventaire après décès de la fonderie de Claude Garamond, à la requête de sa veuve, Isabeau Le Febvre, et de son exécuteur testamentaire, Wechel, dressé par Guillaume Le Bé et Jean Le Sueur, fondeurs. (Mentionné dans : Bib. Nat., ms. fr. 22117.)

GARNIER

9 février 1527 (n. st.). — Jean Garnier, imprimeur, vend à Jeanne Trepperel, veuve de Michel Le Noir, libraire, le quart d'un douzième indivis de la maison de la Couronne-de-Cerf (sic pour : la Corne-de-Cerf), rue Saint-Jacques, entre la maison de la Rose-Blanche et celle de la Hure-de-Sanglier; il en était propriétaire du chef de Michelle Le Breton, sa femme, fille de Mariette Regnault [et du libraire Jean Le Breton], héritière de Geneviève Le Pelletier, veuve de Simon Vautre [Vostre, libraire]; il possède aussi, au même titre, une part de la maison des Balances, rue de la Calande. (Arch. Nat., S 904, f° 40.)

14 octobre 1530. — Jean Garnier, imprimeur et libraire à Paris, et Michelle Le Breton sa femme, vendent à Jean Hotman, orfèvre, leur part dans la maison des Balances, rue de la Calandre, provenant de Mariette Regnault, mère de Michelle, héritière de Geneviève Le Pelletier, veuve de Simon Vostre [libraire]. (Arch. Nat., S 5079 B.)

GAUDOUL

18 août 1529. — Hugues Cheval, maître-barbier, vend un jardin à Pierre Gaudoul, marchand, bourgeois de Paris [et libraire ?]. (Arch. Nat., S 1650, f° 34, 4° série.)

GAULTHEROT

5 mars 1552 (n. st.). — Vivant Gautherot, libraire-juré, voyez REGNAULT.

21 avril 1553. — Feu Vivant Gautherot, libraire-juré, voyez FRÉMY.

GAULTIER

7 avril 1537. — Contrat de mariage de Pierre Gaultier, fondeur de lettres d'imprimerie, avec Richarde Nicolas, fille de Robert Nicolas, maître-passeur d'eau. Dot de la future : 50 l. t., trois robes, trois cottes, trois chaperons, une couche de menuiserie, un lit, des courtines, une couverture, trois custodes, douze draps de chanvre, une douzaine et demie de serviettes, six nappes, un banc, une table et deux trêteaux, un coffre, un dressoir, une chaise à coffret, deux chenêts, une crémaillère, un gril, « et tous autres menus mesnages qu'il convient pour amesnager une chambre en l'estat desdites parties. » (Arch. Nat., Y 86, f° 278.)

4 septembre 1562 ; 5 septembre 1562. — Philippe Gaultier, libraire, bourgeois de Paris, est condamné à payer 25 l. 5 s. t. à Etienne Le Chevalier, docteur régent à la faculté de médecine. (Arch. Nat., X/1 A 4992, f°ˢ 394 v° et 397.)

Philippe Gaultier, qui était aussi imprimeur, est connu sous le nom de Philippe Gaultier de Roville, ou de Philippe-G. de Roville ; il était le neveu du célèbre imprimeur de Lyon Guillaume de Roville.

9 mai 1564 ; 14 février 1566 (n. st.). — Claude Gaultier, libraire, voyez LANGELIER.

6 août 1564. — Claude Gaultier, libraire, et Catherine Langelier, sa femme, vendent pour 150 l. t. à Pierre Perrot, apothicaire, le huitième de deux maisons contiguës, du propre de Catherine, rue d'Ablon, à l'enseigne de l'Ange-lié. (Arch. Nat., S 1653, f° 124 v°, 2ᵉ série.)

1ᵉʳ mai 1570. — Contrat de mariage de Jean Gaultier, imprimeur, rue Saint-Jacques, avec Catherine Lescallier, veuve de Jean Le Duc, fondeur de lettres d'imprimerie. (Arch. Nat., Y 116, f° 97 v°.)

En extrait seulement.

1571. — Voyez ROUX.

30 juillet 1576. — Jean Gaultier, voyez LE DUC.

26 octobre 1581. — Claude Gaultier, voyez BRAYER.

29 janvier 1585. — Catherine Lescaillier, femme de Jean Gaultier, imprimeur, Jean Le Duc et Michel Le Duc [ses enfants

du premier lit], achètent la moitié d'une maison au faubourg Saint-Marcel. (Arch. Nat., S 1654, f° 38, 3e série.)

Voyez LE DUC.

17 avril 1585. — Jean Gaultier, imprimeur et Catherine Lescallier, à présent sa femme, achètent la moitié d'une maison, rue Neuve-Sainte-Geneviève, au faubourg Saint-Marcel. (Arch. Nat., S 1654, f° 76 v°, 4e série.)

GENETAY

28 octobre 1566. — Testament de François de Genetay, libraire et relieur. Il demande à être enterré à Saint-Benoît, sous les charniers; légataire universel : Guyon Thioust, libraire et relieur son cousin germain, qui payera ses funérailles et son service de bout de l'an, et délivrera à Macé Provison, sa femme, la donation qu'il lui a précédemment faite. (Arch. Nat., Y 116, f° 418.)

Insinué en 1575.

GENTIL

27 janvier 1579. — Feu Jacob Gentil, libraire et relieur, voyez LE NOIR.

GERING

24 septembre 1483. — Bail viager passé par le collège de Sorbonne à Urry Guering, marchand de livres, de présent demeurant à Paris, rue Saint-Jacques, au Soleil-d'Or, d'une maison, cour, jardin, estables, cuisine, salle, caves et autres appartenances, rue de Serbonne, tenant aux grandes écoles neuves du Collège, à la maison du maître Richard Palefroy, à une maison appartenant au Collège de Cluny et à une autre maison appartenant à la Sorbonne. Loyer : 2 den. de cens et 10 l. par. de rente. (Arch. Nat., S 6215.)

Reproduit in-extenso par M. Claudin, *Histoire de l'Imprimerie*, I, p. 90.

3 et 13 septembre 1510. — Partage de la succession de maître Ulric Guering, en son vivant imprimeur de livres à Paris, rue de Sorbonne, qui a légué tous ses biens, par testament en date du 6 août 1504, au Collège de Sorbonne et aux pauvres écoliers du collège de Montaigu, par moitié. Les exécuteurs testamentaires sont Jean Cognet, prêtre, avocat au Parlement, Jean Bonhomme [libraire] et Antoine Parrot. Les espèces d'or et d'argent avaient été déposées dans un coffret dont une clef était entre les mains de Jean Bonhomme et qu'on avait placé dans la petite librairie de la

Sorbonne, là ou l'on a coutume d'enfermer le trésor; le matériel d'imprimerie avait été estimé à dire d'experts. (Arch. Nat., MM 283, f° 1.)

15 mai 1532; 7 et 12 octobre 1536. — Transaction entre Jean Coignet, exécuteur testamentaire d'Ulric Guering, et le Collège de Sorbonne qui n'avait pas fait de la fortune de Guering un usage conforme aux volontés du testateur. (Ibid., f°ˢ 3 et 6 v°.)

GERLIER

24 novembre 1506. — Durand Gerlier, imprimeur, voyez BALIGAULT.

31 janvier 1503 (n. st.). — Gabriel de Chamaleaux, écuyer, sieur dudit lieu, au diocèse du Puy, tant en son nom qu'à ceux de Pierre, Raoullant, Jeanne et Antoinette Guerson, et de Guito Pacanelle, ses frères et sœurs, héritiers seuls et pour le tout de maître Guillaume Guerson [imprimeur] cèdent, en échange de terres à Groslay et aux environs, à maître Durand Gerlier, libraire, la moitié de la maison où habitait Guerson, au Mont Sainte-Geneviève, au coin de la rue des Sept-Voyes et de la rue des Amandiers en face le collège de Reims, ainsi que des créances de la succession, parmi lesquelles une rente due par Michel Thoulouze [imprimeur]. (Arch. Nat., S 1650, f° 173, 1ʳᵉ série.)

21 avril 1505, après Quasimodo. — Durand Gerlier achète l'autre moitié de la même maison, sise entre Jean Rivolle [rue des Amandiers] et le collège de Fortet [rue des Sept-Voyes]. (Ibid., f° 174.)

7 juillet 1518. — Vente aux enchères publiques de la maison de l'Estrille-Faulxveau, rue des Mathurins, entre Jean Bonhomme [libraire, la Cage] et les héritiers d'Adam Féret. La maison est habitée par Durand Gerlier [libraire]; les charges consistent en 20 et 32 sols de rente et de droits seigneuriaux. La vente est poursuivie par Raoulin Chausson, marchand de draps de soie à Lyon, contre Guyon Mauchien, auquel Durand Gerlier avait vendu la maison. Claude de La Louecte, procureur au Parlement, Raoulin Chausson, par procureur, la Sorbonne, par procureur, Guillaume Celetier, ou Celletier, procureur au Châtelet, prennent part aux enchères qui s'ouvrent sur une offre de 32 l. par. de rente; la Sorbonne après plusieurs enchères ayant offert 48 l. par., Durand Gerlier intervient et offre 50 l., la Sorbonne pousse à 53 l. et Gerlier à 54, mais les procureurs de la Sorbonne et de Chausson soulèvent un incident : ils soutiennent que Gerlier qui a vendu la maison à Guyon Mauchien est son garant et ne peut surenchérir

sans fournir caution; leur prétention est admise, Gerlier refuse de donner caution, et la maison est adjugée à la Sorbonne. Gerlier déclare qu'il fait appel. (Arch. Nat., MM 281, f° 108.)

2 mars 1519 (n. st.). — Accord intervenu entre la Sorbonne et Durand Gerlier, au sujet de la vente de la maison de l'Estrille-Faulxveau. La Sorbonne restera propriétaire en payant à Gerlier 1 200 l. t. et en lui faisant un bail de 3 ans, à dater de Noël passé, au loyer de 32 l. t. Gerlier paiera les arrérages des rentes dues par la maison jusqu'à la Saint-Rémy et Noël passés moyennant quoi il sera tenu quitte du loyer depuis l'adjudication. (Ibid., f° 109 v°.)

GESSELIN

8 mars 1597. — Contrat de mariage de Jean Gesselin, marchand libraire à Lyon, avec Mathurine Le Trop, veuve de Georges de Robet [Drobet], libraire rue Saint-Jacques, à l'enseigne du Soleil, mort avant le 7 janvier précédent, et laissant trois enfants, Pierre, Madeleine et Catherine. Témoins : Olivier de Varennes, libraire, ami commun des parties, Adam Mugnier, maître-doreur sur cuirs et Jean de Heuqueville [libraire], compères et amis de Mathurine. (Arch. Nat., Y 136, f° 202.)

Entre 1597 *et* mai 1598. — Jean Gesselin paye la taxe d'ouverture de boutique. (Bib. Nat., ms. fr. 21872.)

Après son mariage avec la veuve de Georges Drobet, Gesselin s'établit à Paris, rue Saint-Jacques, au Soleil-d'Or.

27 juin 1606. — Jean Jesselin, libraire, voyez DANFRIE.

GILLES

27 janvier 1563. — Gilles Gilles [libraire], voyez LE NOIR.

1571. — Gilles Gilles [libraire], voyez BOREL.

3 septembre 1576. — Voyez DU PUYS.

GIRARD

8 septembre 1488. — Pierre Girard, imprimeur de livres, rue Saint-Jacques, et Yollant Des Hayes, femme amoureuse, rue Garnier-Saint-Ladre, sont écroués au Châtelet, à minuit, pour avoir été trouvés « passant par dessoubz le petit chastellet, rauldens sans clarté, lequel Pierre emmenoit ladite Yollant avecques luy et disoit quy l'avoit prinse à la dance de la feste saint Leu saint Gilles, en la rue aux Oz, et qui estoient accompagnez d'un aultre

qui s'enfouit. » Mis en liberté le lendemain. (Arch. Nat., Y 5266, f° 91 v°.)

Reproduit in-extenso par M. Claudin, *Histoire de l'Imprimerie*, I, p. 283.

3 juin 1528. — Noël Girard, enlumineur, voyez BURGYNE.

5 mai 1572. — Pierre Girard, libraire, et Léonarde Hicqueman [Higman], donation mutuelle. (Arch. Nat., Y 112, f° 467.)

GIRAULT

6 mars 1532 (n. st.). — Titres nouvels passés par Ambroise Girault [libraire] de rentes dues aux Mathurins pour la maison du Pélican, rue Saint-Jacques, et par Jacques Le Comte, pour la maison du Berceau, contiguë, même rue. (Arch. Nat., LL 1545, p. 210.)

3 octobre 1532. — Ambroise Girault, libraire, et Denyse de Marneuf [Marnef], sa femme vendent pour 560 l. t. et les charges à Jean Garnier, tavernier, trois huitièmes indivis de la maison du Cygne, place Maubert, provenant de Geoffroy de Marnef [libraire] en vertu de partages faits entre lui, Robert Le Roy et Françoise Le Grenetier, sa femme, les 13 février et 6 mars 1511 (n. st.). (Arch. Nat., S 1651, f° 94, 2ᵉ série.)

8 octobre 1548. — Feu Ambroise Girault, libraire, voyez MARNEF.

21 janvier 1553 (n. st.). — Jean Girault, fondeur de lettres d'imprimerie, achète une maison, cour et jardin, faubourg Notre-Dame-des-Champs, au coin de la ruelle Jean-Richer, qu'il avait fait saisir sur Nicolas Fillon, sergent royal au bailliage du Palais, le 11 novembre 1551, pour une créance de 10 l. t. (Arch. Nat., S 1652, f° 89, 3ᵉ série.)

11 juillet 1559. — Jean Girault, fondeur de lettres d'imprimerie, au faubourg Saint-Jacques, et Louise Dormier, sa femme, donation mutuelle. (Arch. Nat., Y 100, f° 331 v°.)

4 mars 1567. — Contrat de mariage de Louise Dormier, veuve de Jean Girault, maître-fondeur de lettres à imprimer, avec Nicolas Pijart, orfèvre sur le Pont-au-Change, à l'enseigne de l'Escritoire. (Arch. Nat., Y 108, f° 27.)

13 mars 1567. — Acte additionnel au contrat de mariage précédent, en présence de Michelle Guillart, veuve de Guillaume Des Bois, libraire-juré, amie de la future. (Ibid.)

GODART

12 novembre 1522. — Guillaume Godart, libraire-juré, voyez AUBRY.

5 août 1530. — Guillaume Godart, libraire, et Claude Godart, son fils, émancipé, dont le tuteur est Guillaume Guillart [libraire?], passent titre nouvel de rentes dues par la maison de la Bouteille, près la Porte Saint-Eustache, dont ils sont propriétaires. (Arch. Nat., MM 285, f° 71.)

GODOT

2 juin 1547. — Claude Godot, imprimeur, voyez QUESTIGNY.

GOUJON

12 août 1507. — Anne Goujon, parcheminière, voyez NICOLE.

GOUPIL

11 février 1562 (n. st.). — François Goupil, maître-parcheminier à Paris, déclare renoncer à la succession de maître Pierre de La Forest, en son vivant huissier des requêtes de l'hôtel du Roi, son cousin. (Arch. Nat., Y 5247, f° 47.)

Voyez BONFILZ.

GOURBIN

26 décembre 1553. — Contrat de mariage de Gilles Gourbin, libraire, rue Saint-Jean-de-Latran, avec Marie Attaignant, veuve de Pierre Alleaume, bonnetier. Témoins : Michel de Vascosan et Oudin Petit, libraires-jurés, naguères maîtres de Gourbin, et Guillaume Cavellat, libraire. (Arch. Nat., Y 106, f° 390 v°.)

26 septembre 1562. — Voyez CAVEILLER.

10 novembre 1562. — Voyez FRANÇOIS.

17 août 1567; 18 mai 1573. — Voyez LE PREUX.

1571. — Voyez BOREL.

14 août 1576. — Voyez CAVELLAT.

4 octobre 1581. — Voyez JULLIEN.

10 mai 1594. — Feu Gilles Gourbin, voyez LE ROY.

GOURDIN

Entre 1595 *et* mai 1596. — Antoine Gourdin paye la taxe d'ouverture de boutique. (Bib. Nat., ms. fr. 21872.)

21 mai 1595. — Le collège de Fortet donne à bail à Antoine Gourdin, libraire, au loyer de 30 écus, la moitié de la maison de

l'image Saint-Pierre, rue des Sept-Voyes, précédemment occupée par Gabriel Nicot [libraire]. (Arch. Nat., MM 398, f° 122 v°.)

Le 11 février 1601 cette même moitié de l'image Saint-Pierre fut louée à Antoine Poly, carrier.

2 novembre 1599. — Voyez CLOPEJEAU.

GOURMONT

1506. — Gilles de Groumont, libraire, paye 5 l. 12 s. par. de loyer pour le petit ouvroir devant le collège de Cambrai, rue Saint-Jean-de-Latran. (Arch. Nat., S 5119/4, f° 30 ; S 5117/11, n° 101.)

1514. — L'Hôtel-Dieu paye à Jean de Gourmont, libraire, 7 l. 16 s. par. pour treize cent quarante-sept « Perpetuons ». (Arch. hospit., Hôtel-Dieu, 6582.)

1514-15; 1515-16. — Gilles Gormont paye à la Commanderie de Saint-Jean-de-Latran 7 l. t. de loyer pour la maison qu'il tient à louage devant le collège de Cambrai. (Arch. Nat., S 5119/3, f° 22; S 5119/1, f° 30.)

1520. — Jean Gourmont paye à la Commanderie de Saint-Jean-de-Latran 35 s. t. de loyer « de la chambre qu'il tient » pour le terme de Noël. (Arch. Nat., S 5119/8, f° 13 v°.)

Voyez CALVARIN à la date du 20 avril 1554.

1521. — Gilles Gormont paye le loyer de la même chambre pour les termes de Pâques et de Saint-Rémy. (Ibid., f°ˢ 14 v° et 15.)

1527, *ou antérieur*. — La maison de l'Estoille, rue de la Savaterie, propriété des Chartreux, contenant plusieurs corps d'hôtel, dont l'un donne sur la rue Saint-Martial, cave, puits, cours et courselle, fut à maître Pierre Mauger, depuis à Jeanne La Stephanye, et depuis à Jean Capperon, à sa femme et à ses enfants, « à certaines vyes, » pour 40 l. de rente viagère. — En marge : « *Nunc* Gilles Gormont ». (Arch. Nat., S 4103, f° 80.)

La note mise en marge ne peut être postérieure à 1527 car le nom de Gilles Gormont est porté à la table du cartulaire rédigée en cette année.

30 mai 1550. — Benoît de Gourmont, libraire, voyez HIGMAN.

1552-1553. — Jérôme Gourmont, libraire, paye à la Commanderie de Saint-Jean-de-Latran le loyer d'une maison joignant le logis de Michel de La Guierche, portier de la Commanderie [et libraire]. (Arch. Nat., S 5121/2, f° 24 v° ; S 5121/1, f° 24 v°.)

28 mars 1552 (n. st.). — Benoît de Gourmont est condamné par défaut à payer cette cédule par lui souscrite : « Je, Benoist de

Gormont, libraire, demourant rue sainct Jehan de Latran, à l'enseigne de l'homme de boys, devant Cambray, confesse debvoir et loyaulment payer au sire Regnault Chaudière, aussi libraire, demourant à Paris, la somme de huit livres quinze sols tournois à cause des marchandise de livres qu'il m'a vendu et livré dont je m'en tiens contant, et luy prometz payer c'est assavoir tous les troys moys troys livres tournois, les premiers commençant à la sainct Rémy troys livres, et à Noël aussi troys livres tournois, et le reste à Pasques envuyvant, qui est cinquante sols tournois, et le tout prochainement venant; tesmoing mon seing manuel cy mis le vingtième jour du mois de janvier l'an mil cinq cents cinquante ung. » (Arch. Nat., Y 5240, n° 1949.)

29 juillet 1553. — Avis de parents pour... (le nom en blanc). Les parents sont : Jérôme et Benoît de Gourmont [libraires] et Pierre Le Febvre, oncles paternels, Isabeau Eustace, veuve de Jean Maheu [imprimeur], tante paternelle, Jean Bonhomme et Michel de La Guierche [libraires]. (Arch. Nat., Y 5249, f° 338 v°.)

3 avril 1570. — François de Gourmont [imprimeur et marchand d'estampes], et Marguerite de Boussy, sa femme, poursuivent les vente et criée d'une petite maison rue Montorgueil, située derrière la maison de l'Echiquier, avec issue par une allée sous cette maison, appartenant à Marin de Boussy [imprimeur et marchand d'estampes] comme héritier sous bénéfice d'inventaire de Grand-Jean Bellot, pour 50 l. t. dues en vertu d'une sentence du Châtelet du 3 avril 1570. (Arch. Nat., Y 3470.)

D'après La Caille, Marguerite de Boussy aurait été la femme de Jean II de Gourmont, peintre, imprimeur et marchand d'estampes, frère de François dont il était l'associé. Il se peut que Jean ait épousé la veuve de son frère qui serait alors mort avant 1585, car La Caille, dans son manuscrit, indique la naissance de quatre fils de Jean et de Marguerite entre le 23 avril 1585 et le 16 novembre 1589.

Quant à Marin de Boussy, c'est évidemment l'imprimeur et marchand d'estampes de ce nom qui exerça rue Montorgueil, à la Corne-de-Cerf, et dont les productions pourraient être antérieures d'une vingtaine d'années à la date qu'on leur attribue ordinairement. A la fin du xvi° siècle Clément Boussy et Marin Bonnemère, associés, imprimaient et vendaient des estampes dans la maison de l'Echiquier dont il est question ici, et Jean Boussy dans la maison de l'Epinette, même rue.

1571. — Jean de Gourmont, voyez BOREL.

1579. — Jean Gormont et Claude Pichault payent les arrérages dus depuis 1573 pour les loyers de la maison de l'Arbre-Sec, rue Saint-Jean-de-Latran. (Arch. Nat., H 2855/1.)

C'est l'adresse que Jean II de Gourmont donne sur ses estampes.

1580. — Jean Gormont paye le loyer de cette maison. (Ibid.)

GOURSAULT

8 décembre 1522. — Antoine Goursault, maître-parcheminier, prend à bail pour 22 l. t. une maison appartenant à l'église Saint-Séverin [l'Ecu-de-Bretagne], rue de la Parcheminerie, contiguë à l'image Saint-Martin, tenant par derrière aux charniers du cimetière Saint-Séverin. (Arch. Nat., S 3503.)

26 janvier 1533 (n. st). — Antoine Goursault, parcheminier, renouvelle le bail de cette maison, au loyer de 24 l. t. — 8 décembre 1541. — Renouvellement du même bail, au même loyer. (Arch. Nat., S 3503; S 3508.)

GOUSSART

5 juin 1564. — Contrat de mariage d'Etiennette Masson, veuve de Jean Goussart, libraire, rue des Amandiers, à l'image Saint-Nicolas, avec Jean Sanson, maître-maçon et archer du guet de pied la nuit, rue Saint-Jacques, à la Housse-Gilles. (Arch. Nat., Y 111, f° 236.)

GRANDMÈRE

27 décembre 1564. — Pierre Grandmère, libraire, rue Saint-Jean-de-Beauvais, fait donation à Jacquette Grandmère, sa sœur, de ses droits dans les successions de leurs père et mère, Jean Grandmère, contrepointier à Troyes, et Marguerite Lesguysier. (Arch. Nat., ZZ/1 303, f° 265.)

GREBET

19 décembre 1488. — Bertrand Grebet, parcheminier, demeurant en l'hôtel des Singes, à la Porte Baudoyer, est écroué au Châtelet et mis en liberté le 22 décembre. (Arch. Nat., Y 5266, f° 184.)

GRÉGOIRE

Entre 1595 *et* mai 1596. — François Grégoire [libraire] paye la taxe d'ouverture de boutique. (Bib. Nat., ms. fr. 21872.)

16 janvier 1597. — Contrat de mariage de François Grégoire, fils de feu Robert Grégoire, marchand chaussetier, et de Jeanne Maresse, avec Olive Des Loges, fille de feu Jean Des Loges, mercier, et de Fortunée Thorel. Témoins : Antoine Hanicq [Houic ?] libraire, oncle de la future à cause de Madeleine Bertier sa femme, et Etienne Grégoire, frère du futur. (Arch. Nat., Y 136, f° 107 v°.)

Il s'agit bien du libraire François Grégoire, voyez Baron Pichon et Vicaire, p. 90.

GRENET

25 novembre 1521. — Jean Grenet, imprimeur, passe titre nouvel pour la rente que doit au Collège de Dornans, ou de Beauvais, sa maison de la rue des Trois-Portes, contenant « estable, chambre et grenier au-dessus », près la place Maubert, entre la maison du Cerf et celle de la Masse. (Arch. Nat., S 6357.)

1521; 1522; 1523; 1524; 1528. — Jean Grenet, imprimeur, paye au Collège de Beauvais les arrérages d'une rente de 60 s. par. qu'il doit, au lieu de Jean Guybert, sur sa maison de la rue des Trois-Portes, près la place Maubert, sise entre Regnault de La Vacquerye et ledit Guybert. (Arch. Nat., M 96.)

18 novembre 1549. — Katherine Guybert, veuve de Jean Grenet, imprimeur, en son nom et comme tutrice de ses enfants mineurs, passe titre nouvel pour la rente due par sa maison de la rue des Trois-Portes. (Arch. Nat., S 6357.)

1551; 1557. — La veuve de Jean Grenet paye les arrérages de cette rente. (Arch. Nat., M 97.)

GROMORS

25 août 1543. — Pierre Gromors [imprimeur] constitue à maître Gabriel Patin 10 l. t. de rente sur la maison du Phénix, rue des Sept-Voyes, et sur une autre maison à Massy. (Arch. Nat., S 850/10, f° 48 v°; S 850/11, f° 37.)

11 juillet 1549; 31 juillet 1549. — Titres nouvels pour la rente de 10 l. t., due par la maison du Phénix, passés par la veuve de Pierre Gromors, par maître Loys Bégat [imprimeur] et Anne Gromors, sa femme, et par Denys Lescuyer [libraire] et Geneviève Gromors, sa femme. (Arch. Nat., S 850/10, f° 48 v°; S 850/11, f° 37.)

15 avril 1551. — Feu Pierre Gromors [imprimeur], voyez BEGART.

20 avril 1551. — Testament de Catherine Grancher, veuve de Pierre Gromors, libraire, rue des Sept-Voyes, au Phénix. Elle demande à être enterrée à Saint-Hilaire, auprès de son mari. Toute la marchandise de librairie appartenait à feu Louis Begart son gendre, [inhumé le jour même où ce testament fut écrit]; elle a déshérité Geneviève, femme de Denys Lescuyer, libraire, qui se contentera de ce qu'elle a trouvé dans la succession de feu Pierre Gromors, son père, à cause des « oprobes, injures, scandalles, faulx témoignaiges qu'elle a portez contre elle et dommaiges inestimables qu'elle luy a portez, mesme que ladite Genevieffe a esté cause de la maladie qu'elle ha et de la mort de son gendre » ; elle lègue à Mar-

guerite, femme de Phillebert, libraire, une robe et deux chemises ;
aux enfants de la Trinité, 20 s. t. ; aux quatre mendiants, 20 s. t. ;
à Françoise Toyne, sa garde, une de ses robes noires. Exécuteur
testamentaire : François Grancher, son frère ; témoins : maître
Mamers Courtot, principal du collège du Plessis, maître Jacques
Malaysé, régent, maître Jean Luylier et maître Jean Acher. (Arch.
Nat., LL 757, f° 12.)

13 février 1554 (n. st.). — Catherine Grancher, voyez GUEU-
LART.

17 mars 1558. — Titre nouvel passé par Catherine Grancher,
veuve de Pierre Gromors, d'une rente de 10 l. t. à prendre par les
Mathurins sur la maison du Phénix, rue des Sept-Voyes. (Arch.
Nat., LL 1545, p. 363.)

29 septembre 1561. — Catherine Grancher passe titre nouvel
pour la même rente. (Ibid., p. 364.)

19 septembre 1577. — Feu Pierre Gromors, voyez LE BÉ.

GROULLEAU

3 août 1547. — Etienne Groulleau, voyez TREPPEREL, à
l'*Appendice*.

6 août 1559. — Etienne Groulleau, libraire, voyez PAQUOT.

GRYPHE

17 février 1545 (n. st.). — François Griphius, libraire, et Marie
Penescher, sa femme, Antoine Foucault, libraire, et Catherine
Penescher, sa femme, Pierre Penescher, apothicaire, font donation
à Jean Penescher, leur frère et beau-frère, de vignes à Clichy-la-
Garenne. (Arch. Nat., Y 90, f° 236.)

Même jour. — François Griffieulx, libraire, et Marie Penecher,
sa femme, Antoine Foucault, libraire, et Catherine Penecher, sa
femme, font donation à Jean Penecher, leur beau-frère et frère, sergent de l'Hôtel de Ville de Paris, de leurs droits sur les biens
meubles des successions de Mahiet Penecher et de Charlotte
Groix, sa femme. (Ibid., f° 271 v°.)

27 août 1547. — Marie Penescher reçoit donation de Pierre
Penescher, apothicaire, et de Marie Du Petyt-Bois, sa femme de la
maison de la Sirène, rue des Lombards. (Arch. Nat., Y 93, f° 180.)

Sur la famille Penescher voyez BOULE et FOUCAULT.

GUÉAU ou GUYOT

6 juin 1575 ; 18 juillet 1575 ; 21 juillet 1575. — Pierre Guyot
[papetier], voyez CHEFDEVILLE.

16 juillet 1576. — Voyez RICOUART.

Il écrit son nom *Guéau* au titre d'une petite plaquette sur laquelle il se qualifie seulement papetier, et non libraire, devant le Palais, à la Fleur de Lis. Le nom de sa sœur, Madeleine, femme de Pierre Ricouart, est écrit tantôt *Guyot* et tantôt *Guéau*.

GUEFFIER

13 mai 1594. — La Commanderie de Saint-Jean-de-Latran donne à bail pour 9 ans à dater du 1ᵉʳ mai, au loyer de 30 écus d'or soleil, à François Gueffier, libraire, la maison contiguë à celle des Trois-Couronnes, rue Saint-Jean-de-Latran. (Arch. Nat., S 5118/5, f° 5 et n° 22.)

GUERARD

8 juin 1563. — Catherine Guerard, fille de Pierre Guerard, libraire et relieur, rue Saint-Jacques, et de Catherine Benost, sa femme, reçoit donation d'une rente de 6 l. t. qu'Antoine Bochard, sieur de Farinviller, lui constitue « affin de luy ayder à la pourveoir en mariaige ». (Arch. Nat., Y 104, f° 113.)

GUÉRIN

27 septembre 1585. — Jean Guérin, maître-imprimeur, voyez DU HAMEL.

GUERSON

9 août 1502. — Maître Guillaume Guerson, libraire, achète une rente sur une maison du cloître ancien de Sainte-Geneviève, contiguë au Cimetière-aux-Clercs. (Arch. Nat., S 1650, f° 52, 1ʳᵉ série.)

31 janvier 1503 (n. st.). — Feu Guillaume Guerson, voyez GERLIER.

GUEULART

13 février 1554 (n. st.). — Testament de Jean Gueulart, imprimeur, demeurant au Phénix, rue des Sept-Voyes ; il demande à être enterré au cimetière Saint-Hilaire auprès de son beau-père [Pierre Gromors, imprimeur]. Il doit 4 écus à M. Chalet, principal du Collège de La Marche, 8 écus à M. Silvin, docteur, un écu sol à M. Le Bel, docteur, un écu ou environ à M. Ruillet, premier du Collège de Boncourt. Exécuteurs testamentaires : Anne Gromors, sa femme, et maître Mamers Courtot, principal du Collège du Plessis ; témoins : Catherine Grancher, mère de sa femme, Jean Marier, imprimeur, Anne Barbin, Marguerite Certereau et autres. (Arch. Nat., LL 757, f° 41.)

2 mars 1554 (n. st.). — Inhumation de Jean Gueulart, libraire, au cimetière Saint-Hilaire. (Ibid., f° 76 v°.)

GUIART

Entre 1595 *et* mai 1596. — Louis Guiart [libraire] paye la taxe d'ouverture de boutique. (Bib. Nat., ms. fr. 21872.)

GUILLARD

5 août 1530. — Guillaume Guillart [libraire ?], voyez GODART.

2 décembre 1561. — Guillaume Guillart et Amaulry Warencort, libraires, sont propriétaires de la maison de l'image Sainte-Barbe, rue Saint-Jacques, entre l'image Saint-Jacques et le Croissant. (Arch. Nat., S 897 B, f° 35.)

9 février 1563 (n. st.). — Voyez NIVELLE.

Charlotte et Michelle Guillard, imprimeurs, voyez BONFONS, CHEVALLON, DES BOYS, GIRAULT, NIVELLE, RENBOLT.

GUILLAUME

1571. — Guillaume, imprimeur, voyez ROUX.

GUILLEMETTE

1571. — Guillemette, libraire, « dessus les Fossez Saint-Jacques ». (Bib. Nat., ms. fr. 11692, f° 274 v°.)

GUILLOT ou GUYOT

22 juin 1488. — Guillaume Guillot, enlumineur, rue Saint-Pierre-aux-Bœufs, et Huguet Lambert, corrayeur, rue de la Vieille-Draperie, sont écroués au Châtelet « à dix heures de nuyt, pour ce que environ la dicte heure ils furent trouvéz au bordeau de chappon avecques des filles amoureuses, qui est contre les criz et ordonnances. » Mis en liberté le lendemain. (Arch. Nat., Y 5266, f° 10 v°.)

23 octobre 1550. — Etienne Guyot, libraire et relieur de livres, à Paris, achète d'André Le Sueur, aussi libraire et relieur à Paris et de Jeanne Lunel, sa femme, pour 160 l. t., la cinquième partie de la moitié d'une maison portant l'enseigne de l'Occasion, sise rue des Amandiers, entre l'image Saint-Nicolas et le jardin de la Chicheface, et aboutissant par derrière au jardin de l'hôtel d'Albret. (Arch. Nat., S 1652, f° 148 v°, 2ᵉ série.)

Ce doit être la maison qui avait appartenu à Jean Iᵉʳ Kerver et que Julien Lunel, libraire-juré acheta le 25 avril 1526 (Coyecque, *Minutier*) ; Jeanne Lunel devait être sa fille, elle épousa Étienne Guyot en secondes noces.

16 février 1561 (n. st.) ; 18 mars 1561 (n. st.). — Demoiselle Jeanne d'Albiac poursuit les vente et criée dune maison appar-

tenant aux enfants mineurs de feu Etienne Guyot et de Jeanne
Lunel, sa première femme. Cette maison, sise rue Mouffetard,
possède un appentis « servant à mestier d'imprimeur ». (Arch.
Nat., Y 3460, f° 223 v°.)

22 décembre 1596. — Guillaume Guillot, libraire, voyez BOUL-
LANGER.

Entre le 29 décembre 1596 *et* mai 1598. — Guillaume Guyot
paye la taxe d'ouverture de boutique. (Bib. Nat., ms. fr. 21872.)

GUILLOTOYS

1514-1521. — Maître Jacques Guillotouays, ou Guillotoys
[libraire] paye à la Commanderie de Saint-Jean-de-Latran 12 l. t.
de loyer pour le petit logis situé en face le collège de Cambrai,
rue Saint-Jean-de-Latran. (Arch. Nat., S 5119/3, f° 23 ; S 5119/1,
f° 30 v° ; S 5119/8, f°ˢ 14, 14 v° et 15 v° ; S 5117/11, n° 99.)

1525. — Le même loyer est payé par la veuve de Jacques Guillotoys. (Arch. Nat., S 5121/7, f°ˢ 3 v° et 17.)

Au f° 3 v° il y a *Jean*, et au f° 17 *Jacques*.

1536-37. — Le loyer de la même maison, l'image Sainte-Anne,
est payé par la Guillotoyse. (Arch. Nat., 5121/5, f° 26 v°.)

4 juin 1545. — François Guillotoys, libraire, voyez THIOUST.

GUION ou GUYON

4 août 1488. — Guillaume Guion, relieur, voyez DAILLON.

13 mai 1494. — Guillaume Guyon, marchand libraire à Paris,
et Ancelot, sa femme, achètent à Jean Bataille, juré-compteur et
mouleur de buches, la maison du Chapperon, rue des Escouffles,
entre Jean Colas et une maison au vendeur. (Arch. Nat., S 5082/3,
f° 156 v°.)

Même jour. — Guillaume Guyon, libraire, et Ancelot, sa
femme, vendent cette maison à Gilles Hardouyn, libraire, au prix
de 100 l. t. (Ibid., f° 192.)

GUITRY

1586. — François Guitry paye la taxe d'ouverture de boutique.
(Bib. Nat., ms. fr. 21872.)

Nous ne savons si ce fut comme imprimeur, libraire, relieur ou papetier.

GUYMIER

13 mai 1483. — Jean Guymier, voyez BONHOMME.

24 novembre 1506. — Jean Guymier, cartier, voyez BALIGAULT.

19 mars 1512 (n. st). — Jean Petit, libraire, et Marguerite Guymier, sa femme, fille et héritière seule et pour le tout de feu Jean Guymier, cartier, reçoivent remboursement de dix écus couronne prêtés à la Ville de Paris par Jean Guymier, le 5 mai 1496; de deux écus couronne prêtés le même jour par Jean Petit; de dix livres 10 sols prêtés le 7 mai 1500 et de douze écus couronne prêtés le 8 août 1503 par Jean Guymier. (Bib. Nat., ms. fr. 11687, f⁰ˢ 6, 6 v⁰, 18, 44 v⁰.)

Cité par MM. le baron Pichon et Vicaire.

26 décembre 1542. — Jean Guymier, marchand, bourgeois de Paris; Jean Gobert, marchand bourgeois de Paris, comme tuteur des enfants mineurs de Jean Tallon, marchand, bourgeois de Paris; Jacques Caillou, marchand pelletier, exécuteur testamentaire de Catherine Guymier, sa femme; Geneviève de Laistre, veuve de Jean Guymier, cartier; Agnès Guymier, femme d'Etienne Huvé, marchand, bourgeois de Paris, cèdent leur droit sur la moitié de la maison des Quatre-Vents, au coin de la rue de la Halle de la Lingerie et de la rue au Feure. (Arch. Nat., S 14.)

19 mars 1552 (n. st.). — Claude (*alias* Alexis) Guymier, marchand papetier, bourgeois de Paris, fait comparaître au Châtelet de Paris Jean Dorléans l'aîné, demeurant à Paris, pour lui réclamer le prix d'une pièce de terre sise à Châtillon, qu'il lui a vendue le 20 novembre 1550. (Arch. Nat., Y 5240, n⁰ 1297.)

15 février 1554 (n. st). — Etienne Huvé, marchand, bourgeois de Paris, et Agnès Guymier, sa femme, cèdent à Claude Huvé, leur fils, étudiant en l'Université, leurs droits sur la succession de Jean Guymier, maître-cartier, leur père et beau-père. (Arch. Nat., Y 98, f⁰ 252 v⁰.)

9 avril 1555 (n. st.). — Etienne Huvé et Agnès Guymier sa femme, héritiers de Jean Guymier [cartier] et de Geneviève de Lestre, père et mère d'Agnès; Guyon Guymier, en son nom et comme tuteur et curateur des enfants mineurs de Laurens Jullien et de feue Germaine Guymier, Guillaume Guymier, Geneviève Guymier, veuve d'Antoine de Campes, Jean Laurens et Marie Guymier, sa femme. (Arch. Nat., Y 5244, f⁰ 510.)

31 mars 1586. — Pierre Marolle et Jean Guymier sont reçus maîtres-cartiers-faiseurs de cartes et tarots. (Arch. Nat., Y 9306.)

6 mars 1592. — Pierre Marolle et Laurens Taupin sont élus jurés-cartiers-faiseurs de cartes, au lieu de Jean Guymier et Pierre Marolle; Jean Mérieux, Martin Villart et Denys Mérieu, maîtres-cartiers, prennent part au vote. (Arch. Nat., Y 9306 *bis*.)

25 février 1594. — Election de Jean Guymier et de Jean Mé-

rieulx l'aîné comme jurés-cartiers, au lieu de Pierre Marolle et Laurens Taupin, et réception de Martin Huillart, Jean Mérieu le jeune, Jean Dugriffon et Daniel Mérieu comme maîtres-cartiers. (Ibid.)

GUYOT, voyez GUILLOT et GUÉAU

GUYTON

21 juin 1564. — Marie Cassot, veuve de Germain Guyton, graveur de sceaux, rue de la Calandre, au Saumon, et ses gendres, Henri Aubin, tailleur d'habits, Pierre Du Prou, gantier, Gilbert Martinot, orlogeur, Jean Guillot, barbier-chirurgien, et Léonard Antoine, mercier. (Arch. Nat., ZZ/1 302, f°s 120 à 129.)

HADROT

29 novembre 1537; 26 juillet 1552. — Simon Hadrot, libraire, voyez PAQUOT.

HALLIER

1586. — Charles de Hallier paye la taxe d'ouverture de boutique. (Bib. Nat., ms. fr. 21872.)

Nous ne savons si ce fut comme imprimeur, libraire, relieur ou papetier.

HANICQ

16 janvier 1597. — Antoine Hanicq [Houic ?], libraire, voyez GRÉGOIRE.

HANOT, voyez DU HANOT

HANS

21 juin 1533. — Guillaume de Hans, libraire, demeurant à Saint-Germain-des-Prés, rue de la Follye-Regnier, se porte caution pour Jeanne, veuve de Jacques Le Doulx, emprisonnée à Saint-Germain-des-Prés. (Arch. Nat., Z/2 3310.)

HARCHAMBAULT, voyez ARCHAMBAULT

HARDOUYN

13 mai 1494. — Gilles Hardouyn, libraire, voyez GUYON.

5 août 1496. — Gilles Hardouyn, libraire, demeurant à Paris, sur le Pont-Notre-Dame, et Jacqueline, sa femme, vendent pour 110 l. t. à Jean Bataille, l'aîné, mouleur et compteur-juré de buches, la maison du Chapperon, rue des Escouffles. (Arch. Nat., S 5082/3, f° 191.)

Cette maison avait appartenu à Jean Hardouyn, charpentier, qui l'avait vendue à Pierre Puisaye, aussi charpentier le 30 mai 1464 (Arch. Nat., S 5082/2, f° 34); le 13 mai 1494 elle appartenait à Jean Bataille, qui la vendait à Guillaume Guyon, libraire, lequel la rétrocédait immédiatement à Gilles Hardouyn.

9 janvier 1500 (n. st.). — Gillet Ardouyn, voyez BRIE.

6 octobre 1517. — Gilles Hardouyn prend à bail viager, au loyer de 28 l. par., la 25ᵉ maison du Pont-Notre-Dame, en récompense de la 8ᵉ maison de l'ancien Pont, du côté d'amont l'eau. (Arch. Nat., Q/1 1099/197 A, f° 183.)

5 février 1529 (n. st.). — Gilles Hardouyn présente requête au Bureau de la ville de Paris pour que le jour de son décès, où son bail viager de la 25ᵉ maison du Pont-Notre-Dame expirera, un nouveau bail de cette maison soit passé pour 9 ans à Isabeau Moussart, sa femme, et à ses enfants. Dès 1476 un bail viager de la 7ᵉ maison de l'ancien Pont avait été passé à sa vie et à celle de Guillaume Hardouyn, son père; sa famille a toujours habité sur le Pont « où ses prédécesseurs ont de tout temps exposé leurs jours »; il a 74 ans et est chargé de femme et de petits enfants. (Requête accordée.) (Arch. Nat., Q/1 1099/197 B, f° 20 v°.)

6 octobre 1565. — Jean Voisin, marchand et bourgeois de Paris, poursuit, pour 20 l., 16 s. t., les vente et criée d'une maison et de terres à Clamart, appartenant à Jean Hardouyn, maître doreur sur cuir (et plus loin qualifié marchand libraire). Il ressort des oppositions mises au prix à provenir de cette vente que Jean Hardouyn mourut avant le 16 juillet 1566; il avait trois fils Germain, Guillaume et Michel, enfants de sa première femme, Jeanne de Rouen, et des enfants mineurs de sa seconde femme, Anne Le Merlier, à laquelle il avait constitué un douaire coutumier le 25 octobre 1552. Parmi les créanciers se trouve Guillaume Merlin [libraire] pour deux obligations du 18 janvier 1565 (n. st.). (Arch. Nat., Y 3466, f° 340.)

MM. Pichon et Vicaire citent un acte du 12 juillet 1566, dans lequel figure Germain Hardouyn, doreur sur cuirs; ce doit être le fils aîné de Jean Hardouyn.

HARSY

5 juin 1551. — Olivier de Harsy, [imprimeur], voyez BUFFET.

27 novembre 1554. — Voyez MOREAU.

20 janvier 1555 (n. st.). — Double mariage à l'église Saint-Hilaire d'Olivier de Hersy (sic) avec Jeanne Gourmors [Gromors], fiancés depuis le 4 décembre 1544, et de Jean Moreau [libraire] avec Claude Buffet; témoins : Louis Couronne et Michel Avice (Arch. Nat., LL 757, f° 72.)

6 novembre 1559. — Les chapelains de l'église Notre-Dame de Paris poursuivent les vente et criée d'une pièce de terre d'un demi-arpent, dont partie est close de murs avec un commencement d'édifice, à Saint-Marcel, appartenant à Anne Gromors, femme d'Olivier Harcy [imprimeur], pour 6 l., 1 s., 4 den. par. qui leur sont dus en vertu d'une sentence du 10 avril 1556 après Pâques, et pour les dépens taxés le 2 mai de la même année. (Arch. Nat., Y 3459, f° 502.)

20 juin 1562. — Voyez BUFFET.

1571. — Voyez NICOLLE.

13 juin 1576. — Olivier de Harcy, libraire, rue Saint-Jacques, à la Rose-Blanche, cautionne Etienne Maheult, marchand de vin et archer du guet. (Arch. Nat., MM 287, f° 237.)

31 décembre 1579 ; 24 janvier 1580. — Procuration du Collège de Tréguier pour recevoir d'Olivier de Harcy et de Jean Moreau le loyer de la maison de la Corne-de-Daim, provenant de Nicolas Buffet. (Arch. Nat., M 193 ; MM 441, f° 111.)

Sans date (*vers* 1580). — Requête présentée au Bureau de l'Hôtel de Ville par Olivier de Harsy pour obtenir modération des frais de saisine de la maison de la Rose-Blanche, rue Saint-Jacques, qu'il vient d'acheter pour 316 l., 13 s., 4 den. de rente rachetable. Il a « toujours esté bon cytoyen et faict plusieurs services à la ville, mesme pendant les troubles comme sergent de sa dizaine ». (Signet manuel). (Arch. Nat., Q/1 1133/1 B.)

Cette maison ne doit pas être confondue avec celle de la Rose-Blanche-Couronnée des Le Noir.

1581. — Le collège de Tréguier, reçoit d'Olivier de Harsy 6 l. t. pour la maison de la Corne-de-Daim, rue d'Ecosse. (Arch. Nat., H 2855/1.)

13 août 1582. — Olivier de Harsy, marchand, maître-imprimeur, passe titre nouvel pour la maison de la Rose en laquelle il demeure, rue Saint-Jacques, entre Jean Bouillette [*alias* Bonvillette, les Canettes], rôtisseur, Nicolas Despilles, pâtissier [les Martinets], tenant par derrière au sieur Durcines [Lhuillier, sieur d'Urcynes ou d'Orsines]. (Arch. Nat., Q/1 1099/206 B, f° 56 v°.)

12 août 1600. — Denyse de Harsy, femme de Valentin Le Febvre, maître-épicier, ce dernier figurant aussi en qualité de tuteur des enfants mineurs de feu Gabriel Le Vasseur et de Catherine de Harsy, et Nicolas de Harsy, marchand, bourgeois de Paris, héritiers pour le tout de feu Olivier de Harsy, imprimeur, et pour un quart de feue Anne Gromors, sa femme ; Michel Gadoulleau, libraire, Gabriel Gadoulleau, son fils, Jean Messager, imprimeur en taille

douce, et Marie Gadoulleau, sa femme, et Jean Gadoulleau, héritiers pour un quart d'Anne Gromors, vendent à Laurent Thubert (*alias* Hubert), apothicaire, la maison de la Rose-Blanche, rue Saint-Jacques. (Arch. Nat., Q/1 1133 1/B.)

HAULTIN

19 juillet 1562. — Marie de Bresme, veuve de Jean Bazouyn, maître apothicaire, met opposition sur le prix à provenir de la vente des biens meubles de Pierre Hottain, maître imprimeur, absent pour cause de religion, locataire de la maison de l'Ecu-de-Bourgogne, rue Saint-Jacques. Il avait loué cette maison à Marie de Bresme, le jour de Pâques dernier pour 6 ans, au loyer de 160 l. t. et devait un terme ; il devait en outre de la marchandise que « ladicte suppliante avoit faict extraire de son papier journal ». Il lui est accordé 80 l. t. pour le terme et 23 l. t. pour les marchandises. (Arch. Nat., X/1 A 1603, f° 174.)

1er septembre 1562. — Ordre de délivrer à Marie de Bresmes les sommes ci-dessus mentionnées sur le prix provenant de la vente de biens meubles de Pierre Hottain. (Ibid., f° 350 v°.)

23 décembre 1568. — Pierre Haultin, libraire [et fondeur], voyez VADÉ.

20 octobre 1570. — Voyez BRUNEAU.

HAVART

10 septembre 1488. — Nicolas Havart, enlumineur, est écroué au Châtelet et remis en liberté le même jour. (Arch. Nat., Y 5266, f° 92 v°.)

HÉGUIN

30 janvier 1563 (n. st.). — Pierre Héguin, libraire, voyez FRANÇOIS.

HÉLINE

9 octobre 1553. — Jacques Eline [libraire ?], voyez CRESPIN.

25 février 1557 (n. st.). — Jacques Héline, libraire, voyez LALISEAU.

HÉMON

28 septembre 1487. — Benard Hémon, relieur de livres, bourgeois de Paris, et Jean Doulx, boulanger à Saint-Marcel, achètent pour 54 l. t. partie d'une maison, masure, cour et jardin, rue Mouffetard, aboutissant par derrière, avec issue, sur les prés de Coppeaulx. (Arch. Nat., S 1649, f° 72, 4e série.)

26 mars 1492. — Transaction entre Benard Hémon, libraire, et Guillaume Séguin, bonnetier, propriétaires par indivis de cette maison. (Ibid., f° 183 v°.)

27 mars 1493 (n. st.). — Bernard Hémon, libraire, voyez TREPPEREL.

1586. — Radegonde Hémon, papetier, paye la taxe d'ouverture de boutique. (Bib. Nat., ms. fr. 21872.)

HÉRAULT

25 novembre 1564. — Jean Hérault, libraire, rue Judas, est témoin au contrat de mariage de Pierre Travers, menuisier, avec Barbe de La Porte, veuve de Gilles Justice, tisserand en linge. (Arch. Nat., ZZ/1 303, f° 219 v°.)

HERCENT

18 juin 1542. — Baptême à l'église Saint-Landry de Pierre, fils de Denys Hercent, lieur de livres, demeurant au porche de Cardin Blancot; parrains : maître Pierre [le nom en blanc], Jacques Le Bouteller et Marthe Clément, femme du geôlier du chapitre de Paris. (Arch. Nat., L 670, n° 1, f° 3.)

22 juin 1543. — Baptême à l'église Saint-Landry de Catherine, fille de Denys Hercent; parrains : Bastien Richard, de Saint-Nicolas-du-Chardonnet, Catherine Coursier et Guillette La Bouillet. (Ibid., f° 8.)

HERNAULT

27 novembre 1520. — Sentence du Prévôt de Saint-Germain-des-Prés rendue par défaut contre Nicolas Le Franc, autorisant Louis Hernault, libraire, « à faire veoir et visiter la sallouer de lart dont est question par gens en ce congnoissant et faire laver le lart estant sallé en icelle et le resaller en autre sallouer... » aux dépens de Nicolas Le Franc. (Arch. Nat., Z/2 3293.)

Nicolas Le Franc fit encore défaut les 4 et 11 décembre suivants.

24 octobre 1552. — Voyez REGNAULT.

HÉROUARD

4 août 1530. — Vincent Hérouard, libraire, voyez BEGIN.

HESSELIN

30 décembre 1545. — Philippe Hesselin, fille de Jean Hesselin, imprimeur, et d'Annette Rouzeau, sa femme, reçoit de Michel Battereau, à Saint-Germain-des-Prés, donation de 50 écus d'or soleil à prendre sur une maison de la rue de Vaugirard, à Saint-Germain-des-Prés. (Arch. Nat., Y 98, f° 220 v°.)

HEUDIER

4 février 1588. — François Heudier, doreur de livres, voyez
VA.

Voyez LE HEUDIER.

HEUQUEVILLE

13 mars 1553 (n. st.). — Jean Heucqueville [libraire], voyez
LE CLERC.

20 septembre 1555. — Voyez POCHARD.

1er octobre 1560. — Jean Hucville et Jean Des Marais,
libraires, sont témoins au testament de Jean Bourgeois, marchand
crocheteur, demeurant aux Trois-Croissants, rue Coqueret; Pierre
Maligot, gendre de Bourgeois, exécuteur testamentaire. (Signets
manuels : Jean Heuqueville et Jean Desmarestz). (Arch. Nat., LL
757, f° 93 v°.)

4 septembre 1562. — Jean Hucqueville, voyez MOREL.

4 mai 1567 ; 2 juin 1567. — Voyez PAUTONNIER.

23 août 1567. — « Fut espousé en l'église Saint-Jacques-de-la-
Boucherie Jean de Hucqueville avec Jeanne Du Tuc, paroissienne
dudit Saint-Jacques ». (Arch. Nat., LL 757, f° 73.)

10 juin 1569. — Voyez PAUTONNIER (signet manuel).

1571 ; 25 janvier 1572. — Voyez BOREL.

1er septembre 1574. — Jean Heuqueville, libraire et relieur,
achète de Sébastien Lalliseau, aussi libraire et relieur, le quart de
la maison de la Rose-Rouge, rue Saint-Jean-de-Latran, entre la
Commanderie et Thomas Guyot, boulanger. (Arch. Nat., S 1653,
f° 218, 3e série.)

26 avril 1575. — Voyez LALISEAU.

25 juillet 1576. — Voyez DU CHEMIN.

3 septembre 1576. — Voyez DU PUYS.

18 avril 1580. — Jean de Heuqueville, libraire et juré-relieur,
achète un huitième de la maison de la Rose-Rouge, rue Saint-Jean-
de-Latran, à François Dupont, trésorier payeur des compagnies
de MM. de Longueville et comte de Saint-Paul, et à Gillette
Guyot, sa femme, veuve de François Laliseau ; ce dernier avait
racheté la part d'André Laliseau, son frère. Prix, 133 écus un
tiers d'or soleil et les charges parmi lesquelles une rente due à
Nicolas Grisollet, élu en l'élection de Soissons, et à Gillette Laliseau, sa femme, fille de François. (Arch. Nat., S 1654, f° 148,
1re série.)

24 avril 1582. — Voyez Le Heudier.

26 avril 1582. — Jean Huqueville, libraire, achète un quart de la maison de la Rose-Rouge, rue Saint-Jean-de-Latran, à André Laliseau, seigneur de La Grange-Poullain, près La Ferté-Alais, pour 250 écus d'or. (Arch. Nat., S 1654, f° 102 v°, 2ᵉ série.)

9 août 1583. — Jean de Heuqueville, libraire, bourgeois de Paris, achète un vingt-huitième de la maison de la Rose-Rouge, rue Saint-Jean-de-Latran, à André Laliseau, seigneur de La Grange-Poullain, près La Ferté-Alex, fourrier de cent hommes d'armes de la compagnie du sire de Bouillon. (Ibid., f° 18 v°, 3ᵉ série.)

20 mars 1596. — Jeanne du Tac, veuve de Jean Huqueville, libraire, voyez Vallet.

8 mars 1597. — Jean de Heuqueville, libraire, voyez Gesselin.

2 novembre 1599. — Jean de Heuqueville, libraire, voyez Clopejeau.

26 septembre 1601. — Feu Jean de Huqueville, voyez Robinot.

Dans tous les actes le nom est écrit indifféremment : *Heucqueville*, *d'Hucqueville*, *de Hucqueville*, *Hucville* ou *de Heuqueville*, forme que les deux Jean de Heuqueville adoptaient sur les titres de leurs éditions. Le nom de la femme de Jean Iᵉʳ est écrit *Du Tuc* et *Du Tac*, peut-être *Du Luc* ou *Du Lac*.

HEURTELET

20 octobre 1570. — Laurens Heurtelet [libraire et relieur], voyez Bruneau.

HIGMAN

20 février 1490 (n. st.). — Jean Hicquement [Higman], imprimeur de livres, achète une maison rue de Sorbonne [l'image Saint-Sébastien, rue des Poirées]. (Arch. Nat., MM 241, f° 150.)

24 juin 1495. — Voyez Estienne, à la date du 14 août 1517.

30 décembre 1547. — Feu Damien Hicquemen, imprimeur, voyez Colines.

30 mai 1550. — Saisie de la moitié de la maison du Soleil-d'Or, rue Saint-Jean-de-Beauvais, sur Geneviève, fille mineure de feu Damien Hicquement le jeune, héritière de Simon Hicquement son oncle, de Damien Hicquement l'aîné, son aïeul et de Guyonne Viart sa bisaïeule. (Arch. Nat., Y 3451, f°ˢ 283, 253, 147.)

Parmi les créanciers ou les opposants figurent : Regnault Chaudière, exécuteur du testament de Simon Higman ; Aubin Blochet [ou Blachet, libraire] mari de Nicolle Higman ; Anne Cremyllier, veuve de Simon Higman, remariée à Claude Chaudière et ce dernier comme tuteur de Léonarde, fille naturelle de Damien Higman le jeune ; Guyonne, fille naturelle de Damien

Higman l'aîné ; Etiennette Gaimbert, veuve de Damien Higman le jeune ; Benoît de Gourmont, libraire rue Saint-Jean-de-Latran, à l'Homme-de-Bois ; Yves Le Roux et Jacquette Gourmont sa femme ; André Roffet et Guyonne Chaudière sa femme ; Georges Hopyl ; Sébastien Griffius, libraire à Lyon ; Guillaume Rozer, héritier de Guillaume Raoullant ; Jean de Horne, apothicaire ; Gilles Niébert, tailleur.

7 septembre 1564. — Voyez ESTIENNE.

Nous avons réuni ici ce que nous connaissons de la descendance des six enfants de Guyonne Viart ; on y trouve des imprimeurs et des libraires en très grand nombre jusqu'à la moitié du XVIII° siècle.

Guyonne Viart, mariée en premières noces à Jean Higman, libraire-imprimeur, en secondes noces, vers 1500, à Henri Estienne, libraire-imprimeur, et en troisièmes noces, vers 1520, à Simon de Colines, libraire-imprimeur ; enfants :

A. — Damien Higman, libraire, marié par contrat du 23 novembre 1520 à Catherine de Sainte-Beuve, mort vers 1531 ; enfants :
    a. — Guyonne, fille naturelle ;
    b. — Simon Higman, mort avant 1548, marié à Anne Cremyllier (remariée à Claude Chaudière, voyez plus bas) ;
    c. — Damien Higman, mort avant décembre 1547, marié à Etiennette Grambot ou Gaimbert, enfants :
        1°. — Léonarde, fille naturelle, mariée à Pierre Girard, libraire ;
        2°. — Geneviève.
    d. — Nicolle, mariée à Aubin Blachet ou Blochet, libraire.
B. — Geneviève Higman, mariée à Regnault Ier Chaudière, libraire-imprimeur (exerçant de 1514 à 1551); enfants :
    a. — Claude Chaudière, libraire-imprimeur à Reims, puis à Paris, mort avant le 27 novembre 1564, marié à Anne Cremyllier, veuve de Simon Higman, trois enfants, parmi lesquels :
        1°. — Guillaume Ier Chaudière, libraire-imprimeur-juré, mort en 1601, marié à Gillette Haste; onze enfants, parmi lesquels :
        A. — Regnault II Chaudière, libraire, né le 13 février 1570, mort le 30 mars 1633, marié à Marguerite Cavellat, fille de Pierre Cavellat, libraire-juré; onze enfants, parmi lesquels :
            a. — Guillaume II Chaudière, libraire, né le 12 février 1599, mort le 3 mai 1627;
            b. — Pierre Chaudière, libraire, né le 23 mai 1604, exerce jusqu'en 1658, environ : enfant (?) :
                1°. — Jean Chaudière, libraire à Bourges en 1658.
        B. — Gillette Chaudière, mariée en avril 1594 à Robert Fouët, libraire-juré, mort le 24 août 1642; il a six enfants, parmi lesquels :
            a. — François Fouët, libraire, né le 27 juin 1601, exerce en 1635.

b. — Marguerite, mariée à Denys Pinsson;

c. — Nicolle, mariée à Thibault Lourdet;

d. — Guyonne, première femme d'André Roffet, libraire;

e. — Catherine, mariée à Jean Macé, libraire, (exerçant de 1553 à 1583), enfants :

    1°. — Jacques II Macé, libraire, exerce en 1563 et 1564;

    2°. — Charles Macé, libraire, exerce en 1571, mort le 4 septembre 1606, marié à Isabelle Morel; enfant :

        A. — Guillaume Ier Macé, libraire, exerce de 1610 à 1644, marié à Catherine Amangeart; enfant :

            a. — Guillaume II Macé, libraire, exerce en 1665, mort en 1694 ; sa veuve exerce jusqu'en 1705 au moins.

    3°. — Barthélemy Macé, libraire, exerce en 1587, mort le 20 janvier 1617, marié à Marie Buon, fille de Gabriel Buon, libraire.

f. — Hostelye, mariée à Mathurin Du Puys, libraire-juré, (exerçant de 1539 à 1559); cinq enfants parmi lesquels Mathurin II, Claude et Mathurin III que Lottin cite à tort comme libraires.

C. — François Ier Estienne, libraire, exerce en 1537, mort le 6 novembre 1552, marié à Geneviève de Clermont; enfants :

a. — Jacques.

b. — Geneviève, mariée à Claude Fournier.

c, d. — Isabeau et Marguerite (?).

D. — Robert Ier Estienne, libraire-imprimeur, né en 1503, exerce à partir de 1525 à Paris, à partir de 1550 à Genève, meurt en septembre 1559; marié, en premières noces par contrat du 9 juillet 1526 à Perrette Bade, fille de Josse Bade, libraire-imprimeur, et en secondes noces le 14 décembre 1550 à Marguerite Deschamps, dite Duchemin; dix enfants du premier lit, parmi lesquels :

a. — Henri II Estienne, libraire-imprimeur, né vers 1530 exerce à Paris en 1554, puis à Genève, meurt en 1598 ; marié en premières noces à Marguerite Pillot, en secondes noces à Barbe de Will et en troisièmes noces à Abigaïl Pouppart ; il eut quatorze enfants, parmi lesquels :

    1°. — Judith, mariée à François Le Preux, libraire-imprimeur à Paris, puis en Suisse.

    2°. — Paul Estienne, libraire-imprimeur à Genève, marié à Marie Rouy; huit enfants, parmi lesquels :

        A. — Antoine Estienne, libraire-imprimeur à Paris, né en juin 1592, exerce à partir de 1612, mort en 1674; marié à Jeanne Le Clerc, fille de David Le Clerc, libraire-imprimeur ; six enfants, parmi lesquels :

            1°. — Henri Estienne, libraire-imprimeur, né le 9 février 1631, mort le 6 octobre 1661 ; marié à Anne Papillon, dont trois enfants.

        B. — Joseph Estienne, né en 1603, imprimeur à La Rochelle, mort en 1629.

b. — Robert II Estienne, libraire-imprimeur, exerce en 1556, mort en 1571; marié à Denyse Barbé, fille de Jean Barbé, libraire,

remariée à Mamert Patisson, libraire-imprimeur; enfants :
Robert et Henri qui n'exercèrent pas;

c. — François II Estienne, imprimeur à Paris en 1561 et 1562, puis
à Genève ; marié le 13 juillet 1563 à Blanche de Corquilleret,
dont il eut deux enfants, et, dit-on, à Marguerite Cave, dont
il eut trois enfants :

    1°. — Gervais Estienne, libraire, exerce de 1612 à 1627
au moins, marié le 24 octobre 1610 à Denyse
Pailleaux; une fille;

    2°. — Adrien Estienne, libraire, exerce de 1614 à 1627
au moins, marié le 10 juillet 1617 à Marie Chas-
tellain; trois enfants, parmi lesquels :

        A. — Pierre Estienne, né le 21 août 1618, que
Lottin cite à tort comme libraire;

        B. — Jérôme Estienne, libraire, né le 10 septem-
bre 1630, exerce en 1657.

    3°. — Adrienne, mariée le 4 février 1633 à Jacques Pal-
fart, libraire; enfants :

        A. — Marie Palfart, mariée à Denys Crevier,
libraire et doreur, mort avant septem-
bre 1686; enfants :

            a. — Guillaume Crevier, libraire, exerce en
1686; enfant :

                1°. — Claude-Pulchérie Crevier, ma-
riée par contrat du 23 avril
1711 à François Boullet,
libraire (1711-1737) ;

            b. — Une fille mariée à Nicolas Trudon,
libraire, mort le 8 avril 1750.

d. — Catherine, mariée en premières noces, en 1559, à Etienne Anastaze, libraire-imprimeur à Genève, et en secondes noces à
Louis Pacquelin, notaire à Paris.

    e. — Charles.

E. — Charles Estienne, docteur-régent à la Faculté de médecine et
imprimeur, exerce de 1551 à 1561, marié à Geneviève de Verly ; enfants :

    a. — Nicolle, mariée à Jean Liébault, docteur-régent à la Faculté de
médecine;

    b. — Simonne;

    c. — Jeanne, née en 1555.

F. — Nicolle Estienne, mariée à Guillaume Buron, procureur au Châtelet.

HOCHART

14 décembre 1546. — Guillaume Hochart, marchand libraire,
bourgeois de Paris, passe titre nouvel pour une maison et un jardin
rue de Versailles, vis-à-vis Gilles de Bordeaux, entre Robert Davi-
non [Davignon, chanoine de Meaux, la Corne-de-Daim] et la rue
Traversine. (Arch. Nat., S 507, f° 96 v°.)

HOPYL

1er février 1493 (n. st.). — Goulefan Hoppin (sic), marchand
imprimeur et libraire, achète une maison avec jardin rue Mouffe-

tard à Saint-Marcel, entre Jaquet Barbier et feu Thibault Canaye. (Arch. Nat., S 1649, f° 186 v°, 4ᵉ série.)

2 août 1505. — Maître Ulquin Hopil, marchand imprimeur, bourgeois de Paris, achète à Jacques de Morée, écuyer, seigneur de Gillevoisin, et à Jeanne Le Paintre, sa femme, la maison de l'Epée, rue Saint-Jacques, au coin de la rue des Poirées, au prix de 250 l. t. (Arch. Nat., Q/1 1133/1 B.)

Il ne doit s'agir que d'une part de cette maison, l'autre part appartenant alors au beau-frère de Jacques de Morée, l'imprimeur Jean Passet, dit Barbier, mari d'Estiennette Le Paintre.

30 novembre 1510. — Vulcain Houppil, libraire, bourgeois de Paris, achète un quartier et demi de vignes à Fontenay, lieu-dit les Buffets. (Arch. Nat., S 1650, f° 57 v°, 3ᵉ série.)

22 mars 1511 (n. st.). — Pierre Lucas, boucher, et Isabeau de Houdin, sa femme, Jean Chevalier, boucher, et Marie de Houdin, sa femme, vendent à Volgman Hopyl, libraire, un douzième indivis de la maison de la Nef-d'Argent, rue Saint-Jacques, pour 100 l. t. (Arch. Nat., S 904, f° 111 v°.)

30 août 1511. — Vulquan Houppil achète un demi-quartier de vignes en une pièce à Fontenay, lieu-dit les Buffets. (Arch. Nat., S 1650, f° 113 v°, 3ᵉ série.)

11 août 1525. — Nicolas Prévost, libraire et imprimeur, rue Saint-Jacques, et Marie Houppil, sa femme, et Georges Houppil, majeur de 25 ans, vendent au Collège de Sorbonne 33 l. 6 s. 8 den. t. de rente sur la maison de l'image Saint-Georges, rue Saint-Jacques, tenant d'une part à Michel Houppil, frère de Georges, et par derrière à Aubert Paris, ainsi que sur deux maisons contiguës à Notre-Dame-des-Champs, la Couronne et la Marjolaine, appartenant à Georges Houppil, et sur des vignes à Fontenay. (Arch. Nat., MM 285, f° 260 v°.)

21 novembre 1525. — Titre nouvel passé par Aubert Paris, mercier, rue au Feurre, et sa femme, Nicolas Prévost [imprimeur] et sa femme, tant pour eux que comme tuteurs de Michel Houppil, mineur d'ans, pour la maison du Tresteau [aussi dénommée l'image Saint-Georges], rue Saint-Jacques. (Ibid., f° 14.)

20 décembre 1526. — Maître Georges Houppil, libraire, et Jean Riotte le jeune, marchand, bourgeois de Paris, prennent à bail du Collège de Sorbonne la maison du Chevalier-au-Cygne, rue Saint-Jacques, au loyer de 80 l. t., pour 5 ans, à partir de Noël prochain; ils seront tenus des réparations « soit à cause des presses à imprimer qu'ils pourront mettre en icelle, si aucunes en mettent ». (Ibid., f° 20.)

Se trouve aussi cité dans le *Minutier* de M. Coyecque.

16 février 1538 (n. st.). — Titre nouvel pour la maison de l'image Saint-Georges, rue Saint-Jacques, passé par Alexandre Petou, cordonnier, acquéreur de la part indivise de Jean Davyn, maître-imprimeur à Paris, et de Marie Houpil, sa femme, veuve de Nicolas Prévost, aussi imprimeur. (Ibid., f° 263.)

Le 9 avril 1540, la Sorbonne acheta en vente publique cette part indivise, constituée par l'un des trois corps d'hôtel de la maison; celui-ci se composait de : Rez-de-chaussée, ouvroir sur la rue, allée et salle basse; cave sous le corps d'hôtel avec sa descendue droite à descendre le vin; chambres, garde-robes et grenier au-dessus, vis hors œuvre, garnie d'un pothet pour descendre dans la cour; galerie à côté par laquelle on va aux retraits; la fosse et les tuyaux des retraits communs avec les voisins; petite cour sous la galerie, close d'une cloison en bois. Contigu d'une part à l'image Sainte-Barbe, d'autre part à l'allée commune et à maître Georges Hopyl, par derrière à Germaine Hopyl.

La Sorbonne donna cette maison à bail en 1541 et 1554 à Thomas Cyrot, maître-fourreur de robes. (Ibid., f°° 246, 232 et 238.)

5 avril 1540, après Pâques. — Titre nouvel pour une autre part indivise de cette maison passé par Georges Houppil, marchand, bourgeois de Paris. (Arch. Nat., Q/1 1099/206 A, f° 100 v°.)

24 mai 1541. — Titre nouvel pour la même maison passé par George Gouppil [sic], marchand, bourgeois de Paris, Germaine, sa sœur, veuve d'Aulbert de Paris, demeurant rue de la Huchette, aux Trois-Chandeliers, et Antoine Le Maire, premier huissier de la Chambre des Comptes. (Arch. Nat., MM 285, f° 227.)

21 octobre 1542. — Sentence condamnant Antoine Le Maire et Germaine (sic, pour Barbe) Houppil, sa femme, au sujet de la vidange de la fosse de la maison de l'image Saint-Georges, commune avec leur maison. (Ibid., f° 288.)

9 avril 1543. — Titre nouvel pour une part indivise de la maison de l'image Saint-Georges, passé par Antoine Le Maire, huissier de la Chambre des Comptes. (Arch. Nat., Q/1 1099/206 A, f° 101 v°.)

15 novembre 1543. — Titre nouvel pour une part indivise de la même maison passé par Jean Davyn, sergent à verges, à cause de Marie Hopyl, sa femme. (Ibid., f° 104 v°.)

17 novembre 1543. — Titre nouvel pour une part indivise de la même maison passé par Germaine Houppil, veuve d'Audebert Paris. (Ibid., f° 106.)

2 février 1549 (n. st.). — Georges Hopyl, marchand bourgeois de Paris, achète un quarteron de vignes à Fontenay-les-Bagneux. (Arch. Nat., S 1652, f° 8, 2ᵉ série.)

30 mai 1550. — Voyez HIGMAN.

30 juin 1553. — Nomination d'un tuteur à Thibault Le Maire,

âgé de 19 ans, fils de feu Antoine Le Maire et de Barbe Houppil. Le conseil de famille se compose de Jean Gilbert [procureur en cour d'église], beau-frère, Georges Houppil, oncle maternel, Robert Charuaud [Cherruau, greffier au bailliage du Palais], oncle maternel, Jean Longis, Jean Bonfons et Vincent Sertenas [libraires] voisins et amis. (Arch. Nat., Y 5249, f° 328 v°.)

24 juillet 1553. — Georges Houppil, voyez PAQUOT.

5 janvier 1564 (n. st.) — Robert Cherruau et Germaine Hopyl, sa femme, voyez MERLIN.

8 mars 1564. — Balthazar de Léglise et Andrée Houspel, sa femme, voyez DU PUYS.

1571. — Veuve Georges Goupil [sic], imposée au don de 300 000 livres, rue de la Huchette. (Bib. Nat., ms. fr. 11692, f° 292.)

1571. — Andrée de Haupil (sic), veuve de Balthazard de Lesglise, fait une avance de 1200 l. t. à la Ville de Paris pour les frais des entrées du Roi et de la Reine. (Bib. Nat., ms. fr. 11690, f° 13.)

21 avril 1573; 28 mai 1573. — Andrée Houpil, veuve de Balthazar de Léglise, écuyer du Cardinal de Ferrare, fait donation à Perrette Prévost, veuve de Victor du Puylobier, écuyer, et nièce de Marie Le Brun. (Arch. Nat., Y 114, f° 91 v°.)

7 mars 1575. — Andrée Houpil, veuve de Balthazar de Lesglise, fait donation aux enfants de feu Robert Cherruau et de feue Germaine Houpil, sa première femme, et à Marie Prévost, seconde femme de Cherruau. (Arch. Nat., Y 116, f° 230.)

14 mars 1575. — Hilaire Deburon, apothicaire, et Michelle Benoist, sa femme, vendent à Philippe Guetif, teinturier de laine, et à Françoise Hoppil, sa femme, la maison du Grand-Cornet, rue Saint-Jacques, donnant par derrière sur la rue Saillanbien, entre Jacques Le Peuple et Jacques Pique [l'Etoile]. (Arch. Nat., S 1653, f° 208, 3° série.)

22 mars 1575. — Andrée Houpil, veuve de Balthazar de Lesglise, fait donation à Bertrand Richard, procureur au Parlement, de sa part (le quart) dans la succession de Jean Vaffalin, dit de Hornes [apothicaire]. (Arch. Nat., Y 116, f° 241 v°.)

Voyez DROUART.

15 septembre 1577. — Jean Gillebert, procureur en cour d'église et Anne Le Maire, sa femme, fille et héritière d'Antoine Le Maire, huissier en la Chambre des Comptes, et de Barbe Hopyl, passent titre nouvel pour la moitié d'un des corps d'hôtel de la maison de l'image Saint-Georges, rue Saint-Jacques. Le corps d'hôtel sur le devant appartient à MM. de Sorbonne au lieu de feue Marie Hopyl, celui de derrière à maistre Le Caron, procureur au Parlement, au lieu de Germaine Hopyl. (Arch. Nat., Q/1 1099/206 B, f° 9 v°.)

26 octobre 1579. — Perrette Riotte, veuve de Georges Houppil. (Arch. Nat., Y 121, f° 92 v°.)

1597. — Françoise Houppil, veuve de Philippe Guetif, doit à la Commanderie du Temple 68 s. 5 den. par. pour la maison des Trois-Chandeliers, rue de la Huchette, dont elle est propriétaire. (Arch. Nat., MM 173, f° 171.)

D'après les pièces citées ci-dessus, les actes mentionnés dans la série de titres nouvels passés pour la maison de l'image Saint-Georges ou du Tresteau, d'autres actes cités par M. Coyecque, on peut établir ainsi la filiation des membres de la famille Hopyl :

Wolfgang Hopyl, libraire-imprimeur, originaire d'Utrecht, exerce vers 1489, meurt en 1521, marié à Jeanne Lasne, dont le père Jean Lasne acquit la maison du Tresteau, rue Saint-Jacques, le 16 février 1464 (n. st.); enfants:

A. — Marie Hopyl, mariée 1° à Narcisse Brun, imprimeur en 1501, 2° à Nicolas Prévost, imprimeur, mort en 1532, 3° à Jean Davyn, imprimeur, puis sergent-à-verges; enfants :

    a. — Hélène Brun, première femme de Gilles Paquot, libraire; enfants :

        1°. — Henri Paquot, le jeune, libraire, mort avant le 30 janvier 1562, marié à Jeanne Guérin; enfant :

            A. — Isabeau;

        2°. — Pierre Paquot, orfèvre.

        3°. — Noelle, mariée à Guillaume Nyverd, libraire-imprimeur; enfant :

            A. — Catherine, mariée à Claude de Monstr'œil, libraire, d'après La Caille ; enfants :

                a. — Maurice de Monstr'œil;

                b. — Marguerite, mariée à Guillaume Loyson, libraire; enfants :

                    1°. — Jean-Baptiste Ier Loyson, libraire, reçu en 1639 ; enfants :

                        A. — Henri Loyson, libraire, reçu en 1664, enfant :

                            a. — Jean-Baptiste II Loyson, libraire, reçu en 1701.

                        B. — Une fille mariée à Augustin Pillon, libraire, reçu en 1668.

                    2°. — Etienne Loyson, libraire, reçu en 1655, marié à Marguerite Chevillon.

    b. — Marie Brun, l'aînée;

    c. — Marie Brun, la jeune;

    d. — Benoist Prévost, imprimeur, exerçant de 1545 à 1562;

    e. — Mathurin Prévost, imprimeur, exerçant de 1565 à 1583, marié à Claude Girard ; l'un d'eux eut pour filles :

        1°. — Perrette, mariée à Victor Du Puylobier, écuyer.

        2°. — Marie, seconde femme de Robert Cherruau (voyez plus bas).

B. — Georges Hopyl, libraire, né en 1501, mort avant 1571, marié à Perrette Riotte; il dut avoir pour filles :

    a. — Andrée Hopyl, mariée à Balthazar de Lesglise, écuyer du Cardinal de Ferrare.

    b. — Françoise, mariée à Philippe Guétif, teinturier de laine;

C. — Germaine Hopyl, mariée 1° à Aubert Paris, mercier, 2° à Robert Cherruau, greffier au bailliage du Palais (remarié à Marie Prévost).

D. — Barbe Hopyl, mariée à Antoine Le Maire, premier huissier de la Chambre des Comptes; enfants :

a. — Anne, mariée à Jean Gilbert, procureur en Cour d'Eglise.

b. — Thibault Le Maire, né en 1534.

E. — Michel Hopyl;

F. — Driette Hopyl, mariée à Raoullin Prévost, demeurant rue Saint-Jacques, aux Trois-Pigeons.

HOUE

1571. — Nicolas Houe, laveur de livres, voyez LASTRE.

HOUIC

1571. — Antoine Houic, libraire, voyez ROUX.

20 août 1576. — Nomination d'un tuteur à Marie, âgée de 4 ans et à Martin, âgé de 7 semaines, enfants de feu Martin Prun et de Claude Regnault. Parmi les membres du conseil de famille : François Regnault, aïeul maternel, Nicolas Pinart et Vincent Robin, oncles maternels; Jean Larcher et Michel Beaugrand, oncles paternels; Gérard Prun, cousin paternel; André Jobert et Antoine Houic [libraire], cousins maternels. (Arch. Nat., Y 5251, f° 142.)

Ce François Regnault ne peut être l'un des deux libraires de ce nom, morts depuis longtemps en 1576, mais il appartenait à la même famille ; voyez la généalogie à l'article REGNAULT.

7 janvier 1578. — Voyez ROLAND.

20 novembre 1588. — Contrat de mariage d'Antoine Houic, procureur et receveur de l'Hôpital des Quinze-Vingts [et libraire], rue Saint-Jacques, à l'Eléphant, avec Gratienne de Bar, veuve de Jean Pléau, apothicaire et épicier. (Arch. Nat., Y 131, f° 139.)

Jean Pléau exerçait en 1569 rue Saint-Denys, au Chef-Saint-Jean.

1594. — Henri Pajot, apothicaire, et Antoine Houic, libraire, paient, au lieu de François Regnauld, libraire, le cens dû à la Commanderie de Saint-Jean-de-Latran pour le jardin contigu à la maison de l'Eléphant dont ils sont propriétaires. Antoine Houic, Girard Mauger, apothicaire, et Henri Pajot avaient passé titre nouvel le 12 février 1574. (Arch. Nat., S 5118/5, n°ˢ 22 et 29.)

Henri Pajot, apothicaire et épicier, rue Neuve-Saint-Merry, était propriétaire par indivis de la maison de l'Eléphant à cause de Claude Thuault, sa femme, veuve en premières noces de Jean de Bresme, apothicaire, neveu et héritier de Thomas de Bresme, apothicaire et épicier, qui avait épousé le 7 avril 1527 Marthe fille du libraire François Regnault. Il s'était rendu acquéreur d'un des corps de l'hôtel de la maison, sur licitation d'indivision, le 25 janvier 1578, pour 1360 écus d'or soleil. (Arch. Nat., Q/1 1099 206/B, f° 46 ; Q/1 1133/1 B ; Y 104, f° 6 ; Coyecque, *Minutier*). Voyez la généalogie de la famille Regnault.

Voyez HANICQ.

HOUSSAYE

21 octobre 1597. — Denys Houssaye entre en apprentissage chez Léger de Las, imprimeur. (Bib. Nat., ms. fr. 21842.)

Denys Houssaye fut reçu maître-imprimeur le 2 mars 1628.

HOYAU

1571. — Germain Hoyau, imprimeur d'histoires, voyez SAULSE.

HUART

27 mars 1493 (n. st.). — Guillaume Huart, marchand parcheminier, achète pour 9 livres 11 s. t. 2 arpents et la moitié d'un demi-quartier de vignes à Vaugirard, au terroir des Plantes. (Arch. Nat., S 1649, f° 184, 4° série.)

1er avril 1493 (n. st.). — Guillaume Huart, marchand parcheminier, achète, pour 15 l. t., 2 arpents et 6 perches de plants de vignes à Vanves, lieu-dit les Planches. (Ibid., f° 186 v°.)

1527. — Feu Guillaume Huart, parcheminier, voyez VOSTRE.

Peut-être le même que Guillaume Huart, gendre de Jean Thiondet, parcheminier en 1475. (Voyez THIONDET.)

HUBERT

6 juillet 1504. — Jean Hubert, valet parcheminier, prisonnier à la Prévôté de Saint-Germain-des-Prés, est mis en liberté. (Arch. Nat., Z/2 3279.)

HUILLART

25 février 1594. — Martin Huillart, maître-cartier, voyez GUYMIER.

HULPEAU

9 janvier 1556 (n. st.). — Jean Sylvius, curé de Montceaux-lès-Corbeil, lègue à Jean Hulpeau [libraire], son filleul, un corps d'hôtel situé derrière la maison de la Hure-de-Sanglier, rue Saint-Jacques, et la moitié de la cave sous ce corps d'hôtel, dont l'autre moitié appartient à Michel de Vascosan [imprimeur]. (Arch. Nat., Y 101, f° 61 v°.)

27 mars 1559. — Vente par Quentin Du Bois, dit Sylvius, marchand à Amiens, comme héritier de ses deux frères, Jean Sylvius, prêtre, curé de Montceaulx, et Jacques Sylvius, lecteur ordinaire du Roi en la Faculté de médecine, à Estienne Le Chevalier, docteur régent à la Faculté de médecine, de la maison de la Hure-

de-Sanglier. Un procès pendant « à l'encontre d'un nommé Huppeau, » se disant légataire de Jean Sylvius, a été jugé, il y a peu de jours en faveur dudit Huppeau. Deux corps d'hôtel l'un devant l'autre, cour au milieu, caves, chambres, celliers, cuisines, gallerie, greniers, establiers; entre la Croix-Blanche et l'Ecu-de-Bâle, tenant par derrière à la Commanderie de Saint-Jean-de-Latran et à l'image Saint-Christophe. (Arch. Nat., S 904, f° 173.)

La maison de la Hure-de-Sanglier, qui prit successivement les enseignes du Compas-d'Or et de la Prudence, fut occupée par des libraires ou des imprimeurs pendant de longues années; après Hulpeau, on y trouve Adrien Périer, Robert Fouet, Joseph Cottereau, Siméon Piget qui l'achète à Cottereau le 22 septembre 1638, et Jean de La Caille, gendre de Piget.

17 août 1564. — Contrat d'apprentissage de Marguerite Clare, âgée de 17 ans, fille de Roland Clare, barbier-chirurgien, et d'Anne de Sainte-Beuve, chez Marguerite Marchant, lingère, tapissière et couturière, rue Sainte-Geneviève-du-Mont, femme de Jean Hulpeau, libraire. (Arch. Nat., ZZ/1 303, f° 137.)

1571. — Jean Huppeau, libraire, voyez Borel.

28 janvier 1582. — Jean Hulpeau, libraire, bourgeois de Paris, demeurant au mont Sainte-Geneviève, à la Croix-de-Fer, achète deux maisons contiguës, cour et jardin, au faubourg Saint-Victor, derrière l'Abbaye. (Arch. Nat., S 1654, f° 138, 2e série.)

26 juin 1604. — Jean Hulpeau, libraire, demeurant au cloître Saint-Jean-de-l'Hôpital, fait donation à Jacqueline Masille, sa femme, dont il est séparé de biens, d'une maison au faubourg Saint-Victor, vis-à-vis les murs de l'Abbaye, au coin de la rue des Boulangers, à l'enseigne de la Boulle. (Arch. Nat., Y 143, f° 119.)

HUNOT

Entre août 1598 *et* mai 1600. — Hubert Hunot paye la taxe d'ouverture de boutique. (Bib. Nat., ms. fr. 21872.)

10 juin 1600. — Hubert Hunot, libraire, achète pour 540 écus soleil une maison, rue des Sept-Voyes, entre le Pot-à-Moineaux et la Bible-d'Or, provenant de Denys Bruneau, héritier d'Alain Dantan. (Arch. Nat., S 1655, f° 162, 1re série.)

HURY

28 juin 1597. — Feu Pierre Hury, libraire-juré et imprimeur, voyez Chevallier.

ICOUARD

6 juin 1594. — Le Collège de Beauvais donne à bail à Robert Icouard, libraire, au loyer de 40 écus soleil, la maison de l'image

Sainte-Catherine, rue du Mont-Saint-Hilaire, près le clos Bruneau. (Arch. Nat., S 6357.)

Voyez FEBVRIER.

JAGOT

18 septembre 1549. — Mathurine Pouliot, veuve de Nicolas Jagot, vigneron à Gentilly, transporte à Quentin Jagot, compagnon-libraire à Paris, ses droits contre Jean Formentier, tabellion et greffier de l'île de Ré, relativement à l'annulation d'un contrat de vente passé le 13 novembre 1548. (Arch. Nat., Y 95, f° 45.)

JANOT

26 janvier 1539 (n. st.). — Denys Janot, marchand imprimeur libraire, rachète pour 200 l. t. à Jean Longis, libraire, se portant fort pour Denyse Farot, sa femme, une rente de 15 l. sur une maison au clos Sainte-Geneviève. (Arch. Nat., S 1651, f° 81, 4ᵉ série.)

Il est impossible de ne pas se demander si le rédacteur du Cartulaire de Sainte-Geneviève n'a pas écrit Denyse Farot, pour Denyse Janot, et si ces deux libraires, qui ont donné tant de volumes en société, n'étaient pas beaux-frères.

JARDIN

15 décembre 1598. — Nicolas Jardin, maître-parcheminier, voyez PETIT.

JEHAN

9 mars 1588. — Nicole Jehan, veuve de Jacques Jehan, libraire, étant au service de Pierre de Macheco, seigneur de Passy, avocat au Parlement, reçoit de son maître donation d'une rente de 400 l. t. (Arch. Nat., Y 130, f° 74 v°.)

JOLY

18 octobre 1554. — Testament de Pierre Joly, compagnon-imprimeur, rue des Carmes, à l'Estoile; exécuteurs testamentaires : Jeanne Piscot, sa femme, et Vincent Quignon [imprimeur]; témoins : Jean de Nan, Vincent Quignon et Catherine Plet. (Signet manuel). (Arch. Nat., LL 757, f° 44 v°.)

2 juillet 1556. — Testament de Jeanne Pisco, femme de Pierre Jolys, rue des Carmes, à l'Estoille-d'Or; exécuteurs testamentaires : son mari et Vincent Quignon [imprimeur]. (Ibid., f° 49.)

19 août 1557. — Testament de Pierre Joly, demeurant en une chambre de la maison des Croissants [rue Chartière]; exécuteur testamentaire : Nicolas Guers « maistre des Croissants »; témoins :

Pierre Floreau et Jean Des Marrays [libraire], habitant la maison.
(Ibid., f° 82 v°.)

JOUAN

27 janvier 1579. — Timothée Jouan, relieur [et libraire], voyez
Le Noir.

JOUAULT

22 janvier 1553 (n. st.). — Pierre Jouault, imprimeur, voyez
Charron.

26 août 1553. — Pierre Jouault, fondeur de lettres, voyez Calot.

7 septembre 1555. — Pierre Jouault est témoin au testament
de Michel Du Bourglabbé, maître-ès-arts, demeurant à l'image
Saint-Jean, rue des Carmes. (Arch. Nat., LL 757, f° 49 v°.)

31 octobre 1560. — Testament de Pierre Jouault, fondeur de
lettres demeurant rue des Carmes, à l'Homme-Sauvage. Exécuteurs testamentaires : Anne Keurbryant, sa femme, et Jacques
Marc, fondeur de lettres ; témoins : Jean du Maur, fondeur, Jean
Aucher et Catherine Beaucorps. (Ibid., f° 94 v°.)

JOURDAIN

17 juillet 1584. — Mathieu Bachelet, horloger, cède à Jacques
Jourdain, maître-enlumineur, rue de la Juiverie, le bail d'une loge
sise dans la cour du Palais, contre le mur, devant la grand'salle,
la cinquième à compter du côté de la Conciergerie. (*Signet
manuel.*) (Arch. Nat., ZZ/1 306, f° 32.)

JOUVIN

1586. — Etienne Jouvin, papetier, paye la taxe d'ouverture de
boutique. (Bib. Nat., ms. fr. 21872.)

Maître de la Confrérie de Saint-Jean-l'Evangéliste en 1603 et 1604.

JULLIEN ou JULLIAN

26 septembre 1562. — Michel Jullien [libraire], voyez Caveiller.

21 octobre 1565. — Michel Jullien [libraire] et Jacques Des
Hayes, en qualité de marguilliers de Saint-Hilaire, donnent reçu au
collège Sainte-Barbe du prix de quatre obits fondés par Robert Du
Gast, ancien curé de Saint-Hilaire. (Signet manuel). (Arch. Nat., H
2895.)

1571. — Michel Jullien [libraire], voyez Le Bouc.

1571. — Guillaume Jullien [libraire], voyez BOREL.

15 et 16 avril 1573. — ˙Michel Jullien, libraire, voyez CAVELLAT.

4 octobre 1581. — Nomination d'un tuteur aux enfants de feu Guillaume Jullien [libraire] et de Disdière Desrieulx, sa femme : Guillaume, âgé de 22 ans, Guyonne, âgée de 18 à 19 ans, et Baptiste, âgé de 10 à 11 ans. Le conseil de famille se compose de Michel Jullien [libraire], cousin paternel, Jean Noël, beau-frère, Philippe Parent, Hilaire Le Bouc et Cyprien Bruneau, cousins, Martin Le Jeune et Gilles Gourbin, voisins et amis [ces quatre derniers libraires]. (Arch. Nat., Y 5252, *à la date.*)

20 février 1583. — Contrat de mariage de René Jullian, libraire, demeurant rue Saint-Denys, fils de feu Gervais Jullian et de˙ Catherine Barbotte, avec Perrette Aubry, fille de feu Jean Aubry, tailleur d'habits, et de Marguerite Périgon remariée à Richard Walcard, même profession. La future apporte une bonne robe, une bonne cotte et un bon chaperon, estimés entre les parties 25 écus soleil ; douaire, 60 écus soleil. Témoin, Gervais Jullian, écolier, frère du futur. (Arch. Nat., Y 124, f° 561 v°.)

Sans date. — Michel Jullien [libraire] est propriétaire d'une maison, rue du Mont-Saint-Hilaire, portant l'enseigne de la Pomme-de-Pin, au-dessus de laquelle est une Etoile. (Arch. Nat., S 1946/3.)

28 juillet 1601. — Françoise Petit, veuve de Michel Jullien, passe titre nouvel pour cette maison. (Arch. Nat., S 1946/5.)

KAERBRIAND

25 avril 1525 (n. st.). — Jean Kerbrian, libraire-juré, prend à bail pour 6 ans à partir de Pâques prochaines, pour 60 l. t. de loyer, la maison du Gril, rue Saint-Jacques, appartenant à l'église Saint-Benoît, dans laquelle il habite déjà. — 23 août 1533. — Il renouvelle ce bail pour 6 ans, au loyer de 65 l. t. (Arch. Nat., S 889 A.)

Le 14 juin 1539 la maison fut louée à Yolande Bonhomme, veuve de Thielman Kerver. (Voyez ce nom.)

KEES

1514-1515. — Thomas Kees, imprimeur, paye au Collège de Beauvais, pour le loyer de la Maison-Rouge, (rue des Carmes), 29 l. 10 s. t. « dont maistre Jehan Martin est respondant et ma faict cédulle de la somme de 10 l. t., dont ung nommé Poncet Le Preux, libraire, demeurant près les Mathurins est respondant de la somme ». (Arch. Nat., M 95/5 *bis*, f° 3 ; M 95/5, f° 4.)

1516. — Recettes du collège de Beauvais : « De Thomas Kees, imprimeur, à cause du louage… dont est respondant Jehan Martin, pour 10 l. t., mays au requert du reste ny a espérance de la recouvrer pour ce que ledit Thomas est mort pouvre homme et n'a sa vefve autres biens pour payer ». (Arch. Nat., M 95/7, f° 3.)

KERVER

12 septembre 1503. — Thielman Kerver, libraire-juré, rachète une rente dont est grevée la maison du Gril, rue Saint-Jacques, dont il se dit propriétaire. (Arch. Nat., S 889 A.)

13 août 1504; 31 mars 1506 (n. st.); 3 avril 1506 (n. st.); 14 avril 1508; 14 août 1509. — Thielman Kerver rachète d'autres rentes dues sur la même maison. (Ibid.)

4 février 1510 (n. st.). — Thielman Kerver, libraire-juré et imprimeur, achète la maison du Plat-d'Etain, rue du Palais-du-Terme, au coin de la rue de la Sorbonne ; deux corps d'hôtel, l'un devant, l'autre derrière, cour au milieu. (Arch. Nat., S 904, f° 110.)

8 avril 1519. — Christophe de Brilhac, archevêque de Tours, vend à Thielman Kerver, libraire-juré, pour 5 000 l. t. et les charges, une maison à trois pignons, rue Saint-Jacques, ayant porté l'enseigne des Ciseaux, puis celle de l'Esguière, entre le Lyon-d'Argent à Guillaume Poireau [chandelier de suif], et la Corne-de-Cerf. (Arch. Nat., S 904, f° 123 v°; LL 464.)

C'est à cette maison que Kerver donna l'enseigne de la Licorne, qui était celle de son ancien atelier du Pont Saint-Michel.

21 mars 1521. — Sentence du Parlement condamnant Thielman Kerver, libraire-juré, à abandonner au chapitre de Saint-Benoît la maison du Gril, rue Saint-Jacques, moyennant le remboursement des rentes rachetées et des réparations faites par Kerver. (Arch. Nat., S 889 A.)

1er juillet 1522. — Acte de procédure relatif à l'appel fait de cette sentence. (Ibid.)

30 septembre 1523. — Yolande Bonhomme, veuve de Thielman Kerver, donne quittance au chapitre de Saint-Benoît des sommes qui lui ont été remboursées en exécution de la sentence du 21 mars 1521. (Ibid.)

9 février 1524 (n. st.) ; 14 février 1524 (n. st.) ; 26 novembre 1542. — Yolande Bonhomme, veuve de Thielman Kerver, en son vivant libraire, bourgeois de Paris, achète des vignes à Fontenay : un quartier, lieu-dit derrière l'Eglise, du côté de devers Chastillon, pour 8 l. t. ; un demi-quartier en une pièce, lieu-dit Thouroude,

pour 7 l. t. ; un demi-quartier, lieu-dit la Voie-Creuse, pour 7 l. t. (Arch. Nat., S 1651, fos 49 et 66, 1re série.)

14 juin 1539. — Yolande Bonhomme, veuve de Thielman Kerver, libraire-juré, prend à bail la maison du Gril, rue Saint-Jacques, appartenant à l'Eglise Saint-Benoît, au loyer de 100 l. t. Entre la maison de la Heuze, aux Chanoines de Saint-Benoît et la maison de l'image Sainte-Barbe, tenant par derrière à la maison de feu le président Dorigny en laquelle habite actuellement maître Nicole Simon Boucquet, chanoine de Saint-Benoît. (Arch. Nat., S 889 A.)

Depuis que la maison du Gril avait été cédée par Yolande Bonhomme à l'église Saint-Benoît, en exécution de la sentence du Parlement citée plus haut, elle avait été habitée par l'imprimeur Jean Kaerbriand. En 1557, elle fut louée à Claude Le Jeune, marchand de vin, pour 180 l. t., avec défense : « de ne loger aucunes personnes ou gens ayans et tenans presses servans à imprimer comme aussi serruriers, menuisiers et autres gens frappans et besongnans du marteau ». Ce n'est qu'en 1649 qu'on retrouve un imprimeur, Pierre Variquet, locataire de cette maison, le loyer était à cette époque de 800 l.; en 1679 il fut porté à 850 l. (Ibid.)

5 avril 1540, après Pâques. — Titre nouvel passé par Yolant Bonhomme, veuve de Thielman Kerver, libraire, pour la maison des Cochets, rue Saint-Jacques, entre les Deux-Brochets et l'image Notre-Dame; elle en est propriétaire au lieu d'Ymbert Guibert. (Arch. Nat., Q/1 1099/206 A, fo 109 vo.)

27 octobre 1540. — Jacques Kerver, libraire et quartenier, voyez LAMBERT.

19 février 1545 (n. st.). — Yolande Bonhomme, veuve de Thielman Kerver, fait donation à Marguerite Kerver, religieuse au couvent des Filles-Dieu, d'une rente sur la maison du Plat-d'Etain, rue des Mathurins. (Arch. Nat., Y 90, fo 255 vo.)

Même jour. — Yolande Bonhomme, veuve de Thielman Kerver, fait donation à Jacques Bonhomme, prêtre, son frère, d'une rente sur la maison de la Licorne, rue Saint-Jacques. (Ibid., fo 257 vo.)

22 octobre 1545. — Thomas Bragelongne, conseiller du Roi au Châtelet et Thiellemen Kerver, libraire-juré, son beau-frère, confessent avoir reçu de Yolland Bonhomme, leur mère et belle-mère, veuve de Thiellemen Kerver, les « lettres, titres et enseignements » des maisons, lieux et héritages qui leur sont échus en vertu du partage fait entre eux et leurs cohéritiers, et en vertu de l'échange fait entre Thomas de Bragelongne et Jacques Kerver [libraire], son beau-frère. Ces titres sont relatifs à la maison de l'Arbaleste, rue de la Harpe, acquise par feu Thielman Kerver le 29 septembre 1515. (Bib. Nat., Pièces orig., vol. 1609.)

Les précédents propriétaires étaient Jean Chassebrays, boulanger

(8 avril 1505 et 5 mai 1506), Jean de la Rougerays, clerc au greffe criminel du Parlement, et Jeanne Jacquet, sa femme, Jean Jacquet, maître-pâtissier, Laurent Bachot, chandelier de suif, et Jacquette Du Parron, sa femme, Jean Bachot, maître-pâtissier, et autres.

25 mai 1546. — Michel Kierver, chanoine d'Auxerre, fait donation à Thomas de Bragelongne, conseiller du Roi en la conservation des privilèges royaux de l'Université et bailli du chapitre de Paris, et à Madeleine Kierver, sa femme, ses beau-frère et sœur. (Arch. Nat., Y 91, f° 385 v°.)

18 juin 1547 ; 7 décembre 1548 ; 20 janvier 1551 (n. st.). — Yolande Bonhomme, veuve de Thielment Kerver, imprimeur, achète des vignes à Fontenay : un tiers de 5 quarterons, lieu-dit derrière le Moustier, pour 32 l. t. ; un quartier pour 24 écus d'or soleil ; 5 quarterons pour 100 l. t. (Arch. Nat., S 1652, f°ˢ 83, 273, 1ʳᵉ série, et 188, 2ᵉ série.)

8 juillet 1558. — Michel Kerver, chanoine d'Auxerre, fait donation de terres aux Ormeaux-en-Brie. (Arch. Nat., Y 100, f° 209.)

18 janvier 1561 (n. st.). — Thiellement Kerver est propriétaire de la maison du Plat-d'Etain, rue des Mathurins. (Arch. Nat., S 897 B.)

19 avril 1561. — Jacques Le Bret est propriétaire d'une maison devant les piliers des Halles contiguë à Thiellemen Kervert. (Arch. Nat., MM 286, f° 244.)

9 juillet 1562 ; 4 août 1562. — Thielleman Kerver, libraire-juré, fait appel d'une sentence du Prévôt de Paris rendue contre lui en faveur de François de Saint-André, conseiller du roi et président au Parlement. (Arch. Nat., X/1 A 4992, f°ˢ 60 v° et 216.)

14 janvier 1563 (n. st.). — Jacques Kerver, libraire et imprimeur, voyez ROFFET.

5 février 1563 (n. st.). — Thielleman Kerver, dizenier, voyez BRETON.

10 février 1569. — Jacques Kerver, échevin, voyez DOUART.

1571. — Jacques Kerver, libraire, voyez ROUX.

1ᵉʳ juillet 1572. — Jacques Kerver, libraire, héritier de feu Michel Kerver, son frère, prêtre, chanoine d'Auxerre, donne reçu, en vertu du partage de la succession fait le 30 juin dernier, des arrérages d'une rente de 37 l. 10 s. constituée en avril 1543 à feue Yolland Bonhomme, leur mère. (Bib. Nat., Pièces orig., vol. 1609.)

4 septembre 1577. — Jean Baudequin, drapier-chaussetier, passe titre nouvel pour la maison des Trois-Brochets, rue Saint-Jacques, achetée le 20 février 1575 du couvent de Saint-Martin,

de l'ordre de la Sainte-Trinité et rédemption des captifs. Elle est contiguë à Catherine Cavat [la Housse-Gillet] et à sire Jacques Kerver, libraire [les Deux-Cochets]. (Arch. Nat., Q/1 1099/206 B, f° 7.)

5 septembre 1577; 13 janvier 1578. — Jean Palluau, marchand, bourgeois de Paris, tuteur et curateur des enfants mineurs de feu Thielleman Kerver, libraire-juré, et de Marie Palluau, sa femme, donne reçu d'arrérages d'une rente de 50 l. t. formant le tiers d'une rente de 150 l. t. constituée à Yolland Bonhomme, mère de Thielleman, le 27 août 1551, et à lui échue par un partage du 9 février 1572. (Ibid.)

17 octobre 1577. — Jacques Kerver [libraire], quartenier de la Ville de Paris, passe titre nouvel pour la maison des Cochets, sise rue Saint-Jacques entre Jean Baudequin [drapier-chaussetier, les Trois-Brochets] et l'image Notre-Dame. (Arch. Nat., Q/1 1099/206 B, f° 13.)

19 juin 1579. — Marguerite Kerver, veuve de Thomas Bragelongne, conseiller du Roi, lieutenant-criminel en la Prévôté de Paris, donne reçu des arrérages d'une rente constituée à Yolland Bonhomme le 4 octobre 1536, elle en est propriétaire pour un tiers en vertu du partage fait entre son mari et Jacques Kerver [libraire, son frère], le 24 juillet 1572. (Bib. Nat., Pièces orig., vol. 1609.)

17 mars 1599. — Nicolas Bridout et Marie Kerver, sa femme, achètent à Louis Kerver, commissaire ordinaire des guerres, leur beau-frère et frère, et à Catherine Dain, sa femme, la maison du Plat-d'Etain, rue des Mathurins, en échange de différents titres de rente parmi lesquels : une rente constituée le 14 août 1536 à Jean Palluau, ayeul maternel de Marie Kerver, deux rentes constituées les 16 juillet 1537 et 27 août 1551 à Yolande Bonhomme, ayeule paternelle de Marie, une rente constituée le 9 juin 1572 à Thielman Kerver, père de Marie. (Arch. Nat., S 904, f° 260.)

4 mars 1602. — Blanche Marentin, veuve de Jacques Kerver, libraire-juré, vend le quart de deux maisons, rue des Poulies, portant l'enseigne de l'Arbre-Verdoyant. (Arch. Nat., LL 423, f° 163.)

16 octobre 1603. — Jacques Kerver, sieur de Mory, demeurant rue du Bout-de-Brie, passe titre nouvel pour la maison des Cochets, rue Saint-Jacques, dont il est propriétaire en vertu d'un partage fait entre les héritiers de Jacques Kerver, marchand [libraire] et quartenier de Paris, son père. (Arch. Nat., Q/1 1099/207, f° 104.)

14 février 1612. — Marie Kerver, veuve de Nicolas Bridou, avocat au Parlement, rue des Amandiers, fait donation à Jean Bridoux (sic), son fils, religieux non profès au couvent des Carmes, à Paris. (Arch. Nat., Y 152, f° 76.)

Voyez la généalogie des KERVER à l'article BONHOMME.

LA BARRE

22 janvier 1553 (n. st.). — Feu Nicole de La Barre, libraire, voyez CHARRON.

LABBAYE

1571. — Hubert de Labbaye, relieur, voyez NICOLLE.

LABÉ

14 janvier 1555 (n. st.). — Nicolas Labé [imprimeur], voyez QUIGNON.

25 janvier 1559 (n. st.). — Testament de Nicolas Labé, marchand imprimeur, aux Porcelets [rue des Carmes]; exécuteurs testamentaires : sa femme et maître Nicole Noue; témoin, Thomas Le Febvre, tailleur. (Arch. Nat., LL 757, f° 96.)

LABEL, voyez DE-LABEL

LA CROIX

24 février 1578. — Estienne de La Croix, imprimeur au clos Bruneau, et Jeanne Maillart, sa femme, mariés depuis 14 ou 15 ans, donation mutuelle. (Arch. Nat., Y 119, f° 192.)

4 octobre 1585. — Contrat de mariage d'Estienne de La Croix, compagnon-imprimeur, rue Chartière, aux Trois-Croissants, avec Jeanne Richer, fille de Jean Richer, compagnon-imprimeur. Témoins : Estienne Tasset, libraire et relieur, oncle du futur, et Jean Richer [libraire, gendre d'Estienne Tasset], cousin et maître de la future à laquelle il donne 20 écus soleil. (Arch. Nat., Y 127, f° 242 v°.)

LA GARDE

28 avril 1512. — Jean de La Garde, libraire, rue des Marmouzets, prend à bail la 21e maison du Pont-Notre-Dame, du côté d'amont l'eau, au loyer de 28 l. par. (Arch. Nat., Q/1 1099/197 A, f° 92 v°.)

24 juin 1521. — Jean de La Garde renouvelle ce bail au loyer de 28 l. par. (Ibid., f° 182.)

Le 4 septembre de la même année la maison fut louée à Nicolas Barbelotte, orfèvre.

12 avril 1538. — Jean de La Garde, libraire à Paris, et Etienne Sabran, écolier étudiant en l'Université, font appel devant le Parlement de la condamnation à mort pour crime d'hérésie et blasphêmes exécrables prononcée contre eux. Ils doivent être menés dans un tombereau devant le grand portail de Notre-Dame et faire amende honorable, nue tête, à genoux, tenant une torche du poids de 2 livres, puis menés place Maubert, pendus et guindés à une potence, au bas de laquelle sera allumé du feu ; quand ils auront senti le feu « par aucun espace de temps », ils y seront jetés et brûlés vifs. Le Parlement ordonne que Sabran sera étranglé « occultement et le plus cèlement que faire se pourra » avant de sentir le feu, mais qu'il sera mis auparavant à la question avec La Garde ; si Sabran ne charge La Garde et si La Garde ne confesse rien, ce dernier sera condamné à faire amende honorable, à être fustigé pendant trois jours dans les carrefours, à être tourné au pilori, à assister à l'exécution de Sabran et à être banni pour toujours. Maître René Petit, Jean Morin [libraire], Jacques Nicolas [valet de taverne], maître Guillaume Paris et maître Thierry Serval, impliqués dans la même affaire, seront gardés jusqu'après l'exécution. (Arch. Nat., X/2 B 5.)

15 avril 1538. — Le Parlement confirme la condamnation à mort de Jean de La Garde, libraire à Paris, sans égard à sa cléricature, Etienne Sabran, mis à la question, ayant persisté à l'accuser. René Petit, Jean Morin, libraire, Jacques Nicolas, valet de taverne, Guillaume Paris et Thierry Serval seront jugés après l'exécution. (Ibid.)

Ces deux actes communiqués par M. Weiss.

LA GUIERCHE

1552, 1553. — « Michel de La Guierche tient le logis de la Porte [de la Commanderie de Saint-Jean-de-Latran] à la charge de fermer et ouvrir la grande porte et oultre moyennant la somme de seize livres ts par an payables aux quatre termes. » (Arch. Nat., S 5121/2, fº 24 ; S 5121/1, fº 24.)

Guillaume Iᵉʳ Warrancore, libraire comme Michel de La Guierche, avait été avant lui le portier de la Commanderie.

1552-1553 ; 29 juillet 1553. — Voyez GOURMONT.

LA HAYE

Entre 1597 et mai 1598. — Jean de La Haye [libraire et doreur] paye la taxe d'ouverture de boutique. (Bib. Nat., ms. fr. 21872.)

LAISTRE, voyez LASTRE

LALISEAU

4 avril 1530 (n. st.). — Jean Lalyseau, libraire, échange avec Gamyn Abalin, laboureur, la moitié indivise de deux maisons, la Licorne, rue de la Baudroirie, et l'image Sainte-Barbe, rue de la Bouclerie, contre la maison de la Rose-Rouge, rue Saint-Jean-de-Latran, et une soulte de 10 l. t. (Arch. Nat., S 1651, fº 24, 2ᵉ série.)

Voyez BOLSEC.

20 avril 1531. — Jean Lalyseau passe un autre acte relatif à cette maison avec Gamyn Abalin et Marie Bernard, veuve d'Hervé Bolsecq [libraire]. (Ibid., fº 64 vº.)

25 février 1557 (n. st.). — Sébastien Laliseau et Jacques Héline, libraires, sont témoins au testament de François Guynet, prêtre, dont Etienne Petit, libraire, est exécuteur testamentaire. (Arch. Nat., LL 757, fº 77 vº.)

29 avril 1561. — Baptême à l'église Saint-Sauveur de Marie, fille de M. le secrétaire maître François Lalyseau et de Gillette Guyot. (Bib. Nat., ms. fr. 32592.)

François Laliseau était fils de Jean.

31 août 1565. — François Du Pont, trésorier de la compagnie du duc de Longueville, et Gillette Guyot sa femme, tant en leur nom que comme tuteurs des enfants mineurs de feu François Lalizeau, poursuivent les vente et criée du quart de la maison de la Rose-Rouge, rue Saint-Jean-de-Latran, appartenant à Sébastien Lalizeau [libraire], pour 116 l., 6 s., 6 den. t. en vertu d'une obligation du 10 mai 1565. (Arch. Nat., Y 3467, fº 15.)

1571. — Sébastien Laliseau [libraire], rue Judas, est taxé à 40 sols au don de 300 000 livres. (Bib. Nat., ms. fr. 11692 fᵒˢ 267 et 762 vº.)

25 janvier 1572. — François Lalizeau et feu Jean Lalizeau, voyez BOREL.

1ᵉʳ septembre 1574. — Sébastien Laliseau, libraire, voyez HEUQUEVILLE.

26 avril 1575. — Nomination d'un tuteur aux enfants mineurs de feu Sébastien Alizeau [sic, libraire] et de Marie Villain : Jeanne, âgée de 18 ans, Jean, âgé de 15 ans, Catherine, âgée de 12 ans. Le conseil de famille se compose de Jean Huqueville, affin et ami, Jean Fevrier, cousin paternel, Jean Corbon, cousin paternel à cause de sa femme [tous libraires], Jacques Potonnier [Pautonnier, relieur] Hilaire Potonnier, Guillaume Barbier [relieur] et Mathieu Barbier

[libraire], cousins paternels, Martin Villain, cousin maternel, Loys Guiart et Noël Du Val, affins et amis. (Arch. Nat., Y 5251, f° 14.)

18 avril 1580; 26 avril 1582. — Voyez HEUQUEVILLE.

LALLEMANT

1469-1473. — Jean Lallemant, libraire, doit à la Commanderie de Saint-Jean-de-Latran, au lieu de Richard Rocher, le cens d'une maison, sise rue Saint-Jacques, devant Saint-Yves, entre Pierre Gaultier et Pierre Petit. (Arch. Nat., S 5119/5, f°ˢ 4, 75 v° et 76.)

LAMBERT

27 octobre 1540. — René Lambert, libraire, prend à bail pour 6 ans la maison de la Heuze, rue Saint-Jacques, en laquelle demeure à présent Jean Foucher [libraire], au loyer de 70 l. t. Honorable homme Jacques Kerver, libraire et quartenier de la ville s'est constitué pleige, caution et répondant pour le preneur. (Arch. Nat., S 889 B.)

LANDRY

28 décembre 1537. — Pierre Landry, libraire, voyez WARRAN-CORE.

LANGELIER

23 juin 1551. — Charles Langelier, libraire, et Geneviève Landry, sa femme, donation mutuelle. (Arch. Nat., Y 96, f° 413 v°.)

5 octobre 1551. — Arnoul Langelier, libraire, voyez ROFFET.

21 mars 1552 (n. st.). — Charles Langellier [libraire] tuteur et curateur, avec Philippe Sachet, de Marie, fille mineure dudit Philippe Sachet et de feue Denyse Landry, sa seconde femme, demande qu'il soit fait inventaire des biens appartenant à sa pupille. (Arch. Nat., Y 5240, n° 1429.)

5 septembre 1562. — Le Parlement ordonne que les livres et marchandises saisis dans la boutique de Charles Langellier, libraire-juré, seront rendus à Geneviève Landry, sa femme, à laquelle le capitaine du quartier a ordonné le 10 juillet précédent de rester à Paris et d'avoir « ses boutiques et maisons ouvertes pour y faire ses mesnaige et traffiq », à condition de vivre catholiquement. (Arch. Nat., X/1 A 1603, f° 363 v°.)

15 novembre 1563. — Feux Arnoul et Charles Langelier, voyez BRAYER.

9 mai 1564. — Louis Marchant poursuit, pour deux années d'arrérages d'une rente de 50 l. t., les vente et criée de la maison

de l'image Saint-Pierre, rue des Canettes, appartenant aux héritiers d'Arnoul Langelier, héritiers aussi sous bénéfice d'inventaire de feu Charles Langelier. Parmi les opposants sur le prix à provenir de la vente : Girard Tennerye [libraire] et sa femme, veuve de Charles Langelier ; Claude Micart [libraire] demeurant rue Saint-Jacques, à la Coupe-d'Or ; Nicolas de La Porte, maître potier d'étain, curateur d'Abel et de Michelle Langelier, enfants mineurs d'Arnoul ; Claude Gaultier, marchand libraire, et Catherine Langelier la jeune, sa femme. Hilaire Le Clerc, curateur aux biens vacants de Charles est redevable aux enfants d'Arnoul de 814 l., 2 s., 11 den. t. pour leur compte de tutelle. (Arch. Nat., Y 3464, f° 194.)

14 février 1566 (n. st.). — Cosme Carrel [papetier] poursuit les vente et criée d'une maison sise hors la Porte Saint-Victor, appartenant aux héritiers d'Arnoul Langelier, héritiers sous bénéfice d'inventaire de Charles Langelier, pour 36 l., 14 s. t. dus en vertu d'une sentence du Châtelet du 3 décembre 1565. Les héritiers sont Abel et Michel (sic), mineurs sous la tutelle de Nicolas de La Porte, Catherine l'aînée mariée à Mathieu Bachelet, Catherine la jeune mariée à Claude Gonthier [sic pour Gaultier libraire]. Jean de Coulongne se porte opposant en garantie d'une rente de 25 l. t. que lui réclame la veuve Tornebus [Adrien Turnèbe, imprimeur] pour un banc au Palais qu'il a acquis de Charles Langelier. (Arch. Nat., Y 3467, f° 42.)

3 novembre 1576. — Feu Arnoul Langelier, voyez BRAYER.

4 avril 1577. — Abel Langelier [libraire], voyez DU PRÉ.

26 octobre 1581. — Voyez BRAYER.

21 septembre 1584. — Madeleine Bournot, veuve de Jacques de Martigny, maître-barbier-chirurgien à Paris, et Marie Bournot, veuve de Philippe Varencore, marchand libraire à Paris, vendent pour 10 écus d'or soleil à Abel Langellier, libraire-juré, une maison au faubourg Saint-Marcel, au coin de la rue des Postes, viv-à-vis le Puits-qui-parle. (*Signet manuel.*) (Arch. Nat., ZZ/1 306, f° 182 et S 1654, f° 26 v°, 3° série.)

Cité par MM. Pichon et Vicaire, sous une mauvaise cote ; il y a bien Philippe Varencore, et non Jean.

30 novembre 1584. — Philbert Enguerand, teinturier de toile, fil, laine et soie, vend à Marguerite Morin, veuve de Nicolas de Louvain, marchand joyaulier, 20 écus et 50 s. d'une rente constituée le 30 décembre 1583 par Abel Langelier, libraire au Palais, et Françoise de Louvain, sa femme, pour 220 écus soleil. (Arch. Nat., ZZ/1 306, f° 343.)

Même jour. — Abel Langelier, demeurant au Marché-Neuf de l'Herberie, et Françoise de Louvain, sa femme, vendent à Marguerite Morin, 8 écus un tiers de rente pour 100 écus soleil de capital. (*Signet manuel.*) (Ibid., f° 345.)

30 octobre 1585. — Abel Langelier, marchand libraire, demeurant au Marché-Neuf de l'Herberie, dans la Cité, achète pour 83 écus un tiers d'or soleil, de rente, une maison, contenant corps d'hôtel, jeu de paume, cour, jardin et puits, portant l'enseigne de la Rose-Blanche, rue Neuve-Sainte-Geneviève, au coin de la rue du Puits-qui-parle, entre cette rue et une maison appartenant à Simon Calvarin, libraire. (Arch. Nat., S 1654, f° 48, 3° série.)

13 juin 1599; 15 juillet 1599. — Contrat de mariage de Denys Martinot, horloger et valet de chambre du roi, demeurant à la tour de l'Horloge, au Palais, avec Simonne Gallet, fille de Guillaume Gallet, maître-chirurgien; témoin : Abel Langellier, libraire, cousin. (Arch. Nat., Y 138, f° 195 v°.)

21 mai 1596. — Voyez LESCUYER.

LANGLOIX

17 octobre 1598. — Denys Langloix, imprimeur, voyez PILLE-HOSTE.

LA NOUE

1509-1510. — Le Collège de Beauvais paye à Robert de La Noue, relieur, 23 s. t. « pour avoir relié, collé, mis appoint et couvert de cuir de veau » trois des livres de la Chapelle. (Arch. Nat., M 95/1, f° 65 v°.)

1517. — Le Collège de Beauvais lui paye 10 den. pour avoir « racoustré et rabillé trois ou quatre cayers au livre des Antiphonères » et 12 den. par. « à cause d'avoir racoustré et rabillé trois ou quatre cayers d'un des Antiphoniers » de la Chapelle. (Arch. Nat., M 95/8, f°ˢ 36 v° et 51 v°.)

16 juillet 1576 ; 13 février 1581. — Guillaume de La Noue, libraire-juré, voyez RICOUART.

23 mai 1585. — Jean de La Noue, libraire, rue de la Licorne, et Jeanne Mussart, sa femme, mariés depuis longtemps et sans enfants, se font donation mutuelle. (Arch. Nat., Y 126, f° 432.)

LA PORTE

Noël 1522. — Maurice de La Porte [libraire] prend à bail une maison appartenant aux Chartreux, au clos Bruneau, à l'image

Saint-Claude, pour 9 ans, au loyer de 38 l. par. (Arch. Nat., S 4103, f° 97.)

Les Chartreux étaient seulement locataires emphytéotiques de cette maison; elle appartenait à l'église Saint-Hilaire qui l'avait louée pour 99 ans à Laurent Regnauld, maître-maçon, le 24 avril 1486, au loyer de 6 l. 5 s. par.; Guillaume Deschallier, auquel le droit de Laurent Regnauld était passé, avait fait don de son bail aux Chartreux.

2 janvier 1552 (n. st.). — Ambroise de La Porte [libraire], voyez YVERNET.

20 janvier 1553 (n. st.). — Catherine Lhéritier, veuve de Maurice de La Porte, libraire-juré, en son nom et à ceux de Nicole de Crouy, veuve de Nicolas de Vost, vigneron et cardeur de laine à Sébecourt, en Normandie, et de Guillelmine de Crouy, femme de François Sauvage, habitant Sébecourt, fait donation à Ambroise de La Porte, libraire, son fils, de droits dans la succession de Nicole de Crouy, prêtre et promoteur de l'officialité de Paris. (Arch. Nat., Y 98, f° 215.)

8 août 1553; 12 août 1553; 9 octobre 1553. — Voyez CRESPIN.

18 octobre 1559. — Guillaume, Gougeon, Perrette, Fabienne et Simon Lyon, frères et sœurs, font donation à Maurice de La Porte, leur cousin, maître-ès-arts [et libraire], des droits qui leur proviennent de la succession de Jeanne de Crouy, leur mère, sur une maison au Mont Saint-Hilaire, autrement dit le clos Brunel. (Arch. Nat., Y 100, f° 315.)

11 septembre 1562. — Maurice de La Porte, maître-ès-arts, se trouvant à la Maison-Dieu, près la Ferté-Gaucher, en Brie, fait, par l'intermédiaire de Guillaume Guiboust, aussi maître-ès-arts, donation à Antoine de La Porte, marchand et bourgeois de Paris, son frère, d'une maison et d'une foulerie, avec leurs meubles, d'étables et de terres, le tout situé à Saint-Ouen, près Paris, provenant de la succession de sire Simon Dugast, son cousin, hôtelier à Senlis. (Arch. Nat., Y 103, f° 207 v°.)

21 avril 1571. — Testament de maître Maurice de La Porte, malade en sa maison du faubourg Saint-Marcel, rue de Lourcine. Il demande que son oraison funèbre soit prononcée par Claude de Sainctes, Maurice Poncet ou Thomas Beaulxamis. Parmi les legs : Deux maisons et tous les livres de sa bibliothèque à François Perron, prieur de Saint-Urain; à Gabriel Buon, libraire, tout ce que celui-ci reste lui devoir « tant pour le conte fait ensemble de la librayrie que icelluy testateur lui a baillée que autrement » ; au même un livre intitulé : « *Pour imprimer, pour épitette en langue françoise* »; à M. Raffelin, son Cours civil et canon en grand volume de Lyon; à M. Poussepin, conseiller, tous ses Bibles, Psau-

tiers, et Nouveau-Testament qu'il a en grec et latin; à M. Ezelin, tous les Bibles, Psautiers et Nouveau-Testament qu'il a en français; legs à Madame Le Riche, mère de la femme de son frère. (Arch. Nat., Y 111, f° 332.)

Les *Epithètes Françoises* de Maurice de La Porte furent publiées par Gabriel Buon en 1571.

LA RUELLE

Entre août 1598 *et* mai 1600. — Thomas de La Ruelle [libraire] paye la taxe d'ouverture de boutique. (Bib. Nat., ms. fr. 21872.)

LAS

28 juillet 1590. — Léger de Laz, maître-imprimeur, grande rue Saint-Jacques, au Soleil-d'Or, et Jeanne Macé, sa femme, mariés depuis longtemps, se font donation mutuelle. (Arch. Nat., Y 132, f° 54 v°.)

11 août 1590. — Jeanne Macé, femme en secondes noces de Léger de Laz, maître-imprimeur, fait donation à Nicolas Du Mont, avocat au Parlement, rue des Amandiers, de 1 000 écus d'or soleil. (Ibid., f° 68.)

21 octobre 1597. — Voyez HOUSSAYE.

LASTRE

31 janvier 1549 (n. st.). — Pierre de Lastre, libraire, fait donation de maisons à Saint-Aubin-en-Bray à ses neveux et nièces, Charles, Annette, Marin, Georges Du Val et les frères et sœurs qu'ils pourraient avoir, enfants de François Du Val, boutonnier à Saint-Aubin-en-Bray et de Perrette Morat, et à Jeanne Fouquet, fille de Florent Fouquet et de Denyse Morat. (Arch. Nat., Y 119, f° 173.)

18 février 1549 (n. st.). — Pierre de Laistre, libraire, voyez RUELLE à la date du 18 juillet 1549.

5 décembre 1552. — Testament de Jeanne Robelot, demeurant rue Chartière, aux Trois-Croissants. Exécuteurs testamentaires : les deux Pierre Delatre, ses enfants; témoins : Claude Passerart [prêtre], et Louis Jérosme. (Arch. Nat., LL 757, f° 19 v°.)

1er mai 1553. — Testament de Geneviève Grancher, femme de Pierre de Latre, le jeune [libraire], rue Chartière, aux Trois-Croissants; exécuteur testamentaire, son mari; témoins : Pierre Le Bret [libraire] et Pierre Roussel. (Ibid., f° 28.)

28 octobre 1554. — Pierre de Lestre [libraire ?], voyez THIBOUST.

1571. — Liste des habitants de Paris taxés au don de 300 000 livres, rue Chartière :

> Collège du Mans, 30 livres ;
> Jean Sellisseau, 6 livres ;
> Etienne Challonñeau, relieur, 40 sols ;
> Jean Petit [maître des basses œuvres], 10 livres ;
> Pierre de Lastre [libraire : Trois-Croissants], 6 livres;
> Jean Bienné [imprimeur, au collège de Coqueret], 10 livres;
> Fleurant Levesque, 40 sols;
> Jacques Deshaies [marguillier de Saint-Hilaire], 40 sols;
> Jean Cornet, 40 sols;

> Autre côté de la rue :

> Roch Le Roux, 100 sols;
> Jean Moreau [libraire?], 40 sols;
> Martin Olivier, 100 sols;
> Nicolas Houe, laveur de livres, 40 sols;
> Jacques Pautonnier, relieur, 40 sols;
> Gilbert Moreau [libraire], néant.

(Bib. Nat., ms. fr. 11692, f⁰ˢ 262 v° et 749.)

LAUNAY

1586. — Claude de Launay, papetier, paye la taxe d'ouverture de boutique. (Bib. Nat., ms. fr. 21872.)

LAURENS

1571; 16 juillet 1576. — Guillaume Laurens, papetier, voyez RICOUART.

Voyez aussi la généalogie de la famille RICOUART.

8 novembre 1574. — Guillaume Laurens et sa femme prennent à bail, au loyer de 100 l. t., la 57ᵉ maison du Pont-Notre-Dame. (Arch. Nat., Q/1 1099/200, f° 201 v°.)

6 juin 1575. — Voyez CHEFDEVILLE.

Entre août 1598 *et* mai 1600. — Bernardin Laurens, papetier, paye la taxe d'ouverture de boutique. (Bib. Nat., ms. fr. 21872.)

LE BARBIER

15 mars 1500 (n. st.). — François Le Barbier, enlumineur et historieur, et Catherine, sa femme, font donation à l'église Saint-Leu-Saint-Gilles de la moitié de la maison du Grand-Godet, rue de la Lanterne, dont ils se réservent l'usufruit leur vie durant. (Arch. Nat., S 1085 A.)

LE BAY

22 février 1590. — Au rapport de Bertrand de Verneuil, Nicolas Du But, Jean Petit, et Esprit Vollart, maîtres-jurés-parchemi-

niers, Laurens Le Bay est reçu maître-parcheminier. (Arch. Nat. Y 9306.)

LE BÉ

20 juin 1480. — Denys Le Bé, « carreleur de vielz soliers », et Perrette, sa femme, achètent la moitié d'une maison, rue Galande, près la place Maubert. (Arch. Nat., S 1649, fº 12, 3ᵉ série.)

Pierre Le Bé, libraire, était fils de Denys Le Bé, hôtelier à l'image Saint-Louis, rue Galande; il est probable que ce carreleur de vielz soliers était son grand-père.

3 novembre 1548. — Guillaume Le Bé, papetier à Troyes, saisit une maison à Gentilly sur Claude Duboys, papetier à Paris, pour 411 l. 10 s. t. et 298 l. 18 s. t. en vertu de deux obligations dont l'une souscrite ès foires de Champagne et Brie le 23 décembre 1543. (Arch. Nat., Y 3448, fº 330.)

15 mars 1552 (n. st.). — Guillaume Le Bé, l'aîné, papetier, bourgeois de Troyes, achète de Marie Racyne, veuve de Pierre Alexandre, grenetier [au grenier-à-sel] de Paris, pour 3 050 l. t., deux maisons contiguës, rue Saint-Jean-de-Beauvais, l'une faisant le coin de la rue Saint-Jean-de-Latran, tenant par derrière à M. Le Cirier, à cause de sa femme. (Arch. Nat., S 1652, fº 22 vº, 3ᵉ série.)

18 novembre 1561. — Guillaume Le Bé, fondeur de lettres, voyez GARAMOND.

13 décembre 1563. — Transport au Collège de Kerambert par Thomas Blancvillain, maître-maçon, d'une créance sur Henri Le Bé, libraire. (Arch. Nat., MM 441, fº 117.)

16 mars 1565 (n. st.). — Voyez ESTIENNE.

18 novembre 1565. — Voyez SOULLART.

17 mars 1567. — Le Collège de Carembert donne à bail à Henri Le Bé, libraire, pour 9 ans à dater du 1ᵉʳ octobre prochain, au loyer de 30 l. t., la maison de la rue des Sept-Voyes dans laquelle il habite depuis longtemps; ouvroir devant, sallette derrière, caves, cour et chambres. (Ibid., fº 117.)

C'est la maison du Griffon, ou du Griffon-Blanc.

1571. — Guillaume Le Bé [fondeur de lettres], voyez LE ROY.

1571. — Henri Le Bé [libraire], voyez NICOLLE.

10 janvier 1572. — Guillaume Le Bé, papetier [et fondeur], bourgeois de Paris, achète pour 1 800 l. t. la maison de la Grosse-Escriptoire, contiguë à une maison lui appartenant déjà, rue Saint-Jean-de-Latran. Le vendeur est Guillaume Le Cirier, représenté

par Antoine Le Cirier évêque d'Avranches, son frère. (Arch. Nat., S 1653, f° 64, 3° série.)

1er mars 1575. — Contrat de mariage de Jacqueline Henry avec Roch Alleaulme, potier d'étain, sous les piliers des Halles, fils de feu Simon Alleaulme, habitant en son vivant en Picardie; témoin : Henri Le Bé, libraire, affin et ami de la future. (Arch. Nat., Y 116, f° 279.)

12 juillet 1575. — Guillaume Le Bé, voyez ESTIENNE.

30 juin 1576. — Henri Le Bé, voyez CHARPENTIER.

22 septembre 1576. — Guillaume Le Bé, marchand papetier à Paris, et Loyse Lambert, sa femme, achètent deux corps d'hôtel contigus, rue Saint-Jean-de-Beauvais, à l'enseigne de la Pomme de Pain (sic), entre l'Eschiquier, à Aymon Marcot, et une maison leur appartenant, au prix de 100 l. t. de capital et 160 l. 13 s., 4 den. t. de rente. Les vendeurs sont François Le Cirier, président des enquêtes au Parlement, et Léonne Jacquet, sa femme. (Arch. Nat., S 1654, f° 28, 1re série.)

19 septembre 1577. — Le Collège de Carembert donne à bail emphytéotique à Henri Le Bé, libraire et relieur, pour 60 ans à partir du 1er octobre, au loyer de 32 l. t., la maison de la rue des Sept-Voyes dans laquelle il habite ; elle a 12 pieds moins un pouce de long sur 15 pieds moins un quart de profondeur et est située entre Nicolas Soullart [libraire] et la maison du Phénix appartenant à la veuve de Pierre Gromors [imprimeur]. (Arch. Nat., MM 441, f° 117 v°.)

13 novembre 1577. — Testament de Catherine Custode, femme d'Henri Le Bé, relieur et libraire, rue des Sept-Voyes, près Saint-Hilaire; exécuteurs testamentaires : son mari et Estienne Petit, libraire et relieur; legs aux enfants de Madeleine Custode, sa [belle]-sœur, à Espérance Le Bé, fille de son mari, à Abraham Dauvet, serviteur en sa maison, « 2 écus d'or s'il est demeurant avec son mari au jour de son trespas ». (Insinué le 29 avril 1578). (Arch. Nat., Y 119, f° 264.)

7 avril 1578. — Contrat de mariage d'Henri Le Bé, libraire, avec Marie Gervays, fille de Vincent Gervays, marchand de vin, et d'Anne d'Autueil; dot : 166 écus et deux tiers, trois robes de drap noir, dont l'une à queue, doublée de taffetas, trois cottes, dont deux de drap noir et l'autre de pourpre, et trois chaperons. Témoin : Jean Le Bé, maître-potier d'étain, frère du futur. (Ibid., f° 263.)

1579; 1581. — Henri Le Bé paye 32 l. t. de loyer au Collège de Carembert pour sa maison de la rue des Sept-Voyes. (Arch. Nat., H 2855/1.)

12 septembre 1598. — Feu Henri Le Bé, voyez VALLET.

18 septembre 1600. — Guillaume Le Bé [imprimeur et fondeur de lettres] paye la taxe d'ouverture de boutique. (Bib. Nat., ms. fr. 11692, fᵒˢ 758 vᵒ et 759 vᵒ; ms. fr. 21872.)

LEBER

29 août 1542. — Pierre Leber, compagnon chez la veuve de Jean de Brie, voyez ROUX.

LE BLANC

16 juin 1548. — Jean Le Blanc, marchand de vin, voyez AMAZEUR.

1571. — Jean Le Blanc, imprimeur, voyez PACQUET.

20 juillet 1579. — Jean Le Blanc, maître-imprimeur, rue du Paon, propriétaire d'une maison rue des Murs, prend à bail une portion des allées joignant les Murs de Paris, contiguë à cette maison, entre les Portes Saint-Marcel et Saint-Victor, au loyer de 20 écus un tiers d'or soleil. (Arch. Nat., Q/1 1099/200, fᵒ 168 vᵒ.)

11 septembre 1581. — Thomas Le Blanc, maître-imprimeur, voyez LESCOT.

13 septembre 1590. — Jean Le Blanc, maître-imprimeur demeurant rue Alexandre-Langlois, au Soleil, dans une maison dont il est propriétaire, marié à Germaine Gaultier, — agissant en son nom comme héritier de Jean Le Blanc, son père, et au nom de ses pupilles : Michel Le Blanc, fils mineur de feu Jean Le Blanc et d'Anthonie Amazur, sa femme, et Perrette de La Court, fille mineure de Nicolas de La Court et de Charlotte Le Blanc, sa femme, ceux-ci comme héritiers, l'un de son père, l'autre de sa mère, héritiers eux-mêmes de Jean Le Blanc, leur père — vend à Henri Coipel, maître-imprimeur, rue Judas, une maison, cour, jardin, arbres et treilles, rue Clopin, à l'opposite du Petit-Navarre, contiguë à la Croix-Blanche, et par le bout au collège de Boncourt et aux fossés de la ville, pour le prix de 230 écus. (Arch. Nat., MM 288, fᵒ 102 vᵒ.)

La Caille nous apprend que les deux frères Jean Le Blanc étaient imprimeurs ; il faut donc supposer que le gendre de l'imprimeur Jean Amazeur (voyez ce nom) fut successivement, ou tout ensemble, marchand de vin et imprimeur ; cela n'a rien d'étonnant, nous avons vu Jacques Calot et Roland Charpentier se qualifier à la fois libraires et marchands de vin.

MM. Pichon et Vicaire citent cet acte d'après une expédition dans laquelle le nom des mineurs est écrit *Blanc* et non *Le Blanc* comme ici.

19 mai 1594. — Jean Le Blanc, imprimeur, voyez SEVESTRE.

LE BŒUF

1571. — Hugues Le Bœuf, relieur, voyez ADAM.

LE BOUC

18 mai 1526. — Jacques Le Bouc [libraire], voyez Petit, à la date du 12 janvier 1565 (n. st.).

1er octobre 1537. — Hilaire Le Bouc, libraire, est exécuteur testamentaire de Charles de Besson demeurant rue Chartière, à l'image Saint-Sébastien. (Arch. Nat., LL 757, f° 37 v°.)

20 juillet 1557. — Testament de Marie Archambault, veuve de Jacques Le Bouc [libraire], rue Saint-Hilaire, à la Pomme-de-Pin; exécuteurs testamentaires : Hilaire Le Bouc [libraire], son fils, et Estienne Petit [libraire], son gendre; témoins : Vincent Quinon [Quignon, imprimeur] et Pierre Barriot, demeurant tous deux à la Pomme-de-Pin. Elle lègue à Marguerite Le Bouc une robe noire, doublée de frize noire. (Ibid., f° 81 v°.)

1568. — Le Collège Sainte-Barbe paye 8 sols à Hilaire Le Bouc, libraire, « pour avoir regardé si l'inventaire de la librairie estoit fournye après la mort du deffunt principal ». (Arch. Nat., H 2808/1.)

1571. — Liste des habitants de Paris taxés au don de 300 000 livres pour la rue du Mont-Saint-Hilaire :

Jacques Briseécolles, [Busserolles, marchand], 4 livres ;
Hilaire Le Bouc [libraire], 40 sols;
Moinssart, 4 livres;
Jean de Bordeaulx [libraire : Occasion], 4 livres;
Veuve Mondet [libraire : Chaudron], 8 livres;
Collège Sainte-Barbe [Chaudron], néant ;
Michel Jullien [libraire : Etoile-Couronnée], 4 livres;

Autre côté de la rue :

Bénard [Liénard] Le Sueur [libraire : Quatre-Evangélistes], 40 sols;
Michel Lescuyer [curé de Saint-Hilaire], 10 livres;
Estienne Petit [libraire : Pomme-de-Pin], 4 livres;
Jean Levesque, 4 livres ;
Copigleau [Michel Clopejeau, libraire : Ancre], 40 sols;
Jean Massé [libraire : Ecu-de-Bretagne], 25 livres;
Veuve du Tartre [Longue-Allée], 6 livres;
Thomas Brumen [libraire : Olivier], 4 livres;
Veuve Guignant [Guingant, libraire : Sainte-Catherine], 4 livres;
Michel Gadouleau, relieur [et libraire : Corne-de-Cerf], 40 sols;
Gabriel Buon [libraire : Saint-Claude], 6 livres;
Jérôme Marief [de Marnef, libraire : Pélican], 4 livres;
Guillaume Cavelay [Cavellat, libraire : Pélican], 4 livres.

(Bib. Nat., ms. fr. 11692, f°s 262 v°, 263, 392 et 749 v°.)

1571. — Jean Le Bouc [libraire], voyez Nicolle.

29 juillet 1575. — Voyez Charpentier.

9 février 1580. — Hilaire Le Bouc, l'aîné, libraire à Paris, et Paquette Bourgeois, sa femme, vendent à Hilaire Le Bouc, le

jeune, leur fils, aussi marchand libraire et bourgeois de Paris, pour 6 écus un tiers d'or soleil de rente, une maison, cour, jardin et appartenances, au faubourg Saint-Marcel, rue de Coippeaulx, à l'opposite du jardin des Carmes, contiguë à Etienne Petit [libraire] et à sa femme. Parmi les charges, une rente de 6 l. t. à Guillaume Nyon [doreur de livres]. (Arch. Nat., S 1654, f° 134, 1ʳᵉ série.)

4 octobre 1581. — Hilaire Le Bouc [libraire], voyez JULLIEN.

Entre août 1598 *et* mai 1600. — Jacques Le Bouc [libraire et relieur] paye la taxe d'ouverture de boutique. (Bib. Nat., ms. fr. 21872.)

26 septembre 1601. — Voyez ROBINOT.

21 septembre 1602. — Hilaire Le Bouc, voyez BELLIER.

LEBOURG

26 juin 1547. — Etienne Lebourg, compagnon-imprimeur, demeurant rue du Four, à Saint-Germain-des-Prés, s'engage à payer au dernier jour de juillet prochain 27 s. 6 den. t. représentant le terme échu à Noël passé du loyer de sa chambre, qui est de 110 s. t. par an. (Arch. Nat., Z/2 3319.)

LE BRET

1ᵉʳ mai 1553. — Pierre Le Bret [libraire], voyez LASTRE.

28 novembre 1597. — Voyez DESMARQUETZ.

LE BRETON

12 décembre 1495. — Jacob Theucquay et Marion, sa femme, donnent à bail à Jean Le Breton, la moitié d'une maison, rue Sainte-Geneviève, en face l'église des Carmes, contiguë à Odo de Creil, en faveur de son mariage avec leur fille Marguerite. (Arch. Nat., S 1649, f° 157, 5ᵉ série.)

3 décembre 1499. — Jacob Trucquay vend à Jean Le Breton, libraire, son gendre, la moitié de la maison de la Petite-Pomme-Rouge, rue Sainte-Geneviève, en face le chœur de l'église des Carmes, entre la veuve Odo de Creil et la maison du Faucheur. (Ibid., f° 158 v°.)

26 septembre 1500. — Jean Le Breton, libraire, vend à Simon Vostre, aussi libraire, demeurant rue Neuve-Notre-Dame, une rente de 32 sols à prendre sur la maison de la Petite-Pomme-Rouge. (Ibid., f° 188.)

9 février 1527 (n. st.) ; 14 octobre 1530. — Voyez GARNIER.

10 décembre 1533. — Voyez CHALONNEAU.

4 mars 1534 (n. st.). — Voyez FRESNEL.

1586. — Guillaume Le Breton [libraire et relieur] paye la taxe d'ouverture de boutique. (Bib. Nat., ms. fr. 21872.)

21 juin 1594. — Guillaume Breton (sic), relieur, prend à bail pour 9 ans, à dater de la Saint-Jean-Baptiste prochaine, au loyer de 20 écus soleil, la maison des Trois-Couronnes, rue Saint-Jean-de-Latran, appartenant à la Commanderie. (Arch. Nat., S 5118/5, fº 6.)

1594. — Guillaume Le Breton, libraire, paye un terme du loyer de cette maison. (Ibid., nº 1.)

Entre 1597 *et* mai 1598. — Pierre Le Breton paye la taxe d'ouverture de boutique. (Bib. Nat., ms. fr. 21872.)

LE BRODEUR ou LE BRODEULX

16 avril 1549 ; 26 avril 1554. — Pierre Le Brodeur [libraire ?] voyez MARNES.

LE CLERC

5 octobre 1551. — Antoine Le Clerc, libraire, voyez ROFFET.

7 août 1551. — Jean Le Clerc [libraire], voyez AUBERT.

13 mars 1553 (n. st.). — Testament de Jean Le Clerc, libraire, demeurant rue Chartière, aux Trois-Croissants ; exécutrice testamentaire, Guillemette Guétard, sa femme ; témoins : Spire Niquet et Jean Heucqueville [libraires]. (Arch. Nat., LL 757, fº 25 vº.)

11 juillet 1578. — Alison Groslin, veuve de Jean Deleau, maître-menuisier à Amiens, de passage à Paris, fait donation d'un droit successif à Jean Le Clerc, maître-imprimeur, son neveu. (Arch. Nat., Y 119, fº 364 vº.)

1581. — Jean Le Clerc [imprimeur] paye au collège de Tréguier 20 l. t. pour le loyer de la maison de l'Etoile-d'Or, rue Frementel. — 29 juillet 1599. — Il renouvelle le bail de cette maison. (Arch. Nat., H 2855/1.)

6 octobre 1603. — La maison de la Salamandre, rue Saint-Jacques, contiguë à celle des Quatre-Fils-Hémon, appartient à Jean Le Clerc. (Arch. Nat., Q/1 1099/207, fº 61 vº.)

29 novembre 1608. — Nicole Guillebert, veuve de Jean Le Clerc, l'aîné, passe titre nouvel pour cette maison. (Ibid., fº 482 vº.)

15 avril 1610. — La maison de l'Etoile-d'Or, rue Frementel, et les cuisines attenant à la maison de la Salamandre, rue Saint-Jean-de-Latran, dont Jean Le Clerc est locataire, sont vendues au roi pour faire partie du Collège royal de France. (Arch. Nat., MM 441, fº 75.)

4 novembre 1611. — Jean Le Clerc, maître-tailleur d'histoires,

passe titre nouvel pour la maison de l'image Saint-Claude, à présent les Trois-Couronnes, rue Saint-Jacques, en vertu d'un bail du 4 mai 1610 consenti par les Mathurins avec obligation de reconstruire la maison. (Arch. Nat., LL 1545, p. 225.)

14 mars 1628. — Echange entre Frémine Richard, veuve de Jean Le Clerc, tailleur d'histoires, et Jean Le Clerc, aussi tailleur d'histoires et quartenier de la ville, son fils, de la maison de l'Etoile-d'Or, rue Saint-Jacques. (Ibid.)

C'est la maison de l'image Saint-Claude, reconstruite, à laquelle les Le Clerc avaient donné leur ancienne enseigne de l'Etoile-d'Or.

LE COCQ

27 novembre 1563. — Guillaume Lecocq, libraire, voyez BLACHET.

22 février 1565 (n. st.). — Contrat d'apprentissage d'Heureux Le Cocq, âgé de 17 ans, né à Juif-sur-Morin, chez Richard Le Melays, faiseur d'ais de papier, rue du Bon-Puits. (Arch. Nat., ZZ/1 303, f° 399 v°.)

20 août 1584. — Jeanne Magault, veuve de Jean Gouyn, fruitier à Saint-Germain-des-Prés, fait donation à ses petits-neveux Pierre et Marie Le Cocq, enfants de feu Noël Le Cocq, libraire, rue Judas. (Arch. Nat., Y 126, f° 58 v°.)

LE CORDIER, voyez CORDIER.

LE CROISÉ ou LE CROISIER

24 juillet 1488. — Thomas Le Croisé, libraire, demeurant au bout du Pont-Saint-Michel, est écroué au Châtelet, sur la plainte de Jacques Lespicier, tapissier, pour « plusieurs coups de poing qu'il luy a baillez sur la teste et avecques ce l'a prins et tiré par les cheveulx tellement qu'il luy en a arraché grande quantité. » Mis en liberté le lendemain. (Arch. Nat., Y 5266, f° 45.)

15 novembre 1488. — Thomas Croisé, relieur de livres, demeurant au bout du Pont-Saint-Michel, est écroué au Châtelet, à la requête d'Agnès sa femme, et remis en liberté le même jour. (Ibid., f° 151.)

27 novembre 1488. — Thomas Le Croisier, relieur, demeurant sur le Pont-Saint-Michel, est écroué au Châtelet sur la plainte d'Henri Ploumion, historieur, demeurant sur le Pont-Saint-Michel. « Le dimenche devant passé ledit Thomas accompaigné d'un scien frère environ huit heures du soir allèrent romppre l'uys de son hostel et derechef retourna ledit Thomas le lundi en sondit hostel, rompit l'uys de sa chambre et dedens print plusieurs biens qu'il enporta. » Mis en liberté le même jour. (Ibid., f° 163 v°.)

2 décembre 1488. — Thomas Le Croisié, relieur sur le Pont-Saint-Michel, est écroué au Châtelet, sur l'ordonnance du lieutenant civil; remis en liberté le 9 décembre. (Ibid., f° 169.)

LE DRU

25 octobre 1488. — Pierre Le Dru, imprimeur, rue Saint-Jacques, près les Mathurins, est écroué au Châtelet sur la plainte de Jean Potier, valet-tondeur de drap « pour estre l'un de ceux qui lui ont fait plusieurs navrures et blessures ». Mis en liberté le 29 octobre. (Arch. Nat., Y 5266, f° 134.)

LE DUC

1ᵉʳ mai 1570. — Feu Jean Le Duc, fondeur de lettres d'imprimerie, voyez GAULTIER.

30 juillet 1576. — Nomination d'un tuteur aux enfants de feu Jean Le Duc [fondeur] et de Catherine Lescallier, sa veuve, à présent femme de Jean Gaultier [imprimeur] : Yollande, âgée de 23 ans, Jean, âgé de 20 ans et Michel, âgé de 17 ans. Le conseil de famille se compose de Jean Challonneau, oncle paternel, Jean Alain et Louis Sevestre [imprimeur], cousins maternels, Georges Langloix [vitrier?], Mathieu de Lor [maître au fait des armes], Pierre Langloix et Thomas Chesneau [imprimeur], voisins et amis. (Arch. Nat., Y 5251, f° 135 v°.)

1586. — Jean Le Duc, papetier, paye la taxe d'ouverture de boutique. (Bib. Nat., ms. fr. 21872.)

6 juillet 1602. — Jean Le Duc, imprimeur, voyez DU QUESNOY.

LE FEBVRE, LE FÈVRE

1ᵉʳ avril 1549 (n. st.). — Testament de Jacqueline Des Mares, femme de Pierre Le Febvre, fondeur de lettres à imprimer, rue des Carmes, à la Queue-de-Renard ; elle possède partie d'une maison au faubourg Saint-Marcel, à l'enseigne de « l'asne qui paist aux marets ». Exécuteurs testamentaires : son mari et Jean Des Mares ; témoins : Pierre Harchambault et Jean Corbon, libraires. (*Cancellé*). (Arch. Nat., LL 757, f° 13.)

10 septembre 1586. — Robert Le Fèvre, imprimeur, rue d'Arras, près la Porte Saint-Victor, âgé de 27 ans, ou environ, fait donation à Jean Maillard, imprimeur, rue des Amandiers, son frère utérin, du quart de la maison du Coq-en-Cazin, grande rue du Four, à Saint-Germain-des-Prés, et de meubles, bagues et joyaux provenant de la succession de Nicole Privé, leur mère. (Arch. Nat., Y 128, f° 219.)

1580. — Jean Le Febvre, papetier, paye la taxe d'ouverture de boutique. (Bib. Nat., ms. fr. 21872.)

LE FÉE

23 janvier 1540. — Michel Le Fée, libraire, rue de la Bûcherie, à l'image Saint-Jacques, et Marguerite Le Bel, sa femme, veuve de Jean Guérin, voiturier par terre, font donation à Nicolas Guérin, étudiant, d'une maison et d'un jeu de paume au clos Saint-Geneviève, faubourg Saint-Marcel, et de meubles et ustensiles d'hôtel. (Arch. Nat., Y 86, f° 75.)

LE FÉRON

3 septembre 1504. — Raoul Le Féron, papetier-juré en l'Université et bourgeois de Paris. (Arch. Nat., Y 5233, f° 17 v°.)

La délibération de la Prévôté de Paris relative à Raoul Le Féron est rendue illisible par une tache d'humidité.

LE FÈVRE, voyez LE FEBVRE

LE FORT

16 mai 1568. — Feu Gilles Le Fort, imprimeur, voyez FAUCE.

LEGUEUX

4 février 1484 (n. st.) — Jeanne, veuve de Colin Legueux, parcheminier, loue pour 10 ans, à partir de Pâques prochaines, pour 12 l. par. de loyer, une maison rue Saint-Séverin, appartenant à l'église Saint-Séverin. (Arch. Nat., S 3503.)

LE HAULT

1571. — Antoine Le Hault [parcheminier], voyez VOLLART.

5 février 1586. — Antoine Le Hault, parcheminier, voyez MESTAYER.

29 et 30 mai 1587. — Voyez YSAAC.

LE HEUDIER

24 avril 1582. — Contrat de mariage de François Le Heudier, libraire et relieur, rue Saint-Jean-de-Latran, à la Rose-Rouge, avec Anne Thioust, fille de feu Guyon Thioust, libraire, et de Georgette Lormyer ; témoins : Jean de Heuqueville, oncle de la future, François Thioust, son frère, Jacques Varangues, son beau-frère, Gilles Maugier, cousin du futur à cause de sa femme, tous marchands libraires. (Arch. Nat., Y 125, f° 469.)

4 février 1588. — François Heudier, doreur de livres, voyez VA.

LE JEUNE

9 janvier 1553 (n. st.). — Martin Le Jeune, libraire, voyez RUELLE.

12 septembre 1562. — Le Bureau de la Ville de Paris exonère Martin Le Jeune, libraire, de la garde d'un allemand, nommé Jean Harnann, qui lui avait été imposée à cause de deux livres défendus trouvés à sa porte, *Novum testamentum grecum* et les Œuvres de François Rablet (sic). (Arch. Nat., Z 6826, fº 6 vº.)

Registres des Délibérations du Bureau de la Ville de Paris, t. v.

1571. — Voyez BOREL.

3 septembre 1576. — Voyez DU PUYS.

4 octobre 1581. — Voyez JULLIEN.

LELONG

1571. — Jean Lelong, compagnon-imprimeur, rue des Amandiers, est taxé à 40 sols au don de 300 000 livres. (Bib. Nat., ms. fr. 11692, fº 758 vº.)

27 mars 1581. — Jean Lelong, imprimeur, voyez THIERRY.

LE MAÇON

3 septembre 1491. — Geoffroy Le Maçon, imprimeur, sur la plainte de Jean Dasserre, aussi imprimeur, est condamné par le Prévôt de l'Abbaye de Saint-Germain-des-Prés, à 5 s. t. d'amende, modérés en 4 s. t., qu'il a payés. (Arch. Nat., Z/2 3273, fº 99 vº.)

La cause de la condamnation n'est pas indiquée.

LE MAISTRE

Entre août 1598 *et* mai 1600. — Mathieu Le Maistre [libraire], paye la taxe d'ouverture de boutique. (Bib. Nat., ms. fr. 21872.)

LE MANGNIER

22 juillet 1580. — L'Eglise Sainte-Geneviève-des-Ardents, représentée par Michel Le Febvre et Nicolas Bonfons [libraire], marguilliers, donne à bail à Robert Le Mangnier, libraire, la maison de l'image Saint-Jean-Baptiste, rue Neuve-Notre-Dame, contiguë aux héritiers d'Henri Paquot [libraire, la Rose-Rouge], et donnant par derrière sur la cour de l'église; salle basse, boutique, chambres et greniers. Loyer de 40 écus soleil; bail pour 9 ans à partir de Noël prochain. (Arch. Nat., S 3342.)

MM. le baron Pichon et Vicaire donnent le bail précédent de cette maison passé par Robert Le Mangnier le 19 juin 1571, et celui-ci sous la date du 24 janvier 1580.

15 février 1582. — Dauphine Massiot, veuve de Pierre Payan, mercier au Palais, et auparavant veuve de Louis Angibault, même profession, fait une donation à Dauphine Richer, sa petite-fille, femme de Félix Le Mangnier [libraire], fille de feu Guillaume Richer et de Jeanne Angibault, et à Madeleine Angibault, sa fille, femme de Claude Brosseau, dit Poulet [mercier]. (Arch. Nat., Y 123, f° 362.)

Le mari de Dauphine Richer était bien le libraire Félix Le Mangnier, voyez Pichon et Vicaire, p. 105.

2 février 1583. — Félix Le Mangnier [libraire] et sire Claude Brosseau, exécuteurs testamentaires de Dauphine Massiot, veuve en premières noces de Louis Engibault et en secondes noces de Pierre Payen, mercier au Palais, délivrent un legs de 29 s. 5 den. à la Confrérie de la Sainte-Conception de la Vierge Marie, en l'église Saint-Séverin. (Arch. Nat., H 4644, f° 10.)

LE MELAYS, voyez MELAIS

LE MERCIER ou MERCIER

19 juillet 1541. — Etienne Le Mercier, libraire, passe titre nouvel pour la maison de l'Epée-de-Bois, rue des Poirées, qu'il habite, et dont il est propriétaire au lieu de Julien Hernault; elle est située entre Nicole Grancher, veuve de Jean Landré, [apothicaire, puis huissier au Parlement, l'Epée, rue Saint-Jacques], une grange et des dépendances de l'image Saint-Louis, et est contiguë par derrière à la maison de l'image Saint-Louis [de la rue Saint-Jacques]. (Arch. Nat., MM 285, f° 259.)

21 octobre 1560. — La maison de l'image Saint-Louis, rue Saint-Jacques, est sujette à recevoir les eaux de la maison de la Roupie, même rue, et de celle de l'Epée-de-Bois, rue des Poirées, appartenant à Etienne Mercier [libraire]. (Arch. Nat., MM 286, f° 229.)

LEMPERIÈRE

10 janvier 1540 (n. st.). — Méry Lemperière, libraire, et Philippe Gilbert, sa femme, reçoivent donation de vignes à Gentilly. (Arch. Nat., Y 86, f° 68 v°.)

4 juillet 1541. — Méry Lemperière, marchand libraire, rue de la Huchette, et Philippe Gilbert, sa femme, font donation à Marie Lemperière, leur fille, marchande mercière. (Arch. Nat., Y 87, f° 172 v°.)

20 juin 1543. — Méry Lemperière, libraire, rue de la Huchette,

devant et à l'opposite de l'hôtel de l'Ange, et Philippe Gilbert, sa femme, font donation à Marie Lemperière, leur fille. (Arch. Nat., Y 89, f° 53 v°.)

LE MUSNIER ou MUSNIER

6 juillet 1461. — L'hôpital Saint-Jean-de-Jérusalem vend à Andry Le Musnier, l'un des quatre principaux libraires de l'Université, fils de feu sire Guyot Le Musnier, et à Thomasse [Des Marquetz] sa femme, pour 8 l. 4 s. de rente perpétuelle, deux maisons à deux pignons, rue Neuve-Notre-Dame, tenant d'une part à l'Image-d'Alabastre et d'autre part à une maison où demeure Colin Aubert, enlumineur. Ces maisons étaient précédemment louées par Guyot et Andry Le Musnier qui y avaient fait d'importantes réparations. (Arch. Nat., S 5079 B.)

Maison du Coq.

13 juin 1466. — Andry Musnier, libraire-juré, l'un des quatre principaux libraires, passe acte en qualité de marguillier de l'église Sainte-Geneviève-des-Ardents. (Ibid.)

2 juillet 1468. — Andry Musnier, libraire, achète la maison de l'image d'Allebastre, au coin de la rue Neuve-Notre-Dame, entre les hoirs de Jean de Hancy, pâtissier, rue du Marché-Palu, et la maison du Coq, lui appartenant déjà, au prix de 400 écus d'or. (Arch. Nat., S 5082/2, f° 55.)

26 juillet 1493. — Girard Delewaquan (sic), libraire, et Thomasse Des Marquetz, sa femme, veuve de feu Jean Bourdeaulx, et auparavant veuve de feu Andry Musnier, l'un des quatre libraires-jurés de l'Université, vendent pour 1 400 l. t. à Nicolas Huot, bonnetier, et Adenecte, sa femme, leurs droits sur la maison de l'image Notre-Dame-d'Albastre, rue Neuve-Notre-Dame, achetée par Andry Musnier le 18 juin 1468; ils en sont propriétaires tant en vertu d'un partage fait le 1er avril 1489 entre le tuteur de Jeanne Musnier et Thomasse Des Marquetz, alors femme de Jean Boudeaulx, que par la mort de Philippe Musnier, examinateur au Châtelet, fils d'Andry et de Thomasse. (Ibid., f° 128.)

Dans un acte postérieur relatif à cette maison, il est dit que Thomasse Des Marquetz était, quand elle mourut, femme de Girard *Le Waquan*.

Andry Le Musnier, libraire-juré, était mort le 5 avril 1475 et avait été inhumé à Sainte-Geneviève-des-Ardents, où se voyaient son épitaphe et celle de sa femme; mais le nom et le jour de la mort de Thomasse étaient restés en blanc; elle avait probablement partagé la tombe de son troisième mari.

13 juillet 1511. — Guillaume Musnier, imprimeur, voyez QUILLOT.

LE NOIR

2 janvier 1486 (n. st.). — Michel Le Noir, libraire, voyez Boudeaulx, à la date du 16 novembre 1488.

27 avril 1506. — Michel Le Noir, libraire, achète la maison de
la Rose-Blanche-Couronnée, contiguë à la Corne-de-Cerf, rue Saint-
Jacques, pour 275 l. t., plus les charges. (Arch. Nat., S 904,
f° 100 v°.)

4 avril 1507. — Michel Le Noir, libraire, achète à la veuve
d'Henri Du Verger, boulanger à Paris, deux arpents de vignes à
Vaugirard, lieu-dit les Vieilles-Bruyères, autrement les Plantes.
(Arch. Nat., S 1650, f° 58 v°, 2ᵉ série.)

20 avril 1507 ; 11 janvier 1508 (n. st.). — Michel Le Noir
rachète des rentes sur sa maison de la Rose-Blanche-Couronnée.
(Arch. Nat., S 904, fᵒˢ 101 et 106.)

17 juin 1514. — Michel Le Noir est ensaisiné par le chapitre
de Saint-Benoît pour des rentes rachetées sur une maison du
cloître Saint-Benoît. (Ibid., f° 115 v°.)

31 août 1520. — Testament de Michel Le Noir : extrait contenant la clause par laquelle il lègue à l'église Saint-Benoît 10 l. de
rente à prendre sur les revenus d'une maison du cloître Saint-
Benoît, pour la fondation d'une messe basse par semaine. (Arch.
Nat., S 903, f° 148.)

5 juin 1521. — Jeanne Trepperel présente une requête au chapitre de Saint-Benoît relative au legs fait par son mari; elle y ajoute
30 l. t. « pour estre distribué à vostre discrétion ». (Arch. Nat.,
LL 447, f° 28.)

9 février 1527 (n. st.). — Jeanne Trepperel, veuve de Michel
Le Noir, voyez Garnier.

28 août 1546. — Jean Le Noir, marchand libraire, rue Neuve-
Notre-Dame, fait donation de terres à Brie-Comte-Robert à Claude
Le Noir, drapier, rue du Marché-Palu, son oncle. (Arch. Nat., Y
93, f° 380 v°.)

3 mars 1552 (n. st.). — Jean Prudhomme, marchand libraire,
rue Saint-Jacques, se porte caution pour la veuve de Philippe Le
Noir [imprimeur], en exécution d'une sentence rendue entre Jean
Rabin et la dite veuve. (Arch. Nat., Y 5248.)

19 mars 1552 (n. st.). — Etienne Gilbert, marchand, et Guillaume Le Noir, marchand libraire, rue Saint-Jacques, à la Rose-
Blanche, se portent pleiges et caution pour la somme de 950 l. t.
représentant le douaire coutumier de la veuve Guillaume Poireau,
en exécution d'une sentence intervenue entre la dite veuve, Pierre

Dupuys, Guillaume Le Goix et sa femme. Etienne Gilbert déclare posséder deux maisons rue de la Bûcherie et deux maisons rue Fromaigerie, et Guillaume Le Noir déclare être propriétaire de partie de la maison dans laquelle il demeure et d'autres héritages au faubourg Saint-Germain-des-Prés et « ès champs ». (Ibid.)

24 octobre 1552. — Voyez REGNAULT.

13 avril 1554. — Guillaume Le Noir, libraire, voyez CALVARIN.

27 janvier 1563. — Ordonnance de prise de corps, saisie et confiscation de biens contre Guillaume Le Noir, Richard Le Breton, Gilles Gilles, Jean Le Preux, Mathurin Prévost [tous libraires ou imprimeurs] et François Pajot, qui seront appréhendés et amenés à la Conciergerie. Jacques Le Rousse, procureur au Parlement, Philippe Danffrye, graveur, naguère demeurant en la boucherie des Mathurins, la femme de Guillaume Le Noir et le fils d'Oudin Petit [libraire], seront gardés à vue dans les maisons de quatre huissiers au Parlement. (Arch. Nat., X/2 A 130, f° 193.) Communiqué par M. Weiss.

11 octobre 1563. — Voyez TREPPEREL, à l'*Appendice*.

31 décembre 1563. — Guillaume Le Noir, libraire et relieur-juré, rue Saint-Jacques, a toujours vécu catholiquement selon les constitutions et traditions, « néantmoins aulcuns ses ennemis puis naguères luy auroient voulu imputer contre la vérité estre de la nouvelle secte, qui estoit une vraye imposture ». Le Parlement lui accorde la sauvegarde du Roi. (Arch. Nat., X/1 A 1604, f° 117.)

14 février 1576. — Conseil de famille réuni pour donner avis sur le contrat de mariage de Marie Le Noir, fille mineure de feu Guillaume Le Noir, libraire, et de feue Catherine Gilbert, avec Estienne Bosjan, maître-serrurier. Il s'agit de la maison de la Rose-Blanche-Couronnée, rue Saint-Jacques, en laquelle demeure Simon Calvarin, oncle et tuteur de la future. Parmi les membres du conseil de famille : Simon Calvarin [imprimeur] et Jean Le Noir [libraire ?], oncles ; Jean More, beau-frère à cause de sa femme ; maître Antoine Godefroy, procureur au Châtelet, cousin paternel ; Mathurin Bonnier (ou Bouvier), cousin maternel ; Bon de Courselles, [rôtisseur], Jean Camusat et Michel Foucart, voisins. (Arch. Nat., Y 5251, f° 90 v°.)

27 janvier 1579. — Contrat de mariage de Guillaume Le Noir, libraire, demeurant en la maison de son oncle, tuteur et curateur, Simon Calvarin, libraire et imprimeur, rue Saint-Jacques, avec Jeanne Breton, veuve de Jacob Gentil, libraire et relieur, fille de feu Richard Breton [imprimeur] et de Jeanne Warnier. Témoins :

Estienne Bosjan et Jehan More, beaux-frères du futur; Timothée Jouan, relieur, beau-frère de la future, et Charles Pezin, maître-barbier. La fiancée apporte en dot deux cinquièmes de là maison de la Rose-Blanche-Couronnée, rue Saint-Jacques. (Arch. Nat., Y 126, f° 56.)

30 août 1584. — Testament de Jeanne Breton, femme de Guillaume Le Noir; elle nomme son mari légataire universel et fait quelques legs à Nicole Breton, sa tante, veuve de maître Guillonnay, à Anne, Jeanne et Marie Breton, ses nièces. (Ibid., f° 56 v°.)

LE PELLETIER, LE PELETIER

1er janvier 1472 (n. st.). — Jean Le Peletier, relieur de livres, et Denyse, sa femme, achètent une maison rue des Juifs, devant Saint-Antoine-le-Petit, entre Robert de Montmirail et François Du Four, religieux de Saint-Antoine-le-Petit. (Arch. Nat., S 5082/2, f° 70.)

1571. — Feurant Le Pelletier, peintre, rue des Amandiers, est taxé à 40 sols au don de 300 000 livres. (Bib. Nat., ms. fr. 11692, f° 759.)

1572. — La Ville de Paris paye à Fleurent Le Pelletier, « painctre en histoires en papier », 20 l. t. pour avoir enluminé les « histoires » de six exemplaires de l'entrée du Roi, destinés au Roi, à Monseigneur, à Monseigneur le duc et à Madame. (Bib. Nat., ms. fr. 11690, f° 62 v°.)

Voyez Codoré, Merlin et Picques.

LE POYVRE

23 janvier 1489 (n. st.). — Jean Le Poyvre, imprimeur de livres, demeurant en la rue Saint-Jacques, aux Deux-Cygnes, est emprisonné au Châtelet pour avoir été trouvé au carrefour Saint-Séverin « rauldens les rues, garny d'un grant bracquemart ». (Arch. Nat., Y 5266, f° 214.)

LE PREUX

8 janvier 1513 (n. st.). — Poncet Le Preux [libraire] est ensaisiné pour la maison du Loup, rue Saint-Jacques. (Arch. Nat., S 904, f° 112 v°.)

1514-1515. — Voyez Kees.

15 mars 1535 (n. st.). — Poncelet Le Preux, libraire-juré, fait échange de terres à Bosnières, près les Vaux-de-Cernay, contre deux sixièmes de la maison du Loup, rue Saint-Jacques, appartenant à Catherine Picart, femme de Nicolas Robineau, menuisier, et à

Jeanne Picart, femme de Martin Vignereux, boucher, qui se réservent l'étal à boucher et l'arrière-boutique; la maison est habitée par Nicolas Du Chesne, savetier, et un ouvroir est occupé par Thomas... [sic], enlumineur; entre une maison à Poncelet Le Preux [la Mule] et Jean Béguin, tavernier [le Coq]. (Ibid., fº 188.)

11 décembre 1544. — Poncelet Le Preux, l'un des grands libraires-jurés, achète pour 90 l. t. à Jean Aubry, marchand, un douzième de la même maison. (Ibid., fº 190.)

10 août 1551. — Poncelet Le Preux, l'un des quatre grands libraires-jurés achète un autre douzième de la même maison à Guillaume Aubry, marchand, pour 80 l. t. et l'amortissement de 20 l. t. de rente. (Ibid., fº 191.)

1562. — Colette Du Puys, veuve de Poncet Le Preux [imprimeur], met opposition sur le prix à provenir de la vente des biens de Nicolas Boucher, pour une somme de 28 l. t., en vertu d'une obligation du 8 février 1558 (n. st.). (Arch. Nat., Y 3462, fº 112.)

Deux libraires de Lyon, Antoine Vincent et Macé Bonhomme, avaient déjà mis opposition sur les biens de Nicolas Boucher.

27 janvier 1563. — Jean Le Preux [imprimeur], voyez LE NOIR.

1563. — Transaction entre le Chapitre de Saint-Benoît et Jacques Chappelain, notaire, mari de Marguerite Le Preux, au sujet de l'étal à boucher, contigu à la maison du Loup, qui menace ruine. (Arch. Nat., S 889 B.)

17 août 1567. — Jean Robeline, bonnetier, et Marie Juillet, sa femme, vendent à Gilbert Chapelle, banquier, propriétaire de la maison voisine, un huitième de la maison du Loup, rue Saint-Jacques; les autres propriétaires de la maison sont les ayant-cause de feu Poncet Le Preux, Vincent Mustel, docteur en médecine, et Gilles Gourbin, libraire, à cause de sa femme. Pierre Juillet, compagnon-apothicaire, avait vendu sa part, le 17 juillet précédent, à Jean Robeline. (Arch. Nat., S 904, fºs 191 vº et 192.)

18 mai 1573. — Répartition du prix de la maison du Loup, vendue aux enchères publiques et achetée par Etienne Chapelle : Vincent Mustel, docteur-régent à la Faculté de médecine, pour lui, Claude, Vincent et Nicolas, enfants qu'il a eus de Denyse Béguin, sa femme, reçoit 1 250 l. t. pour un quart; Jacques Chappelain, notaire, et Marguerite Le Preux, sa femme, à cause d'elle, et au nom de Jean Le Preux [imprimeur] qui était aussi adjudicataire de la part de François Le Preux [imprimeur], leur frère, reçoivent pour la moitié 2 500 l. t., Gilles Gourbin, libraire et Marie Attignant [sic], sa femme, à cause d'elle reçoivent pour un huitième 625 l. t., et Gilbert Chapelle, banquier, aussi pour un huitième, la même somme. (Ibid., fº 197.)

Voyez la généalogie à l'article HIGMAN.

LE RICHE

2 janvier 1583. — Antoine Le Riche, libraire et relieur, voyez SAULNIER.

LE ROUGE

19 septembre 1580. — Baruch Le Rouge, compagnon-imprimeur, voyez COYPEL.

Baruch Le Rouge fut plus tard compagnon-imprimeur à Lyon.

LE ROUX

8 janvier 1465 (n. st.). — Geoffroy Le Roux [libraire et relieur], voyez BERTHELIN.

7 février 1481 (n. st.). — Sentence condamnant Geoffroy Le Roux, relieur, à payer à l'église Saint-Benoît un cens de 7 l. par., et les arrérages qui en sont dus, pour la moitié d'une maison, rue Saint-Jacques, dont il est propriétaire. (Arch. Nat., LL 464, f° 73.)

18 novembre 1483. — Etiennette Bernier, femme séparée de biens de Geoffroy Le Roux, lui abandonne tous ses droits sur cette maison. (Cité dans : Arch. Nat., S 904, f° 7.)

19 février 1485 (n. st.). — Geoffroy Le Roux, libraire, âgé de 70 ans ou environ, fait donation de tous ses biens à Guérin Rohart, écrivain [et libraire] à charge « de nourrir et gouverner icelluy Geoffroy Le Roux de boire, de manger, le garder sain et malade, luy quérir et livrer feu, lit, hostel, lumière, chaussure, vesture, et toutes ses nécessités quelconques durant le cours de sa vie. » (Arch. Nat., S 904, f° 4 v°.)

24 janvier 1486 (n. st.). — Guérin Rohart, écrivain, demeurant au cloître Saint-Germain-l'Auxerrois, vend à Pierre Julien, tailleur de robes, 48 s. par. de rente sur une maison de la rue Saint-Jacques et sur des vignes à Saint-Marcel appartenant à Geoffroy Le Roux. (Ibid., f° 27 v°.)

16 février 1487 (n. st.). — Voyez DU PRÉ.

6 décembre 1488. — Titre nouvel de la donation faite de tous ses biens à Guérin Rohart, libraire, et à Jeanne, sa femme, par Geuffroy Le Roux, libraire, à charge d'une rente à servir par Rohart à Etiennette Bernier, femme séparée de biens de Le Roux. (Ibid., f° 30 v°.)

19 janvier 1492 (n. st). — Feu Geoffroy Le Roux, voyez DU PRÉ.

1547, 1560, 1561. — Richard Roux ou Le Roux, imprimeur, voyez ROUX.

5 décembre 1547. — Philippe Le Roux, marchand charpentier à Saint-Pierre-de-Bonnefoy, duché d'Alençon, étant de passage à Paris, fait donation à Pierre Le Roux, marchand libraire, bourgeois de Paris, son cousin germain, de ses droits dans la succession de Nicolas Le Roux, son père, maître des étuves du Lyon-d'Or, rue Garnier-Saint-Ladre, et dans celle de sa mère, tant à Paris qu'à Meudon. (Arch. Nat., Y 93, f° 201.)

21 mars 1554 (n. st.). — Testament de Jacques Le Roux, libraire, demeurant au collège de Coqueret; exécutrice testamentaire, Marie Le Bouc, sa femme ; témoins : Louis Couronne et sa femme. (Arch. Nat., LL 757, f° 41 v°.)

24 mars 1554 (n. st.). — Inhumation de Jacques Le Roux, libraire, au cimetière Saint-Hilaire. (Ibid., f° 76 v°.)

11 avril 1554. — Inhumation de Marie Le Bouc, femme de Jacques Le Roux, au cimetière Saint-Hilaire. (Ibid.)

19 mars 1571. — Mahiet Le Roux, imprimeur, voyez LE ROY.

19 juin 1573. — Voyez DONGOYS.

12 octobre 1574. — Contrat de mariage de Pierre Le Roux, marchand, fils de feu Pierre Le Roux, libraire à Paris, et de Claude Collinet, sa femme, avec Martine de Cœurs, veuve de Jean Mallet, marchand de vin. (Arch. Nat., Y 116, f° 127.)

LE ROY

1er mars 1547 (n. st.). — Adrien Le Roy [imprimeur] achète à Claude Bocquet, compagnon-menuisier, et à Marion Le Preux, sa femme, pour 266 l. t. et les charges, une petite maison, rue Alexandre-Langlois, entre Barthélemy Sergent et les héritiers de Gilles Thibault, tenant par derrière à Jean Eustace [les Trois-Rois, rue du Mûrier]. (Arch. Nat., S 1652, f° 180 v°, 1re série.)

24 août 1558. — Adrien Le Roy, imprimeur pour le roi en musique, rue Saint-Jean-de-Beauvais, et Denyse de Broully, sa femme, donation mutuelle. (Arch. Nat., Y 100, f° 190 v°.)

Même jour. — Denyse de Broully, femme d'Adrien Le Roy, imprimeur pour le roi en musique, fait donation à Robert Balard, aussi imprimeur pour le roi en musique, d'une partie de la maison qu'elle habite avec son mari, au clos Bruneau, rue Saint-Jean-de-Beauvais, qui lui provient des successions de ses père et mère, Jean de Broully [libraire] et Marie Gaulthier, et de celles de ses sœurs, Michelle et Marie de Broully. (Ibid., f° 191.)

Maison de l'image Sainte-Geneviève, depuis du Mont-Parnasse.

10 août 1564. — Voyez MARNEF.

18 juin 1566. — Voyez Périer.

1571. — Liste des habitants de Paris taxés au don de 300 000 livres, pour la rue Saint-Jean-de-Beauvais :

Adrien Le Roy [imprimeur : Mont-Parnasse], 100 sols;
Robert Ballard [imprimeur : Mont-Parnasse], 4 sols;
Charles Perier [libraire : Belléphoron], 60 sols;
Antoine Le Bague (*alias* La Vacque), 40 sols;
Fédéric Morel [imprimeur : Franc-Mûrier], 100 sols;
Robert Glane [pâtissier-oblayer : Cadran], 100 sols;
Barthélemy Morel, 12 livres;
Veuve Binois, 40 sols ;
Du Haulbour, 6 sols ;
Etienne Henry, grand-bedeau, 15 livres;
M' Guelain, 150 livres;
Collège Saint-Jean-de-Beauvais, néant;
Collège de Beauvais, 30 livres;
M*..., vieillard (sic), 15 livres;
Un nommé Miette [Louis Miette, payeur de la Compagnie du comte du Lude], 20 livres ;

Autre côté de la rue :

Michel Joly, 12 livres;
Charles Du Val, 15 livres;
Un nommé Gibon, 15 livres;
Un nommé Piètre [Simon Piètre, docteur-régent à la Faculté de médecine], 50 livres ;
Maître François Coutant, 25 livres ;
Etienne Ricoult [Soleil-d'Or], 50 livres ;
Jean Bastonneau (*alias* Lestourneau), tavernier, 60 sols;
Guillaume Drouart (*alias* Douat), 60 sols;
Simon Préal (*alias* Preul), 40 sols ;
Un nommé Vallée, 6 livres ;
Gilles Pelletier, 15 livres;
Un nommé Halart, 30 livres ;
Un nommé Suggere, 15 livres;
Jean Amarithon, avocat [au parlement : Saint-André], 20 livres ;
La dame de Lisnières, 100 livres ;
Un nommé La Menardière, 30 livres;
Loise Le Gras, 40 sols;
Mathieu Barbé [contrôleur pour le Roi du vin vendu en gros à Paris : Roi-David], 100 sols ;
La Veuve Robert [Estienne, imprimeur : Saint-Jean-Baptiste, ou Olivier], 6 livres ;
André Veschel [Wechel, imprimeur : Cheval-Volant], 20 livres;
Hilaire Pautonnier, 4 livres;
Gervais Malo [libraire : Aigle-d'Or], 4 livres;
Guillaume Le Bé [fondeur de caractères : Grosse-Escriptoire], 4 livres.

(Bib. Nat., ms. fr. 11692, f°s 263, 263 v° et 750.)

1571. — Henri Le Roy, parcheminier, voyez Vollart.

19 mars 1571. — Adrien Le Roy, imprimeur du roi en musique, bourgeois de Paris, vend à Mahiet Le Roux, maître imprimeur à Paris, pour 400 l. t. une maison sise rue Alexandre-Langlois, dite

du Paon, près la rue Saint-Victor, contiguë à Aloys Marchant et à Guillaume Sergent. (Arch. Nat., S 1653, f° 27, 3ᵉ série.)

C'est la maison qu'avait achetée Adrien Le Roy le 1ᵉʳ mars 1547.

2 juin 1571. — Adrien Le Roy et Robert Ballard, imprimeurs du roi en musique, achètent pour 190 l. t. à Charles Perier, libraire, une maison, rue Saint-Jean-de-Beauvais, autrefois à Commanderie de Saint-Jean-de-Latran le cens dû par sa maison leur appartenant [le Mont-Parnasse] et l'image Saint-Michel. Le prix en sera payé aux plus anciens créanciers du vendeur qui l'a grevée de nombreuses charges. (Arch. Nat., S 1653, f° 32, 3ᵉ série.)

20 mai 1573. — Henri Le Roy, parcheminier, paye à la Commanderie de Saint-Jean-de-Latran le cens dû par sa maison de la rue de Bourgogne. (Arch. Nat., S 5118.)

8 août 1589. — Adrien Le Roy, imprimeur en musique du feu roi Henri, demeurant rue Saint-Jean-de-Beauvais, à l'enseigne du Mont-Parnasse, fait donation de tous ses biens à Lucrèce Du Gué (sic, pour : Le Bé), veuve de Robert Ballard, imprimeur du roi en musique, et à leurs enfants. (Arch. Nat., Y 131, f° 275.)

10 mai 1594. — La Commanderie de Saint-Jean-de-Latran donne à bail à Jacques Le Roy, libraire, pour 9 ans, au loyer de 24 écus d'or soleil, la maison de l'Espérance, rue Saint-Jean-de Latran, « ou soullait demeurer Gilles Gourbin marchand libraire-juré » ; boutique ouvrante, sallette, deux petites chambres et un petit grenier. (Arch. Nat., S 5118/5, f° 5 v° et n° 3.)

LE ROYER ou ROYER

1497. — La maison de la Mule, rue Saint-Jacques, appartient à Maurice Royer, au lieu de l'Hôtel-Dieu. (Arch. Nat., S 5117/9.)

1ᵉʳ février 1524 (n. st.). — Sentence remettant l'Hôtel-Dieu de Paris en possession de la maison de la Mule, rue Saint-Jacques, et de la ferme de Champlain et de ses dépendances, qui étaient louées à vie à Maurice (*alias* à Macé) Royer. (Arch. Hospit., Hôtel-Dieu, 3779.)

Macé Royer était le père de l'imprimeur Louis Royer; voyez Coyecque, *Mémoires de la Société de l'Histoire de Paris et de l'Ile-de-France*, t. XXI, pp. 87 et 113.

1525-1526. — La maison de la Mule appartient aux hoirs Morice Royer, au lieu de l'Hôtel-Dieu. (Arch. Nat., S 5121/7, f° 63 v°.)

10 janvier 1527 (n. st.). — Transaction par laquelle la maison de la Mule est donnée à viager à Macé, à Jean et à Louis Royer [imprimeur], et au dernier survivant d'entre eux. (Arch. hospit., Hôtel-Dieu, 3780.)

1536-1553. — La maison de la Mule appartient à MM. de l'Hôtel-Dieu de Paris, au lieu de Jean Royer. (S 5121/5; S 5121/4; S 5121/3; S 5121/2.)

22 novembre 1544. — Agnès Sussevin, veuve de Louis Le Royer, libraire, et auparavant de Jean [de] Brye [aussi libraire] passe titre nouvel pour la maison du Pot-d'Etain, rue Saint-Jacques. Jean de Brie en avait acheté la moitié à Jacques Chérière, boulanger, le 5 mai 1522; Agnès Sussevin avait acheté le 4 avril 1523 les parts de Perrette de Brie mariée à Pasquier Eschart, boulanger, et de Claude de Brie, mariée à Pierre Deaue, libraire; Louis Royer et Agnès avaient encore racheté le 3 juillet 1527 les parts de Geneviève de Brie mariée à Noël Sussevin [chaudronnier], de Jeanne de Brie, sœur de Geneviève, et de Claude de Brie, remariée à Jean... [Le Mire, nom resté en blanc dans l'acte], procureur en cour d'église; Agnès, enfin, devenue veuve de Louis Le Royer, avait acheté une autre part le 3 mai 1534. (Arch. Nat., Q/1 1099/206 A, f° 118 v°.)

12 septembre 1547; 10 novembre 1548. — Voyez ROUX.

22 août 1562. — Jean Le Royer, imprimeur, voyez ESTIENNE.

17 mars 1578. — Titre nouvel pour la maison du Pot-d'Etain et de la Limace, rue Saint-Jacques, passé par Aubin Ollivier, maître-ouvrier de la Monnaie et conducteur des engins du moulin de la Monnaie de Paris [et graveur], comme procureur de son beau-frère, Jean Le Royer, imprimeur-ès-mathématiques, par procuration en date du 4 décembre 1577, et comme procureur de Sébastien Asseline, tapissier, et de Vincent Normant, libraire, par procuration du 11 mars 1578. La maison provient d'Agnès Sucevin, veuve de Louis Le Royer et auparavant de Jean [de] Brye. (Arch. Nat., Q/1 1099/206 B, f° 34.)

20 septembre 1603. — Titre nouvel pour la même maison passé par Estienne Hervy, maître-maçon, rue de la Vannerie, et Clémence Ollivier, sa femme, et par Jacques Bicheur, rue des Arcis, et Antonie Ollivier sa femme, se portant forts de Louise Noisieux, dite d'Aussonne, veuve de Jean Le Royer, imprimeur du roi, et tutrice de ses enfants mineurs. (Arch. Nat., Q/1 1099/207, f° 84.)

10 juillet 1605; 14 août 1606. — Les enfants de feu Jean Le Royer, apothicaire à Genève, voyez DOUCEUR.

Actes relatifs à la même maison; il semble que l'apothicaire de Genève et l'imprimeur du roi ès-mathématiques soient la même personne.

LESCALLIER ou LESCAILLÉ

30 juin 1538. — Le Collège de Sorbonne donne à bail pour 6 ans, au loyer de 40 l. t., à Jean Lescaillé, imprimeur, et à Jeanne Boucher, sa femme, la maison de l'Estrille-Fauveau, rue des Mathurins, dans laquelle ils habitent déjà. (Arch. Nat., MM 285, f° 210 v°.)

12 mai 1543. — Jean Lescaillier, imprimeur, et Jeanne Boucher, sa femme, renouvellent ce bail pour 6 ans au loyer de 45 l. t. (Ibid., f° 320.)

En 1559, la maison était louée à Gilles Des Vergers, juré-mouleur de bois.

6 avril 1544. — Jean Lescallier, imprimeur, et Françoise Boucher, sa femme, font donation à Antoine Hubert, praticien en courlaye. (Arch. Nat., Y 90, f° 126.)

LESCOT

11 septembre 1581. — Contrat de mariage de Jacqueline Lescot, fille de Thomas Lescot, compagnon-imprimeur, et de Thomasse Le Blanc, avec Hugues Clément, marchand; témoin : Thomas Le Blanc, maître-imprimeur, cousin germain de la future. (Arch. Nat., Y 123, f° 123 v°.)

LESCUYER

11 juillet 1549; 31 juillet 1549; 20 avril 1551. — Denys Lescuyer, libraire, voyez GROMORS.

21 mai 1596. — Sentence de la Prévôté de Paris condamnant Nicolas Lescuyer, qui avait fait son apprentissage à Rouen, où il avait exercé comme libraire, et qui avait ensuite ouvert une boutique de librairie à Paris, à faire un nouvel apprentissage de deux ans dans cette ville pour avoir le droit d'y exercer bien que son père ait été maître-libraire à Paris ; il choisira son maître sur le conseil d'Abel Langelier, syndic de la Communauté. Confirmation sur appel le 12 juin suivant. (Bib. Nat., ms. fr. 22064.)

Entre 1597 *et* mai 1598. — Nicolas Lescuyer paye la taxe d'ouverture de boutique. (Bib. Nat., ms. fr. 21872.)

LE SOT

10 septembre 1546. — Condamnation d'Antoine Le Sot, imprimeur, détenu à la Conciergerie, à être pendu, étranglé et brûlé. Il sera auparavant soumis à la question, et s'il persiste dans ses propos il aura la langue coupée et sera brûlé vif. (Arch. Nat., X/2 A.)

Communiqué par M. Weiss.

LE SUEUR

23 octobre 1550. — André Le Sueur, libraire, voyez GUILLOT.

20 novembre 1555. — Marin Le Sueur, libraire, demeurant à

Saint-Marcel, est créancier de 25 l. t. restant d'une plus grosse somme que lui doit Philippe le Duc depuis le 23 décembre 1548. (Arch. Nat., Y 3456, f° 346.)

15 novembre 1560. — Jacques Le Sueur, marchand papetier, bourgeois de Paris, commissaire commis par justice, à la requête d'Henri Le Bègue, au régime et gouvernement de la moitié d'une maison au faubourg Saint-Victor. (Arch. Nat., Y 5245, f° 135.)

18 novembre 1561. — Jean Le Sueur, fondeur de lettres, voyez GARAMOND.

21 mai 1565. — Contrat de mariage de Martin Le Sueur, libraire à Saint-Marcel-lez-Paris, avec Françoise Langloix, veuve de Guillaume Héron, tisserand en drap à Meaux. (Arch. Nat., Y 108, f° 279 v°.)

1571. — Liénard Le Sueur, [libraire], voyez LE BOUC.

15 avril 1573. — Voyez CAVELLAT.

31 mai 1580. — Contrat de mariage de Jean Le Sueur, le jeune, fondeur de lettres d'imprimerie à Paris, fils de Jean Le Sueur, l'aîné, maître-imprimeur et fondeur de lettres, et de Marguerite Vadet [Vadé], avec Perrette Bertrand, fille de feu Simon Bertrand, cordonnier à Paris. Témoins : Michel Le Sueur, papetier, oncle paternel. Le futur apporte 83 écus un tiers et les habits nuptiaux, et la future, 133 écus un tiers et une rente de 16 écus deux tiers d'or soleil. (Arch. Nat., Y 122, f° 63.)

Entre août 1598 *et* mai 1600. — Nicolas Le Sueur [libraire] et Jacques Le Sueur, papetier, payent la taxe d'ouverture de boutique. (Bib. Nat., ms. fr. 21872.)

LE VASSEUR

21 août 1553 ; 26 août 1553. — Robert Le Vasseur, marchand et Robert Vasseur, serviteur libraire, voyez CALOT.

LÉVESQUE

8 octobre 1559. — Nicolas Lévesque, marchand libraire, voyez DU PUYS.

LE WAQUAN ou DELEWAQUAN

26 juillet 1493. — Girard Delewaquan, *alias* Le Waquan, libraire, voyez LE MUSNIER.

LHUILLIER

24 juillet 1568. — Pierre Lhuillier, marchand libraire, prend à bail pour 9 ans à partir de la Saint-Jean-Baptiste prochaine, au

loyer de 180 l. t., le corps d'hôtel sur le devant de la maison de la Coquille, rue Saint-Jacques, appartenant au Chapitre de Notre-Dame. Contiguë d'une part à la maison de la Fleur-de-Lys, appartenant à Oudin Petit [libraire], d'autre part à une maison de la Communauté de Saint-Benoît, et tenant par derrière à la maison de l'image Notre-Dame, qui est louée à Jérôme Delespine, avocat au Parlement. (Arch. Nat., S 23.)

Cette maison fut louée en 1594 à l'imprimeur Rolin Thierry.

1571. — Liste des habitants de Paris taxés au don de 300 000 livres pour la rue Saint-Jacques, de la rue des Mathurins jusqu'à la rue des Poirées (côté ouest) :

M. l'Admiral [Philippe Ladmyral, notaire au Châtelet : roi-David], 12 livres ;
André Jobert, 6 livres ;
Pierre Rossignol [marchand : Deux-Genettes], 6 livres ;
Pierre Du Bruslé (*alias* Du Boullay), 4 livres ;
Veuve Adrien Chappelain [notaire], 4 livres ;
Pierre Luillier [libraire : Coquille], 12 livres ;
Oudin Petit [libraire : Fleur-de-Lys], 25 livres;
Guillaume Chaudière [libraire : Homme-Sauvage], 12 livres;
Nicolas Chesneau [libraire ?], 12 livres ;
Michel Vascosan [imprimeur : Fontaine], 30 livres;
Jean Foucher [libraire : Ecu-de-Florence], 8 livres;
Pierre Drouart [libraire : Ecu-au-Soleil], 4 livres;
Guyon Gilbert [pâtissier-oblayer : Ange], 6 livres ;
Claude Frémy [libraire : Saint-Martin], 12 livres;
Jean Tonnelet (*alias* Truppelet, Trupret, Trupperel, tonnelier), néant ;
Thomas Belot [libraire : Sainte-Barbe], 6 livres;
Sébastien de Nivelle [libraire : Croissant], 40 livres;
Gilles Méaubert, tailleur, 6 livres ;
Baptiste de Normont [*alias* de Miremont, chandelier de suif : Mortier-d'Or et Gros-Tournois], 20 livres ;
Louis Gervaise, 6 livres ;
Le curé de Saint-Benoît [Louis Morin : Lanterne], néant.
Jean Du Chesne, 100 sols ;
Jean Durant, 6 livres ;
Jean Bordier (*alias* Bordoyer), 20 livres ;
M. de Guiers (*alias* Daiguières), 8 livres ;
Hilaire Raimbault, maître-barbier-chirurgien [Chevalier-au-Cygne], 15 livres ;
Etienne Mahieu [Maheu], archer du guet [et marchand de vin : Saint-Georges], 6 livres ;
Maître Caron, procureur [Le Caron, procureur au Parlement : Saint-Georges], 15 livres ;
Guillaume Chesneau [sergent de l'Hôtel de Ville ?], 100 sols ;
Nicolas Lanclos, 40 sols ;
Nicolas Bruslé [imprimeur : Soleil-d'Or], 15 livres ;
Pierre Bénard, [tombier : Lyon-d'Or], 20 livres ;
Madame Des Soyes [Germaine de Rubentel, veuve de Jean Dessoies, conseiller au Châtelet : Longue-Allée], 40 livres ;

Des Trois-Mores : [La maison des Trois-Mores appartenait alors à
  Louis Sellier, bourgeois d'Amiens, et à Marie Danès, sa femme] ;
Le sieur Laloyer, néant ;
Georges Langlois [vitrier], 60 sols ;
Pierre Le Roy [fripier : Berceau], 60 sols ;
Etienne de Baulx, 6 livres ;
Monsieur Garnier, secrétaire, 25 livres ;
Monsieur Garnier, avocat, 45 livres ;
Nicolas Thierry, 4 livres ;
Louis Portier [*alias* Le Porlier, maître-potier d'étain : Pie-en-Cage],
  40 sols ;
Alexandre de La Porte, 20 livres ;
Gilles Du Jour, écrivain [Tujour ou Toujour : Pie-en-Cage], 100 sols ;
Blaise Berthelot, mesureur de grains [Soufflet-Vert], 15 livres ;
Pierre David, 6 livres ;
Veuve Bazouyn [Marie de Bresmes, veuve de Jean Bazouyn, apothi-
  caire : Ecu-de-France], 30 livres.

(Bib. Nat., ms. fr. 11692, f°s 269 v°, 297, 409 et 800 v°.)

Voyez à ROUX le côté est de la rue Saint-Jacques, depuis la rue des
Noyers jusqu'au collège Du Plessis.

16 juillet 1573. — Jean de Roigny, marchand mercier-grossier,
cède à Pierre Lhuillier libraire-juré et Marie de Roigny sa femme,
ses beau-frère et sœur, ses droits sur une part indivise de la maison
des Quatre-Eléments, rue Saint-Jacques. (Arch. Nat., S 904,
f° 213.)

27 septembre 1573. — Voyez ROIGNY.

1586. — Boniface Lhuillier, libraire, paye la taxe d'ouverture
de boutique. (Bib. Nat., ms. fr. 21872.)

21 décembre 1589. — Donation, comme avance d'hoirie, par
Pierre Lhuillier, libraire, et Marie de Roigny, sa femme, à Boniface Lhuillier, libraire-juré, leur fils, de 292 écus soleil et demi,
tant en meubles de bois, linge, ustensiles d'hôtel qu'en marchandises de librairie, avec le droit au bail de la maison de la Coquille,
rue Saint-Jacques, dans laquelle il a l'intention de s'établir à Noël
prochain. Cette donation faite en récompense des services rendus
par Boniface Lhuillier à son père, depuis douze ans et plus, à
Paris, en Flandre, à Bordeaux, Toulouse et ailleurs. (Arch. Nat.,
Y 131, f° 435.)

3 juillet 1590. — Contrat de mariage de Boniface Lhuillier,
marchand libraire, rue Saint-Martin, paroisse Saint-Laurent, avec
Jeanne Godet, demeurant rue des Gravilliers, à l'image Saint-
Denys; témoin : Michel de Monthereul, marchand libraire. (Arch.
Nat., Y 152, f° 240.)

3 octobre 1595; 15 mars 1598. — Saisie et vente aux enchères
publiques, à la requête de Nicolas Maizières, taillandier, et d'Antoi-

nette Le Fèvre, sa femme, créanciers pour 40 écus et 50 s. t., d'une maison appartenant à Pierre Lhuillier, libraire, et à Marie de Roigny, sa femme, située rue Saint-Jacques [les Quatre-Evangélistes], donnant d'un côté sur la ruelle aboutissant à la maison de l'image Saint-Christophe, et contiguë par derrière à cette maison; elle est achetée par Jean Le Clerc le jeune, marchand, bourgeois de Paris, demeurant rue Saint-Jean-de-Beauvais. (Arch. Nat., S 904, f° 213.)

La maison des Quatre-Evangélistes, construite sur une « place vide » qu'avait vendue le 11 avril 1486 Nicolas Le Saige, épicier, à Robert Richard, clerc, comprenait deux corps d'hôtel couverts de tuiles ; le premier, sur la rue, contenant un rez-de-chaussée sur cave, chambre, boutique, salle à côté ; au dessus : chambres sur chambres, garde-robes à côté, et grand grenier; le second corps d'hôtel réuni au premier par une galerie traversant la cour contenait cave et cuisine avec issue par derrière sur une petite cour ayant un grand puits commun. Elle porta plus tard l'enseigne de l'Aigle-d'Or.

Voyez à l'article BADE la généalogie des Lhuillier.

LOCQUENEULX

25 juillet 1576. — Marc Locqueneulx, libraire, voyez Du Chemin.

LONGIS

1491. — « A Clement Longis, libraire demeurant à Paris, pour deux grans livres en papier de Lucaon reliez entre deux ais, les lettres desquels sont dor et de fin azur, et deux paires de heures en papier à l'usage de Romme, les lettres desquelles sont azurés, que le dit seigneur [le roi Charles VIII] a prins et achapté de luy la somme de xxi l. tournoys... » (Arch. Nat., KK 76, f° 82 v°.)

9 janvier 1500 (n. st.). — Clément Longis, voyez BRIE.

26 janvier 1539 (n. st.). — Jean Longis, libraire, voyez JANOT.

30 juin 1553. — Voyez HOPYL.

LORGERY

19 avril 1530. — Jean Lorgery, libraire à Paris, achète pour 25 l. t. un quarteron de terres au clos du Chardonnay, rue de Coppeaulx, à charge de construire dans le délai de 3 mois une maison « manable ». (Arch. Nat., S 1651, f° 41, 2° série.)

LOUTREL

18 avril 1584. — Jean Loutrel, libraire et relieur, voyez Moreau.

LOUVAIN

24 novembre 1613. — Contrat de mariage de Madeleine de Louvain, fille de Nicolas de Louvain, marchand libraire, bourgeois de Paris, avec Jérôme Peschard, chirurgien de l'archevêque-duc de Reims, demeurant rue de la Tannerie; témoin : David Gilles, libraire. (Arch. Nat., Y 155, f° 46.)

LOUYTRE

19 avril 1592. — Feu François Louytre, imprimeur, voyez Du Val.

LOUYTTE

17 octobre 1598. — Feu Jacques Louytte, libraire, voyez Pillehoste.

LOYS

15 avril 1573. — Feu Jean Loys, libraire, voyez Cavellat.

LUPIERRE

21 avril 1528. — Richarde Gressier, veuve de Jean de Lupierre, libraire, affirme avoir montré tous les biens meubles et immeubles, lettres et dettes de son mari dont inventaire a été dressé par deux notaires au Châtelet. (Arch. Nat., Y 5234.)

Aussi cité par MM. le baron Pichon et Vicaire, p. 42, sous la cote 5233, ce qui est une faute d'impression.

MABILLE

1571. — Claude Mabille, relieur [et libraire], voyez Nicolle.

30 août 1574. — Claude Mabille, marchand libraire, bourgeois de Paris, vend à Nicole Vatrou, bonnetier à Saint-Marcel, la maison de l'image Notre-Dame, rue Tripperet ; parmi les charges une rente due aux héritiers de Pierre Tepperet [Trepperel, libraire à Orléans]. (Arch. Nat., S 1653, f° 196 v°, 3° série.)

Voyez Trepperel, aux libraires de province.

MACÉ

3 décembre 1550. — Jean Macé, libraire, voyez Colines.

12 août 1551. — Jean Macé, libraire, est ensaisiné pour la moitié de la maison de l'image Saint-Sébastien, rue des Poirées. (Arch. Nat., MM 286, f° 37 v°.)

10 octobre 1556. — Jean Macé, libraire-juré, achète à Guillaume Buron et Nicole Estienne, sa femme, au prix de 1 650 l. t.,

la maison de l'image Notre-Dame, au carrefour du Clos-Brunel, entre la rue Fromentel et la rue Saint-Jean-de-Latran, tenant par derrière au Commandeur de Corbeil. (Arch. Nat., S 1653, f° 134, 1re série.)

6 avril 1559. — Jean Macé, libraire, rue [du Mont-] Saint-Hilaire, achète aux enchères publiques deux neuvièmes indivis des maisons de l'Homme-Sauvage et de l'Ecrevisse, rue Saint-Jacques, pour 385 l. t. (Arch. Nat., S 904, f° 179.)

29 avril 1559; 6 octobre 1559; 13 novembre 1559. — Voyez CHAUDIÈRE.

19 décembre 1564. — Contrat d'apprentissage de Jean Guériboult, âgé de 17 ans, fils de Thomas Guériboult, laboureur à Longuesse, près Pontoise, chez Jacques Macé, libraire. (Arch. Nat., ZZ/303, f° 262.)

29 janvier 1565 (n. st.). — Jean Macé, libraire-juré, donne à bail à Jacques Macé, libraire, son fils, la maison de l'image Notre-Dame, au coin des rues Fromentel et Saint-Jean-de-Latran, au loyer de 110 l. t. (Ibid., f° 309.)

1571. — Charles Macé [libraire], voyez BOREL.

1571. — Jean Macé [libraire], voyez LE BOUC.

21 juin 1583. — Jean Macé achète à Claude Fournier et à Geneviève Estienne, sa femme, la maison de l'Ecu-de-France, rue Chartière. (Arch. Nat., S 1946/5; S 1947, f° 42.)

17 octobre 1598. — Barthélemy Massé, libraire, voyez PILLE-HOSTE.

26 septembre 1601. — Charles Macé, voyez ROBINOT.

Sans date. — La maison de l'Ecu-de-Bretagne, rue du Mont-Saint-Hilaire appartient aux hoirs de Jean Macé. (Arch. Nat., S 1946/4.)

Sans date. — La même maison appartient à Barthélemy Macé, au lieu de Jean Macé. (Arch. Nat., S 1946/5.)

Sans date. — Charles Macé [libraire], fils de Jean Macé, est propriétaire de la maison faisant le coin de la ruelle Jousseline et de la rue du Mont-Saint-Hilaire, autrefois à l'image Notre-Dame, et à présent à l'enseigne de l'Olivier. (Arch. Nat., S 1946/4 ; S 1946/5.)

1616. — La même maison appartient à Ysabel Morel, veuve de Charles Macé. (Arch. Nat., S 1946/5.)

1618. — Jean Morel, lecteur en l'Université, paye quatre années d'arrérages en retard pour la maison de l'Ecu-de-France, rue Chartière, appartenant aux hoirs de Jean Macé. (Arch. Nat., S 1946/5; S 1946/4.)

Voyez à HIGMAN la généalogie de la famille Macé.

MADOULX

8 juillet 1544. — Andry Madoulx, dit le Flament, compositeur d'imprimerie, voyez POTIER.

MAHEU

31 mars 1542. — Didier Maheu, imprimeur, passe titre nouvel pour la maison de l'image Saint-Nicolas, rue Saint-Jacques, entre l'image Notre-Dame à Nicole Thibault, curé de Beaubourg, et les hoirs de maître Josse Badius [imprimeur]. (Arch. Nat., Q/1 1099/206 A, f° 110.)

29 juillet 1553. — Feu Jean Maheu [imprimeur], voyez GOURMONT.

24 août 1553 ; 10 mars 1561. — Feu Didier Maheult, imprimeur, voyez EUSTACE.

26 juin 1552 ; 28 janvier 1556 (n. st.). — Vulcain Le Roux, tuteur d'Etienne Maheu, fils d'Isabeau Eustace, veuve en premières noces de Jean Maheu [imprimeur], en secondes noces de Nicolas Le Jeune, et mariée à Pierre Coulomp, met opposition sur le prix des maisons de l'image Saint-Nicolas, rue Saint-Jacques, et des Sagittaires, rue de la Juiverie, saisies par Nicolas Fourmentin sur Pierre Le Febvre et Claude Eustace sa femme, [veuve de Didier Maheu, imprimeur]. (Arch. Nat., Y 3453, f° 428 ; Y 3456, f° 503.)

Voyez RUELLE, à la date du 4 septembre 1577, et EUSTACE.

MAIGNY

7 octobre 1552. — Testament de Pierre de Maigny, libraire, à la Corne-de-Daim, rue des Carmes; exécutrice testamentaire, Marion Bellangère, sa femme; témoins : Guillaume et Perrette Maigny. (Arch. Nat., LL 757, f° 19.)

8 octobre 1552. — Inhumation au cimetière Saint-Hilaire de Pierre de Maigny. (Ibid., f° 75.)

MAILLARD

10 septembre 1586. — Jean Maillard, imprimeur, voyez LE FEBVRE.

MALERY

Mai 1601. — Lettres de naturalisation accordées à Charles de Malery, marchand graveur de tailles douces, et à Catherine Galle, sa femme. (Bibl. Nat., ms. fr. 33047, f° 581.)

MALIGOT

1ᵉʳ octobre 1560. — Pierre Maligot, [libraire ?], voyez HEUQUE-VILLE.

MALLARD

Noël 1533. — Olivier Mallart, libraire, et Perrette Le Hullin [veuve de Geoffroy Tory], sa femme, prennent à bail pour 9 ans, au loyer de 122 l. 10 s. t., la maison de la Halle-de-Beaulce, rue de la Juifrye, appartenant au Chapitre de Notre-Dame. (Arch. Nat., S 28.)

Maison du Pot-Cassé.

Noël 1542. — Olivier Mallart, libraire, renouvelle ce bail pour 9 ans, au loyer de 130 l. t. (Ibid.)

Le 2 mai 1551 le Chapitre de Notre-Dame loua la maison à Etienne Le Clerc, maître-plombier.

2 janvier 1545 (n. st.). — Condamnation d'Olivier Le Noir, à être étranglé et brûlé à Reims, pour crime d'hérésie et de livres défendus, et sentence de prise de corps contre maître Olivier Maillard, libraire, qu'on dit être à Rouen, et contre maître Jérôme Guillard. (Arch. Nat., X/2 A 97.)

Communiqué par M. Weiss.

MALLEHEUT

23 août 1562. — Feu Guillaume Malleheut, compagnon-imprimeur, voyez VIOSSE.

MALOT

1571. — Gervais Malo, libraire, voyez LE ROY.

MARC

31 octobre 1560. — Jacques Marc, fondeur de lettres, voyez JOUAULT.

MARCHAND, MARCHANT

8 mars 1498. — A cette date Guyon Marchand, imprimeur, a pris à bail « l'aisance des murs d'icelle ville de Paris, tant par

haut que par bas, avec trois tournelles estans sur et au long d'iceux, entre les portes Bordelle et S. Victor, avec faculté de clorre lesdites allées aux deux bouts, y faire huisseries dont la ville aurait une clef pour y passer et repasser quand besoin sera, pour en jouir aux vies dudit Guyon Marchand, Girard et Jean Marchand, ses neveux, moyennant 28 sols parisis de rente. » (Arch. Nat., Q/1 1099/197 A, f° 83 et Q/1 1099/198, f° 72 v°.)

23 août 1503. — Réalisation d'une promesse de vente faite vers 1497 par la Sorbonne à Jean Des Granches et Guy Marchant, son neveu, prêtres, de portion d'une place située entre les murs de la ville et le collège de Boncourt anciennement appelée la place Beauregard et depuis le Champ-Gaillard. (Arch. Nat., MM 282, f° 271 v°.)

6 avril 1511. — Jean Marchant, imprimeur, confesse être propriétaire d'une maison contenant deux corps d'hôtel, cave, cellier, cour, jardins, au lieu anciennement appelé Beauregard, actuellement Champ-Gaillard, au Mont-Sainte-Geneviève, tenant d'une part aux Collèges de Boncourt et de Tournai, d'autre part aux murs de la ville. Le bail en avait été passé le 23 août 1503 à Guy Marchant et Jean Des Granges, dont il a le droit. (Arch. Nat., MM 282, f° 274.)

Ces trois actes reproduits in-extenso par M. Claudin, *Histoire de l'Imprimerie*, I, pp. 380, 381, 383.

1508. — L'Hôtel-Dieu de Paris paye 80 s. à Jean Marchant, imprimeur, pour sept rames d'épitaphes contenant les articles du pardon. (Arch. hospit., Hôtel-Dieu, 6578.)

20 septembre 1511. — Jean Marchand [imprimeur], s'étant plaint que les maîtres et boursiers du collège de Boncourt l'aient troublé dans la jouissance du bail des allées, passé à la vie de Guyon Marchand, imprimeur, son oncle, et à la sienne, le 8 mars 1498, et les maîtres et boursiers du collège ayant prétendu qu'ils avaient, d'ancienneté, droit sur ces allées, une transaction est intervenue entre eux : le collège de Boncourt conserve les deux tiers des allées, et Jean Marchant se contente d'un tiers. La Ville de Paris fait, en conséquence, un nouveau bail à Jean Marchand, pour 59 ans à partir de la Saint-Rémy prochaine, au loyer de 8 s. par., de l'aisance et jouissance du tiers des allées, du côté de la Porte Saint-Victor. (Arch. Nat., Q/1 1099/197 A, f° 83 et Q/1 1099/198, f° 72 v°.)

Reproduit in-extenso par M. Claudin, *Histoire de l'Imprimerie*, I, p. 380.

25 mars 1540. — Michel Marchant, libraire et relieur, demeu-

rant rue Saint-Etienne-des-Grecs, à l'enseigne du Miroir, fait donation à François Marchant, son fils, étudiant en l'Université. (Arch.
Nat., Y 86, f° 201.)

2 décembre 1554. — Antoine Marchant, libraire, voyez
COSME.

MARELIER

19 juin 1562. — Testament de Guillemette Guiette, femme de
Jean Marelier, compagnon-imprimeur, demeurant rue d'Ecosse,
dans une maison neuve appartenant à l'œuvre de Saint-Hilaire;
exécuteur testamentaire, sire Antoine de Brie, son beau-frère.
Témoins : son mari et Jacques Caré, tailleur. (Arch. Nat., LL 757,
f° 58 v°.)

MARIER

15 février 1554 (n. st.). — Jean Marier, imprimeur, voyez
GUEULART.

MARNEF

27 avril 1508; 24 novembre 1508 (*trois actes*). — Geoffroy de
Marnef, libraire-juré, achète trois quarts de la moitié indivise de
deux immeubles appartenant à la famille Le Garnetier (*alias* Le
Grenetier) : la maison du Cygne, place Maubert, avec cour, étable,
puits, entre Jean Brébion, chandelier de suif, et Guillaume Belin,
bourrelier; la maison du Pélican au coin des rues Saint-Jacques et
du Foin, tenue à viager des Mathurins, contenant trois corps
d'hôtel et contiguë aux hoirs de Jean Regnauld, boulanger. Il
achète encore les trois quarts en la moitié d'une rente assise sur
l'hôtel de Brébion, place Maubert, proche la maison du Cygne.
(Arch. Nat., S 1650, f°ˢ 172 v°, 174, et 174 v°, 3ᵉ série.)

Les Mathurins avaient donné la maison du Pélican et celle de l'Ange,
contiguës, à bail emphytéotique de 99 ans à Jean Le Grenetier, marchand-
huilier, le 30 novembre 1455. (Arch. Nat., LL 1545, p. 208.)

13 février et 6 mars 1511 (n. st.). — Geoffroy de Marnef, voyez
GIRAULT, à la date du 3 octobre 1532.

8 octobre 1548. — Jérôme de Marneuf, libraire, rue Saint-
Jacques, et Denyse de Marneuf, sa sœur, veuve d'Ambroise Girault,
libraire, même rue, font une association commerciale, à la charge
de laquelle seront l'entretien des enfants de Denyse et une rente
à servir à Simon de Marneuf, frère de Jérôme et de Denyse. (Arch.
Nat., Y 94, f° 67.)

1ᵉʳ mai 1563. — Jérôme de Marnef, libraire-juré, fait donation
de tous ses biens à son décès à ses neveux et nièces, Pierre

Drouart, libraire, marié à Guillemette Girault, et Guillaume Cavellat, libraire, marié à Denyse Girault. (Arch. Nat., Y 104, f° 62 v°.)

10 août 1564. — Hiérôme de Marnefz et Guillaume Cavelat, [libraires], achètent pour 2 000 l. t. deux maisons contiguës portant l'une l'enseigne du Pélican, autrefois du Colombier-Saint-Jacques, et l'autre l'enseigne des Deux-Boules, au coin des rues du Mont-Saint-Hilaire et Saint-Jean-de-Beauvais, entre Adrien Le Roy [imprimeur, le Mont-Parnasse] et Gabriel Buon [libraire, l'image Saint-Claude]. (Arch. Nat., S 1653, f° 124 v°, 2ᵉ série.)

1568. — Le Collège Sainte-Barbe achète « deux lapins et ung levrault pour donner au capitaine Marnef, affin qu'il se contentast d'un homme à la Porte, en sentinelle. » (Arch. Nat., H 2808/1.)

Il s'agit de la garde de jour et de nuit de la Porte Saint-Marcel, charge qui incombait au Collège Sainte-Barbe ; Jérôme de Marnef était capitaine de la milice bourgeoise.

1571. — Jérôme Marief [de Marnef], voyez Le Bouc.

14 août 1576. — Jérôme de Marnef, voyez Cavellat.

30 décembre 1581. — Voyez Sittart.

3 janvier 1591. — Voyez Brumen.

1595-1596. — Madame Cavelart [Cavellat] délivre à la Confrérie de Saint-Jean-l'Evangéliste le legs de 30 écus fait par le feu sieur de Marnef. (Bib. Nat., ms. fr. 21872.)

Enguilbert de Marnef, imprimeur à Poitiers, voyez l'*Appendice*.

MARNES

16 avril 1549. — Macée Le Pelletier, veuve en premières noces de Jean Bourdin et en secondes noces de Pierre Le Brodeur, [libraire ?], fait donation de tous ses biens à Jean de Marnes, libraire, y compris ses droits sur la moitié d'un étal en la grand'salle du Palais, adossé près de la chapelle où l'on chante la messe, « soubz les pieds de la figure du Roy Pépin », qui a été aliéné par les commissaires du roi pour le fait de l'aliénation du domaine. Le tout à charge, par Jean de Marnes, « de nourrir à la table de luy et de sa femme ladicte Le Pelletier, l'entretenir de tout ce qui lui sera nécessaire sa vye durant, lui quérir et livrer durant ledict temps de sa vye, pour ses allimenz corporelz comme de boire, menger, feu, lict, hostel et lumière, et toutes autres ses nécessitéz, tant en santé que en malladie; luy bailler une personne pour la conduire, au moyen de ce qu'elle est devenue aveugle...; ensemble luy bailler par chascun dimenche de l'an douze deniers tournois pour subvenir à ses nécessitéz, et les bonnes festes solempnelles lui bailler deux solz tournois. » (Arch. Nat., Y 94, f° 296 v°.)

26 avril 1554. — Jean de Marnes, marchand libraire à Paris, en raison de la donation à lui faite devant notaire en l'an 1548, fait condamner Charles Bourdin à lui rendre une obligation passée à feue Macée Le Pelletier, jadis femme de feu Pierre Le Brodeur. (Arch. Nat., Y 5244, f° 368.)

MAROLLE

31 mars 1586. — Pierre Marolle, cartier, voyez GUYMIER.

MARTIN

7 septembre 1552; 31 septembre 1552. — Pierre Martin, marchand de papier, voyez CHEFDEVILLE.

17 juillet 1564. — Jean Martin, parcheminier, rue de la Parcheminerie, se porte caution pour Policarpe Martin, orfèvre, son fils, demeurant au Compas, rue de la Licorne, à l'occasion d'un marché passé entre ce dernier et Pierre Lemaistre, maître-tablettier, pour la livraison d'un « evantal d'or, encommancé, garny de sept rubis, deux diamens et quatre emerauldes ». (Arch. Nat., ZZ/1 302, f° 166.)

24 janvier 1600. — Contrat de mariage de Saturnin Martin, tailleur d'habits, fils de Mathurin Martin, imprimeur à Paris, avec Catherine de Grandoict, veuve de Claude Fouré, marchand à Sucy-en-Brie. (Arch. Nat., Y 139, f° 7.)

MASSÉ, voyez MACÉ

MASSUE

31 octobre 1588. — Pierre Massue, papetier, voyez RICOUART.

MATHONIÈRE

1571. — Alain Des Mautonnières [imprimeur d'histoires], voyez SAULSE.

MAUGIER

24 avril 1582. — Gilles Maugier, libraire, voyez LE HEUDIER.

MAULE

25 novembre 1562. — Contrat de mariage de Jean de Maule, libraire, faubourg Saint-Marcel, rue Neuve-Saint-Médard, avec Jeanne Auvain, veuve de François Duham, libraire, demeurant à la même adresse. Jean Duham, âgé de 2 ans, sera « allimenté de toutes choses quelzconques tant sain que mallade » jusqu'à l'âge de 12 ans. (Arch. Nat., Y 110, f° 349 v°.)

MAUPETIT

6 janvier 1489 (n. st.). — Guillaume Maupetit, parcheminier, rue de la Parcheminerie, est écroué au Châtelet pour avoir été trouvé rôdant à 10 heures du soir, porteur d'une dague, rue de la Bûcherie. Relâché le lendemain. (Arch. Nat., Y 5266, f° 199 v°.)

MAURICE, voyez MORICE

MÉLAINE

Entre 1597 *et* mai 1598. — Guillaume Mélaine paye la taxe d'ouverture de boutique. (Bib. Nat., ms. fr. 21872.)

17 octobre 1598. — Guillaume Mélaine, libraire, voyez PILLE-HOSTE.

MELAIS

12 juin 1564. — François Cymard, maître-esteufier, donne à bail pour 60 l. t. à Richard de Melais, faiseur d'ais de papier, un corps d'hôtel de la maison du Fer-à-Cheval, rue du Bon-Puits, au coin de la rue Traversine. (Arch. Nat., ZZ/1 303, f° 71.)

22 février 1565 (n. st.). — Voyez LE COCQ.

1571. — Richard de Melay, papetier, voyez PACQUET.

1578. — Richard Melais, marchand papetier, passe titre nouvel pour la maison de la Corne-de-Daim, rue Traversine, entre l'Eperon et une maison lui appartenant. (Arch. Nat., S 507, f° 92.)

20 avril 1582. — Richard Melais, marchand papetier, passe titre nouvel pour une maison, rue Traversine, au coin de la rue de Versailles, contiguë à la Corne-de-Daim. (Ibid., f° 91 v°.)

31 janvier 1591. — Geneviève Chobert, veuve de Richard de Mellaiz, marchand papetier, rue Traversine, vend à Mathieu Varin, sergent à verges, la maison de la Corne-de-Daim, rue Traversine. (Arch. Nat., S 498, p. 79.)

24 avril 1598. — Pierre Triboullet, libraire et relieur, rue Traversine, et Geneviève Chobert sa femme, veuve de Richard de Melais, papetier, et Simon de Melais, maître-tailleur d'histoires, vendent à Jean Petit, maître-parcheminier, rue Saint-Jacques, la maison de la Corne-de-Daim, rue Traversine. (Ibid., p. 83.)

La première vente de cette maison avait été annulée par arrêt du 14 février 1597 rendu contre Mathieu Varin.

18 janvier 1603. — Jean Petit, maître-parcheminier, vend à Symon de Mélais, tailleur d'histoires, rue Traversine, un petit jardin situé dans cette rue. Il l'avait acheté, avec la maison à laquelle il était attenant, au dit Symon de Melais, a Pierre Tri-

boulet et à Geneviève Chobert, **veuve de Richard de Melais**, remariée à Pierre Triboulet. (Signet manuel de Symon de Melais). (Ibid., p. 11.)

16 février 1615. — Geneviève Chobert, veuve en dernières noces de Pierre Triboulet, marchand papetier, vend à Jacques Matharel, avocat au Parlement, la moitié d'une maison, rue Traversine, contiguë au Petit-Navarre, lui provenant de feu Richard de Melais, son premier mari, et de feu Simon de Melais, son fils, vivant maître-tailleur d'histoires. (Ibid., p. 23.)

24 février 1615. — Trois huitièmes de la même maison sont vendus à Jacques Matharel par Nicolle de Melais, femme de François Leliepvre, maître-serrurier, qui en était propriétaire comme héritière de Simon de Melais, son neveu, et de Renée de Melais, sa sœur. L'acheteur s'engage à payer 646 livres à Jean Seigneur, papetier à Paris, et à Marie Triboulet, sa femme, après le décès de Geneviève Chobert. (Ibid., p. 31.)

MERCIER, voyez LE MERCIER

MÉRIEULX, MÉRIEUX, MÉRIEU

6 mars 1592 ; 25 février 1594. — Jean Mérieulx, l'aîné, Denys, Daniel et Jean Mérieux, le jeune, tous maîtres-cartiers, voyez GUYMIER.

MERLIER

12 mai 1550. — Testament de Jean Merlier, imprimeur, rue des Sept-Voyes, au Miroir ; il demande à être enterré au cimetière Saint-Hilaire ; exécuteurs testamentaires : Fleury Prevost [imprimeur] et Besnard Prevost, frères ; témoins : Jacques de Busserolles, son hôte, et Jean Halouppe [peaucier]. (Arch. Nat., LL 757, f° 4.)

MERLIN

25 avril 1549. — Guillaume Merlin, libraire, voyez NIVELLE.

23 novembre 1552. — Voyez VASCOSAN.

11 août 1560 ; 31 décembre 1560. — Guillaume Merlin [libraire], bourgeois de Paris, la veuve de Nicolas Le Peuple [orfèvre], Barbe Le Peuple veuve de Claude Girard, Louis Marchant veuf de Guillemette Arnoul, Marguerite Pigeart veuve d'Adrien Paulinart, et d'autres, mettent opposition sur le prix à provenir de la vente des biens vacants de feu Jean Beaussault. (Arch. Nat., Y 3460, f°ˢ 124 et ss.)

On sait, par un acte du recueil de MM. Pichon et Vicaire, que Guillaume Merlin, l'aîné, libraire, et Nicolas Le Peuple, orfèvre, étaient beaux-frères.

20 juin 1562. — Voyez BUFFET.

5 janvier 1564 (n. st.). — Sire Guillaume Merlin, libraire-juré, achète à Robert Cherruau, greffier au bailliage du Palais, et à Germaine Hopyl, sa femme, la moitié de la maison de la Nef-d'Argent, rue Saint-Jacques au coin de la rue Saint-Jean-de-Latran, contiguë à l'image Notre-Dame et tenant par derrière à la Corne-de-Daim; corps d'hôtel à pignon sur la rue Saint-Jacques et à égoût sur la rue Saint-Jean-de-Latran. (Arch. Nat., S 904, f° 184 v°.)

4 février 1564 (n. st.). — Saisie sur Guillaume Merlin [libraire] de la moitié de la maison de la Nef-d'Argent, rue Saint-Jacques, pour 12 l., 10 s. t. d'arrérages dus à Phillebert Gobelin. Guillaume Merlin appelle en garantie Robert Cherruau et sa femme qui lui ont vendu la maison le 5 janvier précédent et auxquels il a déjà payé 1 000 l. t. Parmi les autres propriétaires de la maison sont Pierre Du Blanc-Buisson et Denyse Tasset sa femme qui déclarent la saisie « tortionnaire et abusive ». Pierre et Nicolas Pinart [chandeliers] et Mathieu de Lor [maître au fait des armes], à cause de sa femme, ont un droit de passage et de vue sur la maison et un droit d'usage sur le puits. (Arch. Nat., Y 3464, f° 67.)

3 mai 1564. — Voyez CHRESTIEN.

25 juin 1565. — Voyez BREUILLE.

30 août 1565. — Guillaume Merlin l'aîné, bourgeois de Paris, met opposition pour 60 écus d'or soleil qui lui sont dus en vertu d'une obligation du 23 septembre 1564, sur les vente et criée d'une maison sise à Saint-Marcel, rue d'Orléans, appartenant à Nicolas de La Noue. (Arch. Nat., Y 3466, f° 471.)

6 octobre 1565. — Voyez HARDOUYN.

17 septembre 1567. — Guillaume Merlin l'aîné, bourgeois de Paris, poursuit les ventes et criée de la maison de la Rivière, rue d'Ablon à Saint-Marcel, appartenant à Thomas Ricard et sa femme pour 501 l. 12 s. t. restant dus sur une obligation du 31 janvier 1564 (n. st.). La maison de la Rivière est contiguë à celle de l'image Saint-Jean, appartenant à Nicolas Le Peuple [orfèvre] et Marguerite de La Rivière, sa femme. (Arch. Nat., Y 3468, f° 50.)

5 mars 1569 — Guillaume Merlin le jeune, libraire, poursuit les vente et criée d'une maison et de vignes à Bagneux appartenant à Jean Canivet, bourgeois de Paris, pour 102 l., 8 s. t. qui lui sont dus. (Arch. Nat., Y 3469, f° 167.)

2 décembre 1569. —Guillaume Merlin, l'aîné, libraire-juré, fait

donation à l'Hôtel-Dieu de Paris d'une rente de 100 l. sur la ville, à charge de services religieux. (Arch. hospit., Hôtel-Dieu, 4291.)

1571. — Guillaume Merlin, le jeune, libraire, locatif du roi dans la Cité [au Palais]. (Bib. Nat., ms. fr. 11692.)

20 août 1572. — Guillaume Merlin, libraire-juré, donne quittance à la Ville de Paris de 16 l. 10 s. t. pour fourniture de 6 rames de papier, au taux de 55 s. la rame, destinées à la réimpression de certains feuillets du livre de l'Entrée du Roi. (Bib. Nat., ms. fr. 11690, f° 64.)

Voyez Codoré, Picques et Le Pelletier.

1573. — Guillaume Merlin, marchand, bourgeois de Paris [et libraire?] figure pour 3 l. dans le compte des prêts faits au roi par les habitants de Paris « pour le secours de l'armée estant devant le Havre de Grasce ». (Bib. Nat., ms. fr. 11689, f° 46 v°.)

MESNIER

14 juillet 1581. — Pierre Menyer, imprimeur, rue des Sept-Voyes, et Marguerite Du Tillet, sa femme, fille naturelle de feu Guillaume Du Tillet, écuyer, seigneur en partie de La Grange, prévôté de Grand-Genouilly, et de Val-Cocatrix, prévôté de Corbeil, transigent avec Jacques de La Croix au sujet de la vente qu'ils ont faite de leurs droits sur les terres et seigneuries de La Grange et de Val-Cocatrix. (Arch. Nat., Y 123, f° 192 v°.)

2 juillet 1601. — Pierre Mesnier, maître-imprimeur, demeurant sur la Porte Saint-Victor, et Marie Bourdelon, sa femme, achètent pour 240 écus soleil une maison grande rue Mouffetard, à Saint-Marcel, portant l'enseigne du Paradis. (Arch. Nat., S 1655, f° 192 v°, 1re série.)

1er octobre 1608. — Pierre Mesnier [libraire], prend à bail le logement habituel du portier de la Porte Saint-Victor, pour 9 ans, au loyer de 22 l. (Arch. Nat., Q/1 1099/199, f° 119.)

Pâques 1609. — Pierre Mesnier prend à bail deux places près l'avant-portail de la Porte Saint-Victor, pour 60 ans, au loyer de 8 l. (Ibid., f° 200.)

25 octobre 1616. — Pierre Mesnier renouvelle son bail à la Porte Saint-Victor, pour 6 ans, au loyer de 22 l. (Ibid., f° 119.)

MESSAGER

12 août 1600. — Jean Messager, imprimeur en taille-douce, voyez Harsy.

MESTAYER

5 février 1586. — Au rapport de Bertrand de Verneuil, Antoine Le Hault, Jacques Petit et Nicolas Du But, jurés-parcheminiers, Jean Mestayer est reçu maître-parcheminier. (Arch. Nat., Y 9306.)

MESTREAU

15 mars 1557. — Alexandre Mestreau, compagnon-imprimeur, et Jeanne Siméon, sa femme, donation mutuelle. (Arch. Nat., Y 109, f° 454.)

METTAYER

Entre 1595 *et* mai 1596. — Pierre Mettayer [libraire-imprimeur à Tours] paye la taxe d'ouverture de boutique à Paris. (Bib. Nat., ms. fr. 21872.)

MEUSNIER

Entre août 1598 *et* mai 1600. — Nicolas Meusnier paye la taxe d'ouverture de boutique. (Bib. Nat., ms. fr. 21872.)

Nous ne savons si ce fut comme imprimeur, libraire, relieur ou papetier.

MÉZIÈRES

24 mars 1560. — Julien Mézières, libraire, rue des Carmes, à l'enseigne de la Queue-de-Renard, et Marguerite Desrieulx, sa femme, donation mutuelle. (Arch. Nat., Y 101, f° 315 v°.)

1571. — Julien Maisières, (*alias* Masières), relieur, voyez NICOLLE.

MICARD

9 mai 1564. — Claude Micart, [libraire], voyez LANGELIER.

1571. — Claude Micart [libraire], voyez BOREL.

1579; 1581. — Claude Micart paye 12 l. 10 s. t. pour le loyer de la maison de la Lanterne, à présent le Griffon-d'Argent, rue Saint-Jean-de-Latran. (Arch. Nat., H 2855/1.)

Entre 1595 *et* mai 1596. — Jean Micard [libraire] paye la taxe d'ouverture de boutique. (Bib. Nat., ms. fr. 21872.)

20 mars 1596. — Robert Micard [libraire], voyez VALLET.

26 septembre 1601. — Elisabeth Moreau, veuve de Robert Micard, libraire, et Jean Micard, libraire, voyez ROBINOT.

4 août 1605. — Les héritiers de Jean Micard, voyez VALLET.

22 août 1606. — Feu Robert Micard, voyez SOUBRON.

Sans date. — Les héritiers de Claude Micard, voyez ROBINOT.

MICHEL

3 avril 1551. — Besnard Michel et Huchon Pirlot, libraires, sont témoins au testament de Jean Alain, marchand, rue Chartière, au Chef-Saint-Denys. (Arch. Nat., LL 757, f° 10.)

27 novembre 1596. — Contrat de mariage de Samson Michel, imprimeur et bourgeois de Paris, l'un des gardes de la Porte du jardin des Tuileries, demeurant rue Frémentel, âgé de 32 ans, fils de feu Georges Michel, boulanger au Grand-Saint-Georges-du-Mont, en Normandie, avec Catherine de Cajeulle, veuve de Mathurin de Mézières, pâtissier. (Arch. Nat., Y 136, f° 104.)

MICHON

3 août 1604. — François Michon, libraire et relieur, voyez DAUVERGNE.

MIGON

29 juillet 1586. — Chrysostome Migon, libraire, à Saint-Germain-des-Prés, est présent au contrat de mariage de Lazare Guillement, avec Barbe Valandon, veuve de Nicolas Sauvage, gagne-deniers. (Arch. Nat., Y 128, f° 3 v°.)

MIRAULT

Entre 1595 *et* mai 1596. — Antoine Mirault paye la taxe d'ouverture de boutique. (Arch. Nat., ms. fr. 21872.)

5 février 1601. — Le Collège de Fortet donne à bail à Antoine Mirault, relieur [et libraire], la maison de l'image Saint-Pierre, rue des Sept-Voyes, au loyer de 33 écus un tiers. (Arch. Nat., MM 398, f° 122.)

MOCHET

1571. — Adam Mochet, papetier, habitant rue Gervais-Laurent, est taxé à 40 s. t. au don de 300 000 livres. (Bib. Nat., ms. fr. 11692, f° 594 v°.)

MONDET

20-21 décembre 1549. — Maître Robert Dugast, docteur en théologie, donne à bail à Guillaume Mondet, libraire, une maison à quatre corps d'hôtel, sur l'un desquels pend l'enseigne du Chaudron, au coin de la rue du Chaudron, dite d'Ecosse, entre le jardin et le cimetière de l'église Saint-Hilaire, le presbytère, le collège de Carembert et le collège de Reims. C'est l'ancien collège de Thou, acheté par Robert Dugast, curé de Saint-Hilaire, le 20 novembre 1527. Loyer, 50 écus d'or. (Arch. Nat., MM 341, f° 77.)

La maison du Chaudron fit partie de la dotation du Collège Sainte-Barbe lorsque Robert Du Gast le reconstitua (voyez : Quicherat : *Histoire de Sainte-Barbe*, 1860, t. 1ᵉʳ) ; c'était un grand immeuble où Mondet avait d'innombrables locataires. Jeanne Dugast, la femme de Mondet, était parente de Robert Dugast.

2 janvier 1552 (n. st.). — Voyez YVERNET.

16 septembre 1552. — Testament de Jean Franchet, prêtre, curé de Saint-Hilaire-du-Mont, demeurant au Chaudron. Exécuteur testamentaire : Robert Du Gast, prêtre, son oncle; témoins : Guillaume Franchet, prêtre, et Guillaume Mondet. (Arch. Nat., LL 757, f° 16 v°.)

4 octobre 1552. — Guillaume Mondet est témoin au testament de Jean Tonin, savetier, demeurant dans la maison du Chaudron. (Ibid., f° 17 v°.)

13 décembre 1552. — Guillaume Mondet est témoin au testament de Marion Royère, demeurant à la Caille, rue du Mont-Saint-Hilaire. (Ibid., f° 19 v°.)

28 janvier 1555 (n. st.). — Guillaume Mondet, voyez CALOT.

28 octobre 1555. — Sire Guillaume Mondet, libraire en l'Université, et maître Vincent Quignon, imprimeur, sont témoins au testament de Raoul Barbin, habitant la maison de la Cuiller [rue du Mont-Saint-Hilaire]. (Ibid., f° 49.)

13 décembre 1556. — Testament de Nicole Du Gast, prêtre, demeurant au Chaudron; il laisse tous ses biens aux enfants de Guillaume Mondet et de Jeanne Du Gast; exécuteurs testamentaires : Pierre Du Gast, son père, et Robert Certain, curé de Saint-Hilaire ; témoins : Nicolas Chobart et Pierre Ramus [Pierre La Ramée ?]. (Ibid., f° 51.)

27 avril 1557. — Guillaume Mondet, libraire, « maistre du Chaudron », rue d'Ecosse, est témoin au testament de Jacques Harderel, demeurant dans cette maison. (Ibid., f° 80.)

29 mai 1557. — Guillaume Mondet, libraire, est témoin au testament de Loyse Congnet, femme de Jean Chalopin, habitant en un logis dépendant du Chaudron. (Ibid., fᵒˢ 80 v° et 86.)

30 décembre 1557. — Guillaume Mondet et Michel Nyon, son hôte, sont témoins au testament de Catherine Tellier, demeurant au Chaudron. (Ibid., f° 87.)

21 décembre 1561. — Reconnaissance par le Collège Sainte-Barbe de 400 l. t. dues à Guillaume Mondet pour réparations faites à la maison du Chaudron. (Arch. Nat., MM 341, f° 78 v°.)

Sans date. — Le Collège Sainte-Barbe doit à Robert Choquet, maître-menuisier : « Item, pour avoyr faict deux grandes fenestres à la cuysine du librayre, 2 sols, 6 deniers; Item, pour avoyr faict deux fenestres servant aux deux chambres neuffves du libraire, 2 sols, 6 deniers. » (Arch. Nat., H 2895.)

Noël 1563. — Jeanne Du Gast, veuve de Guillaume Mondet, paye le loyer de la maison du Chaudron, à partir du terme de Noël 1563, au lieu de son mari. La maison a été donnée au Collège Sainte-Barbe, par Robert Dugast, « sous condition de respecter le bail qui a été fait à vie à Jeanne Dugast, sa parente. » (Arch. Nat., H 2808/1.)

1571. — Veuve Mondet, voyez LE BOUC.

Sans date. — Feu Guillaume Mondet, voyez BUON.

MONGAY

5 juillet 1524. — Horry de Mongay, libraire, demeurant à Paris, est cité comme témoin devant la juridiction de Saint-Germain-des-Prés, dans un procès intenté par Jean Grossier à Jacques Delas [faiseur d'esteufs] et sa femme. (Arch. Nat., Z/2 3298 et 3300.)

MONSTR'ŒIL

10 mai 1564. — Contrat d'apprentissage de Claude de Monstreul, âgé de 13 ans, fils de Jean de Monstreul l'aîné, maréchal à Vaudompier près Beauvais, chez Jean Syonneau, marchand libraire, relieur et doreur de livres, rue Neuve-Notre-Dame. (Arch. Nat., ZZ/1 302, f° 67.)

27 août 1584. — Claude de Montereul, marchand libraire, bourgeois de Paris, demeurant rue de la Draperie, subrogé tuteur des enfants mineurs de Jean Niverd, mercier, dont il a épousé la veuve, Catherine Hochet. (Signet manuel : de Monstre'œil.) (Arch. Nat., ZZ/1 306, f° 129.)

30 décembre 1599. — Claude de Monstr'œil, libraire, est témoin au contrat de mariage de Jean Sauvaige, sergent à verges au Châtelet, rue Chapon, avec Barthélemie Richardot, veuve de Jacques Moulinier, rue des Cinq-Dyamants. (Arch. Nat., Y 139, f° 15.)

20 janvier 1626. — Feu Claude Monstreuil [libraire], voyez RICHER.

MONTAUGER, MONTOUGET

27 mars 1581. — Montauger, imprimeur, voyez THIERRY.

17 août 1587. — Pierre Montouget, compagnon-imprimeur, voyez VELU.

MONTHEREUL

3 juillet 1590. — Michel de Monthereul, libraire, voyez LHUILLIER.

MONTOUGET, voyez MONTAUGER

MORE

4 février 1514 (n. st.). — Jean More, parcheminier, comparaissant devant la juridiction de Saint-Germain-des-Prés est ajourné à huitaine. (Arch. Nat., Z/2 3285.)

26 décembre 1522. — Jean More, parcheminier, demeurant rue de Lourcines, à Saint-Marcel, achète un demi-arpent de vignes en une pièce à Saint-Marcel, lieu-dit Chassegay. (Arch. Nat., S 5118.)

14 novembre 1526. — Jean More, parcheminier, demeurant rue de la Parcheminerie, achète une maison rue de Lourcines, au faubourg Saint-Marcel. (Ibid.)

1532 ; 1535. — Jean More paye le cens dû à la Commanderie de Saint-Jean-de-Latran pour deux maisons rue de Lourcines et deux arpents de terre à Saint-Marcel, lieu-dit Chassegay. (Arch. Nat., S 5118/3 ; S 5118/7.)

MOREAU

16 juillet 1547. — Anne Patinge, fille de feu Ursin Patinge et de Jeanne Gorron, femme de Pierre Moreau, libraire, absent de Paris, cède le bail de la maison de l'image Sainte-Catherine, au Mont Sainte-Geneviève, appartenant au Collège de Beauvais, pour lequel elle payait 60 l. t. de loyer. (Arch. Nat., S 6357.)

Voyez FEBVRIER; cette maison était située dans la ruelle de la Longue-Allée, rue du Mont-Saint-Hilaire.

27 novembre 1554. — Fiançailles à l'église Saint-Hilaire de Jean Moreau [libraire] avec Claude Buffet ; témoin, Olivier de Harsy [libraire]. (Arch. Nat., LL 757, f° 72.)

20 janvier 1555 (n. st.). — Voyez HARSY.

7 février 1555 (n. st.). — Voyez BUFFET.

6 juillet 1562. — Gilbert Moreau, libraire à Paris, tuteur et curateur des enfants mineurs qu'il a eus de feue Gillette Giffart, jadis sa femme, Marie Giffart veuve de Guillaume Morice, et Antoinette Giffart femme de Michel Morice, requièrent l'entérinement « d'unes lettres royaulx » du 22 février 1560 (n. st.). (Arch. Nat., X/1 A 4992, f° 40.)

17 janvier 1564 (n. st.). — Voyez WARRANCORE.

24 juin 1564. — Jean Picart, rubannier, et Laurence Gaulard, sa fiancée donnent reçu à Jean Moreau, libraire, exécuteur testamentaire de Mathurin Gaulard et Jeanne Bonnemard. (Arch. Nat., ZZ/1 303, f° 95.)

8 novembre 1568. — Gilbert Moreau, libraire, donne reçu au Collège Sainte-Barbe de 10 s. t. à lui dus « pour avoir esté deux fois à la garde à la Porte S. Marceau. » (Signet manuel). (Arch. Nat., H 2895.)

1571. — Jean et Gilbert Moreau [libraires], voyez LASTRE.

31 décembre 1579; 24 janvier 1580. — Jean Moreau, voyez HARSY.

18 avril 1584. — Contrat de mariage d'Antoine Moreau, libraire et relieur, demeurant chez Jean Loutrel, libraire et relieur, rue des Sept-Voyes, fils de Jean Moreau, laboureur à La Morlaye, près Luzarches, et d'Anthonie Guillot, avec Marguerite, fille de Jean Loutrel et de Jeanne Crespin. Dot de la future : 33 écus et demi d'or, une couche de bois d'érable à hauts piliers, une couverture de laine verte, un ciel de tapisserie, deux custodes et la bonne grâce de serge verte, une longue table en bois de noyer ployant, sur un tréteau, dix escabilles de bois de noyer, six draps, deux nappes, une douzaine de serviettes, le tout en toile de chanvre, dix chemises de toile de chanvre, neuves, à l'usage de la future, deux robes et une cotte de drap noir, une cotte de drap gris, deux chaperons de drap noir. Douaire : 20 écus soleil. Témoin : François Parache, doreur de livres, parrain de la future. (Arch. Nat., Y 125, f° 520 v°.)

Sans date. — Jean Moreau est propriétaire de la maison de la Prudence, rue d'Ecosse, en vertu d'un bail emphytéotique du 16 mai 1555. (Arch. Nat., H 2855/1.)

C'est le bail passé par Nicolas Buffet, beau-père de Moreau, de la maison de la Corne-de-Daim qui porta plus tard l'enseigne de la Prudence.

5 juin 1612 ; 21 juin 1617. — Titres nouvels passés par Elizabeth Moreau, femme de Léon Sibourg, procureur au Parlement, pour la maison de la Corne-de-Daim, actuellement la Prudence, rue d'Ecosse, provenant de Jean Moreau et Claude Buffet. (Arch. Nat., MM 441, f° 112.)

Elle habitait encore cette maison en 1659.

MOREL

9 juin 1543. — Denis de Lestre, orfèvre, est détenu à la Conciergerie pour quatre livres défendus trouvés en sa possession. Trois de ces livres seront visités par des docteurs en Théologie.

Au sujet du quatrième, *la Fontaine de Vie*, on interrogera Adam Morel, maître écrivain, et un nommé Greifien, sur ce que ce dernier a écrit à la fin du livre que lui avait remis Morel, lequel le tenait de de Lestre. — 20 octobre 1543. — Denys de Lestre est remis en liberté. (Arch. Nat., X/2 A 95.)

Communiqué par M. Weiss.

5 mars 1552 (n. st.). — Sur la plainte de Guillaume Morel, imprimeur, libraire et bourgeois de Paris, François Pichonnat, vendeur de poisson de mer aux halles, est condamné à faire réparer le mur et le contremur de sa maison du Mont-Saint-Hilaire, à l'image Saint-Sébastien [rue Chartière], et à faire vider la cave et le cellier de sa maison qui sont remplis d'immondices provenant de la fosse de la maison voisine, les Trois-Croissants, où demeure Nicolas Guers. (Arch. Nat., Y 5239, n° 184.)

23 novembre 1552. — Fédéric Morel [imprimeur], voyez VASCOSAN.

10 avril 1556. — Guillaume Morel [imprimeur], voyez TURNÈBE.

8 août 1556. — Guillaume Morel, imprimeur, et Jean Des Maroys, libraire, sont témoins au testament de Nicolas Hue, demeurant rue Chartière, aux Trois-Croissants; l'exécuteur testamentaire est Nicole Guers « sieur des Trois Croissans. » (Arch. Nat., LL 757, f° 51.)

18 octobre 1558. — Voyez POETRACT.

4 septembre 1562. — Testament de Nicolas Roussel, marchand, bourgeois de Paris; exécuteurs testamentaires : Guillaume Morel, imprimeur du roi, et Pierre Chion, libraire; témoins : Jean Hucqueville et Marin Pautonnyer [libraires]. (Ibid., f° 62 v°.)

16 janvier 1563 (n. st.). — Requête de Guillaume Morel, imprimeur du roi en lettres grecques, relative aux poinçons des caractères grecs appartenant au roi, qui avaient été donnés en garde, par arrêt du 13 juillet précédent, à maître Pierre Baron, procureur au Parlement, dans un bahut dont la clef était aux mains du capitaine Godeffroy, « lesquelz poinsons seroient en danger d'estre enroilléz et gastéz, s'ils n'estoient visitéz, huilléz et accoustréz ». La cour ordonne que le bahut et la clef seront remis dans les trois jours au procureur du roi. (Arch. Nat., X/1 A 1604, f° 171 v°.)

Voyez : Ph. Renouard, *Les Grecs du Roi*, dans le *Bulletin du Bibliophile*, avril 1901, où cet acte est reproduit in-extenso.

1571. — Fédéric Morel, voyez LE ROY.

12 juillet 1575. — Voyez ESTIENNE.

17 mai 1577. — Fédéric Morel, imprimeur ordinaire du roi, et Jeanne Vascosan, sa femme, fille et héritière de Michel Vascosan, libraire et imprimeur-juré, et de Catherine Bade, sa première femme ; Claude Le Fèvre, femme de Nicolas Dubray [marchand de vin], et Denyse Le Fèvre, femme de Marc Gaboureau [drapier], fille et héritière de Robine Coing femme en premières noces d'Augustin Le Fèvre et en secondes noces de Michel Vascosan, présentent requête pour obtenir modération des droits de saisine de la maison des Trois-Bourses, rue Saint-Jacques, sise entre l'Ecu-de-Bourgogne et le Gros-Tournois. (Arch. Nat., Q/1 1133/1 B.)

Reproduit in-extenso par M. J. Dumoulin, *Vie et œuvres de F. Morel*, p. 156.

1597. — La veuve de maître Jean Moniot, procureur au Châtelet, à présent femme de Fédéric Morel, imprimeur, doit 9 den. par. de cens à la Commanderie du Temple pour la maison de la Rose-Rouge, rue du Petit Marivaulx, dont elle est propriétaire au lieu de Michel Marteau et de Jean Du Hamel, épicier; entre la veuve de Thomas Pilleur [notaire et secrétaire du roi, le Chapeau-Rouge] et François Damour. (Arch. Nat., MM 173, fº 127.)

10 août 1607; 9 septembre 1617. — Noble homme maître Frédéric Morel, lecteur du Roi en lettres grecques en l'Université de Paris [et imprimeur], donne quittances, comme tuteur de ses enfants, des arrérages d'une rente constituée le 29 janvier 1563 (n. st.) à Léger Du Chesne [son beau-père, lecteur du roi en lettres latines]. (Signets manuels.) (Bib. Nat., Pièces orig., vol. 2047.)

7 mai 1612. — Claude Morel, libraire, à cause de Jeanne Hervy, sa femme, donne quittances. (Signets manuels). (Ibid.)

1652. — La maison de la Fontaine appartient à Charles Morel, secrétaire du Roi, et à Gilles Morel, avocat au Parlement, héritiers de Fédéric Morel, leur père, imprimeur du Roi. (Arch. Nat., S 897 B.)

Voyez la généalogie à l'article BADE.

MORICE

27 février 1545 (n. st.). — Henri Morice, libraire et relieur à Paris, écroué à la Conciergerie pour avoir été trouvé saisi de livres scandaleux, sera mis à la question ; s'il ne confesse rien sera puni *citra mortem*, s'il confesse, sera jugé sur la charge. (Arch. Nat., X/2 A 97.)

3 mars 1545 (n. st.). — Henri Morice, vu ses dénégations quand il a été soumis à la question, est condamné à faire amende honorable dans la Chambre du plaidoyé et au parvis Notre-Dame ;

ses livres seront brûlés en sa présence, et il sera banni du royaume pour 5 ans. (Ibid.)

Communiqués par M. Weiss.

MORIN

12 avril 1538 ; 15 avril 1538. — Jean Morin, libraire, voyez LA GARDE.

17 juin 1538. — Condamnation de Jean Morin, libraire, rue Saint-Jacques, qui a baillé, vendu et délivré aucuns livres contenant plusieurs erreurs et scandales, et a fait imprimer en sa maison un livre intitulé *Cymbalum Mundi*. Il sera conduit dans un tombereau devant Notre-Dame, la corde au col, tourné au pilori et banni à perpétuité. (Arch. Nat., X/2 B 5.)

Voyez : *Bulletin de la Société de l'Histoire du Protestantisme français*, 1893, p. 575.

MOULIN

28 juillet 1561. — Nicolas Moulin, libraire, paye au Collège de Kerembert 18 l. t. de loyer pour la maison qu'il habite, rue des Sept-Voyes, joignant la porte du collège. (Arch. Nat., MM 441, f° 123.)

18 novembre 1565. — Voyez SOULLART.

MOUSTIER ou DU MOUSTIER

23 janvier 1554 (n. st.). — Jacques Moutier [relieur ?], voyez SOURBRON.

1571. — Jacques Moustier, relieur, voyez NICOLLE.

1571. — Nicolas Moustier (*alias* Du Moustier), libraire, voyez CHARRON.

MOUTON

31 octobre 1579. — « Le dernier jour d'octobre v^c lxxix a esté baptisé [à l'église Saint-Landry] Toussains, un des enffans trouvez ; les parrains : Guillaume Du Chesne, gaigne denier, et Pierre Mouton, maistre fondeur de lettre de l'imprimerie, paroisse sainct Hilaire ; la marrine : Katherine Du Chesne, fille dudict parrain premier, paroisse sainct Jacques de la Boucherie. » (Arch. Nat., L 670 n° 1, f° 17.)

MUSNIER, voyez LE MUSNIER

NEOBAR

16 janvier 1539 (n. st.). — Lettres de naturalisation accordées à Conrade Neobare, imprimeur du Roi en lettres grecques, et à

Gilles Neobare, son frère, nés à Kempis Voost (?), au diocèse de Cologne, enfants légitimes de Geoffroy Neobare et d'Ovide Lefrane (?). Il y a longtemps que ledit Neobare est à Paris et y fait profession de bonnes lettres et que Gilles, son frère, y exerce l'état de couturier. (Arch. Nat., JJ 253, f°18, n° 60.)

NEPVEU

8 janvier 1513 (n. st.). — Liénart Huet, menuisier, Robert Nepveu, imprimeur, et Pierre Yvain, brodeur, comparaissent devant la juridiction de Saint-Germain-des-Prés pour « excès ». (Arch. Nat., Z/2 3284, f° 211.)

NICOLLE ou NICOLE

12 août 1507. — Enquête sur les maisons à démolir pour l'élargissement de la rue de la Juiverie... Un hôtel appartenant à la veuve de Jean Nicole, libraire, où est demeurant une lingière... Une maison appartenant à Anne Goujon, parcheminière, où demeure une linyère. (Arch. Nat., H 1778, f° 168 v°.)

Registre des Délibérations du Bureau de la Ville de Paris, t. Ier.

1571. — Liste des habitants taxés au don de 300 000 livres, rue des Sept-Voyes au-dessous du Collège de Fortet :

Claude Mabille, relieur [et libraire], 8 livres;
Jacques Moustier, relieur, 40 sols;
Jacques Nicole, libraire [Pot-à-Moineaux], 8 livres;
D^{lle} Bonnot, 10 livres ;
Béguin Berton [Brethon, pâtissier : Bible-d'Or], 100 sols ;
Jean Cocquerel, *alias* Jacques Cocqueret, 60 sols ;
Estienne Vallet [libraire : Bible-d'Or], 40 sols;
Gervais Beaucorps, 8 livres ;
Nicolas Langlois, 6 livres ;
Marquet de Montigny, 40 sols ;
Roland Charpentier [libraire : Saint-Etienne], 20 livres;
François Chevallier, serrurier, 40 sols ;
Raoulet Cressé, 40 sols ;
Julien Maisières, *alias* Masières, relieur [et libraire, Mézières], 40 sols;
Guillaume Ruelle, fripier, 8 livres ;
Sulpice Marteau, esteuvier, 40 sols ;
Collège de la Mercy, 10 livres ;
Pierre Du Foulle, compagnon boucher, 40 sols ;
Hubert de Labbaye, relieur, 40 sols ;
Olivier Darsy [de Harsy, imprimeur : Corne-de-Cerf], 4 livres;
Benoît Regnault, libraire, 6 livres;
Veuve Gilles Richard, 100 sols ;
Jean Braconnier [Brachonier, imprimeur : Cour-d'Albret], 100 sols;
Antoine de Bestz, arbalestrier, 15 livres ;
Le seigneur Brisart, 30 livres ;

Autre côté de la rue :

Collège de Callembert [Carembert], 4 livres ;

Nicolas Souillard [Soullart, libraire : au Collège], 60 sols;
Henri Labbé [Le Bé, libraire : Griffon], 60 sols;
Jean Le Bouc [libraire : Diligence], 60 sols;
Jean Febvrier [libraire : près le Collège de Reims], 60 sols;
Veuve Frémyn Carrier [libraire?], 40 sols;
Vincent Cornette, néant ;
Thomas Ollivier, 40 sols ;
Collège Montaigu, néant.

(Bib. Nat., ms. fr. 11692, f⁰ˢ 262, 266, 394, 748 v°, 759 v°.)

NICOT

22 janvier 1579. — Le collège de Fortet donne à bail à Gabriel Nicot, libraire, au loyer de 30 écus, la moitié de la maison de l'image Saint-Pierre, rue des Sept-Voyes, entre les collèges de Montaigu et de Reims ; l'autre moitié louée à François Daumalle [libraire]. (Arch. Nat., MM 398, f° 112 v°.)

22 juillet 1585. — Renouvellement de ce bail. (Ibid.)

21 mai 1595. — Voyez GOURDIN.

NIQUET

29 octobre 1549. — Testament de Perrette Viollette, veuve de Nicolas Viollette, bourgeois de Paris, demeurant rue Chartière, à l'image Saint-Sébastien; elle lègue un écu sol à Pierre, fils d'André Logerard et de Jacquette sa fille, « pour luy ayder à apprendre au colleige »; à Jacqueline Logerat, Catherine et Nicolle Sollin, 50 l. t. à chacune pour les aider à marier; à Spire Niquet [libraire], un écu sol, et à Jeanne Rogerard (sic pour Logerat), sa femme, 10 l. t. et sa bonne cotte. Exécuteurs testamentaires : Pierre Solin [relieur], son gendre, et Spire Niquet [libraire]; témoins :Jean Grin, Richard Le Gay [couturier] et Pierre Chion [libraire]. (Arch. Nat., LL 757, f° 1.)

13 mars 1553 (n. st.). — Spire Niquet, voyez LE CLERC.

29 décembre 1586. — Contrat de mariage de Claude Niquet, fille de feu Spire Niquet, libraire, et de Jeanne Logerat, avec Pierre Guérin, maître-passementier. Témoins de la future : Jacques Niquet, frère, Perrette Niquet, femme de Pierre Rousselin, sœur, Guillaume Richaudière, maître-menuisier, beau-frère à cause de feue Marie Niquet sa femme. (Arch. Nat., Y 128, f° 260.)

NIVELLE

25 avril 1549. — Contrat de mariage de Sébastien Nyvelle, libraire, fils de Jean Nyvelle, marchand papetier à Troyes, demeurant dans la maison de Charlotte Guillard, veuve de Claude Chevallon [imprimeur, rue Saint-Jacques, au Soleil-d'Or], avec Made-

leine Baudeau, nièce de Charlotte Guillard, fille de Mathurin Baudeau, maître-chandelier, et de Marie Challembert. Chacun des époux apporte 300 l. t.; Charlotte Guillard leur donne le quart de ses biens meubles et immeubles à son décès. Témoin, sire Guillaume Merlin, libraire, ami. (Arch. Nat., Y 94, f° 334 v°.)

9 janvier 1553 (n. st.). — Voyez RUELLE.

29 décembre 1557; 31 décembre 1557; 12 août 1558; 16 novembre 1558; 12 mars 1559 (n. st.). — Voyez DES BOYS.

14 octobre 1562. — Sébastien Nivelle, libraire et imprimeur, prend à bail pour 9 ans, au loyer de 48 l. t., la maison du Croissant, rue Saint-Jacques, appartenant à l'Hôtel-Dieu. (Arch. Nat., S 889 B.)

30 janvier 1563 (n. st.). — Voyez DES BOYS.

9 février 1563 (n. st.). — Sébastien Nivelle achète pour 4 den. de cens et 50 l. t. de rente perpétuelle, la maison du Croissant, rue Saint-Jacques, contiguë à Guillaume Guillard [libraire, l'image Sainte-Barbe]. L'Hôtel-Dieu, à qui cette maison appartenait, la vend pour se procurer de l'argent : « A raison de la maladie contagieuse il est du tout impossible auxdits gouverneurs de pouvoir plus satisfaire à la nourriture, substantation et aliments des pauvres mallades y affluans au nombre de quatorze à quinze cens ». Petit corps d'hôtel à égoût sur rue de 19 pieds de profondeur et de 10 pieds de largeur; rez-de-chaussée, ouvroir et sallette à côté, cellier, deux chambres et grenier. Précédemment louée par bail du 15 juillet 1545 à Mahiet Révérend, faiseur de fermoirs de livres, et à Perrette Le Fèvre, sa femme. (Ibid. et S 904, f° 184.)

13 juin 1564. — Madeleine Bodeau, femme de Sébastien Nivelle, libraire, est propriétaire d'un étal rue au Feure, contre le mur des SS. Innocents. (Arch. Nat., ZZ/1 302, f° 114.)

9 avril 1565. — Contrat de mariage de Jeanne Chéron, demeurant chez Sébastien Nivelle, avec Guillaume Guyotte, marchand au faubourg Saint-Honoré. (Arch. Nat., Y 106, f° 82.)

27 avril 1565. — Sébastien Nivelle, libraire-juré, poursuit les vente et criée des trois sixièmes de la maison de la Belle-Image, rue Saint-Jacques, appartenant à Geuffroy Breman, pour 52 l. 10 s. t. de rente en vertu d'une obligation du 13 avril précédent. (Arch. Nat., Y 3465, f° 248.)

27 mai 1570. — Sébastien Nivelle et Michel Sonnius, libraires, achètent un droit successif à Chrestien Rigauld, avocat en la ville de La Ferté-Bernard. (Arch. Nat., S 1654, f° 73, 5e série.)

1571. — Voyez LHUILLIER.

8 mai 1571. — Sébastien Maugars, chirurgien-juré, légataire de Marguerite Maugars, sa fille, veuve de Jean Du Chesne, maître-serrurier, vend à Bastien Nivelle, libraire, un quart et la moitié d'un autre quart moins un cinquième et un septième en la moitié, de la maison de l'Ecu-de-Bretagne, rue Saint-Jacques, contiguë à feu Jean de Roigny [libraire], et à la Belle-Image, par derrière à la maison des Quatre-Eléments dont elle est séparée par une petite ruelle; il paye en cédant à Sébastien Maugars une rente de 100 l. t. provenant de la succession de Charlotte Guillard, tante de sa femme, et en lui donnant une soulte de 250 l. t. Claude Le Roy, veuve de Pierre Dasnières, chirurgien-juré, possède une autre partie de la maison. (Arch. Nat., S 904, f° 200.)

18 mai 1573. — Le chapitre de Saint-Benoît vend pour 28 s. par. de cens à Sébastien Nivelle, libraire-juré, l'ancienne petite prison de Saint-Benoît, rue Saint-Jacques, ayant 8 pieds de long, « qui est deux thoyses de platte forme de fonds en comble, » pour en faire une courelle et une montée à la maison des Trois-Couronnes, habitée par Nivelle. Cette vente a pour but d'éviter au Chapitre les réfections à faire aux murs mitoyens « en raison des ruynes survenues tant en la maison de la geolle que en leur maison des Trois Couronnes, en laquelle est demeurant le dit Nyvelle, et aussi ès maisons de Thomas Belot et Nicolas Chesneau, libraires [l'image Sainte-Barbe et le Chêne-Vert]. » (Arch. Nat., S 895 B.)

26 janvier 1574. — Sébastien Nivelle achète la moitié de la maison de l'Ecu-de-Bretagne, rue Saint-Jacques, dont il possède déjà une part indivise. (Arch. Nat., S 904, f° 212 v°.)

11 mai 1581. — Voyez BELOT.

1594. — Sébastien Nivelle, libraire, et Guillaume Béliard, maître-cordonnier, paient à la Commanderie de Saint-Jean-de-Latran 7 l. t. pour la maison de l'Ecu-de-Bretagne pour laquelle ils ont passé titre nouvel le 13 août 1572. (Arch. Nat., S 5118/5, n° 20.)

22 décembre 1596. — Robert Nivelle, libraire, voyez BOULLANGER.

Entre le 29 décembre 1596 et mai 1598. — Robert Nivelle paye la taxe d'ouverture de boutique. (Bib. Nat., ms. fr. 21872.)

15 mars 1604; 16 juillet 1604; 28 décembre 1604; 11 mars 1605. — Madeleine Baudeau, veuve de Sébastien Nivelle, achète des droits successifs sur la maison du Rouet-d'Or, rue Saint-Jacques, à différentes personnes, parmi lesquelles Michelle Guillart et Jean Cressé, son mari; Michelle Des Boys, veuve de Jean Ancocq ; Marie Des Boys, veuve de Jacques Mauclerc, capitaine

d'une compagnie de gens de pied du régiment de La Noue, pour elle et Alexandre Guillart son oncle ; Jacques Grassin, marchand à Ménière, pays du Maine, et Françoise Guillart, sa femme ; Simon, Françoise et Louise de La Porte, frère et sœurs ; Claude Belier, maître-peignier-tablettier, et Jeanne de La Guieche, sa femme ; Pierre Ramier, maître-imprimeur-juré, et Jeanne Milelot, sa femme. (Arch. Nat., S 1655, f°s 109, 109 v° et 115 v°, 2e série.)

Ce sont les héritiers de Guillaume Des Boys, imprimeur, co-propriétaire de la maison avec Sébastien Nivelle, et de Michelle Guillart, sa femme.

30 mars 1611. — Madeleine Bodeau, veuve de Sébastien Nivelle, libraire-juré, rue Saint-Jacques, fait donation à Sébastien Nivelle, son petit-fils, et aux autres enfants que son fils Pierre pourrait avoir en légitime mariage, des droits que ledit Pierre Nivelle pourra posséder dans sa succession future. (Arch. Nat., Y 151, f° 23.)

NORMENT

1571. — Vincent Le Normant [Norment, libraire], voyez ROBINOT.

11 mars 1578. — Vincent Normant, libraire, voyez LE ROYER. à la date du 17 mars 1578.

NOYAU

17 avril 1547. — Jean Noyau, imprimeur, rue Saint-Jacques, et Albert Rouveau, imprimeur, place Maubert, sont amenés prisonniers à la prison de Saint-Germain-des-Prés, pour avoir été trouvés, accompagnés de 200 personnes ou environ, en un fossé, étant dehors les îles de Monseigneur le cardinal de Tournon, « et illec foulloient l'herbe des prairies de mondit Seigneur le Cardinal. » (Arch. Nat., Z/2 3318.)

Les réunions des compagnons imprimeurs étaient interdites, mais n'en étaient pas moins fréquentes pour cela. Les registres de la corporation des imprimeurs, au XVIIe siècle, sont remplis des poursuites intentées aux compagnons pour réunions illicites. Il est probable que les 200 personnes qui foulaient l'herbe du cardinal étaient les compagnons imprimeurs de Paris qui discutaient leurs intérêts professionnels ; ils avaient en effet l'habitude de se réunir aux environs du 6 mai, date de la fête corporative.

22 janvier 1553 (n. st.). — Jean Noyau, imprimeur, voyez CHARRON.

4 novembre 1573. — Julien Noyau, imprimeur, rue Galande, près la place Maubert, et Perrette Leymere [Lesmeré], sa femme, donation mutuelle. (Arch. Nat., Y 114, f° 419.)

4 novembre 1585. — Voyez THIERRY.

NYON

30 décembre 1557. — Michel Nyon, voyez MONDET.

27 juin 1567. — Marc Nyon, doreur de livres et Marguerite Thiboust sa femme, poursuivent les vente et criée d'une petite maison au faubourg Saint-Marcel, rue des Coippeaux, contiguë à leur maison, appartenant à Pierre Doulcin, maître-charcutier, pour une année et demi d'arrérages d'une rente de 100 s. t., faisant partie d'une rente de 3 l. t., en vertu d'une obligation du 26 avril 1567, et pour 9 l., 10 s., 8 den. t. de dépens taxés. (Arch. Nat., Y 3468, f° 59.)

1571. — Guillaume Nyon [doreur de livres], et Marc Nyon [libraire et doreur], voyez CHARRON.

9 février 1580. — Voyez LE BOUC.

13 avril 1584. — Guillaume Nyon, doreur de livres, rue des Carmes, et Marc Nyon, même profession, rue des Coppeaulx, font donation de 21 écus deux tiers à Jeanne Du Loquin, nourrice des enfants de Guillaume, tant en faveur de son troisième mariage que « pour la nourriture de mamelle par elle fournie et livrée à Guillaume Nyon et Michel Nyon, enffants dudit Guillaume Nyon. » (Arch. Nat., Y 125, f° 457.)

11 mai 1584. — Marc Nyon, libraire ordinaire de la Reine, et Jacques Héline, lecteur du roi en lettres grecques, sont témoins au contrat de mariage de Louis Cocu, marchand au faubourg Saint-Marcel, avec Sarah Macé, petite-fille de Milias Motin, veuve de Jacques Morel. (Ibid., f° 521.)

NYVERD

14 avril 1524. — Pierre Rabache, marchand, bourgeois de Paris, cautionne Jean Rabache, grenetier [au grenier à sel] à Veilly. Jacques Nivart et Robert Bourcier, marchands et bourgeois de Paris affirment cette caution. (Bib. Nat., ms. fr. 33047, f° 629.)

Ce Jacques Nivart est sans doute l'imprimeur Jacques Nyverd; Pierre Rabache, qui était monnayer de la monnaie de Paris avait épousé Marguerite Nyverd et devait être son beau-frère. Voyez RAVOT.

4 septembre 1542. — Jacques Nyverd, libraire-juré, voyez ESTIENNE.

12 mars 1552 (n. st.); 26 juillet 1552; 28 avril 1554. — Guillaume Nyverd, libraire-imprimeur, voyez PAQUOT.

1571. — Guillaume Nyverd [imprimeur], rue de la Tennerie,

[à la Tête-de-Bœuf], est taxé au don de 300 000 livres. (Bib. Nat., ms. fr. 11692, f° 456.)

28 juin 1597. — Georges Nyver, imprimeur, voyez CHEVAL-LIER.

OLIVIER

22 mars 1572. — Contrat de mariage d'Espérance du Hault-cueur, veuve de Jean Olivier, imprimeur à Paris, avec Esmée Montigny, praticien, place Maubert. (Arch. Nat., Y 119, f° 401.)

OMON

13 avril 1554. — Michel Omon, fondeur de lettres, voyez ROU-CEAU.

ORIARD

Mars 1543 (n. st.). — Guillaume Oriard, relieur à Paris, qui était emprisonné à la Conciergerie pour avoir relié des livres suspects, est admonesté et élargi. (Arch. Nat., X/2 A 94.)

Communiqué par M. Weiss.

ORRY

17 février 1606. — Jean Le Mur, maître-maçon, et Marguerite de Courbes, sa femme, et Pierre Le Mur, maître-imprimeur à Paris, rue Alexandre-Langlois, majeur de 22 ans, vendent pour 1 860 l. t. à Marc Orry, marchand libraire, rue Saint-Jacques, une maison sise rue Alexandre-Langlois, dite du Paon, entre Jean Marteau et Adrien Mynot [maître-serrurier]. (Arch. Nat., S 1655, f° 161 v°, 2° série.)

Marc Orry exerça à partir de 1585, environ. Pierre Le Mur paya la taxe d'ouverture de boutique en 1608-1610.

1613 *ou* 1614. — « Item baillé à frère Lucien de Paris, capucin, pour le prédicateur, ung dixtionnaire espagnol et une grand mère (sic) espagnolle, payé à Mme Aurry quatre livres. » (Bib. Nat., ms. fr. 21872.)

Compte de la Confrérie de Saint-Jean-l'Evangéliste.

PACQUET

1571. — Pierre Pacquet, compagnon-libraire, Etienne Fournier, relieur, Grégoire Desprez, vendeur de papier, Nicolas Meusnier, doreur sur cuir, Richard de Melay, papetier, Jean Le Blanc, imprimeur, et Bastien Le Blanc, tous habitant rue du Paon (ou rue Alexandre-Langlois) sont taxés au don de 300 000 livres. (Bib. Nat., ms. fr. 11692, f°s 268, 765 v°, 766 v°, 767 et 767 v°.)

PAILLET

12 avril 1549. — Pasquier Paillet, imprimeur, demeurant à Saint-Marcel-lez-Paris, et Blaise Gerbault, sa femme, font donation d'une maison à Corbeil, rue Saint-Jean, à Nicolas Paillet, leur fils, écolier, étudiant en l'Université. (Arch. Nat., Y 94, f° 316 v°.)

PAQUOT

18 décembre 1533 ; 31 décembre 1535 ; 19 mars 1536 (n. st.). — Henri Pacot libraire-juré, achète des vignes à Vanves : un quartier en une pièce, lieu-dit les Marjolaines, contigu d'une part à une pièce lui appartenant, pour 11 l. t. ; trois quartiers, lieu-dit la Croix-Blanche, pour 56 l. et 5 s. t., et un quartier, lieu-dit la Croix-Blanche, pour 14 l. t. (Arch. Nat., S 1651, f°ˢ 123 v°, 2ᵉ série, 2 et 8, 3ᵉ série.)

29 novembre 1537. — Gilles Pacot, marchand libraire, bourgeois de Paris, est ensaisiné pour un tiers indivis de la maison de l'image Saint-Jean-l'Evangéliste, rue Neuve-Notre-Dame, en laquelle il habite ; contiguë d'une part à la maison du Faucheur, appartenant à l'Hôtel-Dieu, d'autre part à la maison où demeure Simon Hardrot, libraire, et aboutissant par derrière à la rue du Sablon. Il l'a achetée, au prix de 533 l., 6 s. et 8 den. t., plus les charges, de « Jehan Courtoys, marchand, demeurant à Paris, et Marie Basteau, sa femme, auctorisée, auxquelz mariéz appartient ladicte portion de ladicte maison à cause du propre de ladicte femme, comme héritière pour ung tiers de deffuncte Nicole Vostre [libraire], sa mère. » (Ibid., f° 108 v°, 3ᵉ série.)

12 mars 1552 (n. st.) ? — Jean Pot fait appeler en jugement au Châtelet Henri Paccot [libraire] curateur de Noelle Paccot, fille mineure, femme de Guillaume Nyvert [imprimeur], au sujet du louage de l'image Saint-Jean-l'Evangéliste, rue Neuve-Notre-Dame. *(Fragment.)* (Arch. Nat., Y 5238, f° 56 v°, 2ᵉ série.)

31 mars 1552 (n. st.). — Délibération du conseil de famille des enfants mineurs, au nombre de sept, de feu Gilles Paquot, libraire, mort il y a trois ans et demi ; trois de ces enfants nés de son premier mariage avec Hélène Le Brun, les quatre autres nés de son second mariage avec Charlotte Pot. Henri Paquot, libraire, leur tuteur, est autorisé à faire vendre les deux tiers d'une maison sise rue Neuve-Notre-Dame, leur appartenant ; les mineurs ne possèdent que les deux tiers de cette maison, la moitié d'une maison à Notre-Dame-des-Champs, des vignes à Fontenay-sous-Bagneux, deux arpents de terre à Soisy-sous-Montmorency ; héritages qui sont grevés de rentes supérieures à leur revenu. La marchandise de librairie leur apparte-

nant ne doit pas être vendue, n'ayant actuellement aucun cours. Parmi les membres du conseil de famille : Georges Gouppil [Hopyl], oncle maternel et subrogé-tuteur; Jean Prévost, oncle maternel par sa femme; Guillaume Nyverd, [beau-]frère à cause de sa femme; Antoine Le Maire, oncle maternel; Simon Hadrot, voisin et ami, libraire. (Arch. Nat., Y 5240, n° 2146.)

C'est Hélène Brun, qu'il faut lire; la présence de Georges Hopyl, et d'Antoine Le Maire comme oncles maternels ne peut s'expliquer que de cette façon car l'imprimeur Narcisse Brun, qui eut en effet une fille nommée Hélène (Coyecque, *Minutier*, 1893, p. 127), avait épousé la sœur de Georges Hopyl et la belle-sœur d'Antoine Le Maire.

Voyez la généalogie des Paquot avec celle des Hopyl.

26 juillet 1552. — Henri Pacot, libraire et bourgeois de Paris, comme tuteur et curateur des enfants mineurs que Gilles Pacot, libraire, son fils, a eus d'Hélène Le Brun, sa première femme, et de Charlotte Pot, sa seconde femme, passe titre nouvel pour la maison de l'image Saint-Jean-l'Evangéliste, rue Neuve-Notre-Dame, dont il est propriétaire avec Guillaume Nyverd, libraire-imprimeur. Entre la maison du Faucheur, appartenant à l'Hôtel-Dieu et une maison où demeure Simon Hadrot, libraire, tenant par derrière à la rue des Sablons. (Arch. Nat., S 935 B.)

24 juillet 1553. — Bail à gouvernement de Henri Pacot [le jeune]. Parmi les membres du conseil de famille sont : maître Robert Charuau [Cherruau, greffier au bailliage du Palais, oncle maternel]; Guillaume Finet [orfèvre], beau-frère; Guillaume Faucheur, cousin paternel; Georges Houppil [Hopyl, libraire], oncle maternel. (Arch. Nat., Y 5249, f° 237 v°.)

28 avril 1554. — Guillaume Nyverd [imprimeur] et Nicolle Pacot, sa femme, fille de feu Gilles Pacot [libraire] et d'Hélaine Le Brun ; Henri Pacot [libraire] et Hélaine Huart, agissant au nom des enfants mineurs de feu Gilles Pacot [libraire] et de Charlotte Pot, et Henri Pacot, le jeune, [libraire], ne pouvant se mettre d'accord sur la valeur locative de la maison de l'image Saint-Jean-l'Evangéliste, rue Neuve-Notre-Dame, il est ordonné par le Prévôt de Paris que le louage de cette maison sera mis aux enchères. (Arch. Nat., Y 5244, f° 424 v°.)

22 août 1556. — Henri Pacquot, le jeune, marchand libraire, rue Saint-Jacques, vend à Jacques Plantin, notaire et praticien en cour ecclésiastique, le tiers de deux tierces parties de la maison de l'image Saint-Jean-l'Evangéliste, rue Neuve-Notre-Dame, pour 292 l. t. et les charges. (Arch. Nat., S 1653, f° 104, 1re série.)

Même désignation que dans l'acte du 29 novembre 1537, mais la maison qu'habitait alors Simon Hadrot est désignée comme appartenant aux héritiers de feue Geneviève Le Pelletier, veuve de Simon Vostre [libraire]. Les

27 et 28 août suivants Jacques Plantin racheta deux rentes dont l'image Saint-Jean-l'Evangéliste était grevée.

6 août 1559. — [Henri] Pasquot l'aîné, libraire, fait donation à Isabeau et Robine Pasquot, ses filles, qu'il a eues de Geneviève Preudhomme sa [seconde] femme, de la maison de la Rose-Rouge, rue Neuve-Notre-Dame, contiguë à la maison de l'œuvre de Sainte-Geneviève-des-Ardents, où Etienne Groulleau, libraire, est à présent demeurant. (Arch. Nat., Y 100, f° 245.)

Cette donation fut immédiatement suivie d'une saisie de la maison à la requête d'Henri Paquot, le jeune; elle est citée, avec d'autres actes relatifs aux démêlés d'Henri Paquot l'aîné avec son petit-fils, par MM. le baron Pichon et Vicaire. Dans un de ces actes Henri l'aîné est appelé Jean par une erreur du scribe.

9 janvier 1563 (n. st.). — Jean Foucher [libraire], jadis tuteur et curateur de Nicolle Guérin et de Jeanne Guérin, femme d'Henri Pascot [libraire], obtient défaut contre Nicolas Guérin, tuteur et curateur d'Isabeau Pascot, fille desdits défunts Henri Pascot et Jeanne Guérin. (Arch. Nat., X/1 A 1604, f° 158 v°.)

C'est d'Henri Paquot le jeune, mort avant Henri Paquot, l'aîné, son grand-père, qu'il s'agit ici.

9 novembre 1563. — Pierre Pacquot, orfèvre, vend un tiers de deux tierces parties indivises de la maison de l'image Saint-Jean-l'Evangéliste, rue Neuve-Notre-Dame, à Jacques Plantin, notaire en cour d'église, pour 110 l. t. (Arch. Nat., S 1653, f° 96, 2° série.)

La maison contiguë n'est plus désignée comme appartenant aux héritiers de Geneviève Le Pelletier, mais à ceux de Joseph Le Pelletier.

1564. — Henri Pacot, au lieu de Gilles Lhuillier, paye 100 s. par. de cens à la Commanderie du Temple pour sa maison de la rue Neuve-Notre-Dame [la Rose-Rouge], entre René Biétrix, couturier, et une maison appartenant à l'église Sainte-Geneviève-des-Ardents [l'image Saint-Jean-Baptiste]. (Arch. Nat., S 5081/4.)

22 juillet 1580. — Feu Henri Paquot, voyez LE MANGNIER.

PARACHE

3 février 1584. — François Parache, doreur de livres, voyez TUFFÉ.

18 avril 1584. — Voyez MOREAU.

PARCQUER

8 juillet 1562. — Testament de Denyse Ernault, femme de Michel Parcquer (*alias* Parquer), doreur de livres, demeurant rue des Carmes, à la Petite-Caille. Elle lègue à Marie Ernault sa bonne cotte, bon chapperon, un tablier, son bon corps de drap noir. Exécuteur testamentaire, son mari; témoins : Pierre de Vendôme [serviteur] et Nicolas Aveline. (Arch. Nat., LL 757, f° 58.)

PASSET

24 juin 1541. — Guillaume Passet, libraire au Mont Saint-Hilaire, et Marthe Passet, sa sœur, demeurant rue Beaubourg, font donation à François Bérault, leur frère du côté maternel. (Arch. Nat., Y 87, f° 169.)

5 avril 1542. — Guillaume Passet, libraire, rue d'Ecosse, et Guillemette Houdeau, sa femme, font donation à François Bérault, leur frère et beau-frère. (Arch. Nat., Y 88, f° 59 v°.)

12 novembre 1545. — Guillaume Passet et Marthe Passet, mariée à Jean Blanchart, compagnon-tailleur, rue Au-Maire, font donation à François Bérault, écolier étudiant en l'Université, de droits successifs. (Arch. Nat., Y 91, f° 327 v°.)

Guillaume et Marthe Passet étaient les enfants de l'imprimeur Jean Passet, dit Barbier : voyez Barbier.

PATISSON

20 janvier 1574. — Contrat de mariage de maître Mamer Patisson, correcteur d'imprimerie, avec Denyse Barbé, veuve de Robert Estienne, libraire et imprimeur du roi. Les enfants de Denyse Barbé et de Robert Estienne : Robert, âgé de 15 ans, et Henri, âgé de 13 ans et demi, seront nourris et entretenus jusqu'à l'âge de 20 ans. Présents : Philippes Patisson, praticien à Orléans, frère du futur; Mathieu Barbé, contrôleur pour le roi du vin vendu en gros à Paris; Eimard Barbé, capitaine du charroi de l'artillerie; Agnès Barbé, veuve de feu Guillaume Aubert, frères et sœurs de Denyse. (Arch. Nat., Y 115, f° 175.)

Publié in-extenso par M. Stein dans le tome XXII des *Mémoires de la Société de l'Histoire de Paris et de l'Ile-de-France*, p. 285.

12 juillet 1575; 2 août 1575. — Mamert Patisson, imprimeur, voyez Estienne.

1594. — Mamert Patisson, libraire, paye à la Commanderie de Saint-Jean-de-Latran 16 écus deux tiers d'or soleil pour le loyer de la maison de l'image Saint-Jean-Baptiste, rue Saint-Jean-de-Beauvais, où demeurait feu Robert Estienne, en vertu d'un bail de 99 ans du 16 juillet 1533. (Arch. Nat., S 5118/5, n° 5.)

PATOUREAU

13 novembre 1594. — Louis Patoureau, libraire et relieur, voyez Yon.

PAUGET ou PAUGEL

1er octobre 1524. — Denys Pauget, libraire, voyez Brie.

10 juillet 1529. — Le bail de la 8e maison du Pont-Notre-Dame est renouvelé à Denys Paugel, libraire, pour 40 l. t. (Arch. Nat., Q/1 1099/197 B, f° 25.)

17 avril 1537. — Denys Pauget, libraire, achète une maison rue des Coppeaulx, faubourg Saint-Marcel, pour 100 sols de rente. (Arch. Nat., S 1651, f° 149 v°, 3e série.)

15 juillet 1539. — Le bail de la 8e maison du Pont-Notre-Dame, du côté d'amont l'eau, est renouvelé à Denys Pauget, libraire, pour 50 l. t. (Arch. Nat., Q/1 1099/197 B, f° 110.)

23 mai 1540. — Denys Pauget, libraire, et Madeleine Caillaut, sa femme, reçoivent donation de Jacques Parent, leur oncle, d'une maison portant l'enseigne du Bourdon, rue Saint-Germain-l'Auxerrois. (Arch. Nat., Y 86, f° 225 v°.)

8 novembre 1574. — Le bail de la 8e maison du Pont-Notre-Dame est renouvelé à la veuve et aux héritiers de Denys Paugel. (Arch. Nat., Q/1 1099/200, f° 102.)

18 novembre 1582. — Contrat de mariage de Catherine Hacquemart, veuve de Nicolas Poget, libraire, demeurant sur le Pont-Notre-Dame, au Chef-Saint-Denys, avec Michel Picquet, boucher, faubourg Saint-Germain-des-Prés, fils de Jean Picquet, boucher, et de Laurence de La Place. (Arch. Nat., Y 124, f° 376 v°.)

5 juillet 1584. — Les enfants mineurs de feux Robert Hue et Catherine Pogel, Michel Auffray, tailleur d'habits, et Madeleine Pogel, sa femme, et Catherine Hacquemart, veuve de Nicolas Paugel, en son vivant marchand libraire sur le Pont-Notre-Dame, remariée à Michel Picquet, pour elle et ses enfants mineurs, passent titre nouvel pour la maison du Chef-Saint-Denys, rue Saint-Germain-l'Auxerrois, ayant issue rue du Foin. (Arch. Nat., ZZ/1 302, f° 13.)

PAUMIER

7 août 1551. — Sire Marin Paumier, libraire, voyez AUBERT. C'est peut-être Marin Pautonnier.

PAUTONNIER

4 septembre 1562. — Marin Pautonnyer [libraire], voyez MOREL.

4 mai 1567. — Testament de Marin Potonnier, libraire; exécuteurs testamentaires : sa femme et ses deux fils, Jacques et Hilaire; témoins : André Chappelain et Jean d'Hucqueville [libraire]. (Arch. Nat., LL 757, f° 91.)

2 juin 1567. — Testament de Jacqueline Pautonnier, veuve de Denis Collet, habitant en la maison de feu Marin Pautonnier, son frère; exécuteurs testamentaires : Jacques et Hilaire Pautonnier, ses neveux. Elle lègue à sa [belle-]sœur, femme de feu Marin Pautonnier, son frère, son « demy sainct » d'argent et deux chemises neuves; à Geneviève Pautonnier, sa nièce, une image Notre-Dame qui est d'or. Témoins : Pierre Chion et Jean Hucqueville [libraires]. (Ibid., f° 92.)

16 juillet 1567. — Voyez YVERNET.

10 juin 1569. — Jacques Pautonnier [relieur], Jean Heuqueville et Pierre Chion [libraires], donnent reçu au collège Sainte-Barbe, en qualité de marguilliers de Saint-Hilaire, du prix des obits fondés par Robert Du Gast, ancien curé de Saint-Hilaire. (Signets manuels). (Arch. Nat., H 2895.)

30 septembre 1569. — Voyez BRUMEN. (Signet manuel.)

1571. — Voyez LASTRE et LE ROY.

26 avril 1575. — Jacques Potonnier, relieur, et Hilaire Potonnier, voyez LALISEAU.

10 juin 1605. — Pierre Potonnier, libraire et imprimeur du Roi, et Marguerite Beys, sa femme, vendent la moitié de la maison des Trois-Pas-de-Degrés, rue d'Arras, près la Porte Saint-Victor, au coin de la rue Traversine, contiguë aux hoirs de feu Gilles Fournier [libraire]; elle appartenait à Pierre Potonnier du chef de Barbe Morel, sa mère. (Arch. Nat., S 498, p. 299.)

Le 16 juin 1619 l'autre moitié de la maison fut vendue par Jean Libert, libraire-imprimeur, rue Saint-Jean-de-Latran, et Françoise Prévosteau sa femme, laquelle en était propriétaire (comme petite-fille de l'imprimeur Guillaume Morel). (Ibid.)

PERDRIEL

1571. — Jacques Perdriel, relieur, voyez ROBINOT.

PERIER

1506; 1514; 1515; 1520; 1525. — Jean Perier paye à la Commanderie de Saint-Jean-de-Latran 24 l. t. de loyer pour la maison du Jeu de Paume, rue Saint-Jean-de-Beauvais. (Arch. Nat., S 5119/4; S 5119/3; S 5119/1; S 5119/8; S 5121/7.)

Maître du jeu de Paume, père du libraire Charles Perier. Chrestien Wechel, qui épousa Michelle Robillart, sa seconde femme, exerça dans la maison du Jeu de Paume à laquelle il donna l'enseigne du Cheval-Volant.

2 avril 1565 (n. st.). — Charles Perier, marchand libraire, bourgeois de Paris, poursuit les vente et criée de la maison de la Bouteille, grand rue, à Saint-Marcel, appartenant à Antoinette Théve-

nard, sœur et héritière de Pierre Thévenard, pour 400 l. t. qui lui sont dues en vertu d'une sentence du Châtelet du 26 février précédent. (Arch. Nat., Y 3467, f° 243.)

18 juin 1566. — Charles Perier [libraire] achète de Bernard de Fortya et de Charlotte Gayant, sa femme, pour 1 300 l. t., la maison du Bellérophon, rue de Saint-Jean-de-Beauvais, entre Adrien Le Roy [imprimeur, le Mont-Parnasse], et l'image Saint-Michel, appartenant à la Nation d'Allemagne, contiguë par derrière à une maison aux religieux des Chartreux [l'image Saint-Claude]. (Arch. Nat., S 1653, f° 196 v°, 2° série.)

1571; 2 juin 1571. — Voyez LE ROY.

30 mai 1596. — Adrien Perier, libraire à Lyon (et depuis à Paris), voyez AUVRAY.

16 décembre 1603. — Contrat de mariage d'Adrien Perier, libraire, rue Saint-Jacques, à l'enseigne du Compas, « bouticque de Plantain, » se trouvant actuellement à Sandricourt, avec Marie Pinsen-Simon, demeurant à La Haye, en Hollande, à l'enseigne du Paon, aussi actuellement à Sandricourt. (Arch. Nat., Y 142, f° 332.)

PETIT.

29 août 1488. — Pierre Petit, libraire, demeurant rue de la Baudroirie, et Jeanne, femme de Michel Boucher, homme de guerre, même rue, sont écroués à onze heures du soir au Châtelet sur la plainte de Jean Le Boiteulx, charpentier, même rue, et de plusieurs voisins de Jeanne Boucher « pour ce qu'elle quy est mariée fait bordeau en la chambre où elle est demeurant, en la quelle chambre fut trouvé ledit Pierre avecques elle. » Mis en liberté le lendemain. (Arch. Nat., Y 5266, f° 81 v°.)

7 octobre 1488. — Jean Milon, le jeune, cordonnier, et Isabeau Rabache, sa femme; Pierre Petit, tailleur d'images, et Denise Rabache, sa femme; Louis Rabache, prévôt des ouvriers de la Monnaie de France; Jean Foucquelin, drapier, tuteur de Jean Jourdain, dit Rabache, tous frères et sœurs, enfants et héritiers de feu Jean Rabache, tapissier, et de Catherine Gasteau, sa femme, vendent une maison de la rue Saint-André-des-Arts. (Arch. Nat., S 904, f° 28.)

Le 22 octobre 1504 Pierre Petit fut nommé juré du métier de peintre et tailleur d'images, avec Jean Du Pré. (Arch. Nat., Y 5233.)

24 février 1509 (n. st.). — Macé de Vielzmont, mercier, et Marguerite de Cueilly, sa femme, vendent à Jean Petit, l'un des quatre principaux libraires-jurés de l'Université, pour 436 l. t., la

maison de la Fleur-de-Lys, rue Saint-Jacques, entre l'Homme-Sauvage, qui fut à Henri Berthelin, boulanger, et l'image Saint-Laurent, appartenant aux vendeurs. (Arch. Nat., S 904, f° 107.)

19 mars 1512. — Voyez Guymier.

24 novembre 1513. — Jean de Mézières, drapier à Etampes, et Guillemette de Mézières, femme de Guillaume Granvillain, le jeune, vendent à Vincent Ennoart, bourgeois de Paris, une portion indivise de l'image Saint-Laurent, entre Jean Petit, marchand libraire, et la maison de la Coquille. (Arch. Nat., S 904, f° 114.)

28 août 1517. — Jean Petit, libraire, Albert Salinatz, la veuve Jean Guillot, Durand Parques, Thomas Vaucombert, Jacques Cavefyn, Philippot Le Roy, Jean Gaultier, la veuve et les héritiers de Jacques Morant, Philippe Fynet, Michault de Bordeaux et Jean Guichart sont ajournés à comparaître le mercredi suivant devant le bailli de Saint-Germain-des-Prés. (Arch. Nat., Z/2 3290.)

Nous ne savons si la cause de tous ces comparants était liée; nous n'avons retrouvé ni le mercredi suivant, ni dans les audiences suivantes, le nom de Jean Petit; la plupart des autres personnages cités étaient les clients habituels du Prévôt ou du Bailli de Saint-Germain-des-Prés.

26 juin 1520. — Jean Petit, libraire, bourgeois de Paris, comme tuteur et curateur de Petit-Jean Du Vergier, demande mainlevée de l'opposition mise sur la succession de Jean Du Vergier, boulanger à Paris, rue Saint-Jacques, père de Petit-Jean. (Arch. Nat., Z/2 3292.)

24 juin 1530. — Permission donnée par le Prévôt de Saint-Germain-des-Prés à Jean Petit, libraire, de faire paver en la rue Neuve; si le pavage n'était bien fait, il le ferait réparer à ses dépens « selon les aultres pavés qui sont faits en ladite rue. » (Arch. Nat., Z/2 3304 et 3305.)

1530, 1532, 1535, 1536. — Jean Petit, libraire, rue Saint-Jacques, paie 21 den. par. de cens pour un demi-arpent de vignes aux Jommarins. (Arch. Nat., S 5121/6; S 5118/3; S 5118/7, n° 58; S 5121/5, f° 22.)

28 avril 1535. — Jean Petit, libraire et imprimeur, voyez Foucher.

1536-37. — Jean Petit, libraire, rue Saint-Jacques, tient à ferme et loyer d'argent deux arpents de prés assis en la plaine de Bièvre et doit, par chacun an, au jour de la Saint-Rémy, 2 écus soleil. (Arch. Nat., S 5121/5, f° 22.)

10 octobre 1543. — Estienne Petit, libraire, prend à bail emphytéotique la maison de la Pomme-de-Pin, rue du Mont-Saint-Hilaire. (Arch. Nat., S 3370 et S 1946/5.)

1er décembre 1551; 2 janvier 1552 (n. st.). — Etienne Petit, libraire, voyez YVERNET.

26 décembre 1553. — Oudin Petit, libraire, voyez GOURBIN.

14 janvier 1555 (n. st). — Etienne Petit, [libraire], voyez QUIGNON.

16 avril 1555 (n. st.). — Guillaume de Balsacq, chevalier, seigneur d'Antracques, est condamné à payer 200 écus soleil à Oudin Petit [libraire], agissant en qualité de tuteur et curateur des enfants qu'il a eus de feue Lyonne Le Houx, sa femme. (Arch. Nat., Y 5244, f° 563.)

25 février 1557 (n. st.). — Etienne Petit, libraire, voyez LALISEAU.

20 juillet 1557. — Etienne Petit [libraire], voyez LE BOUC.

23 juillet 1557. — Etienne Petit [libraire], rue du Mont-Saint-Hilaire, à la Cuiller, est témoin au testament de Guillaume Bouys, demeurant dans la même maison. (Arch. Nat., LL 757, f° 81.)

29 avril 1559. — Oudin Petit, voyez CHAUDIÈRE.

22 août 1562. — Voyez ESTIENNE.

29 août 1562. — Oudin Petit, libraire, obtient défaut contre Genest Fournier, marchand à Thiers en Auvergne. (Arch. Nat., X/1 A 1603, f° 342.)

27 janvier 1563. — Le fils d'Oudin Petit [libraire], voyez LE NOIR.

5 février 1563 (n. st.). — Oudin Petit, quartenier [et libraire], voyez BRETON.

12 janvier 1565 (n. st.). — Pierre Pignart, maître ordinaire des requêtes, seigneur de Challiffer, Jabelines et Varennes, et Françoise Du Tillet sa femme, remboursent à Etienne Petit, libraire, et à Jacquette Le Bouc sa femme, 150 l. t. comme capital d'une rente de 10 l. 12 s. t. constituée le 18 mai 1526 à Jacques Le Bouc [libraire] et à Marie Archambault sa femme, plus 10 l. 3 s. et 3 den. t. d'arrérages. (Arch. Nat., ZZ/1 303, f°s 285 et 286 v°.)

24 juillet 1568. — Oudin Petit, libraire, voyez LHUILLIER.

10 février 1569. - - Jean Petit [libraire], voyez DROUART.

7 juillet 1569. — Oudin Petit [libraire et quartenier], est cité à comparaître le lendemain au Bureau de la Ville. (Arch. Nat., H 1780, f° 167.)

15 juillet 1569. — Oudin Petit [libraire] et Pierre Pellerin, de

la nouvelle prétendue religion, sont déchus de leurs fonctions de quarteniers. (Ibid., f° 175.)

Le 22 septembre 1570 les titres et qualités de quarteniers furent rendus à Petit et à Pellerin, sans qu'ils puissent prétendre à l'exercice de la charge. (Arch. Nat., K 960, n° 4.)

Registres des Délibérations du Bureau de la Ville de Paris, t. VI.

1571. — Oudin Petit [libraire], voyez LHUILLIER.

1571. — Etienne Petit [libraire], voyez LE BOUC.

28 juillet 1572. — Charles Petit, âgé de vingt-six à vingt-sept ans, bourgeois de Paris, fils de feu Oudin Petit, libraire, momentanément à Montlhéry, fait donation à Gabrielle Petit, sa sœur, femme de Claude Roussel, marchand, bourgeois de Paris, de tout ce qui peut lui appartenir à cause du douaire coutumier constitué par son père à feue Lionne Le Houx, sa mère, plus 1 600 l. t. qu'Oudin Petit s'est engagé à lui payer par acte du 13 février 1562. (Arch. Nat., Y 113, f° 231.)

5 novembre 1572. — Autre acte relatif à la même donation. (Ibid., f° 318 v°.)

4 septembre 1573. — Compromis entre Charles Petit, âgé de vingt-huit ans, fils de feu Oudin Petit, « tué et homicidé pour cause de religion », et Claude Roussel, relativement à la révocation de cette donation. (Arch. Nat., Y 114, f° 286.)

22 juillet 1574. — Déclaration des terres que tiennent en censive des Mathurins les enfants de feu Oudin Petit... « Desquels héritages Antoine Guignon, gendre de feu Oudin Petit, promet passer suffisante déclaration par devant notaire avec ses cohéritiers, comme appréhendant le douaire coutumier de feue leur mère. » (Arch. Nat., LL 1546, p. 71.)

1575. — Titre nouvel de 4 den. par. de cens dus à l'église Saint-Benoît par Antoine Guignon, à cause de Léonarde Petit, sa femme, pour la maison de l'image Saint-Laurent, rue Saint-Jacques, dont il est propriétaire. (Arch. Nat., S 903, f° 52.)

13 novembre 1577. — Estienne Petit, libraire et relieur, voyez LE BÉ.

9 février 1580. — Estienne Petit, voyez LE BOUC.

28 juillet 1581. — Charles Petit, libraire, faubourg Saint-Jacques, fils de feu Oudin Petit et de Lionne Le Houx, fait donation de 553 écus un tiers qui lui ont été alloués comme dommages-intérêts dans un procès qu'il a soutenu contre Claude Roussel, marchand de vin, rue Montconseil (sic), au sujet d'une obligation passée par Oudin Petit en faveur de Charles, en juillet 1562. (Arch. Nat., Y 123, f° 50 v°.)

5 juin 1585. — Claude Du Vivier, veuve de Oudin Petit, Marie Du Vivier, fille de Dreux Du Vivier, et Auguste Galland, écolier en l'Université, constituent procureur pour faire insinuer le testament de Dreux Du Vivier, conseiller du roi et lieutenant des maîtres des eaux et forêts. (Arch. Nat., Y 126, f° 448.)

5 février 1586. — Jacques Petit, maître-parcheminier-juré, voyez MESTAYER.

16 avril 1587. — Contrat de mariage de Jean Petit, maître-parcheminier, rue Saint-Jacques, fils de feu Jacques Petit et de Jeanne Le Clerc, avec Marguerite Fouquet, fille de feu Michel Fouquet, maître-tailleur d'habits, et de Marguerite Chaillou remariée à Antoine Langloix, maître-tailleur d'habits. Témoins du futur : sa mère, Joseph Marye, maître-tailleur d'habits, son beau-frère, Adam Pays, maître-sellier, rue Saint-Jacques, son oncle à cause de Catherine Le Clerc sa femme, et Pierre Petit, son frère. (Arch. Nat., Y 128, f° 429 v°.)

22 février 1590. — Jean Petit, juré-parcheminier, voyez LE BAY.

17 février 1593. — Voyez POULLAIN.

24 avril 1598 ; 18 janvier 1603. — Voyez MELAIS.

15 décembre 1598. — Contrat de mariage de Nicolas Petit, maître-parcheminier, demeurant rue de la Haute-Vannerie, dans l'hôtel de Nicolas Jardin, mêmes qualités, fils de feu Oudin Petit, libraire-juré et de Claude Du Vivier, avec Catherine Charpentier, veuve de Joseph Moreau, maître-coffretier-malletier, rue des Arcis. Claude Du Vivier, demeurant rue des Deux-Ecus, donne 150 écus soleil. Témoin : Marguerite Petit, femme de Jean Gohel, sœur du futur. (Arch. Nat., Y 137, f° 418.)

2 décembre 1600. — Jean Petit, maître-parcheminier, demeurant rue Saint-Jacques, à l'enseigne de la Seraine, achète pour 900 écus soleil la maison de la Souche-d'Or, même rue, derrière l'église Saint-Séverin, contiguë à l'image Sainte-Catherine, lui appartenant déjà. (Arch. Nat., S 3501.)

30 mars 1601. — Claude Du Vivier, veuve de Oudin Petit, libraire-juré, donation à Nicolas Petit, maître-parcheminier, son fils, et à Marguerite Petit, femme de Jean Gohetz, sa fille, d'une rente de 60 livres tournois. (Arch. Nat., Y 140, f° 165 v°.)

4 juillet 1601. — Sentence condamnant à l'amende le fils de Charles Petit, ancien libraire, et Claude Barbier, libraire, son maître d'apprentissage. Charles Petit après avoir mis son fils en apprentissage chez Barbier renonça, pour lui et pour son fils, à l'état de libraire; plus tard son fils s'était fait relever de la renon-

ciation et s'était fait donner quittance de son apprentissage par Barbier, bien qu'il lui restât une année à accomplir. (Bib. Nat., ms. fr. 22064, 30.)

18 janvier 1603. — Jean Petit, maître-parcheminier, vend la maison de la Corne-de-Daim, rue Traversine. (Arch. Nat., S 498, p. 87.)

9 juin 1603. — Catherine Mauroy, femme de Nicolas Langlois, procureur au Parlement, Gabrielle Mauroy, veuve de François Sainctfon, procureur au Châtelet, filles de feu Robert Mauroy, passent titre nouvel pour la maison des images Saint-Jacques et Saint-Christophe, rue Saint-Jacques-de-la-Boucherie, provenant du partage de la succession de Savinien Mauroy, fait le 8 octobre 1574 entre eux, Claude Mauroy, marchand, leur frère, Claude Roussel, alors leur tuteur, maître Guillaume Vuillard et Marguerite Mauroy, sa femme. (Arch. Nat. Q/1 1099/207, f° 18.)

Robert Mauroy était gendre d'Oudin Petit; il avait épousé Gabrielle Petit, dont Claude Roussel fut le second mari.

14 septembre 1619. — Marguerite Petit, veuve de Claude Juhé, chapelier, demeurant rue Saint-Jacques, à la Souche-d'Or, âgée de vingt-sept ans, fille de feu Jean Petit et de Marguerite Fouquet, est propriétaire en partie de : 1° la maison de la Seraine rue Saint-Jacques, où demeure Jean Petit, maître-parcheminier, son frère; 2° la maison de l'image Sainte-Catherine, en face la Seraine; 3° la maison de la Souche-d'Or, contiguë à l'image Sainte-Catherine, toutes trois rue Saint-Jacques, près Saint-Séverin; 4° la maison de la Tête-Noire, rue de la Parcheminerie; 5° une maison à Vanves. (Arch. Nat., S 3501.)

17 novembre 1620; 16 décembre 1620; 22 mars 1621; 9 juillet 1621; 22 avril 1625; 9 juillet 1625; 1er janvier 1629; 26 mai 1629; 11 septembre 1629. — Neuf pièces relatives aux maisons de l'image Sainte-Catherine et de la Souche-d'Or, rue Saint-Jacques, qui furent vendues à la fabrique de l'église Saint-Séverin par Jean Petit, maître-juré-parcheminier, et Marie Bignon, sa femme, et par ses deux sœurs : Marguerite Petit, veuve de Claude Juhé, chapelier, remariée à David Le Bel, sergent à verges au Châtelet, et Elisabeth Petit, femme de Claude Viollette, huissier-audiencier en l'élection de Joigny; tous trois enfants de Jean Petit et de Marguerite Fouquet (ou Fouques). (Ibid.)

Voyez dans le *Bulletin de la Société de l'Histoire de Paris et de l'Ile-de-France*, 1896, pp. 147-148, d'autres actes concernant la famille Petit au xv° siècle.

PHILIPPE

29 janvier 1512 (n. st.). — Maître Gaspard Philippe, imprimeur, reconnaît avoir cédé le bail d'un terrain et d'une masure,

paroisse Saint-Hilaire, entre la Longue-Allée et le jardin de l'image Notre-Dame, qu'il avait passé pour 99 ans, le 30 septembre 1501, avec obligation de construire une maison. (Arch. Nat., S 3370.)

PHILLEBERT

20 avril 1551. — Phillebert, libraire, voyez GROMORS.

PIART

4 et 7 septembre 1504. — Jean Piart, marchand libraire à Paris, rue Saint-Victor, se constitue « acheteur de biens », pour 326 l. t., avec **Michel Le Roux**, exécuteur pour un tiers de la succession de Guillaume Content. (Arch. Nat., Y 5233, f°s 23 et 30 v°.)

PICHORE

1520. — L'Hôtel-Dieu achète des terres à Jehan Picore, historieur et bourgeois de Paris [et imprimeur]. (Arch. hospit., Hôtel-Dieu, 6589.)

PICQUES

16 mars 1553. — Claude Picques, doreur et relieur, prend à bail des Mathurins, pour 60 l. de loyer, une maison de la rue Saint-Jacques contiguë à la maison de la Trinité. (Arch. Nat., LL 1545, p. 237.)

5 décembre 1559. — Testament de Perrette Maigny, femme de Claude Picquet, libraire et relieur du roi, rue Saint-Jacques, à l'enseigne de la Trinité. (Arch. Nat., Y 101, f° 78.)

1571. — Claude Picquet, rue Saint-Jacques [à la Trinité], est taxé à 60 sols au don de 300 000 livres. (Bib. Nat., ms. fr. 11692.)

1571-1572. — Comptes des frais faits par la Ville de Paris pour les entrées solennelles du roi et de la reine en mars 1571 :

« A Claude de Picques, relieur de livres du Roy, la somme de quinze livres tournois à luy ordonnée... sur et tant moings de ce qui luy estoit deu pour la reliure des livres de ladicte entrée... ainsy qu'il appert de sa quittance dactée du dernier jour de décembre mil cinq cens soixante unze.

« Audict de Picques, la somme de vingt-cinq livres tournois à luy ordonnée... oultre les quinze livres déclaréez en la partie précédente pour avoir par ledict de Picques relié en vélin et doré vingt livres de l'entrée du Roy, iceulx lavez et reiglez fourny de cordon et soye, tant pour donner au Roy, la Royne Mère, la

Royne, Monseigneur, Monseigneur le Duc, Madame, Monsieur le
cardinal de Bourbon, Monsieur de Montmorency et autres seigneurs... Ainsy qu'il appert de sa quictance dactée du xxviiie jour
de février mil cinq cens soixante douze.

« A icelluy de Picques la somme de dix livres tournois... pour
avoir relié en vélin, reiglé, lavé et doré dix autres livres de l'entrée
dudict seigneur. Pour donner tant à Messieurs les six premiers
Présidens de la Court de Parlement que autres personnes... Ainsy
qu'il appert de sa quictance dactée du iie avril v lxxij. » (Bib.
Nat., ms. fr. 11690, f⁰ˢ 63 v⁰ et 64.)

Voyez CODORÉ et MERLIN et LE PELLETIER.

PILLEHOSTE

Entre août 1598 *et* mai 1600. — Toussaint Pilhotte paye la
taxe d'ouverture de boutique. (Bib. Nat., ms. fr. 21872.)

17 octobre 1598. — Contrat de mariage de Toussaint Pille-
hoste, marchand libraire, rue du Mont-Saint-Hilaire, paroisse
Saint-Etienne-du-Mont, fils de Gilles Pillehoste, laboureur à
Belloy, et d'Antoinette Langloix, avec Jeanne Martinière, veuve
de Jacques Louytte, libraire et relieur, rue des Sept-Voyes.
Témoins : Denys Langloix, imprimeur au Mont Saint-Hilaire, cou-
sin germain; Jeanne Rondel, veuve de Gabriel Buon, libraire, au
Mont Saint-Hilaire, amie et affine; Marie Buon, femme de Barthé-
lemy Massé, libraire, et Nicolas Buon, libraire, fille et fils de feu
Gabriel Buon et de ladite Jeanne Rondel, amis; Guillaume Mé-
laine, libraire, cousin germain, à cause d'Hilaire Farcy, sa femme.
(Arch. Nat., Y 137, f⁰ 484 v⁰.)

PIRLOT

3 avril 1551. — Huchon Pirlot, libraire, voyez MICHEL.

PLANTÉ

1571. — Pierre Planté, relieur [et libraire], rue des Amandiers,
est taxé à 100 s. t. au don de 300 000 livres. (Bib. Nat.,
ms. fr. 11692, f⁰ 758 v⁰.)

3 février 1584. — Pierre Planté, libraire et relieur, voyez
TUFFÉ.

PLOUMION

27 novembre 1488. — Henri Ploumion, historieur, voyez LE
CROISÉ.

PLUNYON ou PLUVION

14 juillet 1563. — Jean Plunyon (ou Pluvion), libraire, rue Saint-Jacques, près le collège du Plessis, et Jeanne de Beauchesne, sa femme, mariés depuis 18 ans et plus, donation mutuelle. (Arch. Nat., Y 104, f° 307.)

26 décembre 1563. — Feu Jean Plunyon (ou Pluvyon), voyez BOREL.

POCHARD

20 septembre 1555. — Testament de Jean Pochard, imprimeur, rue Chartière, aux Trois-Croissants; exécuteurs testamentaires : Antoinette Despy, sa femme, et Nicole Guers ; témoins : Jean Des Mareys et Jean Heuqueville [libraires]. (Arch. Nat., LL 757, f° 47.)

POETRACT ou POICTRA

18 octobre 1558. — Testament de Marguerite Bergeret, femme de Jean Poetract (*alias* Poetrat), compagnon-imprimeur, à l'image Saint-Sébastien, rue Coqueret; exécuteur testamentaire, son mari; témoins : Michel Barbier et Barbe Macon, femme de maître Guillaume Morel, imprimeur du roi. (Arch. Nat., LL 757, f°ˢ 88 v° et 96 v°.)

27 novembre 1568. — Jean Poictra, imprimeur, rue du Mont-Sainte-Geneviève, et Catherine Barbé, sa femme, reçoivent une donation d'Agnès Barbé, leur sœur et belle-sœur, veuve de Jean Bourgery, le jeune, marchand à Saint-Rémy, près Chevreuse, tant en son nom qu'en celui de Jean Bourgery l'aîné. (Arch. Nat., Y 109, f° 204 v°.)

POGET, voyez PAUGET

POIGNET

27 février 1571. — Mathieu Poignet, fondeur de lettres d'imprimerie à Saint-Marcel, et Jeanne Robert, sa femme, donation mutuelle. (Arch. Nat., Y 111, f° 375 v°.)

POLY

28 mars 1565 (n. st.). — Georges Poly, libraire et relieur, rue du Mont-Sainte-Geneviève, et Marie de Forests, sa femme, vendent à Nicolas Quyneau, meunier sur le Pont-aux-Meuniers, la moitié de la maison du Dauphin, rue de Versailles, pour 50 l. t. (Arch. Nat., ZZ/1 303, f° 412 v°.)

PORCHER

1594. — L'Hôtel-Dieu paye à Claude Porcher, maître-imprimeur, 2 écus pour 400 armoiries du Pape, mises aux articles des pardons et indulgences. (Arch. hospit., Hôtel-Dieu, 6709.)

POTIER

8 juillet 1544. — Henri Potier, compagnon imprimeur, rue Saint-Nicolas-du-Chardonnet, à la Corne-de-daim, natif de Paris, et Andry Madoulx, dit le Flament, compositeur d'imprimerie, rue Saint-Jacques, près les Mathurins, natif de Bruxelles, sont élargis de la Conciergerie où ils étaient détenus pour propos, et admonestés. Jeanne d'Oultreleaue, femme de Fourcy Potin, compagnon tonnelier rue de Montmartre, native de Boffémont, près Montmorency, détenue avec eux, est gardée en prison et une information sera ouverte sur son compte. (Arch. Nat., X/2 A 96.)

Communiqué par M. Weiss.

POULAIN, POULLAIN, POULIN

18 janvier 1549 (n. st.). — André Lepère, avocat au Parlement, poursuit, pour 68 s. par., les vente et criée d'une maison, rue de Bourgogne, à Saint-Marcel, appartenant à Pierre Poullain. (Arch. Nat., Y 3452, f° 276.)

11 novembre 1574. — Jean Poullain, parcheminier, paye à la Commanderie de Saint-Jean-de-Latran le cens dû pour la moitié du quart d'une maison, rue de Bourgogne, provenant de Pierre Poullain, son père. (Arch. Nat., S 5118.)

3 août 1578. — L'église Saint-Séverin donne à bail à Michel Poulin, parcheminier, au loyer de 10 écus d'or soleil, la maison de l'Ecu-de-Bretagne, rue de la Parcheminerie. (Arch. Nat., S 3508.)

17 février 1593. — Au rapport de Bertrand de Verneuil, Nicolas Du Bu, Jean Petit et Jean Douars (?), jurés-parcheminiers tant de l'Université que du roi, Nicolas Poulain, fils de maître, est reçu maître-parcheminier. (Arch. Nat., Y 9306 *bis*.)

POULLET

1571. — Lucas Poullet, compagnon-imprimeur, rue Porte-Bordelle, est taxé à 40 sols au don de 300 000 livres. (Bib. Nat., ms. fr. 11692, f°ˢ 265 et 755 v°.)

POUPART

6 juillet 1537. — Claude Poupart, parcheminier, et sa femme sont condamnés à déposer une provision de 500 l. par. dans un procès qui leur est intenté par François Syot et Françoise sa femme, « en matière d'excès ». (Arch. Nat., Z/2 3311.)

POUY ou POY

6 septembre 1546. — Jacqueline Duhamel, veuve de Pierre Pouy, libraire, fait donation à Jeanne Du Pérat, femme séparée de Henri Cormoust, sa filleule, d'une maison rue Saint-Denys à l'enseigne du Heaume, de 2 ouvroirs ou échoppes dans la grand' cour du Palais, joignant le cimetière de la Sainte-Chapelle, de maisons et de terres à Epiais, Chennevière et environs. (Arch. Nat., Y 92, f° 21.)

12 juillet 1547. — Jacqueline Du Hamel, veuve de Pierre Poy, marchand, bourgeois de Paris, fait donation à Jeanne Du Pérat femme séparée de Henri Cormioust, sa nièce, de la maison du Heaume, rue Saint-Denys, et de terres à Epiais, Marly-la-Ville, Chennevières, Valenton, Villeneuve-Saint-Georges et environs. (Arch. Nat., Y 93, f° 22 v°.)

PRÉVOST

11 août 1525; 21 novembre 1525. — Nicolas Prévost, imprimeur, voyez HOPYL.

20 février 1532 (n. st.). — Nicolas Prévost, imprimeur, et Marie Hopyl, sa femme, achètent à Germaine Hopyl, femme d'Aubert Paris, alors absent, sa part dans la maison de l'image Saint-Georges, rue Saint-Jacques. (Arch. Nat., Q/1 1099/206 A, f° 103.)

Voyez la généalogie de la famille Hopyl.

16 février 1538 (n. st.). — Feu Nicolas Prévost, imprimeur, voyez HOPYL.

6 septembre 1538. — Jean Prévost, libraire à Paris, vend pour 45 l. 10 s. t. deux arpents un quart de terre dans la censive de la Commanderie de Saint-Jean-de-Latran. (Arch. Nat., S 5120/4, f° 49 v°.)

Le lieu n'est pas mentionné.

1550. — Benoît Prévost, maître-imprimeur, paye 20 l. t. de loyer pour la maison de l'Etoile-d'Or, rue FVementel, qu'il tient à bail du collège de Beauvais. (Arch. Nat., H 2855/1.)

12 mai 1550. — Fleury Prévost [imprimeur], et Besnard Prévost, son frère, voyez MERLIER.

22 août 1562. — Mathurin Prévost, libraire, voyez ESTIENNE.

26 septembre 1562. — Fleury Prévost, voyez CAVEILLER.

2 octobre 1562. — Feu Benoist Prévost et Fleury Prévost, voyez CAVEILLER.

1562 à 1569. — Fleury Prévost paye le loyer de la maison de l'Etoile-d'Or, rue Frementel, comme curateur des enfants de Benoît Prévost. (Arch. Nat., H 2855/1.)

27 janvier 1563. — Mathurin Prévost [libraire], voyez LE NOIR.

1569. — Mathurin Prévost [libraire], paye 10 l. t. au collège de Beauvais, pour le loyer de la maison du Cœur-Volant, rue Fromentel. (Arch. Nat., H 2855/1.)

A partir de 1569, le loyer de cette maison est payé par Antoine Besse vendeur d'instruments, en vertu d'un bail emphythéotique du 8 mars 1568.

1571. — Mathurin Prévost, voyez BOREL ; Fleury Prévost, voyez QUESTIGNY ; Nicolas Prévost, voyez SAULCE.

1571. — Jean Prévost, huissier et relieur de livres [de la Chambre] des Comptes, rue de la Vieille-Pelleterie, est taxé à 4 livres au don de 300 000 livres. (Arch. Nat., ms. fr. 11692, f° 595.)

4 octobre 1578. — Contrat de mariage de Nicole Prune, veuve de Fleury Prévost, imprimeur, avec François Prast, demeurant à Saint-Germain-des-Prés, ancien serviteur domestique de François de La Garde, conseiller à la cour de Parlement. La future fait donation à son mari, en cas de mort sans enfants, de deux corps d'hôtel rue du Four, à Saint-Germain-des-Prés, à l'enseigne du Coq-en-Cazin. (Arch. Nat., Y 120, f° 149.)

11 novembre 1587. — Nicolas Prévost, maître-imprimeur d'histoires, voyez BOURGERON.

PREVOSTEAU

Sans date. — Estienne Prevosteau [imprimeur] est propriétaire de la maison voisine de celle du collège de Coqueret, en face la maison du Treillis-Vert, rue Chartière. (Arch. Nat., S 1946/5.)

PROVENCEL

27 octobre 1596. — Jonathas Provencel, habitant chez Dominique Sallier [*ou* Sallis], libraire en l'Université, près Saint-Jean-de-Latran, est témoin au contrat de mariage de Nicolas Rochet, maître-parcheminier, rue Saint-Germain-l'Auxerrois, avec Guillemette Goury, veuve de Pierre Le Roy, maître-haubergeonnier. (Arch. Nat., Y 136, f° 7.)

3 août 1604. — Jonathan Provencel, libraire et relieur, voyez DAUVERGNE.

PRUDHOMME

3 mars 1552 (n. st.). — Jean Prudhomme, libraire, voyez LE NOIR.

PRUNIER

1462. — Les hoirs de Jean Lambelin, au lieu de Jean Prunier, libraire, et des hoirs de feu Amangon, sa femme, doivent un cens à la Commanderie de Saint-Jean-de-Latran, pour une maison et un jardin, rue de Lourcine. (Arch. Nat., S 5120/2, f° 4.)

PUCELLE

14 février 1556 (n. st.). — Inhumation à Saint-André-des-Arcs de Maurice Pucelle, libraire. (Bib. Nat., ms. Clairambault, t. 987, f° 81.)

QUESTIGNY

2 juin 1547. — Oudin Questigny, écolier-juré de l'Université, fils de Jean Questigny, imprimeur, et de Catherine Godot, sa femme, reçoit de ses grand-père et grand-mère Claude Godot, imprimeur et Jeanne Laumard, sa femme, donation de biens à Champaubert, en Champagne, et aux environs. (Arch. Nat., Y 92, f° 367 v°.)

19 juillet 1547. — Oudin de Questigny, écolier, étudiant en l'Université, reçoit donation de biens à Champaubert de Marie André, veuve de Louis Gaschon, de Georges Gaschon, demeurant à Blancafort, de Jean Girard et Françoise Gaschon, sa femme, demeurant à Aubigny-sur-Nère, de Robert, Guillaume, René, Jeanne et Catherine Gaschon, leurs frères et sœurs, ses tante et cousins. (Arch. Nat., Y 93, f° 45 v°.)

1571. — Oudin Questigny, maître-imprimeur, Blaise Sevestre, imprimeur, Fleury Prévost [imprimeur], et Thomas Chesneau [imprimeur?], habitant rue du Mont-Sainte-Geneviève sont taxés au don de 300 000 livres, le premier à 60 livres (détaxé plus tard de 35 livres), les trois autres à 40 sols. (Bibl. Nat., ms. fr. 11692, f°ˢ 264 v°, 392 v° et 753 v°.)

QUIGNON

28 février 1553 (n. st.). — Testament de Nicole Thierry, femme de Jacques de Latre, rue du Mont Saint-Hilaire, à la Cuiller; exécuteurs testamentaires : son mari et Vincent Quignon [imprimeur], son père (sic), demeurant au dit logis; témoins :

Sire Raoullet Barbin [fripier] et Anne Barbin. (Arch. Nat., LL 757, f° 25 v°.)

18 octobre 1554; 2 juillet 1556. — Vincent Quignon, voyez JOLY.

14 janvier 1555 (n. st.). — Testaments de Vincent Quignon, imprimeur, rue [du Mont] Saint-Hilaire, à la Cuiller, et de Catherine Tyerry [*alias* Tierry] sa femme ; exécuteur testamentaire du dernier mourant : Estienne Petit [libraire], leur voisin ; témoins : Roland Nantier, couturier, Nicolas Labé [imprimeur] et Marguerite Morteux. (Arch. Nat., LL 757, f° 48 v°.)

28 octobre 1555. — Voyez MONDET.

20 juillet 1557. — Voyez LE BOUC.

22 décembre 1557. — Vincent Quignon demeurant rue [du Mont] Saint-Hilaire à la Cuiller, est nommé exécuteur testamentaire par Barbe Fleuris, demeurant audit logis. (Ibid., f° 87 v°.)

QUILLOT

13 juillet 1511. — Allain Quillot, compagnon-imprimeur, demeurant en l'hôtel de Guillaume Musnyer, imprimeur, rue de la Juiverie, à l'image Saint-Pierre, est incarcéré à la prison de Saint-Germain-des-Prés pour avoir été trouvé « ès fossez de ladicte abbaye à tendre des laz à prendre pijons, jusques au nombre de deux cens laz ou environ, et estoit avecques trois ou quatre compagnons ». (Arch. Nat., Z/2 3283.)

RABARDEL

24 février 1582. — Simon Rabardel, imprimeur, voyez CHESNEAU.

RAMIER

1571. — Pierre Ramier [imprimeur], voyez CHARRON.

7 décembre 1596. — Pierre Ramier, libraire-imprimeur à Paris, demeurant place Maubert, et Jeanne Millelot, sa femme, vendent à Pierre Le Gendre, maître-cordonnier, rue Saint-Honoré, leur part dans une maison de la rue Saint-Honoré, vis-à-vis la rue d'Autruche, dite du Louvre. Elle leur provient de Jean Millelot, procureur au Châtelet, et de Marie Cantien, père et mère de Jeanne. (Arch. Nat., S 1099 A/10.)

15 mars 1604. — Voyez NIVELLE.

RAVOT

14 mai 1565. — Contrat de mariage de Benoist Ravot, étudiant en médecine, demeurant au collège de la Merci, rue des Sept-Voyes, fils de Guillaume Ravot habitant près de Nantua, avec Louise Rabache, âgée d'environ 30 ans, fille de Pierre Rabache, monnayer de la Monnaye de Paris, et de Marguerite Nyverd. (Arch. Nat., Y 106, f° 347.)

Voyez NYVERD.

6 septembre 1565. — Benoît Ravot, étudiant à la Faculté de médecine, Louise Rabache, sa femme, Marguerite Nyverd veuve de Pierre Rabache; au sujet d'une rente. (Arch. Nat., Y 106, f° 185 v°.)

Benoît Ravot, d'étudiant en médecine devint libraire. (Voyez : Baron Pichon et Vicaire, p. 167.)

RAZ

12 juin 1565. — Benoist Raz, compagnon-imprimeur, rue Saint-Jacques, au Lyon-d'Or, et Marie Sevestre, sa femme; donation mutuelle. (Arch. Nat., Y 106, f° 90.)

RÉAL

31 mai 1582. — Jean Réal, relieur, échange avec Mathurin de Bourges des droits sur une maison [le Treillis-Vert], située entre celle du collège de Coqueret [rue Chartière], et l'image Saint-Cyr [rue du Mont-Saint-Hilaire]. (Arch. Nat., S 1946/5.)

Sans date. — Jean Réal, relieur, voyez BUON.

RECOLLET

13 novembre 1559. — Geoffroy Recollet, marchand libraire à Paris, et Guillemette Galopin, sa femme, recoivent donation de Guillaume Laversin, juré-priseur et vendeur de biens, d'une terre, jardin et masure au village de Gascourt, près Luzarches. (Arch. Nat., Y 101, f° 7.)

9 juin 1562. — Guillemette Galloppin, veuve de Geoffroy Rencoullet (sic), en son vivant marchand libraire et bourgeois de Paris, tant comme son exécutrice testamentaire que comme tutrice de leurs enfants mineurs, affirme n'avoir connaissance d'autres biens ni d'autres dettes de la succession que ceux contenus dans la déclaration qu'elle a passée devant notaires. (Arch. Nat., Y 5247, f° 122.)

REGNARD

25 janvier 1555 (n. st.). — Thomas Regnard, libraire, demeurant à Paris, rue Fromentel, près le clos Bruneau, près l'enseigne de l'Estoille, se porte pleige et caution pour maître François de Taillevys, prisonnier à Saint-Germain-des-Prés. (Arch. Nat., Z/2 3326.)

REGNAULT

25 février 1506 (n. st.). — Jean Regnault [boulanger] prend à bail des Mathurins, pour 99 ans, au loyer de 12 l., la maison de l'image Saint-Claude, rue Saint-Jacques, contiguë par derrière au dortoir des Mathurins. (Arch. Nat., LL 1545, p. 220.)

Voyez Marnef à la date des 27 avril et 24 novembre 1508.

1506. — La veuve de Jean Regnault paye à la Commanderie de Saint-Jean-de-Latran le cens dû par la maison de l'Ange, rue Saint-Jacques. (Arch. Nat., S 5119/4, f° 5.)

1514-1516. — François Regnault [libraire] paye à la Commanderie de Saint-Jean-de-Latran le cens dû pour la maison de l'Ange, rue Saint-Jacques, contiguë aux hoirs de Florent Hamelin. (Arch. Nat., S 5119/3, f° 4 v°; S 5119/1, f° 6 v°.)

1520. — Les hoirs de François Regnault paient le cens dû pour la même maison. (Arch. Nat., S 5119/8, f° 3.)

Sans date. — Pierre Regnault, libraire, demeurant à Paris, près les Mathurins, rue Saint-Jacques, paye à la Commanderie de Saint-Jean-de-Latran, le cens dû pour un arpent de vignes aux Marjolaines. (Arch. Nat., S 5117/6.)

Compte de la Commanderie daté : *année mil v c et...*, on a ajouté postérieurement, « *année 1500* », ce qui est une erreur évidente.

17 décembre 1520. — François Regnault, libraire, et feu Jean Regnault, voyez Roland à la date du 3 mai 1540.

1525-1526. — François Regnault, propriétaire d'un jardin contigu à la maison de l'Eléphant, pris sur le grand jardin de la Commanderie de Saint-Jean-de-Latran, paye à la Commanderie le cens de 5 s., 7 den. t. dû pour ce jardin. (Arch. Nat., S 5121/7, f° 63.)

28 juin 1529. — François Regnault [libraire], voyez Aubry.

1530-1535. — La veuve de Pierre Regnault, rue Saint-Jacques, paye le cens dû pour plusieurs pièces de terre situées dans la censive de la Commanderie de Saint-Jean-de-Latran. (Arch. Nat., S 5121/6 ; S 5118/3 ; S 5118/7.)

1536. — François Regnault, imprimeur et libraire, paye le

cens du jardin de la maison de l'Eléphant, rue Saint-Jacques. (Arch. Nat., S 5121/8, f° 4 v°.)

2 octobre 1538. — Le bail de la maison de l'image Saint-Claude, rue Saint-Jacques, est ratifié à François Regnault, avec une augmentation de loyer de 8 livres tournois. (Arch. Nat., LL 1545, p. 221.)

6 janvier 1539 (n. st.). — Nicolas Regnault, parcheminier, demeurant rue de Lourcines, achète pour 48 l. t. la moitié d'une maison dans cette rue. (Arch. Nat., S 5120/4, f° 45.)

3 mai 1540. — Titre nouvel passé par Madeleine Boursette, veuve de François Regnault, libraire, pour le cens dû à la ville par la maison où pend pour enseigne « le Lefant », autrefois le Barillet, dont elle est « détenteresse et propriéteresse », en vertu d'un bail à rente du 17 juillet 1522 passé par Guillaume Roullant [Roland, papetier et libraire], pour 120 l. t. rachetables par 3 600 l. t. de capital. (Arch. Nat., Q/1 1099/206 A, f° 116.)

23 mai 1540. — François Regnault, libraire-juré, et Madeleine Boursette, sa femme, font donation à Jacques Regnault, leur fils, alors absent, de la moitié par indivis de la maison de l'Eléphant, rue Saint-Jacques, de livres, et de 800 livres tournois à prendre après le décès de François, sur « tous et chascuns les ustancilles d'imprimerie, comme matrisses, poinssons, matières, hystoires de cuyvre et bois, presses, et autres choses servans à imprimerie. » (Arch. Nat., Y 87, f° 123 v°.)

1542-43; 1544. — La veuve de François Regnault, jadis imprimeur-libraire, paye le cens dû à la Commanderie de Saint-Jean-de-Latran par le jardin de la maison de l'Eléphant. (Arch. Nat., S 5121/4, f° 5 ; S 5121/3, f° 4.)

11 février 1543 (n. st.). — Jean Regnault, marchand corroyeur de cuirs, bourgeois de Paris, fait donation à Madeleine Boursette, veuve de François Regnault, libraire-juré, d'une rente de 25 livres tournois. (Arch. Nat., Y 89, f° 340 v°.)

4 janvier 1544 (n. st.). — Jean Regnault, marchand corroyeur de cuirs, fait donation à Jacques Regnault, son frère, « de tous et chascuns les livres generallement quelsconques qui audit donateur à cause de François Regnault, son père, peuvent appartenir, estans en la ville de Lyon ». (Arch. Nat., Y 90, f° 332.)

2 octobre 1544. — Madeleine Bourset (sic), veuve de François Regnault, fait donation à Denyse Regnault, sa fille, femme de Jean Bonhomme, marchand bourgeois de Paris, d'une maison rue

Saint-Jacques « où pend pour enseigne le Leffant ». (Arch. Nat.,
Y 90, f° 42 v°.)

16 décembre 1544. — François Regnault, marchand libraire
juré de l'Université de Paris, achète pour 70 l. t. un quartier de
terre en jardin, en une pièce, près Coppeaux-lez-Paris, lieu-dit la
Villeneufve-Saint-René, rue de Montauban (à Saint-Marcel). (Arch.
Nat., S 1651, f° 117 v°, 2ᵉ série.)

7 mai 1545. — Madeleine Boursette, veuve de François
Regnault, est condamnée à payer 20 livres de rente et 4 deniers
de cens aux Mathurins pour la maison de l'image Saint-Claude,
rue Saint-Jacques. (Arch. Nat., LL 1545, p. 221.)

2 janvier 1546 (n. st.). — Madeleine Boursette, veuve de François Regnault, libraire-juré, transporte à Jean Bonhomme, libraire,
son gendre, une créance sur Jacques Regnault, son fils, pour la
location de la moitié de la maison de l'image Saint-Claude, rue
Saint-Jacques, prise à bail par Jacques Regnault, le jour de la
Saint-Jean-Baptiste 1545, pour 6 ans. (Arch. Nat., Y 91,
f° 250 v°.)

1551-1553. — Les héritiers de François Regnault, paient le
cens dû pour le jardin de la maison de l'Eléphant, rue Saint-
Jacques, à la Commanderie de Saint-Jean-de-Latran. (Arch. Nat.,
S 5121/2, f° 5 v° ; S 5121/1, f° 5 v°.)
En marge : Ysabeau de Bresme.

5 mars 1552 (n. st.). — Délibération du conseil de famille de
Madeleine Regnault, fille de feu Pierre Regnault [libraire] et de feue
Gillette Chevallon. Pierre Regnault, qui avait été nommé subrogé-
tuteur de sa fille après la mort de sa femme, avait été plus tard remplacé par Alexis Mégissier « au moyen de l'aliénacion de son esprit
et prodigallité »; il mourut devant 1 400 ou 1 500 livres à sa fille
sur la succession de sa femme. Alexis Mégissier est autorisé à ne
pas accepter, au nom de Madeleine, la succession de son père. Présents : Madeleine Boursette, veuve de François Regnault, libraire,
ayeule paternelle; Jean Bonhomme, libraire, cousin paternel; Vivant
Gotterot [Gautherot], libraire-juré, voisin et ami, et Alexis Mégissier [maître-épicier], oncle et subrogé tuteur. (Arch. Nat., Y 5239,
n° 157.)

24 octobre 1552 .— Nomination d'un tuteur à Madeleine
Regnault, âgée de 10 ans, fille de feu Pierre Regnault [libraire], et
de Gillette Chevallon, à la place de Jean Bonhomme, en son
vivant maître-imprimeur, à présent décédé; le subrogé-tuteur est
Alexis Megissier. Le conseil de famille est composé de Madeleine
Boursette, veuve de François Regnault [libraire], aïeule paternelle;

de Thomas de Bresme [apothicaire], oncle paternel, de Jean Bonhomme [libraire] et Pierre Foucart [boulanger] cousins paternels ; de Guillaume Le Noir [libraire], de Jean [Vaffalin, dit] de Horne [apothicaire] et de Louis Hernault [libraire], voisins et amis; Jean Bonhomme est nommé tuteur à la place de son père. (Arch. Nat., Y 5249, f° 207 v°.)

4 mars 1553. — Jean Regnault, maître-corroyeur, à Saint-Marcel, et Charlotte Godin, sa femme, font donation à Noël Regnault, leur fils, étudiant en l'Université. (Arch. Nat., Y 98, f° 354.)

7 juin 1553. — Nomination d'un tuteur *ad hoc*, « pour poursuivre et pourchasser ses causes et querelles, » à Noël Regnault, âgé de 16 ans, fils de Jean Regnault et de Charlotte Godin. Parmi les membres du conseil de famille : Jean Regnault, son père, Alexis Megissier, cousin maternel, Jacques Regnault et Jean Bonhomme [libraires], cousins paternels. (Arch. Nat., Y 5249, f° 320 v°.)

1571. — Benoist Regnault, libraire, voyez NICOLLE.

5 octobre 1574. — Contrat de mariage de Jeanne Le Retour, fille de Jean Le Retour et d'Isabelle Bavan; avec André Dubellay, maître-layetier et escrenier, fils de feu Gilles Dubellay, maître-doreur sur cuirs, et de Catherine Martin. La dot est fournie par Perrette Bavan, veuve de Pierre Regnault, libraire, tante de la future, et par Bertrand de Verneuil, maître-parcheminier, son cousin. (Arch. Nat., Y 116, f° 190.)

23 mai 1577. — Benard Regnault, maître baudroyeur et corroyeur de cuir à Paris, et Claire Thibault, sa femme, vendent un cinquième de la maison de l'Eléphant, rue Coipeaulx, à Saint-Marcel, à Claude Gourmont, veuve de Pierre Foucart [boulanger] bourgeois de Paris ; le montant du prix sera payé à divers créanciers, parmi lesquels Jacques Colle, maître-parcheminier à Paris. (Arch. Nat., S 1654, f° 7, 2ᵉ série.)

14 janvier 1580. — Testament de Perrette Bavan, veuve de Pierre Regnault, libraire, bourgeois de Paris ; elle nomme exécuteur testamentaire André Du Bellay, son neveu, et fait des legs à sa femme et à ses deux filles, parmi lesquels une rente constituée le 25 juillet 1567 par Guillaume Denys, parcheminier à Rouen. (Arch. Nat., Y 121, f° 354.)

19 décembre 1580. — Jean Careau, maître-parcheminier, rue de la Parcheminerie, et Jeannne Regnault, sa femme, fille de feu Jean Regnault, maître-corroyeur de cuirs, et de Charlotte Godin, vendent la maison de l'Eléphant, rue des Couppeaulx, faubourg Saint-

Marcel, à Claude Gourmont, veuve de Pierre Foucart. (Arch. Nat., S 1654, f° 8, 2ᵉ série.)

1594. — Feu François Regnault, libraire, voyez HOUIC.

D'après ce que l'on sait sur la branche de la famille des Regnault qui exerça à Paris, on peut établir approximativement leur filiation comme suit :

François Iᵉʳ Regnault, libraire, originaire de Grenoble, exerce de 1503 à 1516, environ; probablement frère de Jean Regnault, boulanger, qui possédait avant lui l'image Saint-Claude et l'Ange, rue Saint-Jacques; enfants:

A — François II Regnault, libraire-imprimeur, mort entre novembre 1540 et juin 1541; marié à Madeleine Boursette, qui lui succède jusqu'en 1556; enfants :

    a. — Pierre Regnault, libraire-imprimeur, mort avant le 5 mars 1552, marié à Gillette Chevallon ; enfant :
        1°. — Madeleine, née en 1542.
    b. — Jacques Regnault, libraire-imprimeur, exerce de 1540 à 1553, marié à Marguerite Du Pré.
    c. — Robert Regnault, libraire, marié à Marguerite Bruyère, veuve de Martin Morin, libraire-imprimeur à Rouen;
    d. — Jean Regnault, maître-corroyeur de cuirs, marié à Charlotte Godin; enfants :
        1°. — Noël Regnault;
        2°. — Jeanne, mariée à Jean Careau, maître-parcheminier.
        3°. — Bernard Regnault, maître-baudroyeur et corroyeur de cuirs, marié à Claire Thibault.
    e. — Denyse, mariée à Jean II Bonhomme, libraire-imprimeur, mort avant septembre 1552 (voyez la généalogie des BONHOMME).
    f. — Marthe, mariée à Thomas de Bresme, maître-apothicaire, par contrat du 8 avril 1527; enfants :
        1°. — Marie, mariée à Jean Bazouyn, maître-apothicaire;
        2°. — Isabeau.
        3°. — Un fils qui eut pour enfant :
            A. — Jean de Bresme, maître-apothicaire, marié à Claude Thuault, qui épousa en secondes noces Henri Pajot, même profession; enfant :
                a. — Marie de Bresme, mariée à Charles Gaultier, orfèvre, morte avant 1603.

B. — Barbe Regnault, mariée à André Berthelin, libraire, lui succède de 1555 à 1561; enfants :
    a. — Madeleine Berthelin, mariée à Thibault Bessault, libraire; enfant :
        1°. — Jean Bessault, libraire, né en 1563, exerce de 1583 à 1588.
    b. — Probablement une fille, première femme d'Antoine Houic, libraire.

Pierre III Regnault, libraire en 1554, marié à Perrette Bavan appartenait probablement à la branche de Caen et de Rouen, comme Pierre Iᵉʳ, dont la veuve habita aussi rue Saint-Jacques.

Nous n'avons pas pu arriver à compléter cette généalogie en y rattachant plusieurs branches de Regnault qui appartenaient cependant à la même famille :

Pierre Regnault, marié à Huguette Prothuisot, vivant en 1498 dont :

A. — Michel, avocat au Parlement ;

B. — Robert, lieutenant du guet ;

C. — Nicole, mariée à Adam Pinart, chandelier, dont :

    a. — Pierre Pinart, chandelier ;

    b. — Huguette, mariée : 1° à Guillaume Cardinal ; 2° à Mathieu de Lor, tous deux maîtres au fait des armes.

François Regnault, faisant partie, en 1576, du conseil de famille de Marie Prun, sa petite-fille (fille de Claude Regnault et de Martin Prun). Parmi les parents maternels de Marie sont : Nicolas Pinart, oncle, et Antoine Houic, [libraire], cousin, que nous retrouvons dans les autres branches.

Jean Regnault, marié à Denyse Jehan, dont :

A. — Denyse épouse par contrat du 20 mai 1540 Antoine Le Maire, drapier, dont :

    a. — Nicolas Le Maire ;

    b. — Dominique Le Maire époux de Catherine de Maulnoy ; enfants : Catherine et Michelle.

Parmi les membres du conseil de famille de Catherine et de Michelle, figuraient en 1562 Pierre Foucart et Jean de Bresme. Nous avons vu que Jean de Bresme était l'arrière-petit-fils de François II Regnault, quant à Pierre Foucart il figure aussi comme cousin paternel dans le conseil de famille de Madeleine, fille de Pierre Regnault, libraire, en 1552.

REGNIER

23 juin 1553. — Mathurin Regnier, faiseur de fermoirs de livres, rue de la Tannerie, fait donation à Nicolas Regnier, écolier, étudiant en l'Université, son fils, de ses droits dans la succession de Richard Regnier, marchand laboureur à Richebourg, près Montfort-l'Amaury, son père. (Arch. Nat., Y 98, f° 451 v°.)

6 janvier 1580. — Contrat de mariage de Mathurin Regnier, ferreur de livres, rue des Poirées, avec Jeanne Blacohière, veuve de Jean Lucas, tailleur d'habits; douaire : 40 écus soleil. (Arch. Nat., Y 125, f° 494.)

REGNOUL ou RENOUL

12 mai 1596. — Contrat de mariage de Jean Renoul, compagnon-imprimeur, au Mont Saint-Hilaire, avec Marguerite Lecointe; témoin : Raoullin Thierry, marchand libraire et maître-imprimeur. (Arch. Nat., Y 135, f° 345 v°.)

9 juillet 1611. — Jean Regnoul, marchand imprimeur, loue la maison de l'Etrier, appartenant aux Mathurins, rue du Foin. (Arch. Nat., LL 1545, p. 148.)

RENBOLDT

24 novembre 1506. — Bertholde Rainbault [Renboldt, imprimeur], voyez BALIGAULT.

29 novembre 1507. — Le Collège de Sorbonne donne à bail à maistre Bertholle Rembolt, imprimeur, et Charlotte Guyllard, sa femme, pour 99 ans à partir de Noël prochain, au loyer de 12 l. par., la maison du Coq et de la Pie, rue Saint-Jacques, contiguë d'une part à celle du Tresteau, d'autre part à celle du Lyon-d'Or, et aboutissant par derrière à la librairie neuve du Collège de Sorbonne. Les bailleurs « seront tenuz et promectent y faire bastir et construyre à leurs propres coustz et despens dedans deux ans prochain venans deux corps d'hostel de neuf, de bonnes et suffisantes matières, tant de maçonnerie, charpenterie que couverture, jusques à la somme de six cents livres tournoys et plus, au dit d'ouvriers et gens ad ce congnoissans : l'un d'iceulx corps sur ladicte rue saint Jacques et l'aultre corps sur le derrière dudict hostel à prendre selon l'alignement du vielz corps d'hostel... sans aucunement édiffier ne passer oultre ledict allignement en tirant vers ladicte librairie, et seront tenuz... soustenir les caves de leurdicte librairie tout ainsi que de présent et, iceulx corps d'hostelz ainsi faictz de neuf, bien et deuement seront... tenuz les soustenir et entretenir de toutes réparations grosses et menues sans les laisser descheoir... S'il advenoit que iceulx preneurs allassent de vie à trespas sans hoirs de leur corps, en ce cas lesdictes maisons retourneront au collège, combien que ledict temps de quatre vingt dix neuf ans ne fust encore escheu, affin de estre participans es prières et bienffaictz dudict collège ; et aussi s'il advenoit que l'un desdictz mariez allast de vie à trespas avant que lesdictz édiffices fussent achevez et parfaictz, en ce cas le survivant sera tenu les faire parachever... ou y renoncer et la remectre es mains desdictz bailleurs ». (Arch. Nat., MM 281, f° 98 v°.)

RESCH

Janvier 1518 (n. st.). — Lettres de naturalisation accordées à Conrat Resch [libraire], natif du pays d'Allemagne, demeurant à Paris, où il s'est marié. (Arch. Nat., Y 8, f° 76.)

Reproduit in-extenso par M. Stein dans le *Bibliographe Moderne*, 1899, pp. 194-195.

3 août 1526. — Conrad Resch, libraire, voyez BADE.

RÉVÉREND

15 juillet 1545. — Mahiet Révérend, faiseur de fermoirs de livres, voyez NIVELLE, à la date du 9 février 1563.

REZÉ

1586. — Pierre Rezé, l'aîné [libraire], paye la taxe d'ouverture de boutique. (Bib. Nat., ms. fr. 21872.)

Entre 1595 *et* mai 1596. — François et Jacques Rezé [libraires] payent la taxe d'ouverture de boutique. (Ibid.)

9 février 1598. — Catherine Gaudy, veuve de Raollet Rezé, libraire, prend à bail, au loyer de 33 écus soleil, la maison de l'image Saint-Etienne, rue des Sept-Voyes. (Arch. Nat., S 860.)

RICHARD

Décembre 1540. — Lettres de naturalisation accordées à Guillaume Richard, libraire à Paris, natif de Louvain, en Brabant, résidant dans ce royaume depuis 7 ans ou environ. (Arch. Nat., JJ 254, f° 71.)

Reproduit in-extenso par M. Stein dans le *Bibliographe Moderne*, 1899, p. 195.

26 septembre 1562. — Thomas Richard, imprimeur, voyez CAVEILLER.

29 décembre 1562. — Voyez DROUART.

15 avril 1573. — Thomas Richard, imprimeur, et Guillaume Richard, libraire, voyez CAVELLAT.

15 février 1591. — Emmanuel Richard [libraire-imprimeur], voyez DU PUYS.

RICHER

4 octobre 1585. — Jean Richer, compagnon-imprimeur, et Jean Richer [libraire], voyez LA CROIX.

Sans date. — Jean Richer [libraire] est locataire de la maison du Loup-qui-taille, rue Saint-Jean-de-Latran, en vertu d'un bail emphytéotique du 21 décembre 1560, et d'une maison dans la cour du Collège de Tréguier, en vertu d'un bail emphytéotique de 1578. (Arch. Nat., H 2855/1.)

20 janvier 1626. — Jean et Etienne Richer, frères, marchands libraires, rue Saint-Jean-de-Latran, ont acquis de maître Maurice de Monstreuil et de Guillaume Loison [libraire], à cause de Marguerite de Monstreuil, sa femme, héritiers de leur mère et belle-mère Catherine Niver [Nyverd], veuve de Claude Monstreuil [libraire], une maison au faubourg Saint-Victor, rue des Boulangers, à l'enseigne du Barillet, avec cour et jardin. (Arch. Nat., S 2173, f° 42 v°.)

29 décembre 1627. — Le Collège de Reims donne à bail pour 9 ans à Etienne Richer, libraire, rue Saint-Jean-de-Latran, à partir de Noël passé, au loyer de 45 l. t., une salle basse du collège qui servait autrefois à la troisième classe, et une autre salle qui servait à la deuxième classe, sous le premier étage du vieux corps d'hôtel. (Arch. Nat., S 6559.)

20 juillet 1649. — Marie Loiseau [Loison ?], femme séparée de biens d'Antoine Bourgoin, orfèvre, cède à Marin Richer [libraire] et à Denyse Thierry, sa femme, la maison du Barillet, rue des Boulangers, qui lui avait été donnée par Etienne Richer. (Arch. Nat., S 2173, f° 52.)

RICOUART

14 octobre 1522. — Pierre Ricourt (sic), libraire, prend à bail la 10ᵉ maison du Pont-Notre-Dame, au loyer de 28 l. par. (Arch. Nat., Q/1 1099/197 A, f° 180.)

10 juillet 1529. — Pierre Ricouart, libraire, renouvelle le bail de cette maison pour 40 l. t. (Arch. Nat., Q/1 1099/197 B, f° 24 v°.)

15 juillet 1539. — Pierre Ricouart renouvelle son bail de la 10ᵉ maison du Pont-Notre-Dame. (Ibid., f° 110.)

16 mars 1540 (n. st.). — Henri Lhermitte, chapelier, habitant la 39ᵉ maison du Pont-Notre-Dame, transporte ses droits sur cette maison à Pierre Ricouart, libraire, pour y loger son fils, en faveur du mariage de ce dernier avec une de ses parentes. (Ibid., f° 118.)

30 mars 1552 (n. st.). — Pierre Ricouart, maître-libraire, bourgeois de Paris et messager-juré de l'Université, fait comparaître au Châtelet Pierre Pattier (*alias* Paslé) l'aîné, pour lui faire déclarer qu'une grange sise à Briges, ayant appartenu à Jean Chesneau, est hypothéquée jusqu'à concurrence du prix de mille rames de papier « convenable à imprimer de paste et échantillon du pappier que on a fait audit lieu d'Ablèges depuis le 28 septembre 1549, à 10 livres la rame ». Il l'a achetée pour se couvrir du prix du papier qui lui est dû par Jean Chesneau. (Arch. Nat., Y 5240, n° 2188.)

Même jour. — Pierre Ricouart fait comparaître au Châtelet Jean Pyache, laboureur, pour lui faire déclarer que trois quartiers et 5 perches de terre sis à Ableiges, sont hypothéqués pour la même cause. Dans cet acte Jean Chesneau est appelé Jean Chauveau. (Ibid., n° 2262.)

1ᵉʳ septembre 1553. — Baptême à Saint-Sulpice de Nicolas, fils de Jean Ricouart et de Marguerite Rousseau. (Bib. Nat., ms. fr. 32593.)

9 juillet 1555. — Baptême à Saint-Sulpice d'Hardouyn, fils de Nicolas Ricouart et de Jeanne Poterne. (Ibid.)

15 mars 1556 (n. st.). — Baptême à Saint-Sulpice d'Antoine, fils de Jean Ricouart et de Marguerite Couveau. (Ibid.)

22 octobre 1558. — Marie Laurent [Laurens], veuve de Pierre Ricouart [libraire], est marraine à Saint-Sulpice. (Ibid.)

20 février 1565. — Marguerite Sussevin, veuve de Pierre Ricouart, l'aîné, libraire, est marraine à Saint-Sulpice. (Ibid.)

Juin 1565. — Marie, fille de feu Pierre Ricouart, est marraine à Saint-Sulpice. (Ibid.)

28 janvier 1568. — Nicole Benard, veuve de Jean Ricouart, procureur ès cours ecclésiastiques, est marraine à Saint-André-des-Arts. (Bib. Nat., ms. fr. 32589.)

D'après une généalogie ms. de la famille des Ricouart, comtes d'Hérouville, Jean Ricouart, tige de la famille, marié à Nicole Bénard, aurait été relieur, et l'une de ses filles aurait épousé le libraire Jean Ier Charron; une autre généalogie ms. fait remarquer que le nom de la femme de Jean est douteux. Il y a en tous cas confusion car le mari de Nicole Bénard n'était pas le relieur de ce nom, dont la femme devait être Marguerite Rousseau ou Couveau. (Voyez plus bas la généalogie que nous donnons des membres de cette famille ayant appartenu à la corporation.)

4 mars 1569. — Mathurin Baudeau, chandelier, poursuit les vente et criée de biens appartenant à Noël Sussevin [chaudronnier]. Parmi les opposants sur le prix à provenir de la vente sont Marguerite Sussevin veuve de Pierre Ricouart l'aîné [libraire], Denyse Ricouart femme de Jean Girard, Guillaume Boucher en son nom et comme tuteur des enfants qu'il a eus de feue Antoinette Ricouart sa femme, Jean Ricouart [relieur], Marie Laurens veuve de Pierre Ricouart le jeune [libraire] et tutrice de ses enfants mineurs, en garantie d'une rente de 40 l. t. constituée à Pierre Ricouart l'aîné le 16 novembre 1554. (Arch. Nat., Y 3469, f° 49 v°.)

1571. — Parmi les habitants du Pont-Notre-Dame, taxés au don de 300 000 livres, se trouvent les noms de :

> Veuve Ricouart [libraire], du côté d'amont l'eau, 6 livres;
> Autre veuve Ricouart [libraire], du côté d'aval l'eau, 12 livres;
> La même, pour une autre maison, 100 sols;
> Guillaume Laurens, papetier, du côté d'aval, 100 sols.

(Bib. Nat., ms. fr. 11692, f°s 159 v° à 160 v°.)

On trouve encore une veuve Ricouart imposée à 6 livres, rue du Battouer. (Ibid., f° 284 v°.)

1571. — Pierre Ricouart [libraire] est taxé au don de 300 000 livres pour son « échoppe dessoubz Châtelet », à 100 sols, et Jean Ricouart, papetier, rue de la Juiverie, à 40 sols. (Ibid., f°s 96 v°, 158 et 572.)

13 septembre 1573. — Mariage à Saint-André-des-Arcs de Simon Ricouart, boulanger, avec Robine Martin, veuve de Simon Jeulin. (Bib. Nat., ms. fr. 32589.)

13 mars 1574. — Baptême à Saint-Gervais de Jean, fils de Jean Ricouart [libraire], demeurant sur le Pont-Notre-Dame, et d'Anne Roufler. (Bib. Nat., ms. fr. 32838.)

8 novembre 1574. — Pierre Ricouart, libraire, renouvelle son bail de la 39ᵉ maison du Pont-Notre-Dame, du côté d'aval, portant l'enseigne du Dauphin, au loyer de 100 l. t. (Arch. Nat., Q/1 1099/200, f° 101.)

Même jour. — Jean Ricouart [libraire] prend à bail, au loyer de 100 l. t., la 21ᵉ maison du Pont-Notre-Dame, précédemment louée à la veuve de Pierre Ricouart, sa mère. (Ibid., f° 102.)

6 juin 1575 ; 18 juillet 1575 ; 21 juillet 1575. — Pierre et Jean Ricouard, voyez CHEFDEVILLE.

16 juillet 1576. — Nomination de Jean Ricoard, le jeune, [libraire], comme tuteur des enfants mineurs de feu Pierre Ricoard, papetier [et libraire] et de Madeleine Guyot (*alias* Guéau), sa femme : Madeleine, âgée de 9 ans, Marthe, de 8 ans, Ysabel, de 6 ans et demi, et Pierre, de 4 ans. Le conseil de famille est composé de la mère ; de Suzanne Chefdeville, veuve de feu Gilles Guyot, aïeule maternelle ; de Jean Ricoard, le jeune [libraire], oncle paternel ; de Guillaume de La Noue [libraire], oncle paternel à cause de sa femme ; de Guillaume Laurens [papetier, grand-]oncle paternel ; de Nicolas Salmon et Louis Varin, oncles ; de Pierre Guyot [papetier], oncle maternel ; de Jean Nantier, oncle paternel par sa femme et d'Etienne Victor, voisin. (Arch. Nat., Y 5251, f° 131 v°.)

24 octobre 1577. — Requête de Marie Laurens, veuve de Pierre Ricouart [libraire], demandant l'annulation du bail de la 39ᵉ maison du Pont-Notre-Dame ci-devant passé à son fils Pierre. (Arch. Nat., Q/1 1099/200, f° 102 v°.)

25 janvier 1581. — Anne Rouflouer, femme de Jean Richouart, libraire, est marraine à Saint-Jean-en-Grève. (Bib. Nat., ms. fr. 32588 et Pièces orig., vol. 2480.)

13 février 1581. — Marie Laurens, veuve de Pierre Ricouart, libraire-juré, cède à Guillaume de La Noue, libraire-juré, ses droits sur la succession de Marthe Ricouart, femme décédée dudit de La Noue. (Arch. Nat., Y 122, f° 321.)

31 octobre 1588. — Pierre Massue, papetier, rue Saint-Jacques-de-la-Boucherie, lègue à Isabelle Ricouart la moitié d'une

boutique sur le Grand-Châtelet, et à Pierre Ricouart la moitié d'une échoppe ou boutique contre les murs du Palais, devant Saint-Barthélemy, à l'enseigne des Deux-Couronnes. (Arch. Nat., Y 133, f° 261 v°.)

26 juin 1592; 30 décembre 1592. — Pierre Ricouart, marchand, bourgeois de Paris; Elisabeth Ricouart, femme de Théodore Selleré, procureur au Châtelet; Madeleine Ricouart, femme de Robert Fuzelier; Marthe Ricouart, femme de Pierre Périchon, héritiers de feue Madeleine Guéau (*alias* Guyot), leur mère, sont mentionnés dans une sentence relative à une échoppe au Palais, sous le Grand-Châtelet. (Arch. Nat., Q/1 1099/15 A.)

19 décembre 1601. — Baptême à Saint-Gervais de Pierre, fils de Pierre Ricouart, mercier, et d'Hélène Col. (Bib. Nat., ms. fr. 32838.)

Ces actes qui font mention de cinq Pierre Ricouart et de trois ou quatre Jean peuvent être rendus plus faciles à comprendre grâce à quelques pièces citées par M. Coyecque dans son *Minutier*, dans les *Mémoires de la Société de l'Histoire de Paris et de l'Ile-de-France*, et dans la *Revue des Bibliothèques*. Voici comment on peut établir leur filiation :

Pierre Ier Ricouart, libraire-juré, marié : 1° à Marie de Neufve, morte en 1519, 2° à Marguerite Sucevin, très proche parente, et sans doute sœur d'Agnès Sucevin, femme des libraires Jean de Brie et Louis Royer; enfants :

A. — Jean Ier Ricouart, relieur, marié, d'après la généalogie ms. à Nicole Benard, mais plus probablement à Marguerite Rousseau ou Couveau; enfants :
    a. — Marguerite, mariée au libraire Jean Ier Charron;
    b. — Jean II, baptisé le 1er septembre 1553;
    c. — Antoine, baptisé le 15 mars 1556, pourvu d'une charge de conseiller au Parlement en 1584, d'après la généalogie ms.;
    d. — (Yves, secrétaire du roi, marié à Guillemette Mauclerc, d'après la généalogie ms.);
    e. — (Marie, mariée à Jean Ignon, procureur au Parlement, d'après la généalogie ms.);
B. — Pierre II Ricouart, libraire, mort avant 1558, marié en 1539 à Marie Laurens, fille de Guillaume Laurens, papetier; enfants :
    a. — Marie;
    b. — Marthe, mariée au libraire Guillaume de La Noue;
    c. — Pierre III, libraire et papetier, mort avant juillet 1575, marié à Madeleine Guyot ou Guéau; enfants :
        1°. — Madeleine, née en 1567, mariée à Robert Fuzelier;
        2°. — Marthe, née en 1568, mariée à Pierre Périchon;
        3°. — Isabelle, née en 1569, mariée à Théodore Selleré, procureur au Châtelet;
        4°. — Pierre IV, mercier, né en 1572, marié à Hélène Col, enfant :
            A. — Pierre V, baptisé le 19 décembre 1601.
    d. — Jean III, libraire-juré et vendeur et mesureur de charbon, marié à Anne Roufler ou Rouflouer; enfant :
        1°. — Jean IV, baptisé le 13 mars 1574.
C. — Denyse, mariée à Jean Girard.
D. — Antoinette, mariée à Guillaume Boucher.

RIGAULT

26 août 1553. — Robert Rigault, serviteur libraire, voyez CALOT.

RIVERY

28 novembre 1597. — Feu Jean Rivery, libraire, voyez DESMARQUETZ.

ROBERT

1571. — Robert, imprimeur, voyez ROUX.

ROBILLARD

13 octobre 1550. — Marin Hervier, prêtre, demeurant à Orcemont, près Rambouillet, fait donation à Marin Robillart, libraire à Paris, rue des Amandiers, son neveu et pupille, de terres à Orcemont, Briquessart et environs. (Arch. Nat., Y 96, f° 63.)

15 mai 1565. — Contrat de mariage de Sansonne Charron, veuve d'André Robillart, libraire, avec Jean de Sole, clerc suivant les finances, rue du Plâtre. (Arch. Nat., Y 106, f° 57.)

1571. — Feu André Robillart [libraire], voyez CHARRON.

ROBINET

1460 ; 1472. — Jean Robinet, libraire, doit à la Commanderie de Saint-Jean-de-Latran 13 den. par. de cens pour ses maisons et jardin, rue de Lourcine en face l'ostel jaune, entre la ruelle au Bourguignon par où l'on va à Notre-Dame-des-Champs, et Robin Migon. Les précédents propriétaires sont maître Guillaume de Vic et auparavant Agnès, veuve de Thomas Billart. (Arch. Nat., S 5120/1 f° 5 v° ; S 5117/10, f° 4 v°.)

ROBINOT

21 septembre 1562. — Gilles Robinot, voyez SERTENAS.

1571. — Parmi les habitants de la rue Neuve-Notre-Dame taxés au don de 300 000 livres se trouvent :

Mathurin Oudart [marchand], 8 livres;
Gilles Robineau [libraire], 40 sols;
Nicolas Rosset [Roffet, libraire], 100 sols;
Vincent Le Normant [Norment, libraire], 100 sols;
La veuve Certenas [Sertenas, libraire], 100 sols;
La veuve de Jean Bonfons [libraire], 100 sols;
Jean Cauroset (*alias* Corrozet), libraire, 6 livres ;
Jacques Perdriel, relieur, 40 sols.

(Bib. Nat., ms. fr. 11692, f°ˢ 162, 163, 579 et 579 v°.)

17 juillet 1575. — Gilles Robinot, libraire, est témoin au con-

trat de mariage de Guillaume Robinot, maître-huilier-chandelier et vendeur de suif, avec Jeanne Le Roy, veuve de Louis Le Heurteur, chandelier-vendeur de suif. (Arch. Nat., Y 117, f° 32 v°.)

15 janvier 1577. — Gilles Robinot [libraire] et Laurens Chancelier [libraire à Orléans, son beau-frère], font partie du conseil de famille de Marguerite Guérin, fille de feu Guérin et de Toinette Lange. (Arch. Nat., Y 5251, f° 187 v°.)

21 juin 1579. — Voyez SERTENAS.

1er septembre 1584 ; 21 octobre 1584. — Voyez BONFONS (signets manuels).

26 septembre 1601. — Gilles Robinot, marchand libraire, rue Saint-Jacques, et Madeleine de Lastre, sa femme, Jacques Le Bouc, marchand libraire, rue des Sept-Voies, et Marie de Lastre, sa femme, Lucas Bruneau, marchand libraire, et Marie Michel sa femme, Jean Micard, aussi libraire, et Claude Robinot, sa femme, vendent pour 400 écus soleil à Elisabeth Moreau, veuve de Robert Micard, marchand libraire et bourgeois de Paris, la moitié de la maison de la Bonne-Intention, rue Saint-Jean-de-Latran, dont l'autre moitié lui appartient déjà. Entre une maison à Etienne Valet [libraire] et aux enfants de feu Jean Huqueville [libraire, la Rose-Rouge], et une maison à Charles Macé, [libraire, l'image Notre-Dame ou l'Olivier]. (Arch. Nat., S 1655, f° 203, 1re série.)

Sans date. — Gilles Robinot et consorts sont locataires, comme héritiers de Claude Micard [libraire], de la maison de la Lanterne, rue Saint-Jean-de-Latran, en vertu d'un bail emphytéotique du 6 février 1537. (Arch. Nat., H 2855/1.)

ROCE, voyez ROSSE

ROCHE

12 septembre 1512. — Antoine Roche, imprimeur, demeurant rue Saint-Denys, en l'hôtel de Grand-Jean Charpentier, marchand de chevaux, comparaît devant le bailli de Saint-Germain-des-Prés sur la plainte de Pierre Rousseau, laboureur à Saint-Germain-des-Prés. Il avait emprunté à Rousseau, sept semaines ou environ auparavant, une robe de drap noir à usage d'homme qu'il devait lui rendre le soir, et qu'il avait vendue à la friperie. Il s'engage à rembourser le prix de la robe, 36 s. par. (Arch. Nat., Z/2 3284, f° 167.)

ROCHET

10 septembre 1585. — Enregistrement des lettres du... 1573 (sic) par lesquelles Isabelle, reine de France, en considération de

son joyeux mariage, nomme Nicolas Rochet maître-parcheminier. (Arch. Nat., Y 9306.)

27 octobre 1596. — Nicolas Rochet, maître-parcheminier, voyez PROVENCEL.

ROFFET

1529. — L'Hôtel-Dieu paye à Pierre Rouffet, libraire, 8 l. t. pour les parties par lui faites au légendier dudit hôtel. (Arch. hospit., Hôtel-Dieu, 6598.)

30 mai 1550. — André Roffet [libraire], voyez HIGMAN.

5 octobre 1551. — Ponce Roffect, Jacques Roffect, Arnoul Langelier et Girarde Roffect, sa femme, Antoine Le Clerc et Guillemette Roffect, sa femme, tous marchands libraires, Nicolas de La Porte, maître-potier d'étain, et Marie Roffect, sa femme, cèdent à André Roffect, libraire, leurs droits dans des procès survenus à l'occasion d'étaux et loges au Palais. (Arch. Nat., Y 97, f° 73 v°.)

10 mars 1553 (n. st.). — Ponce Roffet, libraire et relieur, prend à bail la troisième maison du Petit-Pont, du côté de l'Hôtel-Dieu, au loyer de 20 l. t. (Arch. Nat., Q/1 1099/197 C, f° 126 v°.)

31 mars 1552 (n. st.). — André Roffect [libraire] et Guyonne Chaudière, sa femme, [petite-]fille et héritière de Simon Olynes [de Colines, imprimeur], sont redevables de partie d'une rente due par un terrain de la rue de l'Arbalète. (Arch. Nat., Y 5240, n° 2135.)

7 juin 1554. — Ponce Roffect, libraire, locataire de la troisième maison du Petit-Pont, en comptant à partir de l'Hôtel-Dieu, déclare qu'il ne consent pas à résilier le bail de cette maison, pour laquelle il paye un loyer de 80 l., et qu'il entend en jouir jusqu'à son expiration. (Arch. Nat., H 1782, f° 327 v°; H 1783, f° 89.)

Registre des Délibérations du Bureau de la Ville de Paris, t. IV.

30 décembre 1557. — Fleurand Gaumoul, maître-chapelier, prend à bail la troisième maison du Petit-Pont, du côté de l'Hôtel-Dieu, « à cause du décès dudit Roffet ». (Arch. Nat., Q/1 1099/197 C, f° 126 v°.)

29 avril 1559. — André Roffet, libraire et relieur, voyez CHAUDIÈRE.

14 janvier 1563 (n. st.). — Nicolas Roffet et Jacques Kerver, libraires et imprimeurs de l'évêque de Paris, font ratifier par le Parlement le privilège qu'ils ont obtenu le 1er juin 1560 pour l'impression et la vente de tous les livres à l'usage du diocèse de Paris. (Arch. Nat., X/1 A 1604, f° 164 v°.)

1571. — Nicolas Roffet [libraire], voyez DALLIER et ROBINOT.

ROGER

19 novembre 1553. — Mariage à l'église Saint-Hilaire de Fiacre Roger, libraire, avec Marcelle Michel. (Arch. Nat., LL 757, f° 71.)

4 août 1582. — Charles Roger, imprimeur, voyez ALAIN.

ROGIER

25 février 1568. — Guillaume Rogier, libraire et relieur, et Charles Salin, peintre, donnent reçu au Collège Sainte-Barbe de 8 l. qui leur sont dues pour avoir monté la garde à la Porte Saint-Marcel pendant 10 nuits et une journée. (Signets manuels). (Arch. Nat., H 2895.)

ROHART

19 février 1485 (n. st.); 24 janvier 1486 (n. st.); 6 décembre 1488. — Guérin Rohart, écrivain et libraire, voyez LE ROUX.

18 novembre 1486. — Guérin Rohart, relieur, est condamné à payer le cens de 7 l. par. dû pour sa maison de la rue Saint-Jacques. (Arch. Nat., LL 464, f° 73.)

16 février 1487 (n. st.); 19 janvier 1492 (n. st.). — Guérin Rohart, écrivain, voyez DU PRÉ.

ROIGNY

17 et 19 mars 1539 (n. st.). — Jean de Roigny, libraire, voyez BADE.

23 novembre 1552. — Voyez VASCOSAN.

8 mai 1571. — Feu Jean de Roigny, voyez NIVELLE.

1571. — Michel de Roigny, libraire, voyez ROUX.

16 juillet 1573. — Jean de Roigny, marchand mercier-grossier, [fils de feu Jean de Roigny, libraire], voyez LHUILLIER.

27 septembre 1573. — Contrat de mariage de Jean de Roigny, bourgeois de Paris, [mercier-grossier], âgé de 26 ans, avec Louise Laguette, fille de Michel Laguette, avocat au Parlement et avocat du roi en la maîtrise des eaux-et-forêts et de Méline Turquan. Témoins du futur : Jean Vaillant, Nicolas Gaillard, maîtres-drapiers, et Pierre Lhuillier, libraire-juré, ses beaux-frères à cause de leurs femmes. Dot de la future : une maison avec ses meubles et des terres à Antony, 500 l. t. comptant, ses habits « filliaulx », 3 aunes de serge de Florence « pour luy ayder à s'en faire une robe nefve », une cotte de pareille étoffe, un « pellisson » et un chaperon de drap. (Arch. Nat., Y 114, f° 397 v°.)

1605. — Maître Simon de Saint-Julien, en qualité de tuteur de

Marie de Roigny, mariée à Claude Gasse, et de René de Roigny, enfants de feux Michel de Roigny [libraire] et de Marie Du Buysson sa femme, paye un cens dû au chapitre de Saint-Marcel. (Arch. Nat., S 1947/2, f° 90.)

Voyez la généalogie à l'article BADE.

ROLAND

17 juillet 1522. — Guillaume Rouland [libraire et papetier], voyez REGNAULD, à la date du 3 mai 1540.

1525-1544. — Guillaume Raoulland marchand papetier, demeurant rue des Lombards, paye à la Commanderie de Saint-Jean-de-Latran 15 s. 7 d. t. de cens pour la maison de la Couronne, ancien Mortier-d'Or, rue Saint-Jacques, contiguë à l'Ange. (Arch. Nat., S 5121/7, f° 62 v° ; S 5121/5, f° 5 ; S 5121/4, f°ˢ 5 v° et 38 v° ; S 5121/3, f° 12.)

7 juillet 1531. — Guillaume Raouland, voyez CHAUDIÈRE.

3 mai 1540. — Titre nouvel passé par Guillaume Rollant, marchand, bourgeois de Paris, pour le cens dû à la Ville de Paris par la maison de la Couronne-d'Or, ancien Mortier-d'Or, qui fut à François Regnault, libraire, et auparavant à Fleurant Hamelin; contiguë à la maison de l'Ange, qui fut à Jean Regnault, et par derrière à François Regnault [l'Eléphant]. Il avait acheté un quart de cette maison audit François Regnault, libraire, qui le tenait de Henry Nepveu et de Guyonne Hamelin, sa femme, le 17 décembre 1520, et les trois autres quarts directement aux héritiers de Fleurant Hamelin, et avait payé pour l'ensemble 1 495 l. t. (Arch. Nat. Q/1 1099/206 A, f° 117.)

Même jour. — Guillaume Roullant, voyez REGNAULT.

1552-1553. — La maison de l'Ange, rue Saint-Jacques, est contiguë à une maison appartenant à maître Rosier, à cause de sa femme Anne-Rose (sic, pour Anne Rosier), fille de feu Guillaume Rollant. (Arch. Nat., 5121/2, f° 5 v° ; S 5121/1, f° 5 v°.)

1552-1553. — Guillaume Roland, à cause de sa femme, Anne-Rose, fille de feu Guillaume Roland [*lire* : Guillaume Rosier, ou Rozer, à cause de sa femme, Anne Rosier, fille de feu Guillaume Roland] paye à la Commanderie de Saint-Jean-de-Latran le cens de la maison de la Couronne-d'Or, contiguë à celle de l'Ange, rue Saint-Jacques. (Arch. Nat., S 5121/2, f° 6 v° ; S 5121/1, f° 6 v°.)

8 octobre 1559. — Feu Guillaume Raoullant, voyez DU PUYS.

7 janvier 1578. — Guillaume Rozer, avocat au Parlement, conseiller et référendaire en la Chancellerie, à cause d'Anne Raoul-

land, sa femme, fille de feu Guillaume Raoulland, passe titre nouvel pour une maison, rue Saint-Jacques, à présent sans enseigne, ayant autrefois porté celle de la Couronne; elle appartient à sa femme, tant en vertu d'un partage que par la donation qui lui a été faite par Marie Pain, sa mère. Contiguë à la maison de l'Ange, appartenant à Thomas Le Prestre [drapier] et louée à feu Pierre Foucart, et, par derrière, à Antoine Houic, libraire [l'Eléphant]. (Arch. Nat., Q/1 1099/206 B, f° 17 v°.)

ROSSE ou ROCE

28 juin 1521. — Feu Denys Rosse, [libraire], voyez VIART. Voyez aussi AUBRY, à la date du 4 janvier 1519.

ROSSIGNOL

29 septembre 1595. — Marie Berthe, femme de Nicolas Rossignol, libraire à Paris, « absent de présent, étant du parti contraire à la suite du duc de Mayenne », reçoit donation d'une masure en ruine, de son frère utérin Antoine Regnault, prêtre-chappier en l'église Saint-Paul. (Arch. Nat., Y 134, f° 430.)

6 juin 1597. — Marie Berthe, demeurant à Picpus, Denyse, Claire et Pierre Regnault, ses enfants, et tous autres enfants qu'elle pourrait avoir, recoivent du même Antoine Regnault donation d'une maison à Picpus. (Arch. Nat., Y 136, f° 210 v°.)

ROUSSEAU ou ROUCEAU

14 août 1533. — Didier Rousseau, marchand libraire, demeurant à Paris, devant le collège des Cholets, vend à maître Jean Le Blé, docteur en théologie, pour 12 l. 10 s. t. et les charges, une place de 3 toises de largeur, sur rue, et de 7 toises de profondeur, sur laquelle est un commencement de maison, au clos d'Albiac, à Saint-Marcel. (Arch. Nat., S 1651, f° 40, 4° série.)

13 avril 1554. — Testament de Pierre Rouceau, compositeur d'imprimerie, demeurant rue Chartière, à l'image Saint-Sébastien; exécuteurs testamentaires : Guillemette Camus, sa mère, et Michel Omon, fondeur de lettres, rue des Amandiers, au Pied-de-Biche. Témoins : Louis Couronne, Guillaume Guillot et Thoinette Daviée. (Arch. Nat., LL 757, f° 41 v°.)

ROUSSEL

29 décembre 1488. — Nicolas Roussel, imprimeur, demeurant partout, est écroué au Châtelet sur la plainte de Jean Mignon, orfèvre, pour lui avoir, avec plusieurs autres personnes armées,

fendu la tête jusqu'à grande effusion de sang et écrasé les doigts, dans la chambre de Catherine Lantoyne, rue du Bon-Puits. (Arch. Nat., Y 5266, f° 191 v°.)

13 octobre 1590. — Oudin Le Tainturier, prêtre, ancien vicaire du Plessis-Picquet, y demeurant, et actuellement rue Fromentel, vis-à-vis le Petit-Corbeil, fait donation d'une maison et d'un jardin au village d'Ursine à Antoine Roussel, libraire et relieur, et à Geneviève de Lisle, sa femme. (Arch. Nat., Y 132, f° 129.)

Entre août 1598 *et* mai 1600. — Nicolas Roussel [libraire] paye la taxe d'ouverture de boutique. (Arch. Nat., ms. fr. 21872.)

ROUSSIN

14 avril 1586. — Jacques Roussin, imprimeur, rue Saint-Jacques, à l'enseigne de la Pie-en-Cage, partant pour un voyage en Italie, « et autres pays estranges » fait donation en cas de mort à Marie Roussin, sa nièce, fille de Pierre Roussin, imprimeur, rue Saint-Jacques, d'une créance de 87 écus soleil. (Arch. Nat., Y 131, f° 44.)

ROUVEAU

17 avril 1547. — Albert Rouveau, voyez NOYAU.

ROUX

26 juin 1542. — Martin Roux étant détenu à la Conciergerie pour crime d'hérésie, le Parlement décide d'entendre comme témoins à charge Jean Contour, demeurant à Verrières, et Jean Maire, malgré la requête présentée le 22 mai par Jacqueline Du Val, mère de Martin Roux. (Arch. Nat., X/2 A 93.)

29 août 1542. — Vu la requête de Jacqueline Du Val, mère de Martin Roux, détenu à la Conciergerie pour crime d'hérésie, présentée le 22 mai précédent, Martin Roux désignera des témoins à décharge et il sera fait une enquête sur sa vie. On recherchera en particulier si Robert Vezel, Pierre Vezel, Pierre Leber et sa femme, aussi serviteurs de la veuve Jean de Brie, en son vivant libraire, chez qui Martin Roux demeurait, ont été renvoyés du service de la dite veuve par le fait de Martin Roux. (Ibid.)

3 février 1543 (n. st.). — En raison de la longue détention qu'il a subie, Martin Roux est remis en liberté et admonesté. Il fera dire une messe au lieu où il a été pris. (Messes dites à Paris à Saint-Benoît-le-bien-Tourné le dimanche 11 mars 1543 et à Verrières le dimanche 18 mars.) (Arch. Nat., X/2 A 94.)

Ces trois actes communiqués par M. Weiss.

3 août 1547. — Richard Le Roux, imprimeur, voyez TREP-
PEREL, à l'*Appendice*.

12 septembre 1547. — Association commerciale entre Agnès
Succevin, veuve de Louis Royer [libraire et imprimeur, et auparavant veuve de Jean de Brie, libraire], demeurant rue Saint-Jacques,
au coin de la rue des Noyers, en l'hostel où pendent pour enseigne
le Pot-d'Etain et la Lymace, et Martin Roux, libraire, demeurant
dans la même maison. Agnès abandonne le quart de tous ses biens
présents et à venir, y compris les livres et « ustancyles d'imprimerye »; Martin Roux, de son côté « sera tenu et promet servir et
demourer en lostel et avec ladicte veufve Agnès Succevin, la vye
durant d'icelle Succevin, bien, deuement et fidellement comme il
appartient, comme il a faict par cy devant, luy obéir en tous ses
commandemans licittes et honnestes, faire son prouffict, eschever
son dommaige et l'en advertir du contraire si tost qu'il viendra à
sa congnoissance, sans que pour ce faire ladicte veufve soyt tenue
aucunement luy bailler aucuns sallaires, tant du passé que du
futur, ains seullement le nourrir et luy quérir et livrer ses vivres de
boire et menger, feu, lict, hostel et lumière, sa vesture, chaussure,
de linge, langes, chausses, soulliers, et autres habillements bien et
deuement et convenablement selon son estat, ainsi comme elle luy
a faict par cy devant ». (Arch. Nat., Y 93, f° 356 v° ; Y 95, f° 209).

1er juillet 1560. — Richard Le Roux, marchand [imprimeur],
et Catherine Marchant, sa femme, vendent à Pierre Marchant
[maître-couvreur de maisons] une part indivise de la maison de la
Trinité, rue Bourg-de-Brie, pour 20 l. t. (Arch. Nat., S 904, f° 183.)

Voyez FOUCAULT.

18 août 1561. — Richard Roux, maître-imprimeur, et Catherine, sa femme, vendent à François Du Clos le tiers d'une moitié
et le cinquième d'une autre moitié d'une maison rue Alexandre-
Gaulois (sic, pour Langlois), autrement dite du Paon, pour 80 l. t.
(Arch. Nat., S 1653, f° 10 v°, 2e série.)

Cité par MM. le baron Pichon et Vicaire, d'après l'original qui contient
le nom de famille de la femme de Richard Roux, Catherine Marchand.

1571. — Liste des habitants de Paris taxés au don de 300 000
livres, rue Saint-Jacques, de la rue des Noyers au Collège du
Plessis (côté est) :

Martin Roux [libraire : Limace et Pot-d'Etain], 15 livres;
Jean Gaultier [imprimeur], 4 livres.
Jacques Col, parcheminier, 4 livres ;
Guillaume Rozer [avocat au Parlement : Couronne], 60 livres ;
Veuve Foucart [Ange], 8 livres ;

Marc Petit, boulanger, 8 livres ;
Antoine Houic [libraire : Eléphant], 10 livres ;
Jean Tauche, avocat, 12 livres ;
Henri Pageot [Pajot, apothicaire : Eléphant], 12 livres ;
Mr Prévost, procureur au Grand-Conseil, 15 livres ;
Thomas Bouttemotte, 12 livres ;
Gilbert Chappelle [banquier : Chef-Saint-Denys], 40 livres ;
Jean Jules, 40 sols ;
Nicolas Belot, 20 livres ;
Claude Bezart, 40 sols ;
Jacques Palluau [receveur de Saint-Benoît], 60 sols ;
Jacques Chappelain [notaire : Loup], 20 livres ;
Guillaume Yon, 60 sols ;
Jean Conce, 10 livres ;
Guillaume Vallée, 10 livres ;
Un nommé Léger, 10 livres ;
Maître Pierre Porrol, 40 livres ;
Geoffroy Davignon, sergent à verges au Châtelet, 6 livres ;
Galliot Du Pré [libraire : Gallée-d'Or], 30 livres réduites à 10 livres ;
Gilles Charbonnières (*alias* Charbonnier), hôtelier, 20 livres ;
Antoine Thubert [épicier ?], 4 livres ;
Jacques Kerver [libraire : Licorne], 30 livres ;
Bazin, 20 livres ;
Benard Thoresan, *alias* Turisan, libraire, 20 livres, puis détaxé de
   10 livres ;
Simon Calvarin [imprimeur : Rose-Blanche-Couronnée], 100 sols ;
Jean Ruelle [libraire : Rose-Blanche-Couronnée], 60 sols ;
Un nommé Pageot, 8 livres ;
Michel Sonnius [libraire : Ecu-de-Bâle], 12 livres ;
Maître Germain Martin, 4 livres ;
Robert Reinsors, 4 livres ;
Robert Pinart [chandelier : Ecu-de-Bâle], 25 livres ;
Nicole Bezart (*alias* Bizard), pauvre femme, 25 livres réduites à
   10 livres ;
Robert Cossart, 25 livres ;
Marin Mauvais, néant ;
Michel de Rogny [libraire : Quatre-Eléments], 10 livres ;
Jean Chocquet [cordonnier : Ecu-de-Bretagne], 4 livres ;
Philippe Champenois, 60 sols ;
Geoffroy Brumen [ou Breman : la Belle-Image], 30 livres réduites à
   15 livres ;
François Charron, 12 livres ;
Pierre Piquard [Pinard, chandelier : Quatre-Fils-Aymon], 25 livres ;
Jean Le Sueur [fondeur (?) : Salamandre], 4 livres ;
Thomas Guyot, 15 livres ;
Veuve Ruelle [libraire : Saint-Nicolas], 4 livres ;
Geoffroy Roussel [apothicaire : Notre-Dame], 10 livres ;
Nicolas Aubert, pauvre homme, 4 livres réduites à 40 sols ;
Jacques Baudequin [drapier : Trois-Brochets], 20 livres ;
Laurent Pillard, 60 sols ;
Mathurin Gaudion [receveur des amendes à la Cour des Aides : Housse-
   Gillet], 20 livres ;
Jean de Hongrie, néant ;
Jacques Anseaulme, chapelier, 10 livres ;

Jacques Saulnier, pourpoinctier, 60 sols ;
Veuve Thomas Chinot (*alias* Finot), 15 livres ;
Jean Geoffroy, fruitier, 60 sols ;
Jacques Baudeau, cordonnier, 8 livres ;
Guillaume Philippes, archer du guet, 60 sols ;
Isaac (*alias* André) Mignon, procureur, 60 sols ;
Pierre Le Moyne, boisselier, 60 sols ;
Jacques Bossorel [*alias* Boisserel : Coupe-d'Or], 10 livres ;
Hercules François, libraire, 40 sols;
Michel Coquilier, 4 livres ;
Guillaume, imprimeur, néant ;
Robert, imprimeur, 60 sols;
Gilles Mausaise, 100 sols ;
Jacques de Garenflo [menuisier], 100 sols.

(Bib. Nat., ms. fr. 11692, f⁰ˢ 252 v⁰ à 253 v⁰, 384 v⁰, 385, 725 v⁰ à 727.)

Pour l'autre côté de la rue Saint-Jacques, de la rue des Mathurins à la rue des Poirées, voyez Lhuillier.

22 août 1574. — Contrat de mariage de Martin Roux, libraire à Palaiseau, avec Antoinette Mauvoisin. (Arch. Nat., Y 116, f⁰ˢ 329 v⁰ et 330.)

7 juin 1575. — Martin Roux, libraire à Palaiseau, fait donation à Simon Fourcault, à Sébastien Jerson et à sa femme, ses neveux et nièces, pour le cas où le legs testamentaire qu'il leur a fait serait annulé. (Ibid., f⁰ 324.)

ROVILLE

4 septembre 1562 ; 5 septembre 1562. — Philippe Gaultier, dit de Roville, imprimeur, voyez Gaultier.

ROYER, voyez LE ROYER

RUELLE

18 juillet 1549. — Jean Ruelle, marchand libraire et bourgeois de Paris, est ensaisiné pour un demi-quarteron de vignes à Massy, lieu-dit les Sablons, acheté le 18 février précédent, pour 15 l. t., à Pierre de Laistre, libraire à Paris, et à Geneviève Grancher, sa femme, qui en était propriétaire en vertu du testament de feu Jean Grancher. (Arch. Nat., S 2173, f⁰ 7 v⁰.)

9 janvier 1553 (n. st.). — Nomination d'un subrogé-tuteur à Jean et Gilles Ruelle, enfants mineurs de Jean Ruelle, libraire à Paris, et de feue Marie Hottin [Haultin], sa femme. Le conseil de famille se compose de Jean Ruelle, père; maître Jean Jacques, notaire, et Jacques Boileau, cousins paternels; Guillaume Desboys, Sébastien Nivelle et Martin Le Jeune [libraires et imprimeurs];

Louis Bernard, cousin maternel. Guillaume Desboys est nommé subrogé-tuteur. (Arch. Nat., Y 5249, f° 255 v°.)

22 mai 1565. — Jean Ruelle, libraire, bourgeois de Paris, poursuit les vente et criée d'une maison rue du Mirouer, à Gentilly, appartenant à noble homme Julien Bouju, pour 15 l. t. de rente qui lui sont dues en vertu d'une obligation du 20 septembre 1563. (Arch. Nat., Y 3466, f° 52.)

27 juin 1566. — Jean Ruelle, libraire, en vertu d'un transport de Jacques Thavenot, marchand à Troyes, poursuit les vente et criée du quart de la maison des Sagittaires, rue de la Juiverie, appartenant à Philibert Gentien et Ysabeau Eustace sa femme. Le 23 novembre 1566 la maison est mise aux enchères et lui est adjugée pour 300 l. t. (Arch. Nat., Y 3467, f° 264.)

13 août 1569. — Jean Ruelle, marchand libraire imprimeur, par transport de François Le Gendre [marchand] et d'Alizon Maheu sa femme, poursuit les vente et criée de la maison de l'image Saint-Nicolas, rue Saint-Jacques, appartenant à Jean Ducloz, bonnetier, et Huguette Maheu sa femme, pour 48 l. t. restant de 60 l. t. dues en vertu d'une obligation du 30 décembre 1568. (Arch. Nat., Y 3469, f° 293.)

1571. — Jean Ruelle et la veuve Jean Ruelle, voyez ROUX.

30 juin 1574. — Geneviève Boisset, veuve de Jean Ruelle, libraire, demeurant rue Saint-Jacques, vis-à-vis Saint-Benoît, achète pour 500 l. t. le quart d'une maison, rue de la Juiverie, à l'enseigne des Sagittaires, dont elle possède déjà une partie ; entre les Quatre-Fils-Hémon et la Roue-de-Fer, contiguë par derrière au Château. (Arch. Nat., S 1653, f° 187, 3e série.)

Aussi cité par MM. le baron Pichon et Vicaire, p. 76.

28 mai 1575. — Geneviève Boisset, veuve de Jean Ruelle, libraire, comme tutrice de ses enfants mineurs, et Etienne Maheut, archer du guet à cheval, passent titre nouvel pour la maison des Sagittaires, rue de la Juiverie, entre la maison des Quatre-Fils-Emon, à la veuve de Jean de Bénigne, et la maison de la Roue-de-Fer, à Jacques Fiesfé, orlogeur, tenant par derrière à la maison du Château. (Arch. Nat., S 1085 A.)

4 septembre 1577. — Titre nouvel passé par Geneviève Boissel, veuve de Jean Ruelle, libraire, en son nom et à celui de ses enfants mineurs, de la maison de l'image Saint-Nicolas, rue Saint-Jacques, achetée pour un quart par Jean Ruelle, le 25 mai 1554, à Vincent Bagres, marchand au faubourg Saint-Jacques, et Nicolle Maheu, sa femme, pour 27 l., 3 s., 4 den. de rente ; pour un autre

quart, le 1er décembre 1569, au Châtelet, pour 450 l. t. ; pour la seconde moitié, le 18 novembre 1570, au Châtelet, pour 750 l. t. (Arch. Nat., Q/1 1099/206 B, f° 8.)

5 septembre 1594. — Contrat de mariage de Pierre Petit, cordonnier, rue de la Juiverie, fils de feu Hilaire Petit, aussi cordonnier, et de Marie Boisset, avec Marie Le Bonnier (ou Le Bouvier). Témoins : Geneviève Boisset, veuve de Jean Ruelle, libraire, tante ; Nicolas Bonfons, cousin à cause de sa femme, et Claude Le Roy, maître-barbier-chirurgien, cousin de la future. (Arch. Nat., Y 134, f° 352 v°.)

Entre août 1598 *et* mai 1600. — René Ruelle [libraire] paye la taxe d'ouverture de boutique. (Arch. Nat., ms. fr. 21872.)

8 novembre 1602. — Geneviève Boisset, veuve de Jean Ruelle, libraire, fait donation à René Ruelle, libraire, d'une maison rue Saint-Jacques, à l'enseigne Saint-Nicolas, et d'une rente. (Arch. Nat., Y 141, f° 265 v°.)

6 septembre 1603. — Titre nouvel passé par Geneviève Boisset, veuve de Jean Ruelle, pour la maison de l'image Saint-Nicolas, rue Saint-Jacques. (Arch. Nat., Q/1 1099/207, f° 65 v°.)

SAINT-DENYS

31 octobre 1553. — Nicolas de Saint-Denys [libraire], voyez BRACHONIER.

7 août 1554. — Voyez SOURBRON.

25 novembre 1554. — Mariage à l'église Saint-Hilaire de Nicolas de Saint-Denys [libraire] avec Marion Le Boulenger, fiancés depuis le 4 novembre. (Arch. Nat., LL 757, f° 71 v°.)

11 février 1562 (n. st.). — « Après que Nicolas de Saint Denys, libraire et relieur de livres, demeurant au mont Sainte-Genev*ie*fve, âgé de 32 ans ou environ, après serment par lui fait de dire vérité a confessé avoir esté quelquefois à la presche, mais qu'il n'a oncques mené ni fait mener Roch Ysaac, son apprentif, à ladite presche ; oy ledit Ysaac qui a dit que ledit de Saint Denys, son maître, ne l'a mené à ledit presche mais qu'il y a esté de son plein gré deux ou trois fois, et depuis a dit y avoir esté avecq sondit maître deux ou trois fois... », le brevet d'apprentissage de Roch Ysaac est rendu à sa mère et annulé. (Arch Nat., Y 5247, f° 45.)

4 juin 1577. — Nomination d'un tuteur à Anne, âgée de 13 ans, Marie, âgée de 11 ans, Gabriel, âgé de 6 à 7 ans, enfants de Georges Maigny et de feue Marie Louvain, sa femme. Le conseil de famille est composé de Nicolas Vincent et de Guillaume Barbier [relieur ?], frères utérins ; de Nicolas de Sainct-Denys [libraire

et relieur], oncle paternel à cause de sa femme ; de **Georges Langloix** [vitrier ?], de **Vallery Vallantin** [fourreur] et de **Nicolas Desfossez** [libraire], voisins et amis. (Arch. Nat., Y 5251, f° 240.)

19 janvier 1587. — Nicolas de Saint-Denys, relieur de livres, rue Saint-Jean-de-Latran, à l'image Saint-Christofle, et Marie Magny, sa femme, se font donation mutuelle. « Et ont lesdicts Sainct Denys et Magny déclairé ne scavoir escripre ni signer, mays ledict de Sainct Denys faict à la minutte une marque de laquelle il dict avoir accoustumé estre en ses affaires. » (Arch. Nat., Y 128, f° 249 v°.)

SALIS

1586. — Dominique Salis [libraire] paye la taxe d'ouverture de boutique. (Bib. Nat., ms. fr. 21872.)

27 octobre 1596. — Voyez PROVENCEL.

SAUGRAIN

Entre 1595 *et* mai 1596. — Abraham Saugrain [libraire] paye la taxe d'ouverture de boutique. (Bib. Nat., ms. fr. 21872.)

SAULNIER

1er juillet 1551. — Adam Saulnyer, maître-imprimeur et libraire, et Jean Billart, demeurant rue Saint-André-des-Arts, près l'enseigne de l'Ecu-de-Vendôme, se portent caution pour 45 écus d'or soleil que maître Antoine Aiguely a été condamné à payer à maître Jean Dreux. (Arch. Nat., Y 5248.)

17 décembre 1568. — Jeanne Véron veuve de Jean Dauxerre, poursuit les vente et criée de cinq quartiers de vignes au terroir de Saulerie, paroisse de Vaulx, lieu-dit les Thiboudes, appartenant à Marguerite Bazin veuve d'Adam Saulnier [imprimeur], pour 54 l. t. qui lui sont dues en vertu d'une obligation du 8 décembre 1568. (Arch. Nat., Y 3469 ,f° 36.)

4 novembre 1571. — Marguerite Bazin, veuve d'Adam Saulnier, marchand libraire, fait donation de ses droits sur la succession de son mari, et notamment sur des terres à Combs-la-Ville, à Claude Faron, femme de Jacques Magdelaine, maître-coffretier et malletier, nièce de son mari. (Arch. Nat., Y 114, f° 229 v°.)

2 janvier 1583. — Contrat de mariage de Jean Saulnier (*alias* Sonnier), libraire et relieur, rue Saint-Jacques, paroisse Saint-Benoît, avec Madeleine Brunet, fille de Pierre Brunet, libraire et relieur, rue Frementel, et de Marguerite Chocquet; dot : 33 écus

un tiers; témoin : Antoine Le Riche [libraire], frère utérin de la future. (Arch. Nat., Y 127, f° 79.)

14 avril 1587. — Jean Saulnyer, compagnon cartier à Paris, rue Guérin-Boisseau, et Martine Boyaval, sa femme, ratifient une donation. (Arch. Nat., Y 128, f° 96 v°.)

SAULSE

27 décembre 1556. — Guillaume Saulse, marchand imprimeur d'histoires, rue Montorgueil, fait donation à Jeanne Mallot, femme de Pierre Marcet, teinturier, à Thomas et à Philippe Mallot, de tous ses biens à son décès. (Arch. Nat., Y 109, f° 363.)

1er mai 1569. — Contrat de mariage de Guillaume Saulse, marchand imprimeur d'histoires, avec Marie Deffonz, veuve de Guillaume Vigoureux; témoin du futur : Claude Palluau, cousin maternel à cause de Marie Crespin, sa femme. (Arch. Nat., Y 110, f° 112 v°.)

1571. — Parmi les habitants de la rue Montorgueil taxés au don de 300 000 livres :

> Germain Hoyau [imprimeur d'histoires : Bon-Pasteur], 60 sols ;
> Guillaume Saulse [imprimeur d'histoires : Espinette], 40 sols ;
> Alain des Mautonnières [de Mathonière, imprimeur d'histoires : Corne-de-Daim], 40 sols ;
> Nicolas Prévost [imprimeur d'histoires : Chef-Saint-Denys], 60 sols ;

(Bib. Nat., ms. fr. 11692, f° 225.)

SAVETIER

8 mai 1550. — Jean Savetier, imprimeur, rue des Carmes, fait donation à Denys Savetier, écolier étudiant en l'Université, son fils, de ses droits dans la succession de Jeanne Savetier, femme de Robert Vigneron, demeurant à la Frete-Regnault. (Arch. Nat., Y 95, f° 297.)

1551; 1557. — Jean Savetier, maître-imprimeur, paye 45 l. t. de loyer pour la Maison-Rouge, rue des Carmes, que le Collège de Beauvais lui avait louée par un bail de 9 ans, dont le premier terme de paiement était échu à Noël 1549. (Arch. Nat., M 97.)

4 octobre 1552. — Testament de Jeanne Desnos, veuve, demeurant rue des Carmes, à l'image Saint-Jean; exécuteur testamentaire, Jean Savetier [imprimeur], son gendre; témoins : Agnès de Saint-Etienne et Mathurine Le Febvre. (Arch. Nat., LL 757, f° 18.)

13 octobre 1552. — Testament de Robine Fourcquette, femme de Jean Savetier [imprimeur], demeurant à l'image Saint-Jean, rue

des Carmes; témoins : Sire Thiébault Charron, libraire, son hôte, et Jean Fournier, imprimeur. (Arch. Nat., LL 757, f° 17 v°.)

9 janvier 1563. — Ordonnance de prise de corps rendue par la Cour de Parlement contre Claude Savetier, papetier. (Arch. Nat., X/2 A 130, f° 233.)

Communiqué par M. Weiss.

1571. — Veuve de Jean Savetier, voyez CHARRON.

SAYET

12 mars 1516 (n. st.). — La Grande Confrérie des Bourgeois donne à bail à Henri Sayet, libraire, et à Perrette, sa femme, au loyer de 32 l. t., une maison de la rue des Sept-Voyes, située entre une autre maison appartenant à la Confrérie, et les héritiers de Macé Bart. (Arch. Nat., S 860.)

12 juin 1522. — Henri Sayet, libraire à Paris, devant le Collège de Reims, à l'image Saint-Etienne, porte plainte contre Jean Girault, demeurant à l'Autruche, près Saint-Séverin, qui l'a battu et tiré par les cheveux ; Jean Girault prétend avoir été tiré au collet et outragé par Sayet. Ils sont renvoyés dos à dos par le Prévôt de Saint-Germain-des-Prés. (Arch. Nat., Z/2 3295, f° 241 v°.)

20 janvier 1527 (n. st.). — Henri Sayet, libraire, et Perrette sa femme, renouvellent leur bail au loyer de 36 l. t. (Arch. Nat., S 860.)

SERTENAS

30 juin 1553. — Vincent Sertenas [libraire], voyez HOPYL.

21 septembre 1562. — Nomination de Jean Bonfons [libraire] comme tuteur des enfants mineurs de feu Vincent Sertenas [libraire] et de Jeanne Bruneau : Catherine, âgée de 15 ans, Rose, de 13 ans, Marcquette, de 8 à 9 ans, Jean, de 7 à 8 ans, et Vincent de 18 mois. Le conseil de famille se compose de Jeanne Bruneau, mère; Jean Bonfons [libraire], oncle paternel; Gilles Robinot [libraire] et Thomas Biétrix [tailleur], beaux-frères paternels; François Bruneau, oncle paternel; Guillaume de La Croix, cousin maternel à cause de sa femme. (Arch. Nat., Y 5250, f° 45 v°.)

1571. — Veuve Certenas, voyez ROBINOT.

21 juin 1579. — Contrat de mariage de Gauchère Sertenas, veuve de Mathurin Oudart, marchand, avec Marin Prévost, aussi marchand. Témoins, Gilles Robinot, bourgeois de Paris [et libraire] et Nicolas Bonfons, marchand libraire, cousin. Gauchère

Sertenas a sept enfants mineurs de son premier mariage. (Arch. Nat., Y 121, f° 91.)

Fille de Vincent Sertenas, veuve, d'un premier mariage, de Thomas Biétrix, tailleur. (Voyez : baron Pichon et Vicaire, pp. 87, 127 et 128.)

1er juillet 1595. — Catherine Certenas, demeurant rue Neuve-Notre-Dame, veuve de Laurent Chancelier, libraire [à Orléans], fille et héritière de feus Vincent Sertenas et Jeanne Bruneau, confirme la donation d'une rente de 3 écus soleil et 20 s. t. qu'elle a faite le 27 août 1592, dans leur contrat de mariage, à Catherine Chancelier, sa fille, et à Louis Brissart, maître-aiguillier-alènier, son gendre. (Arch. Nat., Y 134, f° 329.)

Sœur de la précédente. (Voyez : baron Pichon et Vicaire, pp. 134, 137, 139 et 194.)

SEVESTRE

1571. — Blaise Sevestre, imprimeur, voyez QUESTIGNY.

1571. — Louis Sevestre, rue du Mûrier et Jean Sevestre [imprimeurs ?] rue des Murs. (Bib. Nat., ms. fr. 11692, f°s 267 v° et 269.)

25 juillet 1576. — Jean Sevestre [imprimeur], voyez DU CHEMIN.

3 novembre 1584. — Extrait du testament en date du 4 octobre 1584, de Jeanne Ferrebourg, veuve de Jean Sevestre, libraire, rue Saint-Jean-de-Latran. (Arch. Nat., Y 126, f° 179 v°.)

1er juillet 1592. — Pierre Sevestre, maître-imprimeur, rue d'Arras, et Catherine Gaultier, sa femme, ratifient leur contrat de mariage passé le 5 mars précédent. (Arch. Nat., Y 132, f° 478.)

19 mai 1594. — Contrat de mariage de Jean Grandin, avocat au Parlement et bailli du Grand Bureau des Pauvres de Paris, avec Denyse Guérin, veuve de Michel Le Clerc, maître-brodeur, rue Neuve-Notre-Dame. Témoins : Pierre Sevestre, maître-imprimeur, et Catherine Gaultier, sa femme; Jean Le Blanc, maître-imprimeur, et Germaine Gaultier, sa femme; Michel Gaultier, maître-sculpteur et Noémie Pillon, sa femme, cousins ; Jeanne Le Couturier, veuve d'Adrien Le Fèvre, barbier et chirurgien, et Jean Beroul, mêmes qualités. (Arch. Nat., Y 134, f° 4 v°.)

Noémie Pilon était la sœur de Germain Pilon (Jal, *Dict. critique*).

26 juillet 1596. — Thomas Sevestre, maître-imprimeur, rue du Mûrier, et Jeanne Boucherot, sa femme, achètent une grange et un jardin contigus à leur maison, rue du Mûrier. (Arch. Nat., S 1655, f° 53, 1re série.)

30 juin 1601. — Thomas Sevestre, maître-imprimeur, rue du Mûrier, et Jeanne Boucherot, sa femme, achètent une masure avec cave rue du Mûrier. (Ibid., f° 192 v°.)

22 février 1609. — Contrat de mariage d'Edme de Rollant, maréchal-des-logis ordinaire de la maison du prince de Condé, avec Jeanne Du Breuil, veuve d'Etienne Piébouyn, maître-bourrelier des écuries du Roi et de la Reine. Témoin : Pierre Sevestre, maître-imprimeur. (Arch. Nat., Y 148, f° 283.)

SIMONET

1586. — Pierre Simonet, papetier, paye la taxe d'ouverture de boutique. (Bib. Nat., ms. fr. 21872.)

SITTART

30 décembre 1581. — Contrat de mariage d'Arnold Sittart, natif de Cologne, libraire à Paris, avec Denyse Cavellat, fille de feu Guillaume Cavellat, libraire, et de Denyse Girault. Dot de la future : 333 écus d'or et demi en marchandises de librairie; témoins de la future : Hiérôme de Marnef [libraire, grand-]oncle paternel; Pierre Drouart [libraire], oncle paternel; Pierre et Léon Cavellat, frères [utérins]; Robert Glanne [pâtissier], beau-frère; Guillaume Grandis, oncle à cause de sa femme; Thomas Brémant, cousin à cause de sa femme. Le futur n'a pas de témoins. (Arch. Nat., Y 123, f° 333 v°.)

13 avril 1592. — Arnoul Cytart, libraire-juré, au Clos Bruneau, fait donation à Denyse Cavellat, sa femme, dont il est séparé de biens, et à André Cytart, son fils, de tous ses biens tant en France qu'à l'étranger, « pour remmercier et récompenser lesdits Denyse Cavellat et son fils des grandes pertes qu'ils ont eues et soufertes tant à l'occasion des troubles qui de présent règnent en ce royaume, que pour la bonne amour et dilection qu'il a et porte à sa dite femme et son dit fils... »; il prie Cordula Cytart, sa sœur, veuve de Materne Collin, serviteur-libraire à Cologne, de veiller sur ses biens en Allemagne. (Arch. Nat., Y 132, f° 486.)

SOLIN

15 mai 1543. — Pierre Solin, relieur, enfermé à la Conciergerie pour crime d'hérésie est remis en liberté, faute de preuves suffisantes. (Arch. Nat., X/2 A 95.)

Publié in-extenso dans le *Bulletin de la Société de l'Histoire du Protestantisme français*, 1885, p. 18.

29 octobre 1549. — Voyez Niquet.

SOMMAVILLE

25 novembre 1554. — Mariage à l'église Saint-Hilaire d'Antoine de Sommaville, imprimeur, et d'Espérance de Morese,

fruitière, fiancés depuis le 11 novembre dernier. (Arch. Nat., LL 757, f° 71 v°.)

10 août 1591. — Contrat de mariage de Simon de Sommaville, relieur et doreur de livres [et libraire], rue des Sept-Voyes, à l'enseigne de la Croix-Blanche, avec Jeanne de Varennes, veuve de Philippe Lande, cordonnier, rue Saint-Jean-de-Latran, à l'image Saint-Benoît, fille de feu Michel de Varennes, relieur, et de Jeanne Bunel. Témoins : André Eschart, relieur [et libraire], et Louise Nicot, sa femme; Olivier de Varennes, libraire, frère de la future. Dot : 300 écus soleil. (Arch. Nat., Y 132, f° 351 v°.)

24 juin 1613. — Contrat de mariage de Simon Sommaville, libraire, rue et cour Saint-Eloi, avec Marie Mauperthuis, veuve de Pierre Le Bas, maître-brodeur, rue de l'Arbre-Sec. Témoins : Olivier de Varennes, Claude Soubron, Joseph Cothereau, libraires; Jean Mézat, maître-libraire et fondeur de lettres d'imprimerie. (Arch. Nat., Y 154, f° 165 v°.)

SONNIUS

19 février 1564. — Michel Sonnius, libraire, achète à Georges Daverly, avocat au Parlement, fils de feu Gilles Daverly et de Françoise Le Noir, sa femme, un huitième indivis de la maison de l'Ecu-de-Bâle, rue Saint-Jacques, pour une rente de 20 l. t., rachetable par un capital de 325 l. t. Corps d'hôtel sur le devant, grande allée sur le portail de laquelle est l'enseigne de la Corne-de-Cerf, petit corps d'hôtel sur le derrière, cour au milieu, caves. (Arch. Nat., S 904, f° 187.)

Probablement Georges et Gilles de Verly, et non Daverly.

2 janvier 1565. — Michel Sonnius, libraire, achète à Claude Bonard, avocat au Parlement, et à Renée Everard, sa femme, un autre huitième indivis de la maison pour 300 l. t. (Ibid., f° 187 v°.)

En marge : Actuellement la Couronne-d'Epines.

27 mars 1570. — Michel Sonnius, voyez NIVELLE.

1571. — Michel Sonnius, libraire, voyez ROUX.

1586. — Michel Sonnius [libraire] paye la taxe d'ouverture de boutique. (Bib. Nat., ms. fr. 21872.)

Mai 1594. — La femme de Laurent Sonnius, présente le pain bénit et offre 7 s. 6 den. à la Confrérie de Saint-Jean-l'Evangéliste. (Ibid.)

Entre 1595 *et* mai 1596. — Laurens Sonnius [libraire] paye la taxe d'ouverture de boutique. (Ibid.)

1er avril 1597. — Contrat de mariage de Marie Sonnius,

veuve de Thierry Abraham, commissaire-examinateur au Châtelet, demeurant rue des Noyers, avec Jacques Du Vivier, conseiller élu par le roi en l'élection de Paris. Témoins : Michel, Laurens et Jean Sonnius [libraires], frères de la future; maître Charles Leliepvre, l'un des quatre chauffe-cire héréditaires de France, et Mathurin Estienne, maître-drapier, beaux-frères à cause de leurs femmes. (Arch. Nat., Y 137, f° 110 v°.)

16 décembre 1635. — Jean Sonnius [libraire] délivre à la Confrérie de Saint-Jean-l'Evangéliste le legs de 12 l. t. fait par feu Michel Sonnius [libraire], et y ajoute 20 sols de ses deniers. (Bib. Nat., ms. fr. 21872.)

9 juillet 1637. — La maison du Coq, rue Saint-Jacques, entre une maison appartenant à Jean Sonnius [libraire] et une maison appartenant au nommé Foucault, libraire, tenant par derrière au Lion-d'Argent, est mise en adjudication. Les propriétaires indivis sont Claude Sonnius, libraire, quartenier de Paris, Christophe Joguet, receveur des tailles, à cause de Marie Sonnius, sa femme, Jean Sonnius, marchand, bourgeois de Paris, Michel Du Vivier, Rolland Laurens, médecin ordinaire du Roi, et Barbe Abraham, sa femme. (Bib. Nat., Pièces orig., vol. 2715.)

D'après une note de ce volume des *Pièces originales* Claude Sonnius, libraire et quartenier, partagea le 13 juin 1637 les successions de Denyse de Gaumont, sa grand'mère, de Marguerite Audry, sa tante, et de Laurens Sonnius, son père; il était frère de Marie Sonnius, mariée à Christophe Joguet, receveur des tailles à Clamecy; Michel et Jean Sonnius, ses oncles, étaient morts sans enfants.

SOTEL ou SAUTEL

31 août 1460. — Jacques Sotel, parcheminier, et Michelle, sa femme, veuve de Laurens Delespine [parcheminier] passent titre nouvel pour la maison de l'Ecu-de-Bretagne, rue de la Parcheminerie, que Laurens Delespine avait achetée au Collège de Sorbonne, moyennant une rente perpétuelle. (Arch. Nat., S 3503.)

Laurens Delespine, parcheminier, avait pris cette maison à rente perpétuelle le 2 mars 1425 (n. st.), et Michelle, sa veuve, avait passé titre nouvel le 14 août 1435. (Ibid.)

4 novembre 1474. — Michelle, veuve de Laurens Delespine, cède à Thiébault Rozé, bachelier en droit, la maison de l'Ecu-de-Bretagne, dans laquelle elle conserve son logement. (Ibid.)

5 mars 1475 (n. st.) — Testament de Michelle, veuve de Jacques Sautel, parcheminier, rue de la Parcheminerie; elle demande à être enterrée au cimetière Saint-Séverin, près de son mari et de ses parents; elle lègue à Jeanne La Mairesse, sa chambrière, sa « hoppelande » de tous les jours, son corset et son chaperon; aux compagnons parcheminiers qui sont à son service, 2 écus d'or pour dîner ensemble ; tout le reste de sa fortune est distribué en legs pieux. (Ibid.)

SOUBRON

22 août 1606. — Jean Soubron, marchand libraire, rue Chartière, et Denyse de Huqueville, sa femme, vendent pour 200 l. t. à Antoine Vassoury, maître-tissutier de fil de laiton, le sixième indivis de la maison de la Rose-Rouge, rue Saint-Jean-de-Latran, contiguë à la maison de la veuve de Robert Micard [libraire]. (Arch. Nat., S 1655, f° 195, 1ʳᵉ série.)

24 juin 1613. — Claude Soubron, libraire, voyez SOMMAVILLE.

Voyez SOURBRON. Claude exerça à partir de 1579 et Jean dut payer la taxe d'ouverture avant 1592.

Voyez SOURBRON.

SOULLART

19 octobre 1557. — Nicolas Soullard [libraire], voyez WARRANCORE.

18 novembre 1565. — Le Collège de Carembert donne à bail à Nicolas Soullart, libraire, pour 9 ans à partir de Pâques prochaines, au loyer de 18 l. t., une maison de la rue des Sept-Voyes, précédemment occupée par Nicolas Moulin, libraire, entre Henri Le Bé [libraire, Griffon-d'Argent] et le Collège; petit corps d'hôtel contenant boutique, chambre et grenier au-dessus. (Arch. Nat., MM 441, f° 123.)

1571. — Voyez NICOLLE.

23 mai 1576. — Voyez COUETTE.

30 juin 1576. — Voyez CHARPENTIER.

20 juin 1577. — Nicolas Soullart libraire et relieur, prend à bail emphytéotique pour 36 ans la maison de la rue des Sept-Voyes dans laquelle il habite déjà, à charge d'y faire toutes réparations, au loyer de 30 l. t. (Arch. Nat., MM 441, f° 124.)

19 septembre 1577. — Voyez LE BÉ.

1579. — Nicolas Soullart, libraire, paye le loyer de sa maison de la rue des Sept-Voyes au Collège de Tréguier. (Arch. Nat., H 2855/1.)

Les biens du Collège de Carembert avaient été donnés au Collège de Tréguier.

1580-1581. — Le loyer est payé par les héritiers de Nicolas Soullart. (Ibid.)

12 septembre 1598. — Feu Nicolas Soullart, libraire, voyez VALLET.

SOURBRON

23 janvier 1554 (n. st.). — Testament de Jean Sourbron, relieur, rue des Carmes, à la Corne-de-Daim; exécutrice testamentaire, Marguerite Poullailler, sa femme; témoins : Jacques Moutier [relieur ?] et Louis Verton [libraire]. (Arch. Nat., LL 737, f° 40 v°.)

25 janvier 1554 (n. st.). — Inhumation au cimetière Saint-Hilaire de Jean Sourbron, libraire et relieur, demeurant rue des Carmes, à la Corne-de-Daim. (Ibid., f° 76 v°.)

7 août 1554. — Testament de Marguerite Poulailler, veuve de Jean Sourbron, rue des Carmes, à la Corne-de-Daim ; elle lègue à Gervais et Perrette de Nan, frères, ses cousins, un écu sol à chacun, à Claude Le Jeune, femme de Claude Romieu, 6 écus sol. Exécuteurs testamentaires : Georges Sourbron, son [beau-] frère et Françoise Moreau ; témoins : Nicolas de Saint-Denys [libraire] et François Maligot [commissaire de Saint-Marcel]. (Ibid., f° 43 v°.)

8 août 1554. — Inhumation à l'église Saint-Hilaire de Marguerite Poulailler, veuve. (Ibid., f° 77.)

Voyez Soubron.

SY

20 juillet 1542. — « Christofle Sy [relieur] et Henriette Salentin furent mariés à Sainte-Croix près le Palais, le dimanche xxᵉ jour de juillet. » Leurs bans avaient été publiés à Saint-Landry les 22 juin, 6 et 13 juillet précédents. (Arch. Nat., L 670 n° 1, f° 10 v°.)

2 août 1542. — Christophe Sy, lieur de livres, voyez Bourges.

SYONNEAU

10 mai 1564. — Jean Syonneau, marchand libraire, relieur et doreur de livres, voyez Monstr'œil.

TABERT

23 septembre 1582. — Jean Chesneau, apothicaire et valet de chambre du duc d'Elbeuf, fait donation à Guillemette de Percontal, sa fiancée, pour compléter leur contrat de mariage. Témoin : François Tabert, libraire sur le Pont-aux-Meuniers, ami; Marguerite Tabert, sa fille, filleule de l'un des mariés, est présente. (Arch. Nat., Y 124, f° 120 v°.)

6 mai 1584. — Baptême à l'église Saint-Sauveur de Marie, fille de Jean Chesneau, apothicaire de Mgr le duc d'Elbeuf, et maître-apothicaire et épi-

cier, et de Guillemette de Percontal. Parrain : Jean de Percontal, valet de chambre du Roi et maître-barbier. (Bib. Nat., ms. fr. 3259.)

Jean de Percontal vendait en 1580 les *Statuts et Ordonnances royales sur l'estat de barbier chirurgien.*

26 mars 1588. — Mathurin Gauquelin, maçon, fait saisir pour 250 écus soleil qui lui sont dus, une maison neuve, couverte de tuiles, rue Jean-Tison, appartenant à François Tabert, libraire sur le Pont-aux-Meuniers. (Arch. Nat., LL 423, f° 87 v°.)

TACHOT

18 mai 1506. — Guillaume Tachot, enlumineur, et Guillaume Des Champs, couturier, comparaissent devant la juridiction de Saint-Germain-des-Prés. (Arch. Nat., Z/2 3280, f° 80.)

TANNAY

3 janvier 1498 (n. st.). — Simon Le Cousturier, teinturier, est propriétaire d'une maison, rue Bordelle, contiguë à la maison du Lyon-d'Or appartenant à Jacques Le Caron et à Jean de Tannay, libraire. (Arch. Nat., S 931 C.)

TASSET

1563. — Etienne Tasset, libraire, paye au Collège de Tréguier les loyers de la maison du Loup-qui-taille, rue Saint-Jean-de-Latran, dont il est locataire en vertu d'un bail emphytéotique du 20 décembre 1537. (Arch. Nat., H 2855/1.)

1566 à 1582. — Etienne Tasset, libraire, paye au Collège de Tréguier les loyers de deux maisons, rue Saint-Jean-de-Latran, l'Arbre-Verdoyant, pris à bail le 10 juillet 1565, et le Loup-qui-taille. (Ibid.)

1571. — Voyez BOREL.

25 juillet 1576. — Voyez DU CHEMIN.

4 octobre 1585. — Voyez LA CROIX.

TAUPIN

6 mars 1592 ; 25 février 1594. — Laurens Taupin, cartier, voyez GUYMIER.

TAVEAU

4 août 1576. — Feu Pierre Taveau, parcheminier, voyez DU FAY.

TENNERYE ou TANNERYE

9 mai 1564. — Girard Tennerye, libraire, voyez LANGELIER.

THIBOUST

26 avril 1554. — Pierre de Lestre est condamné à payer à Guillaume Thiboust, maître-imprimeur, une cédule de 44 s. 8 den. par. (Arch. Nat., Y 5244, f° 369.)

THIERRY

4 septembre 1576. — Henry Thierry, maître-imprimeur, et Cardine Guenet, veuve de Nicolas Bruslé, imprimeur, sa belle-mère, prennent à bail pour 4 ans, au loyer de 200 l. t., la maison du Soleil-d'Or, rue Saint-Jacques. (Arch. Nat., MM 287, f° 239.)

27 mars 1581. — Testament de Claude Baudelot, femme d'Henry Thierry, maître-imprimeur, « faict et passé en la maison du Soleil d'Or, en la salle basse dudit hostel du Soleil d'Or, où elle est demeurante, gisant au lict, mallade, toutefois saine d'esprit ». Elle demande à être enterrée à Saint-Benoît, auprès de Nicolas Bruslé, son beau-père; elle lègue tous ses biens à Denys Du Pré, maître-imprimeur, et fait quelques legs particuliers : à Raoullin Thierry, compagnon-imprimeur, et à Marthe Thierry, neveu et nièce de son mari, à chacun 8 écus d'or soleil; à Claude Pacquelin, filleule de son mari, 2 écus d'or soleil; à Jean Lelong, son filleul, fils de Jean Lelong, imprimeur, un écu d'or soleil; à Montauger, fils d'un nommé Montauger, imprimeur, pareille somme; à Aubin Du Quesnoy [imprimeur], ancien apprenti en sa maison, un anneau d'or auquel est enchâssée une turquoise. (Arch. Nat., Y 122, f° 432 v°.)

4 novembre 1585. — Contrat de mariage de Raoullin Thierry, maître-imprimeur, rue Saint-Jacques, au Soleil-d'Or, fils de feu Oudin Thierry, laboureur à Saint-Fargeau, en Champagne, et de Françoise Boullanger, avec Thomasse Lesmeré, fille de feu Pierre Lesmeré, tailleur de pierres, et de Marie Noyau. Julien Noyau, maître-imprimeur, rue des Anglois, oncle de la future, lui donne 500 écus et la maison des Angevins, rue des Anglois. Témoins : Julien Noyau et Perrette Lesmeré, sa femme, et Nicolas Dixmont, maître-correcteur d'imprimerie. (Arch. Nat., Y 127, f° 207 v°.)

17 mai 1594. — Le Chapitre de Notre-Dame donne à bail à Raoullin Thierry, libraire-imprimeur, rue Saint-Jacques, pour un an à partir de la Saint-Jean-Baptiste prochaine, au loyer de 40 écus d'or soleil, la maison de la Coquille, rue Saint-Jacques « ainsi que soulloit en jouir Pierre Lhuillier [libraire], dernier jouissant ». (Arch. Nat., S 23.)

14 août 1595. — Rolin Thierry, libraire-imprimeur, renouvelle

le bail de cette maison pour deux ans, au loyer de 45 écus soleil. (Ibid.)

12 mai 1596. — Raoullin Thierry, marchand libraire et maître-imprimeur, voyez REGNOUL.

23 avril 1597. — Rolin Thierry, libraire-imprimeur, renouvelle pour trois ans le bail de la maison de la Coquille, rue Saint-Jacques, au loyer de 50 écus soleil. (Arch. Nat., S 23.)

6 février 1606. — Voyez FOUCAULT.

Cette maison qui avait été habitée avant Rolin Thierry par le libraire Pierre Lhuillier fut louée, en février 1606, au libraire Eustache Foucault.

THIONDET

28 mai 1464. — Jean Thiondet [parcheminier], voyez BERTHELIN.

28 février 1474 (n. st.). — Guillaume Thiondet [parcheminier] achète à Jean Thiondet [parcheminier], son père, la moitié de la maison de l'image Saint-Nicolas, rue de la Parcheminerie. (Arch. Nat., S 5082/2, f° 80 v°.)

4 avril 1475. — Nicolas Thiondet, parcheminier, Guillaume Thiondet [parcheminier], Arnoullet Thiondet, Jeanne Thiondet, femme de Guillaume Huart, Agnès Thiondet, femme de Pierre Courtois, tous enfants et héritiers de feu Jean Thiondet, parcheminier, passent titre nouvel pour trois maisons, la Croix-Blanche, l'image Saint-Nicolas et le Chariot, rue de la Parcheminerie. (Ibid., f° 223.)

25 mars 1476 (n. st.). — L'église Saint-Séverin, représentée par ses marguilliers, Jean Du Puys, Regnault Morel, Hugues Féret, et Jean Pasquier, vend à Guillaume Thiondet, parcheminier, la moitié de la maison de l'image Saint-Nicolas, rue de la Parcheminerie, dont Guillaume Thiondet possédait déjà l'autre moitié. Entre la Croix-Blanche, à Arnoullet Thiondet, et la Corne-de-Cerf aux hoirs de feu Jean Maradon. Le prix, qui est de 100 l. t., est payé par 62 écus d'or au coin du roi, valant chacun 25 s. 8 den. par. (Ibid., f° 93.)

THIOUST

1542-1544. — Guillaume Thiou libraire, paye à la Commanderie de Saint-Jean-de-Latran le loyer de la maison de l'image Sainte-Anne, rue Saint-Jean-de-Latran. (Arch. Nat., S 5121/4, f°ˢ 28, 38, 44 et 50 v° ; S 5121/3, f° 22 v°.)

4 juin 1545. — Contrat de mariage de Guyon Thioust, libraire et relieur, avec Catherine Guillotoys, veuve d'Estienne Douart,

libraire, rue Saint-Jean-de-Latran. Témoins : Madeleine de Gourmont, mère de François Guillotoys, aussi libraire, frère de la future; Guillaume et Jean Thioust, frères du futur. La future donne à son mari, en cas de décès, l'usufruit de la moitié d'une maison, rue Saint-Jean-de-Latran. (Arch. Nat., Y 91, f°s 29 v° et 130.)

23 avril 1551. — Guyon Thioust [libraire] et sa femme, veuve d'Etienne Douart [libraire], requièrent l'entérinement de lettres royaux par eux obtenus le 16 mars dernier contre Jean Drouart (sic) et Guyonne Poisson, veuve de Jean Drouart. (Arch. Nat., Y 5248.)

Il y a bien Douart et Drouart.

1547 à 1563. — Guyon Tyot, libraire, paye 12 l. 10 s. t. de loyer pour la maison qu'il tient à bail du Collège de Tréguier, et 10 l. pour une chambre qu'il loue au dit Collège. (Arch. Nat., H 2855/1.)

1552-1553. — Voyez CUSTODE.

28 octobre 1566. — Voyez GENETAY.

24 avril 1582. — Feu Guyon Thioust, libraire, et François Thioust, aussi libraire, son fils, voyez LE HEUDIER.

THOLOZE

30 décembre 1496. — Michel Tholoze [imprimeur] prend à bail la maison de l'image Saint-Jean, rue des Amandiers, au loyer de 24 l. t., maison, cour derrière, estable, galerie, cellier. (Arch. Nat., S 1649, f° 89, 5e série.)

27 août 1497. — Michel Thoulouze, libraire et imprimeur, est autorisé à construire devant sa maison, rue des Amandiers, à l'image Saint-Jean, « deux establiers saillans sur rue contenans chacun 7 piés de long ou environ, de sept à huit poulces en saillie oultre les alignemens sur rue, ou environ ». (Ibid., f° 100.)

31 janvier 1503 (n. st.). — Voyez GERLIER.

THOMAS

15 mars 1535 (n. st.). — Thomas..., enlumineur, voyez LE PREUX.

TORY

14 décembre 1533. — Martin Féret, boulanger, place Maubert, et Perrette Le Hullin, veuve de maître Geoffroy Thoury, en son vivant libraire et imprimeur du Roi, prennent à bail pour 9 ans, à partir de Noël prochain, une maison rue de la Juiverie, appelée la Halle de Beaulce, appartenant au chapitre de Notre-Dame, au

loyer de 122 l. 10 s. t. Entre la maison des Connins et celle du Pot-d'Etain; deux corps d'hôtel, grande cour, caves, celliers. (Arch. Nat., S 28.)

Noël 1533. — Perrette Le Hullin, remariée à Olivier Mallard, voyez MALLARD.

Maison du Pot-Cassé; le nom d'Olivier Mallard fut substitué dans ce bail à celui de Martin Féret, voyez MALLARD.

TOUCHARD

27 août 1592. — Contrat de mariage de Christophe Touchard, libraire, rue de la Tannerie, avec Barbe Daulgé, veuve de Guillaume Drouart, libraire, demeurant au bout du Pont-Notre-Dame, à l'enseigne de l'Ecu-de-Pologne, devant Saint-Denys-de-la-Chastre. (Arch. Nat., Y 150, f° 338 v°.)

Il fut maître de la confrérie de Saint-Jean-l'Evangéliste en 1612-1614.

Entre août 1598 *et* mai 1600. — Philippe Touchart paye la taxe d'ouverture de boutique. (Bib. Nat., ms. fr. 21872.)

Comme imprimeur libraire, relieur ou papetier.

TOUSTAIN

28 mars 1544. — Le Prieuré de Saint-Denys-de-la-Chastre vend à Pierre Bertrand, maître-compasseur, et à Jean Toustain, maître-libraire et doreur sur cuir, à Paris, au prix de 600 l. une fois payées, de 2 s. de cens et de 10 l. de rente, une place faisant partie des masures, cours, jardins et autres appartenances du Prieuré, donnant sur la rue qui doit être ouverte devant l'église, la 5e à partir du Pont-Notre-Dame, et la pénultième du côté de la rue de Glatigny. Les acheteurs seront tenus d'y bâtir une maison et participeront pour 15 écus d'or soleil aux frais d'ouverture de la nouvelle rue qu'ils feront paver devant leur maison. (Arch. Nat., S 1052, p. 49.)

TREMBLAY

1550; 1562; 1563. — Julien Tremblay (*alias* Tramblet), relieur et libraire, paye au Collège de Tréguier 40 l. t. pour le loyer de la · maison du Cœur-Volant, rue Saint-Jean-de-Latran. (Arch. Nat., H 2855/1.)

1566; 1567; 1569. — Le loyer de cette maison est payé par la veuve de Julien Tremblay. (Ibid.)

TREPEAU ou TERPEAU

7 juillet 1553. — Pierre Thomas Thomas, maître tailleur de robes, et François Trepeau, marchand libraire, exécuteurs testa-

mentaires de feu Jean Champion, en son vivant habitant Saint-Germain-des-Prés, sont nommés tuteur et curateur de Salomon, âgé de 23 ans, et Jacques, âgé de 18, enfants du dit Champion. Parmi les membres du conseil de famille est Nicolas Champion, frère des précédents, majeur de 25 ans. (Arch. Nat., Z/2 3325.)

Même jour. — Pierre Thomas Thomas, et François Trepeau sont nommés tuteur et curateur de Madeleine, âgée de 13 ans, et de Louise, âgée de 10 ans, filles mineures de feu Etienne Vynot et d'Hélène Champion. (*Ibid.*)

Il s'agit probablement du libraire Jean Champion (voyez ce nom).

20 octobre 1570. — François Trepeau, relieur [et libraire], voyez Bruneau.

TREPPEREL

9 août 1474. — Guillaume Treperel, marchand libraire et bourgeois de Paris, et Marguerite, sa femme; Jeanne de Cerneux, marchande lingère, pour Jeanne sa fille, femme de Jean Loys, mercier, et pour Jeanne et Jean Loys, leurs enfants, prennent à viager deux petites maisons appartenant au Chapitre de Notre-Dame, sises aux Halles, au-dessus de la Halle Saint-Louis, aboutissant par derrière aux charniers du cimetière des Saints-Innocents. Guillaume Treperel et sa femme ne payeront la rente viagère de 6 l. t. et n'auront la jouissance de ces deux maisons qu'après la mort de Jeanne de Cerneux. (Arch. Nat., S 14.)

27 mars 1493 (n. st.). — Jean Trepperel, libraire à Paris, achète pour 10 l. t. à Bernard Hémon, aussi libraire, portion d'un jardin contenant 4 toises de long sur 3 toises de large, ayant issue sur la rue des Coippeaulx, à Saint-Marcel tenant au jardin du vendeur qui a issue sur la rue Mouffetard. (Arch. Nat., S 1649, f° 28, 5ᵉ série.)

Voyez Hémon.

19 janvier 1495 (n. st.). — Jean Trepperel, marchand libraire, achète 6 toises d'un jardin joignant à sa maison, pour 10 l. t. (Ibid., f° 46, 5ᵉ série.)

C'est sur ces jardins que passa la rue Trepperel. Voyez Trepperel à l'*Appendice.*

17 novembre 1496. — Jean Trepperel, libraire à Paris, achète 3 quarterons de terre au clos du Chardonnet pour 20 l. t. (Ibid., f° 85.)

9 janvier 1500 (n. st.). — Jean Trepperel [libraire], voyez Brie.

2 mars 1529 (n. st.). — Jacquette, femme de Jean Trepperel, et Jeanne,

femme de Liénard Gilbert, sont citées comme témoins dans une affaire entre Adam Pigoret et Israel Rozé. (Arch. Nat., Z/2 3304 et 3305.)

4 septembre 1563. — Jeanne Trepperel, Paul Delisle et Estelle Trepperel sa femme, Antoine Le Vasseur et Claire Trepperel sa femme, Jean Trepperel le jeune, Pierre Boullenger et Jacqueline Trepperel sa femme, Anseaulme Borget tuteur des enfants mineurs de feu Jean Trepperel l'aîné, mettent opposition sur les biens de feu Germain Janneau, commissaire-examinateur au Châtelet, pour les garantir dans un procès relatif à la maison du Lion-d'Or, au faubourg Saint-Germain-des-Prés, vendue autrefois par Jean Trepperel l'aîné à Germain Janneau. (Arch. Nat., Y 3463, f° 90.)

9 juin 1565. — La maison des Quatre-Evangélistes, au carrefour Sainte-Geneviève, contiguë au collège de Navarre, appartient à Anseaulme Lorget et Marie Trepperel, sa femme. (Arch. Nat., Y 3465, f° 356.)

TRIBALLE ou TRIBALLET

2 et 4 mai 1528. — Guillemette Baville fait appel d'une sentence qui l'a condamnée à payer 4 l. t. à Simon Triballe (*alias* Triballet), libraire, pour prix d'une jaquette que celui-ci lui a vendue. Raoullet Barbin, maître-fripier revendeur, rue des Carmes, en face l'hôtel de la Trinité, se porte caution pour elle. (Arch. Nat., Y 5234.)

TRIBOULET

29 décembre 1578. — Pierre Triboulet, libraire, passe titre nouvel pour une maison faisant le coin des rues de Versailles et Traversine, ayant porté l'enseigne du Barillet, contiguë à Germain Dangereux [la Corne-de-Daim]. (Arch. Nat., S 507, f° 96 v°.)

19 février 1585. — La maison de la Corne-de-Daim, rue de Versailles, est contiguë à celle de Pierre Triboulet, libraire. (Ibid., f° 97.)

24 avril 1598; 18 janvier 1603. — Pierre Triboulet, libraire et relieur, voyez MELAIS.

16 février 1615. — Feu Pierre Triboulet, papetier, voyez MELAIS.

TROUVAIN

18 juin 1612. — Jean Trouvain, relieur de livres à Paris, sa femme et Jean Trouvain, leur fils, traduits devant le bailli de Sainte-Geneviève-du-Mont par Nicole Ysambert, fille à marier, sont condamnés à ne plus « mesfaire ny mesdire » à l'encontre de la plaignante et aux dépens. (Arch. Nat., Z/2 3750.)

Jean Trouvain, libraire et relieur, exerça dès 1594.

TUFFÉ

3 février 1584. — Contrat de mariage de Jean Tuffé, libraire et relieur, rue des Sept-Voyes, à l'enseigne de la Croix-Blanche,

avec Marie Parache, fille de François Parache, doreur de livres, rue Judas, et de Jeanne Bonnet. Témoins : Pierre Planté, libraire et relieur, rue Saint-Jean-de-Beauvais, et Nicolas Desfossez, libraire et relieur, rue Saint-Jean-de-Latran, amis. (Arch. Nat., Y 125, f° 386 v°.)

25 février 1599. — Jean Tuffé, libraire et relieur, rue Saint-Jacques, paroisse Saint-Benoît, et Marguerite Regnauld, sa femme, donation mutuelle. (Arch. Nat., Y 137, f° 419 v°.)

TURNÈBE

16 mars 1552 (n. st.). — Adrien Turnèbe, imprimeur, voyez ESTIENNE (2 actes).

11 novembre 1555. — Maître Adrien Tournebus, lecteur du roi en lettres grecques, et Madeleine Clément sa femme, passent titre nouvel pour une maison faisant le coin des rues de la Potterie et de la Vieille-Tixeranderie. (Arch. Nat., ZZ/1 301, f° 292.)

10 avril 1556 après Pâques. — Guillaume Morel, imprimeur, reconnaît avoir reçu au mois de juillet passé d'Adrien Tournebus, imprimeur « toutes et chacunes les lettres grecques, casses, matrices, moulles, lettres grises, chappeaulx et alphabets » que Turnèbe avait reçus de Charles Estienne, docteur-régent de la Faculté de médecine, les 17 août et 28 septembre 1551. (Bib. Nat., Pièces orig., vol. 2047.)

Publié in-extenso par M. Jos. Dumoulin dans le *Bulletin du Bibliophile* du 15 juin 1898 ; voyez au sujet de ce reçu : Ph. Renouard, *Les Grecs du Roi*, dans le n° du 15 avril 1901 du même bulletin.

14 janvier 1566 (n. st.). — Madeleine Clément, veuve en premières noces de maître Jean Mestayer [procureur en la conservation des privilèges royaux en l'Université] et en secondes noces d'Adrien Tornebus [imprimeur], poursuit les vente et criée de la maison de l'image Saint-Julien, rue de la Mortellerie, appartenant à Jean Mestayer, fils de son premier mari, pour 140 l. t. dues en vertu d'une obligation du 8 novembre 1565. (Arch. Nat., Y 3467, f° 32.)

14 février 1566 (n. st.). — Voyez LANGELIER.

1571. — La veuve Tournebus, rue de la Poterie, est imposée à 50 l. au don de 300 000 livres. (Bib. Nat., ms. fr. 11692, f° 227 v°.)

18 septembre 1582; 28 janvier 1584. — Noble femme Madeleine Clément, veuve de noble homme Adrien de Tournebus, lecteur ordinaire du Roi [et imprimeur], rue de la Poterie. (Bib. Nat., Pièces orig., vol. 2866.)

TURPIN

1571. — Pierre Turpin, relieur, voyez ADAM.

TURRISAN

1571. — Bernard Turrisan, libraire, voyez ROUX.

VA

4 février 1588. — Contrat de mariage de Jean Va, relieur et libraire, fils de feu Guillaume Va, voiturier par terre, et de Marguerite Lambert, avec Perette Vollant, fille de feu André Vollant, voiturier par terre, et de Jeanne Jobin remariée à Gilles Warnier, tailleur d'habits, rue Saint-Julien-le-Pauvre. Parmi les témoins du futur, Martin Avrillot, doreur de fers, son oncle, et François Heudier, doreur de livres, ami. (Arch. Nat., Y 130, f° 249.)

VADÉ

23 décembre 1568. — Jean Vadé, fondeur de lettres, reçoit de Michel Cathelin, sergent au bailliage de Coulommiers, et de Marthe Vadé, sa femme, donation de leurs droits dans la succession de Marie Vadé, femme de Pierre Haultin, libraire. (Arch. Nat., Y 109, f° 212 v°.)

VAILLANT

1517. — Jean Vaillant, enlumineur, est locataire de la maison de l'image Sainte-Catherine [rue des Carmes ou rue du Mont-Saint-Hilaire]. (Arch. Nat., M 95/8, f° 28 v°.)

VALLET

1571. — Etienne Vallet [libraire], voyez NICOLLE.

Juin 1577. — Etienne Vallet, libraire, demeurant rue des Sept-Voyes, à la Bible-d'Or, prend à bail pour 29 ans de la Commanderie de Saint-Jean-de-Latran, une petite maison de la rue Saint-Jean-de-Latran, actuellement en ruines, à charge de la reconstruire, au loyer de 50 l. t. (Arch. Nat., S 5118/5, f° 8.)

28 novembre 1585. — Etienne Valet, libraire, bourgeois de Paris, demeurant rue des Sept-Voyes, achète un jardin, au faubourg Saint-Marcel, entre les portes Saint-Marcel et Saint-Jacques, aboutissant par derrière à la maison de la Mort-qui-trompe. (Arch. Nat., S 1654, f° 46 v°, 3e série.)

1594. — Etienne Vallet paye 16 écus d'or et deux tiers pour le loyer de cette maison qui porte pour enseigne l'image Notre-Dame. (Ibid., n° 4.)

20 mars 1596. — Etienne Vallet, libraire, rue des Sept-Voyes, achète pour 420 écus soleil à Pierre Chevillot, imprimeur du roi à Troyes, et à Jeanne Du Tac, sa femme, séparée de biens, auparavant veuve de Jean Huqueville, libraire, la moitié de la maison de la Rose-Rouge, rue Saint-Jean-de-Latran, contiguë à Robert Micard [libraire, la Chaise]. (Arch. Nat., S 1655, f° 148, 1re série.)

12 septembre 1598. — Etienne Vallet, marchand, bourgeois de Paris, propriétaire de la maison du Phénix, au coin de la rue d'Ecosse et de la rue des Sept-Voyes, prend à bail emphytéotique, pour 99 ans, deux masures contiguës, rue des Sept-Voyes, tenant à la maison du Phénix et appartenant au Collège de Tréguier : il devra les démolir et y édifier deux maisons neuves ; loyer : 12 écus soleil ou 36 l. t. (Arch. Nat., MM 441, f° 118 v°.)

Ces deux masures étaient les anciennes demeures de Nicolas Soullart et d'Henri Le Bé, libraires. Nicolas Soullart avait loué la sienne pour 36 ans le 20 juin 1577; après sa mort elle avait été saisie par Cosme Carel, papetier, qui l'avait restituée au Collège après désintéressement. Celle d'Henri Le Bé, avait été louée pour 60 ans le 19 septembre 1577, mais le 11 septembre 1598, la veille du présent bail, Anne d'Autueil, veuve de Vincent Gervays, belle-mère de Le Bé, avait renoncé à ses droits, comme tutrice d'Anne Le Bé, sa petite-fille. (Ibid.)

2 novembre 1599. — Voyez Clopejeau.

26 septembre 1601. — Voyez Robinot.

4 août 1605. — Etienne Valet, libraire-juré, demeurant rue des Sept-Voyes, et Suzanne Cheval, sa femme, vendent pour 1 800 l. t. à Philippe Danfrye, garde général des monnoyes de France, rue des Carmes, la moitié de la maison de la Rose-Rouge, rue Saint-Jean-de-Latran, contiguë aux héritiers de Jean Micart [libraire]. (Arch. Nat., S 1655, f° 125 v°, 2e série.)

1609. — Estienne Vallet passe titre nouvel au Collège de Tréguier, pour la maison du Phénix, rue d'Ecosse. (Arch. Nat., S 2855/1.)

VALLIN

1571. — Jean Vallin, imprimeur, habitant rue des Murs, dite d'Arras, est taxé à 4 l. t. au don de 300 000 livres. (Bib. Nat., 11692, f° 770 v°.)

VARANCORE, VARRENCŒUR, voyez WARRANCORE

VARANGUES

24 avril 1582. — Jacques Varangues, libraire, voyez Le Heudier.

VARENNES

1571. — Michel de Varennes, relieur, voyez BOREL.

15 février 1591. — Feu Michel de Varennes, relieur, et Olivier de Varennes, libraire, son fils, voyez DU PUYS.

10 août 1591. — Voyez SOMMAVILLE.

1595 *ou* 1596. — Olivier de Varennes [libraire] paye la taxe d'ouverture de boutique. (Bib. Nat., ms. fr. 21872.)

8 mars 1597. — Voyez GESSELIN.

24 juin 1613. — Voyez SOMMAVILLE.

VASCOSAN

17 et 19 mars 1539 (n. st.). — Michel Vascosan, libraire, voyez BADE.

9 avril 1548. — Jean Hémon, boucher, et Pasquette Boutevillain, sa femme, vendent à Sire Michel de Vascosan et Antoinette Regnault, veuve d'Honoré Chevalier [boulanger], un quart et demi de la maison de la Fontaine, autrefois du Regnard-qui-Ferre, rue Saint-Jacques, entre une maison à Regnauld Chaudière [l'Homme-Sauvage], et une maison à l'Hôtel-Dieu [la Heuze], au prix de 1 200 l. t., plus les charges. Leur droit provenait de Jean Boutevillain, boulanger, père de Pasquette. (Arch. Nat., S 904, f° 101 v°.)

Publié in-extenso par M. J. Dumoulin, *Vie et œuvres de F. Morel*, p. 153. Antoinette Regnault, dont le nom est écrit ici Ragnault au Vagnault, épousa en secondes noces Denis Jousseaulme.

16 mars 1552. — Nomination d'un subrogé-tuteur à Jean, Denyse et ... [Claude, le nom en blanc] Le Febvre, enfants de feu Augustin Le Febvre et de Robine Coing, à la place de leur mère à présent femme de Michel Vascosan. Parmi les membres du conseil de famille : Michel Vascosan, beau-père, Jacques Le Febvre et maître Antoine Le Febvre, prêtre, oncles paternels. (Arch. Nat., Y 5249, f° 288.)

23 novembre 1552. — Nomination d'un subrogé-tuteur à Jacques et Pierre, enfants de Michel de Vascosan et de feue Catherine Badieulx (sic pour : Badius, ou Bade); Michel de Vascosan, leur père, maître Fédéric Morel [imprimeur], beau-frère, Jean de Roigny [imprimeur], Denys de Sauve [apothicaire], Jacques Du Puys [libraire], oncles maternels, Guillaume Merlin et Jean Foucher [libraires], voisins, nomment Jean de Roigny subrogé-tuteur (Ibid., f° 231 v°.)

Jean de Roigny, que nous avons déjà vu nommer Rugny ou Rogny est appelé Rosny dans cet acte.

26 décembre 1553. — Voyez GOURBIN.

9 janvier 1556. — Voyez HULPEAU.

1557. — La maison des Ciseaux-d'Or, rue du Clos-Bruneau, contiguë aux écoles d'Allemagne, appartenant à Michel de Vascosan. (Arch. Nat., M 74, n° 18.)

Maison des Ciseaux-d'Or ou du Franc-Mûrier, rue Saint-Jean-de-Beauvais, où Frédéric Ier Morel, gendre de Vascosan, exerçait.

29 avril 1559. — Voyez CHAUDIÈRE.

24 juin 1562. — Voyez ESTIENNE.

30 janvier 1563 (n. st.). — Voyez DU PUYS.

1er juillet 1564; 25 janvier 1565. — Voyez ESTIENNE.

1571. — Voyez LHUILLIER.

27 mars 1574. — Nicolle Le Fourbeur, veuve d'Adrien Du Pressoir, est propriétaire d'une rente de 16 l., 3 s. et 4 den. constituée le 26 avril 1563 à Michel Vascosan par Philippe Bardon et Etiennette Picart, sa femme. (Arch. Nat., MM 287, f° 214.)

17 mai 1577. — Feu Michel Vascosan, voyez MOREL.

Voyez à l'article BADE la descendance de Michel de Vascosan.

VAULTIER

1506. — Les chanoines de Saint-Benoît, en qualité de garants de Nicolas Vaultier et de Henri Estienne [imprimeurs], sont condamnés à payer au chapelain de la chapelle Saint-Pierre et Saint-Paul [en l'église Saint-Benoît], 4 l. par. de rente sur une maison du cloître Saint-Benoît, faisant le coin de la petite porte du cloître, appartenant à Vaultier. (Arch. Nat., S 903, f° 121.)

VEAU

14 novembre 1488. — Jean Veau, apprenti libraire, voyez BOUDEAULX.

VELU

17 août 1587. — Contrat de mariage de Hubert Velu, imprimeur, rue du Puits-d'Arras, avec Marie Loisseleur, veuve en dernières noces de Laurent Du Coudray, imprimeur, rue du Bon-Puits. Témoins : Pierre Montouget, et Heureux Blancvillain, compagnons-imprimeurs, amis du futur; Jeanne Lenfant, veuve de Jean Brémont, aussi compagnon-imprimeur, amie, commère et voisine de la future. Douaire : 20 écus d'or soleil. (Arch. Nat., Y 129, f° 255 v°.)

8 janvier 1599. — Contrat de mariage de Hubert Velut, imprimeur et libraire, rue du Bon-Puits, avec Marie Boucher, veuve de

Jean Girard, bonnetier sur le Pont-Notre-Dame. Témoin : Heureux Blancvillain, imprimeur, ami du futur. (Arch. Nat., Y 137, f° 487.)

11 novembre 1608. — Contrat de mariage de Marie Girard, fille de feu Jean Girard, bonnetier, et de Marie Boucher, remariée à Hubert Velut, libraire et imprimeur, rue de la Tannerie, à l'enseigne Notre-Dame-de-Boulogne, avec Paul Mansan, imprimeur, rue des Cordiers. (Arch. Nat., Y 148, f° 242.)

VÉRAC

28 juin 1597. — Martin Vérac, compagnon-imprimeur, voyez CHEVALLIER.

VÉRADE

1497. — Permission de tester accordée à Jean-Pierre de Vérade, venu en France pour apprendre « l'art et industrye de libraire », établi à Paris où il s'est marié et a acquis « aucuns biens ». (Arch. Nat., JJ 227, f° 241 v°.)

Voyez *Bulletin du Bibliophile*, 1898, pp. 528-529.

VÉRARD

9 janvier 1500 (n. st.). — Antoine Vérard, voyez BRIE.

4 novembre 1517. — « A Germaine, vefve de feu Anthoine Verard, en son vivant libraire, demourant à Paris, qui tenoit aux vies d'elle et dudict deffunct, Berthelemy et Claude ses enffans, la XX⁰ maison qui est assise sur l'encien pont Nostre Dame du costé d'amont l'eaue, lors de la cheulte d'iceluy, a esté baillée la vingt sixiesme maison assise sur le pont Nostre Dame, pour en joir à tiltre de viaiger durant les vies de ladicte Germaine, Berthelemy et Claude, moyennant le prix de trente livres tz par an. » (Arch. Nat., Q/1 1099/197 A, f° 166 v°.)

24 juin 1525. — Titre nouvel passé par Germaine, veuve d'Antoine Vérard, du bail viager de la 26ᵉ maison du Pont-Notre-Dame, qu'elle tient à sa vie et à celles de ses enfants, Barthélemy et Claude. (Ibid., f° 183 *bis.*)

20 mai 1528. — Germaine Guyart, veuve de feu Antoine Vérard, en son vivant marchand libraire et bourgeois de Paris ; Pierre Roux et Marguerite Bérard (sic), sa femme, Jean Lancelin et Jeanne Vérard, sa femme, les religieux de l'abbaye de Saint-Denys-en-France, à cause de Guillaume Vérard, religieux profès à la dite abbaye, tous frère et sœurs, enfants de feu Antoine Vérard, d'une part ; et Catherine Lailler, veuve de feu Barthélemy Vérard, aussi fils et héritier d'Antoine, comparaissent par procureurs au Châ-

telet de Paris pour réclamer le compte de l'exécuteur testamentaire d'Antoine Vérard et le partage de 14 quartiers de vigne, provenant de la succession, sis à Clamart, Cachant et L'Hay. (Arch.
Nat., Y 5234.)

Cité par MM. le baron Pichon et Vicaire sous la cote Y 5233.

18 octobre 1540. — Contrat de mariage de Germaine Vézard
[sic], fille de Barthélemy Vézard [libraire] et de Catherine Lasnier,
petite fille de Germaine Guyard, veuve d'Antoine Vézard, en son
vivant libraire du roi, avec Pierre de La Court, drapier-chaussetier.
Germaine Guyard donne à sa petite fille 50 l. t. et une rente de
8 l., 2 s. t., constituée à Antoine, le 30 novembre 1497 par Robert
de La Noue, laboureur à Manchecourt, paroisse d'Orsay, de plus
elle « accorde que lesdictz futurs conjoinctz jouissent du jour de
leurs espousailles, jusques à six ans après ensuyvans... d'un ou-
vrouer et une chambre au deuxiesme etage de la maison en laquelle
ladicte Germaine Guyart est à présent demourante, rue des Assis,
en laquelle soulloit pendre pour enseigne l'Eschiquier, avec les
aisances de cave, scellier, estable, greniers, et autres lieux de la
dicte maison pour faire leurs provisions et coucher leurs serviteurs
et chambrières... ». Marguerite Vezard, veuve de Pierre Raoul
(*alias* Roux) [drapier], tante de la future, lui donne 200 l. t., « une
robbe d'escarlatte, fourrée de penne de menuz ver, une autre robbe
de drap noir doublée et une cotte de drap noir. » Nicolas
Alexandre, drapier, bourgeois de Paris, maître de Pierre et cousin
de Germaine, leur donne 50 l. t. (Arch. Nat., Y 87, fº 12 vº.)

30 avril 1546. — Jean Valler, orfèvre, présente requête pour
obtenir le bail de la 26ᵉ maison du Pont-Notre-Dame, qui porte
l'enseigne du Moulin-à-Vent. Le bail viager passé à la veuve Esve-
rard (sic) et à ses enfants est expiré, celle-ci étant décédée depuis
deux ans et ses enfants étant morts avant elle, mais elle avait
cédé son droit à feu Nicolas de Russangis [orfèvre], dont la veuve
et les enfants habitent la maison sans avoir jamais passé de bail.
(Arch. Nat., Q/1 1099/197 B, fº 95 et C, fº 36 vº.)

10 février 1548 (n. st.). — Pierre de La Court saisit sur Antoine Vérard
et Philippe de Jouy, héritiers de Philippe Lallier, la maison du Pourcelet-
d'Or, rue de la Calandre. (Arch. Nat., Y 3448, fº 423.)

6 février 1551 (n. st.). — Nicolas de Russangis, orfèvre demeurant sur le Pont-Notre Dame, dans la 26ᵉ maison, demande qu'un
bail de cette maison lui soit passé. Germaine, veuve de feu Antoine Everart (sic), qui la tenait à bail viager à sa vie et à celles
de Germain (sic) et de Claude, ses enfants, avait cédé son droit à
Nicolas de Russangis, son père; lui-même en a joui depuis le
décès de son père. (Arch. Nat., Q/1 1099/197 B, fº 104 vº.)

11 septembre 1551. — Marguerite Vérard, veuve de Pierre Raoul, marchand drapier, fait donation à Alexandre Guignard, marchand drapier, et à Gillette Courtillier, sa femme. (Arch. Nat., Y 97, f° 28 v°.)

6 décembre 1560. — Marguerite Vérard, veuve de Pierre Roux, marchand drapier, donation à Pierre de La Court, marchand drapier (son neveu) de la maison à l'image Saint-Bonaventure, rue des Assis, contre une rente ou loyer de 30 l. t. (Arch. Nat., Y 102, f° 70.)

Voyez : *Nouvelles recherches sur Antoine Vérard et sa famille*, par M. Gaston Duval, dans le *Bulletin du Bibliophile*, 1898, pp. 526-532, 593-606.

12 novembre 1566. — Thomas Vérard, imprimeur, rue des Poirées, tuteur et curateur de Martin Vérard, son fils, âgé de 7 ou 8 ans, accepte le legs fait par Nicole Vadoré, sa seconde femme, au dit Martin, né de son premier mariage avec Claude Girault. (Arch. Nat., Y 107, f° 317 v°.)

18 février 1579. — Contrat de mariage de Martin Vérat, imprimeur, fils de Thomas Vérat, aussi imprimeur, avec Catherine Sorroge, fille de Jean Sorroge et de Jeanne Herpin, en leur vivant demeurant à Sceaux. (Arch. Nat., Y 120, f° 200 v°.)

Voyez VÉRAC.

VERNEUIL

21 mars 1519 (n. st.). — Bertrand de Verneuil, parcheminier, à l'enseigne du Croissant, rue de la Parcheminerie, met opposition devant le bailli de Saint-Germain-des-Prés sur la succession de feu Pierre Guyon, procureur à la Chambre des Comptes, tant qu'il n'aura pas été payé du parchemin que Pierre Guyon lui a acheté pour y écrire ses comptes. (Arch. Nat., Z/2 3290.)

11 avril 1554. — Louise Penescher, veuve de feu Bertrand de Verneuil, en son vivant maître-parcheminier, Jérôme Aleaulme et Marguerite de Verneuil sa femme, comparaissent au Châtelet, au sujet d'une rente de 50 l. constituée par contrat passé entre feu Bertrand de Verneuil et maître Nicolle de Plancy, procureur en la Chambre des Comptes. (Arch. Nat., Y 5243, f° 154.)

30 avril 1554. — Loyse Penescher, veuve de Bertrand de Verneuil, Jérôme Allaume, tuteur des enfants mineurs de Bertrand, et sa femme, font déclarer valable, jusqu'à concurrence de 56 sols parisis représentant les frais auxquels Nicolle de Plancy a été condamné, une opposition mise le 27 février dernier sur des loyers dus à Nicolle de Plancy pour le terme de Pâques. (Arch. Nat., Y 5244, f° 433.)

16 novembre 1560. — La veuve de Bertrand de Verneuil met opposition sur le prix à provenir de la vente des biens de

Martin Le Maire qui lui doit 103 l. t. en vertu d'une obligation du 1er mars 1558. (Arch. Nat., Y 3460, f° 223 v°.)

27 janvier 1562 (n. st.). — Sire Bertrand de Verneuil, marchand, bourgeois de Paris, et sire Lancelot de Neufve, marchand apothicaire, font partie, comme cousins paternels à cause de leurs femmes, du conseil de famille réuni pour nommer un tuteur aux enfants de feu François Crozon [notaire au Châtelet], et d'Etiennette de Vaulx, sa femme, et pour nommer un curateur à Michel Crozon, notaire au Châtelet, « à cause de son bas âge ». (Arch. Nat., Y 5247, f° 25.)

4 janvier 1563 (n. st.). — Jugement ordonnant la vente des biens saisis sur Charles Pesnot, marchand [libraire] à Lyon, absent pour le fait de la nouvelle religion, à la requête de Louise Penecher, veuve de Bertrand de Verneuil, maître-parcheminier, à laquelle Pesnot devait 136 l. 10 s. t., et contre lequel elle avait obtenu une sentence du Prévôt de Paris le 12 novembre précédent. (Arch. Nat., X/1 A 1604, f° 137.)

1571. — La veuve Bertrand de Verneuil, voyez VOLLART.

5 octobre 1574. — Bertrand de Verneuil, maître-parcheminier, voyez REGNAULT.

Voyez CAVELLAT, à la date des 15-16 avril 1573.

5 février 1586. — Voyez MESTAYER.

29 et 30 mai 1587. — Voyez YSAAC.

17 février 1593. — Voyez POULLAIN.

2 février 1590. — Voyez LE BAY.

1597. — Les hoirs de Bertrand de Vernuiel (sic), parcheminier, par les mains de Jacques Piegeart, mari de Louise de Verneuil, fille de Bertrand, et tuteur des autres enfants mineurs de Bertrand, doivent à la Commanderie du Temple, au lieu de Pierre Habert et consors et de Jean Beguin, 4 s. 6 den. par. pour deux années échues du cens de la maison du Croissant, rue de la Parcheminerie, pour lequel Bertrand de Verneuil a passé déclaration le 1er juin 1595. Entre François Philipponat [notaire au Châtelet, la Rose-Rouge] et les héritiers Bonnin. (Arch. Nat., MM 173, f° 175 v°.)

VERTON

23 janvier 1554 (n. st.). — Louis Verton [libraire], voyez SOURBRON.

1571. — Louis Verton, *alias* Berton, libraire, voyez CHARRON.

VEZEL

29 août 1542. — Robert et Pierre Vezel, compagnons chez la veuve de Jean de Brie, voyez ROUX.

VIART

28 juin 1521. — Pierre Viart, libraire et relieur-juré, achète les onze vingtièmes de la maison portant l'enseigne du Roi-David, rue Saint-Jacques, et l'enseigne du Paon rue des Mathurins, pour 187 l. 10 s. t. et les charges, parmi lesquelles une rente de 3 l. 6 s. t. due à Bernard Aubry [libraire], à cause de sa femme, comme ayant droit de Denys Rosse [libraire] et de feue Robine Meugart. Deux corps d'hostel, l'un devant, l'autre derrière, cour, cellier, ouvroir sur rue, sallette, chambres et greniers, vis commune aux deux corps d'hostel. (Arch. Nat., S 904, f° 148.)

VIDOUE

1532, 1535. — Pierre Vidoue, imprimeur, rue des Noyers, paye à la Commanderie de Saint-Jean-de-Latran le cens de terres qu'il possède à Saint-Marcel : 2 demi-arpents de vignes lieu-dit les Marjolaines et un quartier de terre lieu-dit Peghour. (Arch. Nat., S 5118/3 ; S 5118/7, n°ˢ 152 à 154.)

27 mai 1537. — Pierre Vidoue, libraire, achète 10 perches de terre au clos du Chardonnet pour 36 l. t. (Arch. Nat., S 1651, f° 83, 3ᵉ série.)

4 décembre 1539. — La Grande Confrérie des Bourgeois donne à bail à Pierre Vidoue, libraire-juré, et à Jeanne Garreau, sa femme, une maison faisant le coin de la rue des Amandiers, contiguë à l'image Saint-Etienne, et par derrière à l'image Saint-Nicolas, au loyer de 60 l. t. « Ils ne pourront mectre ne asseoir aulcunes presses servans à leur mestier et estat de librayre ès chambres et greniers... mays en pourront mectre en la court, au premier estaige et rez de chaussée. » (Arch. Nat., S 860.)

En 1548 la maison fut louée à Etienne Deshayes, dont la femme, Jeanne Gareau, devait être la veuve de Pierre Vidoue.

VILLAIN

10 septembre 1582. — Jean Villain, libraire, rue Saint-Denis, paroisse Saint-Nicolas-des-Champs, et Thomasse Liebret, sa femme, donation mutuelle. (Arch. Nat., Y 124, f° 106.)

VILLART

25 février 1594. — Martin Villart, cartier, voyez Guymier.

VIOSSE

23 août 1562. — Contrat de mariage de Jacquin Viosse, compagnon-imprimeur, rue Bordelle, avec Marie Damours, veuve de

Guillaume Malleheut, compagnon-imprimeur. Témoin : Victor Fosse, imprimeur, ami commun des parties. (Arch. Nat., Y 116, f° 140 v°.)

VIVIAN

6 octobre 1540. — Thielleman Vivian, libraire, et Michelle Lalizeau, sa femme, rue Saint-Jean de-Latran, à l'enseigne de la Rose-Rouge, « considérans entre eulx la grande amour, dilection, priveté, curialité et familiarité qu'ilz ont eu par cy devant, ont encores de présent et espèrent avoir ensemble au temps advenir…, aussy considérans les grands peines et travaux, labeurs et dilligences qu'ilz et chacun d'eulx auraient euz et soutenuz pour gaigner et acquérir les biens que Nostre Seigneur leur a permis et donnez en ce mortel monde… », se font donation mutuelle. (Arch. Nat., Y 86, f° 342.)

18 avril 1548. — Etienne Thurin doit 36 l. par. à Thielman Vivien, marchand libraire demeurant à la Rose-Rouge, au Mont-Saint-Hilaire. (Arch. Nat., Y 3448, f° 367.)

31 mars 1565 (n. st.). — Inhumation à l'église Saint-Hilaire de Thielman Vivian, prêtre de ladite église. (Arch. Nat., LL 757, f° 77.)

VOLLART

1571. — Parmi les habitants de la rue de la Parcheminerie taxés au don de 300 000 livres :

Esprit Vollart [parcheminier], 40 sols ;
Henri Le Roy [parcheminier], 2 livres ;
La veuve de Bertrand de Verneuil [parcheminier], 30 livres ;
La même, 20 livres ;
Antoine Le Hault [parcheminier], 4 livres ;
Nicolas Du Bus [parcheminier], 40 sols ;
Bertrand Goursault [parcheminier ?], 40 sols ;

(Bib. Nat., ms. fr. 11692.)

27 août 1574. — Esprit Vollart, parcheminier, paye à la Commanderie de Saint-Jean-de-Latran le cens dû pour une maison, rue de Bourgogne. (Arch. Nat., S 5118.)

14 avril 1577. — Voyez TUFFÉ.

22 février 1590. — Voyez LE BAY.

VOSTRE

16 janvier 1501 (n. st.). — Simon Vostre, libraire, voyez LE BRETON.

30 mars 1501 (n. st.); 31 janvier 1504 (n. st.). — Voyez CHALLOT.

Entre juin *et* octobre 1518. — Les héritiers de Jeanne Vostre payent à la fabrique de l'église Saint-Etienne-du-Mont un legs de 2 s. par. (Arch. Nat., H 4347.)

2 octobre 1510; 5 septembre 1513. — Voyez Du Pré.

5 juillet 1518. — André Chevrier, écuyer, seigneur de la Villeneuve-sur-Cher, en Berry, vend à Simon Vostre, libraire et bourgeois de Paris, la maison des Balances, rue de la Calandre, pour 3 240 l. t. Trois corps d'hôtel l'un devant l'autre, tenant d'un côté à Saint-Germain-le-Vieil, à maître Chevart, procureur au Châtelet, et à une ruelle descendant du marché à la rivière de Seine, derrière l'église Saint-Germain-le-Vieil; tenant de l'autre côté à l'hôtel d'Orléans, appartenant au vendeur, et aboutissant par derrière sur la Seine. (Arch. Nat., S 5079 B.)

4 juin 1521. — Geneviève Le Pelletier, veuve de Simon Vostre, l'un des relieurs-jurés de l'Université, fait donation à ses neveux et nièces, Joseph, Madeleine, Jean, Jeanne, Geneviève, Dauphine, et Arnoul, enfants de maître Jean Le Pelletier, son frère, habitant Avignon, des immeubles suivants qu'elle possède soit de son propre, soit en vertu du partage qui a eu lieu entre elle et les héritiers de son mari : 1º la maison de la Gibecière, rue Saint-Jacques, en face Saint-Séverin; 2º la moitié de la maison de l'image Saint-Jean-l'Evangéliste, rue Neuve-Notre-Dame, dans laquelle elle demeure et dont l'autre moitié appartient aux héritiers de son mari, contiguë à la maison des Trois-Boëttes, propriété de l'Hôtel-Dieu, et à la maison suivante; 3º une petite maison, même rue, située entre l'image Saint-Jean-l'Evangéliste et l'image Saint-Nicolas; 4º un cinquième indivis de la maison de l'image Saint-Nicolas, contiguë à la précédente et à l'image Saint-Yves. (Arch. Nat., S 3501.)

Les donataires de Geneviève Le Pelletier n'étant pas Français leurs parts de propriété sur ces immeubles échurent à la couronne en vertu du droit d'aubaine, le roi en fit don à Guillaume de Saint-Boyon, secrétaire et valet de chambre de la régente auquel Gilles de Verly les racheta, en décembre 1523, pour le cas où un procès intenté par les Le Pelletier au roi serait jugé contre eux. (Coyecque, *Minutier*, 1893, p. 125.)

1521. — L'Hôtel-Dieu reçoit des exécuteurs testamentaires de la veuve de feu Simon Vostre, libraire, 80 l. par. (Arch. hospit., Hôtel-Dieu, 6590.)

1527. — Collecte Vostre, demeurant devant Sainte-Geneviève-des-Ardents, est propriétaire d'une maison, rue de la Croix, qui doit 20 s. de rente aux Chartreux; elle fut à Guillaume Huart, parcheminier, et depuis à Gilbert de La Croix, gendre de Guillaume Huart. (Arch. Nat., S 4103, fº 102 vº.)

Sans doute Nicole Vostre, sœur de Simon, qui lui succéda comme libraire. et habitait vis-à-vis Sainte-Geneviève-des-Ardents; voyez plus bas.

9 février 1527 (n. st.); 14 octobre 1530; 10 décembre 1533; 4 mars 1534 (n. st.). — Mariette Regnault, héritière de Geneviève Le Pelletier, veuve de Simon Vostre, voyez GARNIER, CHALON-NEAU, FRESNEL.

2 novembre 1529. — Gilles de Verly, chirurgien-juré, et Marguerite Fleurye, sa femme, vendent à Jean Hotman, orfèvre, leur part dans la maison des Balances, rue de la Calandre, provenant de Simon Vostre. (Arch. Nat., S 5079 B.)

Il faut lire : Marguerite Vostre, au lieu de Marguerite Fleurye (voyez plus bas l'acte du 7 août 1546); Gilles de Verly avait été l'exécuteur testamentaire et l'un des héritiers de Simon Vostre, ainsi qu'il ressort de plusieurs pièces citées par M. Coyecque, dans son *Minutier*. Il était son beau-frère, Vostre n'ayant pas laissé d'héritier direct.

Voyez ESTIENNE, à la date du 7 avril 1565 (n. st.)

9 juillet 1533. — Nicole Vostre [libraire], veuve de feu Guillaume Basteau, cordonnier, vend à Jean Hotman, orfèvre, sa part dans la maison des Balances, rue de la Calandre; elle en était propriétaire en partie, en vertu du partage fait entre elle et la veuve de son frère, Simon Vostre, marchand libraire. (Ibid.)

29 novembre 1537. — Feue Nicole Vostre [libraire], veuve de Guillaume Basteau, voyez PAQUOT.

7 août 1546. — Marguerite Vostre, veuve de Gilles de Verly, cède à Jean Du Pré, avocat, seigneur de La Maisonfort, la moitié d'une maison, rue de la Harpe, aux Trois-Bouëttes, pour 50 l. de rente ; l'autre moitié appartient aux enfants de Marguerite. (Arch. Nat., S 904, f° 181.)

1564. — Jean Hoteman, au lieu des hoirs Simon Vostre, et auparavant de Chevrier, paye 8 den. par. de cens à la Commanderie du Temple pour un grand hôtel, rue de la Calandre, à l'enseigne des Balances. (Arch. Nat., S 5081/4.)

8 mai 1571. — Partage entre Joseph et Delphine Le Pelletier de biens provenant de la succession de Geneviève Le Pelletier, veuve de Simon Vostre. (Arch. Nat., S 3501.)

20 juillet 1571, 10 février 1572. — Joseph Le Pelletier, écuyer, demeurant à Avignon, fils de feu Joseph Le Pelletier, docteur en droit, vend à Guillaume Boussoniot, tailleur, la maison de la Gibecière, rue Saint-Jacques. (Ibid.)

WARRANCORE

28 décembre 1537. — Guillaume Varencores, libraire, demeurant au collège de Tréguier, âgé de 35 ans, et Pierre Landry, libraire, demeurant audit collège, âgé de 40 ans, déposent dans une information relative à l'opportunité pour le Collège, de louer à bail emphytéotique, à charge d'y construire une maison, une place vide devant le petit huys du collège, rue Saint-Jean-de Latran. (Arch. Nat., M 193.)

1538. — Guillaume Warrencore, libraire, paye 12 l. t. pour le loyer d'une maison appartenant au Collège de Tréguier, sallette basse, deux chambres hautes et grenier. (Arch. Nat., H 2855/1.)

1539. — Le Collège de Tréguier paye une indemnité de 18 l. t. à Guillaume Warenecore « pour et affin de quicter son mar· ché » d'une maison qu'il tient à loyer. (Ibid.)

1542; 1543. — Guillaume Walancorem, « libraire et portier de céans », paye à la Commanderie de Saint-Jean-de-Latran 16 l. t. pour le loyer de sa maison. (Arch. Nat., S 5121/4, f⁰ˢ 28, 38, 40 v°, 42 v° et 46.)

1544. — La veuve et les héritiers de Guillaume Wallancore payent le cens dû par cette maison. (Arch. Nat., S 5121/3, f° 22 v°.)

19 octobre 1557. — Testament de Guillaume Varencor, demeurant en une maison dépendant du collège des Bretons, près du cimetière Saint-Hilaire. Il lègue à Marguerite Guillotoys, sa tante, un écu soleil; à la petite Geneviève un autre écu soleil; à son frère Chrestien Varrencor tous les livres qu'il lui a baillés par ci-devant pour l'élever et mettre en avant ; à Jean et Jeanne Custode, frère et sœur, 2 écus soleil à chacun ; il demande à être inhumé auprès de ses parents au cimetière Saint-Benoît. Exécuteurs testamentaires : Catherine Custode, sa femme et André Custode [libraire] frère de Catherine; témoins : Nicolas Soulaiard [Soullard, libraire], demeurant près le collège des Bretons, et Antoine Héry. (Arch. Nat., LL 757, f° 84.)

C'est le testament de Guillaume II Warrancore, fils du précédent; le collège de Carembert était aussi appelé collège des Bretons.

2 décembre 1561. — Amaulry Warencort, libraire, voyez GUILLARD.

17 janvier 1564 (n. st.). — Testament de Rémont Guillotoys; il annule la donation faite à Philippe Varancore [libraire et relieur], son neveu ; exécuteurs testamentaires : Marie Thorde sa femme, et Jean Moreau, libraire. (Ibid., f° 65.)

3 octobre 1564. — Marché passé par Philippe Varencores, marchand libraire, et Guillaume Curset, maître-teinturier de cuirs, avec Gillet Durant, compagnon maçon, pour des réparations à faire à la maison des Trois-Croissants, rue de la Cordonnerie. (Arch. Nat., ZZ/1 302, f° 266.)

1571. — Philippe Varrencœur, relieur, voyez BOREL.

21 septembre 1584. — Feu Philippe Varancore, libraire, voyez LANGELIER.

WECHEL

Juillet 1528. — Lettres de naturalisation accordées à Chrestien Wechel, jeune homme natif de Harentas, en Brabant, qui est venu s'établir à Paris, étant jeune compagnon, il y a 9 ou 10 ans, et y exerce l'état de libraire. (Arch. Nat., JJ 241, f° 333 v°.)

Reproduit in-extenso par M. Stein dans le *Bibliographe Moderne*, 1899, pp. 196-197.

1542-43. — Chrestien Wechel paye le loyer de la maison du Jeu-de-Paume, rue Saint-Jean-de-Latran. (Arch. Nat., S 5121/4, f° 61 v°.)

1552, 1553. — Chrestien Wechel paye à la Commanderie de Saint-Jean-de-Latran le loyer de cette maison qu'il a prise à bail pour 9 ans à la Saint-Jean-Baptiste 1551. (Arch. Nat., S 5121/2, f° 24 ; S 5121/1, f° 24.)

18 avril 1554. — Feu Chrestien Wechel, voyez GARAMOND.

18 novembre 1561. — André Wechel [imprimeur], voyez GARAMOND.

1571. — André Wechel, voyez LE ROY.

1594 (*avant le* 14 juillet). — Feu Chrestien Wechel, voyez DU VAL.

YON

13 novembre 1594. — Contrat de mariage de Simon Yon, libraire et relieur, à Saint-Germain-des-Prés, rue de Gindre, paroisse Saint-Sulpice, avec Denyse Mignan, veuve de Pierre Tasset, maître-cordonnier, demeurant en la Vallée-de-Misère, paroisse Saint-Germain-l'Auxerrois. Témoin : Louis Patoureau, libraire et relieur à Saint-Germain-des-Prés, ami. (Arch. Nat., Y 134, f° 86 v°.)

YSAAC

11 février 1562 (n. st.). — Roch Ysaac, apprenti libraire et relieur, voyez SAINT-DENYS.

29 et 30 mai 1587. — Au rapport de Bertrand de Verneuil, Antoine Le Hault et Nicolas Du Bu, parcheminiers-jurés, Louis Ysaac, gendre de maître, et Jean Musnier, ayant épousé une veuve de maître, sont reçus maîtres-parcheminiers. (Arch. Nat., Y 9306.)

YVERNET

1er décembre 1551. — Testament de Florent Yvernet [libraire], demeurant à l'enseigne de la Caille [rue du Mont-Saint-Hilaire];

il lègue à chacun de ses neveux, Jean, fils de Jean Yvernet [libraire], Florent, fils de Laurent Yvernet, Pierre et Pasquier Villars, un écu soleil ; à deux de ses nièces, filles de feue Noelle Yvernet, à chacune un septier de blé; il demande à être enterré à Saint-Hilaire. Exécuteurs testamentaires : Estienne Petit [libraire] et sa femme ; témoins : Pierre Harchambault [libraire], Pierre Barriot et Pierre Quoqueret [libraire]. (Arch. Nat., LL 757, f° 14 v°.)

5 décembre 1551. — Inhumation de Florent Yvernet à l'église Saint-Hilaire. (Ibid., f° 75.)

2 janvier 1552. — Délibération du conseil de famille de Jean, fils mineur de feu Flamant Yvernent (*alias* Yvenet) et de Marguerite Le Riche, sa veuve. Parmi les membres du conseil de famille Martin Le Riche, aïeul paternel ; Jean et Laurent Nyvernet (sic), oncles paternels ; Jacques Laisné, cousin paternel à cause de sa femme ; Raoullet de Breuille, Nicolas Gingans, Ambroise de La Porte, Guillaume Mondet, Etienne Petit, [libraires], Pierre Arquinbault [Archambault, libraire ?], Jacques Deshayes, Raoullet Barbin [fripier], Jean Thonyn [savetier], voisins. (Arch. Nat., Y 5238, f° 8 v°.) ,

Il s'agit peut-être de Jean Yvernet, fils de Florent Yvernet, dont le nom est écrit ici de trois ou quatre façons différentes; l'acte précédent nous apprend que Florent avait deux frères Jean et Laurent; il habitait rue du Mont-Saint-Hilaire, et parmi les voisins présents, Raoullet Barbin, Nicolas Gaingant, Ambroise de La Porte, Jean Thonyn, Guillaume Mondet, Pierre Archambault et Etienne Petit, habitaient la même rue ; Jacques Deshayes était marguillier de Saint-Hilaire.

16 juillet 1567. — Mariage à l'église Saint-Hilaire de Florent Yvernet avec Geneviève Pautonnier [fille du libraire Marin Pautonnier]. (Ibid., f° 73.)

BOUCACHARD

31 mai 1564. — Jean Boucachard l'aîné, parcheminier, rue de la Bretonnerie, à l'image Saint-Louis, étant mort de la peste à l'Hôtel-Dieu le 18 décembre 1562, Denyse Bourdet sa veuve, âgée de 35 ans, et Jean Boucachard le jeune, parcheminier, rue du Bon-Puits, son fils, font rédiger un acte de notoriété. (Arch. Nat., ZZ/1 302, f° 94.)

Même jour. — Jean Boucachard le jeune, parcheminier, rue du Bon-Puits, fait donation à Denyse Bourdet, sa belle-mère, de 2 écus soleil à prendre sur les premiers deniers qu'il touchera dans la succession de feu Robert Boucachard, son cousin, marchand mégissier et parcheminier à Rouen. (Ibid., f° 94 v°.)

DUGRIFFON

25 février 1594. — Jean Dugriffon, cartier, voyez Guymier.

FEZENDAT

21 mai 1547. — François Bruneau, marchand, bourgeois de Paris, fait saisir sur Michel Ferandal (sic), imprimeur, la moitié d'une maison avec grand jardin à Aulnay-lès-Bondy, pour 5 années d'arrérages d'une rente. (Arch. Nat., Y 3449, f° 74.)

JOURNET

11 mars 1565 (n. st.). — Contrat de mariage de Nicolas Journet, marchand et doreur de livres, bourgeois de Paris, fils de Jean Journet, tonnelier, avec Claude Guillain, fille de Thomas Guillain, drapier, bourgeois de Paris, et de Jeanne Lottin. Dot, 300 l. t. (Arch. Nat., ZZ/1 303, f° 414.)

LYTRAN

28 juin 1564. — Testament de Michelle Manceau, lavandière, rue de la Calandre, aux Balances, veuve de Guillaume Lytran, imprimeur de livres ; exécuteurs testamentaires : Eloy Daujon, maître-fourbisseur et garnisseur d'épées à Saint-Marcel et Gilles Beaulne, bonnetier, rue de la Bûcherie, ses gendres. (Arch. Nat., ZZ/1 302, f° 139 v°.)

MARVILLE

26 mars 1565 (n. st.) ; 15 avril 1565 (n. st.). — Laurens Quignon, marchand boucher à Saint-Marcel et Marie Barbier sa femme, Olibrius Marville, imprimeur, rue des Amandiers et Catherine Barbier sa femme, héritiers de feue Auberde Cheville, femme de Jean Barbier, voiturier par terre. (Arch. Nat., ZZ/1 303, f°ˢ 434 et 452.)

MUSNIER

30 mai 1587. — Jean Musnier, parcheminier, voyez Ysaac.

NICOLAS

25 avril 1564. — Guillaume Nicolas, bourgeois de Paris, maître Bonaventure Nicolas, prêtre bénéficier en l'église Saint-Germain-l'Auxerrois, Etienne Nicolas, maître-parcheminier, bour-

geois de Paris, Catherine Nicolas femme d'Henri Quatresolz, boucher à Saint-Marcel, Marie Nicolas femme de Jean David le jeune, charron à Saint-Marcel, Barbe Nicolas femme de Guillaume Becquet, maître et marchand lunettier, bourgeois de Paris, et Martin Nicolas, frères et sœurs, enfants de feux Jean Nicolas, marchand tavernier et hostelier à Saint-Marcel, et Fourcye Lescuyer, passent titre nouvel pour la maison de l'image Saint-Jean, grand'rue, à Saint-Marcel. (Arch. Nat., ZZ/1 303, f° 37.)

31 juillet 1564. — Etienne Nicolas, parcheminier, et consorts, achètent à Fourcy Lescuyer, mégissier, bourgeois de Paris, une maison à Lagny-sur-Marne grand'rue du Pont-de-Marne, et d'autres biens. (Ibid., f°ˢ 128, 128 v° et 129.)

SYON

3 juillet 1554 ; 12 juillet 1554. — Guillaume Prévost l'aîné, laboureur à Monstreul sur le bois de Vincennes, et Marion Le Moyne, sa femme, Etienne Guillard l'aîné, laboureur à Merlan, paroisse de Noisy-le-Sec, et Collette Le Moyne sa femme, Jean Sion, libraire à Paris, et Etiennette de La Barre sa femme, vendent à Nicolas Pelocquin, bourgeois de Paris, une maison à Montreuil, et rachètent à Marie Jolin, veuve de Michel Cavelier, sergent à verges au Châtelet, pour 40 l. t., une rente de 40 s. par. sur cette maison. (Arch. Nat., ZZ/1 301.)

• 30 juin 1564. — Nicolas Syon, enlumineur à Paris, fils et héritier de Simon Syon, marchand, bourgeois de Paris, et de Jeanne Boisseau, héritier aussi de Claude et Victor Syon, ses frères, donne quittance à Victor Cochet, son tuteur et curateur. (Arch. Nat., ZZ/1 303, f° 77.)

10 septembre 1564. — Nicolas Syon, enlumineur, rue de la Vannerie, donne à bail à Nicolas Le Fèvre, bonnetier, la maison du Coffin, rue des Murs, dite du Puits d'Arras, au loyer de 40 l. t. (Ibid., f° 151.)

APPENDICES

I

LIBRAIRES, IMPRIMEURS, PARCHEMINIERS
ET PAPETIERS EN PROVINCE

BAZOCHE

10 mars 1547 (n. st.). — Andrieu Bazoche, serviteur libraire à
Reims, voyez LA VACQUERIE, à l'*Appendice*.

BONHOMME

7 décembre 1560. — Macé Bonhomme, libraire à Lyon, voyez
VINCENT à l'*Appendice*.

BOUCACHARD

31 mai 1564. — Feu Robert Boucachard, marchand mégissier
et parcheminier à Rouen, voyez BOUCACHARD (page 284).

CARCAN

1491. — « A Johannon Carcquan, libraire demeurant à Lyon,
la somme de six livres tournoys à luy ordonnée pour deux volumes
du livre de Lancelot que icelluy Seigneur [le roi Charles VIII] a
prins et acheptez de luy... » (Arch. Nat., KK 76, f° 51 v°.)

CHANCELIER

15 janvier 1577. — Laurent Chancelier, libraire à Orléans, voyez
ROBINOT.

1er juillet 1595. — Voyez SERTENAS.

CHAUDIÈRE

17 décembre 1551. — Claude Chaudière, libraire à Reims (et depuis à Paris), voyez CHAUDIÈRE.

CHÉRON

23-25 août 1597. — Pierre Chéron, marchand libraire et imprimeur à Blois, est témoin au contrat de mariage de Nicolas Chéron son frère, procureur au bailliage et siège présidial de Chartres, avec Jacquette Serreau étant au service de François de Donou, conseiller du roi et trésorier général de France, et de Marie Le Noir sa femme. (Arch. Nat., Y 136, f° 338 v°.)

CHEVILLOT

20 mars 1596. — Pierre Chevillot, imprimeur du roi à Troyes (et précédemment imprimeur à Paris), voyez VALLET.

COLAS

9 mars 1547 (n. st.) — Jean Colas, libraire, emprisonné à la Conciergerie, à la requête du bailli de Mâcon, pour avoir été trouvé saisi de livres condamnés, fera amende honorable devant la principale église de Mâcon, sera fustigé par les carrefours et mené aux galères du roi où il demeurera à perpétuité ; et s'il tente d'échapper des galères ou des mains du capitaine qui l'y conduira, il sera pendu et étranglé sans autre forme de procès. (Arch. Nat., X/2 A 102.)

Communiqué par M. Weiss.

DENYS

25 juillet 1567. — Guillaume Denys, parcheminier à Rouen, voyez REGNAULT, à la date du 14 janvier 1580.

DES JARDINS

8 août 1545. — Le Parlement de Paris condamne Gervais Desjardins, libraire à Soissons, à l'amende honorable et à la fustigation pour propos scandaleux. (Arch. Nat., X/2 A 99.)

Communiqué par M. Weiss.

DRIART

1547. — Pierre Driart, parcheminier à Etampes, et Marion Trichart, sa femme, dont donation à Jean Driart, leur neveu, écolier, étudiant en l'Université. (Arch. Nat., Y 92.)

GESSELIN

8 mars 1597. — Jean Gesselin, libraire à Lyon (et depuis à Paris), voyez GESSELIN.

FLEURY

25 octobre 1578. — Contrat de mariage de Melchior Fleury, imprimeur [à Orléans], de passage à Paris, fils de feu Guillaume Fleury et de Marie Savatier, avec Jeanne Sauvyon, veuve de Jean Guigier, marchand de vin. (Arch. Nat., Y 120, f° 201.)

3 août 1588. — Jeanne de Neussire (?), veuve de Melchior Fleury, imprimeur, est témoin au contrat de mariage d'Antoine Thubert, marchand apothicaire et épicier, bourgeois de Paris, rue Saint-Jacques, avec Marguerite Hervé, veuve de Robert Bouquier, marchand teinturier, bourgeois de Paris. (Arch. Nat., Y 130, f° 380 v°.)

GRYPHE

30 mai 1550. — Sébastien Griffius, libraire à Lyon, voyez HIGMAN.

GUILLARD

27 février 1563 (n. st.). — Citation à comparaître dans trois semaines de diverses personnes inculpées de violation et saccagement d'églises, à la requête des religieux de Notre-Dame-de-Vaas, province du Maine, parmi lesquelles Laurens et Mathurin Guillard, parcheminiers. (Arch. Nat., X/2 A 130.)

Communiqué par M. Weiss.

LA VACQUERIE

10 mars 1547 (n. st.). — Vincent de La Vacquerie, libraire, détenu à la Conciergerie à la requête du bailli de Vermandois, ou lieutenant à Reims, pour avoir été trouvé porteur de livres défendus, sera mis à la question : s'il confesse, il sera brûlé, s'il ne confesse pas, il fera amende honorable, sera fustigé, et ses livres seront brûlés en sa présence et il sera mené aux galères. Andrieu Bazoche, son serviteur, aussi prisonnier à la Conciergerie, assistera à l'amende honorable de son maître. (Arch. Nat., X/2 A 102.)

Communiqué par M. Weiss.

LE BÉ

3 novembre 1548 ; 15 mars 1551. — Guillaume Le Bé, papetier à Troyes, voyez LE BÉ.

LE NOIR

2 janvier 1545 (n. st.). — Olivier Le Noir, libraire à Reims, voyez MALLARD.

LESCUYER

21 mai 1596 ; 12 juin 1596 ; *entre 1597 et mai 1598*. — Nicolas Lescuyer, libraire à Paris, et auparavant libraire à Rouen, voyez LESCUYER.

LE TASSEUR

1491. — « A Guillaume Le Tasseur, libraire demeurant à Nantes, la somme de quarante cinq solz tournois à luy ordonnée pour ung bréviaire à l'usaige de Romme que ledit seigneur [le roi Charles VIII], a prins et achapté de luy pour donner à frère Thomas Potier, religieux de l'observance dudit Nantes... » (Arch. Nat., KK 76, f° 81.)

MARGUEREAU

17 avril 1479. — Bail viager aux vies de Jean Marguereau, papetier à Corbeil, d'Agnès sa femme, et de Jean son fils, d'une maison sur le Pont-Notre-Dame. (Arch. Nat., H 2010.)

MARNEF

1er juin 1545. — Barthelemy Pierreulx, écolier étudiant en l'Université de Poitiers, et Anguilbert de Marnef, imprimeur et libraire en cette ville, sont admonestés au sujet des propositions et conclusions soutenues en l'auditoire civil de l'Université de Poitiers par Pierreux et imprimées par Marnef. (Arch. Nat., X/2 A 98.)

Communiqué par M. Weiss.

NIVELLE

Jean Nivelle, papetier à Troyes, voyez NIVELLE, à la date du 25 avril 1549.

OLLIVIER

Février 1547 (n. st.). — Aulbin Ollivier, libraire à La Rochelle, est condamné à faire amende honorable à La Rochelle, devant l'église Saint-Barthélemy. (Arch. Nat., X/2 A.)

Communiqué par M. Weiss.

PERIER

14 août 1546. — Denys Perier, libraire à Niort, prisonnier à la Conciergerie pour avoir été trouvé porteur de livres défendus sera mis à la question. (Arch. Nat., X/2 A 98.)

17 août 1546. — Information sera faite à Niort sur la vie et la renommée de Denys Perier, on recherchera s'il est libraire ou s'il a coutume de vendre et d'acheter des livres, et lesquels. (Ibid.)

14 avril 1547. — Denys Perier, libraire, est condamné à faire amende honorable devant Notre-Dame et à être mené tout nu par les carrefours de la ville, les rues Saint-Jacques, Saint-Hilaire et autres rues « esquelles on a accoustumé imprimer et vendre livres » ; dans chacune de ces rues l'arrêt sera lu et Perier sera battu de verges. Il sera ensuite mené à Niort, où il demeurait, et fera pareille amende honorable puis sera battu de verges ; après quoi

il sera banni pour toujours du royaume, sous peine de la hart. (Arch. Nat., X/2 A 102.)

Ces trois actes communiqués par M. Weiss.

30 mai 1596 ; 16 décembre 1603. — Adrien Périer, libraire à Lyon, puis à Paris, voyez AUVRAY et PERIER.

PESNOT

4 janvier 1563 (n. st.). — Charles Pesnot, libraire à Lyon, voyez VERNEUIL.

SAINT-DENYS

4 août 1545. — François de Saint-Denys, natif de Paris, libraire à Soissons, est condamné pour propos scandaleux à l'amende honorable, à la fustigation et au bannissement. (Arch. Nat., X/2 A 99.)

Communiqué par M. Weiss.

SANSON

19 février 1563 (n. st.). — Pierre Sanson, marchand forain parcheminier, voyez AUCHER.

SAVINE

27 mai 1578. — Jean Savyne, maître-imprimeur à Sens, y demeurant, et Marie Le Moyne, la jeune, sa femme, tant pour elle que se portant fort de Jean Yverne, marchand apothicaire à Lyon et de Marie Le Moyne, l'aînée, ses beau-frère et belle-sœur, passe titre nouvel pour la maison de la Rouppye, rue Saint-Jacques. Elle leur provient de la succession de Jeanne Meresse, mère des deux Marie, fille et héritière de feue Marie Toupin femme en premières noces de Pierre Meresse [grand bedeau de la Nation de France], et en secondes noces de Jean Richer, conseiller du Roi. (Arch. Nat., Q/1 1099/206 B, f° 37.)

TREPPEREL

3 août 1547. — Pierre Trepperel [libraire à Orléans], fils de Jean Trepperel [marchand grossier de soie] et de Charlotte Jodelle, la veuve Macée Trepperel, Michel Le Roux, imprimeur, Charles Le Noir, libraire, Claude Le Noir, Etienne Groulleau [libraire], mettent opposition sur le prix à provenir de la vente de deux maisons rue Garnier-Saint-Ladre, à l'image Saint-Laurent, et de deux maisons à Saint-Marcel, rue Trepperel et rue de la Planchette saisies sur Jean Trepperel. (Arch. Nat., Y 3449, f° 310.)

11 octobre 1563. — Pierre Trepperel, marchand, demeurant à Orléans, met opposition sur la vente des biens vacants de maître Jean de Blef (*alias* Le Blef), qui était propriétaire d'une maison rue de la Planchette ; il élit domicile à Paris dans la maison de Guillaume Noyr [Le Noir, libraire], rue Saint-Jacques, à la Rose-Blanche. (Arch. Nat., Y 3461, f°ˢ 206 et 208 v°.)

20 février 1565. — Pierre Trepperel [libraire à Orléans] achète la maison de l'image Saint-Nicolas, rue de la Planchette, tenant à la rue Trepperel, au faubourg Saint-Marcel. (Arch. Nat., S 1653, f° 184 v°, 2ᵉ série.)

9 novembre 1566. — Pierre Tripperet (sic), marchand, bourgeois d'Orléans, achète une autre maison rue de Tripperel (sic). (Ibid., f° 188 v°, 3ᵉ série.)

8 mars 1567. — Pierre Tripperet (sic), marchand bourgeois d'Orléans, achète une autre maison dans la même rue. (Ibid., f° 189.)

26 avril 1575. — Jean Curtin, marchand bourgeois d'Orléans, en son nom et celui de Noelle Preuville (?), à présent sa femme, veuve de Pierre Trepperet (sic), en son vivant « aussi libraire au dit Orléans » vend deux maisons rue Trepperet, à Saint-Marcel, à Simon Janot, marchand teinturier de cuirs. (Ibid., f° 223.)

9 août 1577. — Simon Janot, héritier de Pierre Trepperel et ayant droit par transport de Noelle Privelle, sa veuve. (Arch. Nat., Y 3468, f° 303.)

La rue Trepperel avait été ouverte sur des jardins appartenant à Jean Iᵉʳ Trepperel (voyez ce nom) ; son nom se transforma peu à peu et finit par devenir rue Trupelet. On trouvera dans le *Minutier* de M. Coyecque plusieurs actes relatifs à ces terrains.

VINCENT

8 novembre 1560 ; 7 décembre 1560. — Antoine Vincent, libraire et citoyen de Lyon, met opposition sur le prix à provenir de la vente des immeubles appartenant à Nicolas Boucher et à sa femme, qui lui doivent 600 l. t. en vertu d'une obligation du 6 février 1544 (n. st.). — Macé Bonhomme marchand [libraire] demeurant à Lyon met aussi opposition pour une créance de 82 l., 7 s. t. datant d'octobre 1543. (Arch. Nat., Y 3460, f°ˢ 6 et 6 v°.)

II

LIBRAIRES ET IMPRIMEURS A L'ÉTRANGER

ANASTAZE

5 février 1564 ; 1er juillet 1564 ; 25 janvier 1565 ; 9 mars 1565. — Etienne Anastaze, imprimeur à Genève, voyez ESTIENNE.

COLLIN

13 avril 1592. — Feu Materne Collin, serviteur-libraire à Cologne, voyez SITTART.

ESTIENNE

Tous les actes concernant les Estienne de Genève sont réunis à ceux qui les concernent à Paris.

FERCHANORS

8 octobre 1559. — Christofle Ferchanors, libraire à Surein, en Suisse, voyez DU PUYS.

KOBERGER

3 août 1526. — Melchior Comberger, libraire à Nuremberg, voyez BADE.

LE NOIR

1er juillet 1542. — Antoine Le Noir, libraire, se disant natif d'Anvers et y demeurant, prisonnier à la Conciergerie, est condamné par le Parlement à faire amende honorable à Paris et à Saint-Quentin. (Arch. Nat., X/2 A 93.)

Communiqué par M. Weiss.

LE PREUX

27 janvier 1563 (n. st.). — Jean Le Preux, imprimeur à Paris, et depuis Lausanne, voyez LE NOIR.

18 mai 1573. — Jean Le Preux [imprimeur à Lausanne], et François Le Preux [imprimeur à Genève], frères, voyez LE PREUX et la généalogie à l'article HIGMAN.

PLANTIN

21 juillet 1563. — Christophe Plantin, imprimeur à Anvers, voyez BRAYER, à la date du 15 novembre 1563.

III

IMPRIMEURS, LIBRAIRES, FONDEURS, RELIEURS, PARCHEMINIERS, PA-
PETIERS, ENLUMINEURS, DOREURS DE LIVRES, SUR LESQUELS ON
TROUVERA DES ACTES ORIGINAUX DANS LE MINUTIER PUBLIÉ
PAR M. COYECQUE (1).

Adam (Jean), imprimeur et fondeur, 1893, pp. 52, 53; 1894, pp. 168,
209.

Alençon (Jean d'), libraire, 1895, p. 120.

Archambault (Pierre), libraire, 1895, p. 122.

Artois (Adam d'), apprenti libraire et relieur, 1895, p. 209.

Attaignant (Pierre), libraire-imprimeur, 1893, p. 42; 1894, pp. 40, 58.

Aubry (Bernard), libraire-juré, 1894, pp. 49, 152, 207.

Aucher, *voyez* Haucher.

Auffray (Etienne), libraire, 1893, p. 122; 1894, pp. 39, 79, 169, 171.

Ausoult ou Ansoult (Thomas), imprimeur, 1894, p. 54.

Avignon (Esprit), apprenti relieur et libraire, 1895, p. 84.

Bade (Josse), libraire-juré et imprimeur, 1894, pp. 43, 92.

Bailleur (Jean), relieur, 1895, p. 121.

Bailleur, dit Des Noirs (Jean), compagnon-relieur, 1895, p. 120.

Barbazan (Jean), libraire *à Nevers*, 1893, p. 123.

Barbier (Claude), libraire, 1894, pp. 153, 166.

Barbier (Pierre), apprenti-enlumineur, 1895, p. 122.

Barbier (Symphorien), imprimeur, 1893, p. 42.

Bardin (Jean), apprenti fondeur de lettres, 1895, p. 214.

Baudelot (Jean), imprimeur, 1894, p. 117.

Baudoin (Pierre), compagnon-imprimeur, 1898, p. 182; imprimeur,
1894, p. 207.

Beaujon ou Beaujouan (Alexandre), compagnon-fondeur de lettres,
1894, p. 214; fondeur, 1895, p. 214.

Beauvais (Pierre), 1895, p. 120.

Berthault (Barthélemy), libraire *à Bourges*, 1894, p. 172.

Bezart (Mathieu), enlumineur, 1893, p. 43.

Bienaisé (Jean), imprimeur, 1894, pp. 168, 169.

Bignon (Jean), imprimeur, 1894, p. 210.

---

(1) *Bulletin de la Société*, de 1893 à 1895.

Le Vidame (Samson), doreur de livres, 1895, p. 76.
Liéaut (Pierre), libraire *à Rouen*, 1894, p. 43.
Lieshout (Henri), libraire *à Liège*, 1894, p. 166.
Loncle (Jean), libraire, 1893, p. 119.
Loncle (Pierre), imprimeur, 1893, p. 121.
Louans (André de), parcheminier, 1893, p. 52.
Louis, Loys (Jean), imprimeur, 1895, p. 76.
Louis (Raoulin), compagnon-imprimeur, 1895, p. 79.
Lunel (Julien), libraire-juré, 1894, pp. 40, 41, 55, 168, 213.
Lurgart, dit de Hauville, *voyez* Turgart.
Maheu (Didier), libraire-imprimeur-juré, 1893, pp. 52, 123, 132; 1894, pp. 81, 165, 211.
Maligot (François), doreur de livres, 1895, p. 212.
Marchand (Michel), libraire et relieur, 1894, p. 181; 1895, p. 82.
Marnef (Enguilbert de), libraire-juré, 1893, pp. 126, 129, 135; 1894, pp. 80, 87, 166, 169, 176.
Marnef (Geoffroy de), libraire-juré, 1893, pp. 45, 129; 1894, pp. 87, 166, 170, 177.
Marnef (Jean de), libraire *à Poitiers*, 1894, p. 166.
Marnef (Jean de), libraire-juré, 1893, pp. 129, 135; 1894, pp. 79, 87, 176.
Maurice (Henri) libraire et relieur, 1895, pp. 82, 84.
Melay (Guillaume de), papetier, 1895, p. 82.
Montpignon (Antoine de), parcheminier, 1893, p. 122.
Morenge (Pierre), [libraire], *à Clermont*, 1893, p. 119; 1894, p. 168.
Musnier (Pierre), compagnon-imprimeur, 1894, p. 82.
Nicole (Samson), libraire et relieur, 1894, p. 148.
Noyau (Jean) compagnon-imprimeur, 1894, p. 157.
Pallier (Jean), imprimeur, 1895, p. 212.
Papolin (Antoine), libraire *à Nantes*, 1893, p. 126.
Passet (Jean), fondeur de lettres, 1893, p. 126.
Pernel, Prevel (Jean), imprimeur, 1894, pp. 48, 85.
Pescher (Richard), libraire *à Chartres*, 1893, p. 132.
Petit (Etienne), libraire, 1895, p. 122.
Petit (Jean), l'aîné, libraire-juré, 1893, p. 125; 1894, pp. 40, 47, 48, 49, 53, 83, 158, 165, 168, 180, 214; 1895, p. 74.
Petit (Jean), le jeune, libraire-juré, 1894, pp. 40, 43, 48, 49, 53, 57, 78, 84, 158, 164, 168, 174, 180, 184, 211, 214.
Pigouchet (Philippe), [imprimeur], 1894, p. 56.
Plumion (Guillaume), apprenti-libraire, 1895, p. 209.
Plumion (Jacques), libraire, 1895, p. 209.
Poullain (Pierre), [parcheminier?], 1894, p. 172.
Prevel, *voyez* Pernel.
Prévost (Jean), libraire, 1895, p. 208.
Prévost (Nicolás), libraire, imprimeur et compositeur, 1893, p. 127; 1894, pp. 50, 85, 152, 165, 172, 183, 208.
Quay (Jean de), enlumineur, 1895, p. 122.
Quilet (Jean), imprimeur, 1894, p. 209.

Réal (Jean), imprimeur, 1895, p. 76.

Regnault (François), libraire-juré, 1893, pp. 48, 124, 133; 1894, pp. 47, 48, 83, 150, 160, 177.

Regnout (Michel), compagnon-imprimeur, 1894, p. 209.

Resch, Reschef (Conrad), libraire *à Bâle*, 1894, pp. 46, 89, 207.

Ricouart (Pierre), libraire, 1894, p. 90.

Roffet (Pierre), libraire, 1894, p. 117.

Roigny (Jean), libraire, 1894, p. 215.

Roy (Jean), libraire et relieur, 1893, p. 136.

Royer, Le Royer (Louis), libraire, 1893, p. 56; 1894, pp. 50, 57, 90, 150.

Santil (Jean de), imprimeur, 1894, p. 87.

Savetier (Nicolas), imprimeur, 1894, pp. 93, 148.

Sconet ou Scouet, *voyez* Iconet.

Servigny (Jean), imprimeur, 1894, p. 156.

Soquent, Sotquand (Guichard), imprimeur, 1893, p. 131; 1894, pp. 83, 93.

Tall'veau (Laurent), imprimeur, 1893, p. 47.

Terbroug (Henri), libraire *à Arnheim*, 1894, p. 81.

Thibault (Pasquier), compagnon-imprimeur, 1894, p. 211.

Tixier (Chrétien), enlumineur, 1894, p. 48.

Tory (Geoffroy), libraire, 1893, p. 118.

Turgart ou Lurgart, dit de Hauville (Nicolas), imprimeur, 1894, pp. 92, 156.

Vaillant (Martial), enlumineur, 1893, p. 121.

Vallin (Jean), compagnon-imprimeur, 1894, p. 206.

Varrancorem, Warrancore (Guillaume), libraire, 1894, p. 47.

Vaugris (Jean), libraire *à Bâle*, 1894, pp. 78, 88.

Vellart (Hugues), parcheminier, 1894, p. 172.

Vérel (Robert), imprimeur, 1895, p. 145.

Viart, Biart (Pierre), libraire, 1893, p. 126.

Vidoue (Pierre), imprimeur, 1893, p. 121; 1895, p. 83.

Vincent (Simon), libraire *à Lyon*, 1893, p. 128.

Viroys (Macé), libraire *à Issoudun*, 1894, pp. 42, 52.

Vostre (Simon), libraire, 1893, pp. 122, 125; 1894, p. 39.

Warrancore, *voyez* Varrancorem.

Wechel (Chrestien), libraire-juré, 1894, pp. 46, 88, 90, 91, 149, 150, 207, 208.

Yvernet (Jean), le jeune, libraire et relieur, 1894, p. 168.

IV

IMPRIMEURS, LIBRAIRES, FONDEURS, RELIEURS, PARCHEMINIERS, PA-
PETIERS, ENLUMINEURS, DOREURS DE LIVRES ET DOREURS SUR
CUIR, SUR LESQUELS ON TROUVERA DES ACTES ORIGINAUX DANS
LE RECUEIL DE MM. LE BARON PICHON ET GEORGES VICAIRE (1).

Jean Amazeur, libraire-imprimeur. — Jean André, libraire. —
Pierre Archambault, libraire. — Jean Aubert, enlumineur. — Pierre
Aubert, relieur. — Etienne Aucher, parcheminier.

Jean Bailleur, relieur — Louis de Banville, libraire. — Claude
Barbe, doreur. — Jean Barbé, libraire. — Germain Barroys, libraire
et relieur. — Laurent de Bay, parcheminier. — Jean Becquet,
apprenti-libraire. — Jean Bergeron, doreur. — Jean Bernard, relieur.
— Pierre Bertrand, papetier à Mussy. — Gilles Beys, libraire. —
Guillaume Binet, imprimeur. — Jacques Blanchet, relieur. — Henry
Bocquet, doreur. — Nicolas Bonfilz, libraire à Orléans. — Jean,
Nicolas, Pierre Bonfons, libraires et imprimeurs. — Jean Bourbon,
papetier à Mussy. — Jean Bourgeois, doreur, Jean Bourgeois,
apprenti-libraire. — Jean Bourgine, relieur. — Lucas Brayer,
libraire, Nicolas Brayer, papetier à Essonne. — Richard Breton,
libraire. — Mathurin et Raoullet Breuille, libraires. — Jean de
Brière, libraire-colporteur. — Remy Brisset, libraire. — Thomas
Brumen, libraire. — Cyprien Bruneau, libraire et relieur, Jeanne
Bruneau, libraire, Michel Bruneau, apprenti-papetier. — Nicolas
Buffet, imprimeur. — Gabriel Buon, libraire.

Simon Calvarin, libraire. — Jean Cardet, compagnon-enlumineur.
— Cosme Carrel, papetier. — Guillaume Cavellat, libraire. —
Benoît Chalonneau, libraire. — Laurent Chancelier, libraire à
Orléans. — Claude Chapelet, libraire. — Jean Charron, libraire. —
Guillaume et Regnault Chaudière, libraires. — Jean Chauffart,
doreur. — Jean Chauvin, imprimeur. — Jean Chuppin, libraire. —
Germain Clignet, papetier à Essonne. — Michel Clopejeau, libraire.
— Olivier Codoré, graveur de pierres précieuses. — Jean de Colezy,

---

(1) *Documents pour servir à l'Histoire des libraires de Paris, 1486-1600.*
Paris, librairie Techener, H. Leclerc et P. Cornuau, 1895.

doreur. — Geoffroy Collier, libraire, et Jean Collier, doreur. — Claude Coquet, libraire. — Cyr Corron, apprenti-libraire. — Galliot, Gilles et Jean Corrozet, libraires. — Philippe de Cosme, libraire. — Henri Coypel, imprimeur. — Victor Cronest, imprimeur. — Claude Cyaneus, imprimeur.

Nicolas Dacquin, libraire à Arras. — Jean Dallier, libraire. — Philippe Danfrye, graveur. —Jean Daumale, libraire. — Abraham Dauvet, libraire. — Jean David, imprimeur, et Thomas David, libraire. — Charles Des Escoutes, papetier à Saint-Siméon. — Geoffroy Des Fossés, libraire. — Nicolas Desrues, apprenti-libraire. — Nicolas Douault, libraire-colporteur. — David et Pierre Douceur, libraires et relieurs. — Ambroise et Pierre Drouart, libraires. — Pierre Duboys, tailleur d'images. — Robin Duchasteau, enlumineur. — Girard Dumas, apprenti-libraire. — Robert Du Parc, imprimeur. — Galliot Ier, Galliot II, Pierre Ier et Pierre II Du Pré, libraires, Jean Dupré, relieur. — Louis Du Rozé, libraire. — Denys Du Val, libraire.

Jacques Ernault, libraire et relieur. — François Estienne, libraire, Robert Estienne, libraire-imprimeur. — Guillaume Eustace, libraire.

Michel Fezandat, libraire. — Pierre Fieffé, papetier. — François Flament, enlumineur. — Boniface Flandras, libraire. — Macé de Fleurs, papetier. — Guillaume Formentier, libraire-colporteur. — Mathurin Forvestu, libraire. — Jean Foucher, libraire. — Hercule François, [libraire]. — Pierre Fremon, imprimeur. — Jean Fremont, papetier et relieur.

Michel Gadoulleau, libraire. — Claude Garamont, graveur. — Philippe Gaultier, dit de Roville, libraire-imprimeur. — Nicolas Gilles, libraire. — Jacques Girault, enlumineur. — Robert Gobert, papetier à Essonne. — Gomart, relieur. — Gilles Gourbin, libraire. — Antoine Gourdin, libraire. — Benoît de Gourmont, libraire. — Robert Granderie, doreur. — Pierre Grandmère, libraire. — Pierre Grasseteau, libraire. — François Grégoire, libraire. — Etienne Groulleau, libraire. — Loys Guiard, libraire. — Guillaume Guillart, libraire. — Bonaventure Guillotois, libraire. — Félix Guybert, (libraire). — Jean Guymier, cartier. — Michel Guytois, libraire.

Germain Hardouyn, doreur. — Jean Hardy, libraire à Orléans. — Olivier de Harsy, libraire. — Claude Havart, papetier et parchemi-nier. — Jean Hérault, libraire. — Louis Hernault, libraire. — Jean Hérouard, doreur. — Guillaume de Heuqueville, libraire. — Jean Houzé, libraire. — Jean Huat, compagnon-libraire. — Rogier Hugues, relieur. — Jean Huguyer, doreur. — Jean Hulpeau, libraire.

Antoine Jacques, compagnon-imprimeur. — Jean Janot, libraire. — Jehan, imprimeur. — Pierre Jouault, fondeur. — Claude Julliart, papetier à Saint-Rémy-de-la-Vanne.

Jacques, Thielman Ier et Thielman II Kerver, libraires.

Etienne de Lacroix, imprimeur. — Noël de La Haye, enlumineur. — Jean de La Landre, libraire. — François de La Mare, doreur. — Jean Landry, libraire. — Abel, Arnoul, Charles Langelier, libraires. — Jacques Langlier, papetier à Essonne. — Pierre Langlois, doreur.

— Guillaume de La Noue, libraire, Robert de La Noue, enlumineur. — Pierre de Lastre, libraire. — Guillaume Le Bé, papetier, Guillaume, Henry, Pierre Le Bé, libraires. — Pierre Le Bert, libraire. — Jean Le Blanc, imprimeur. — Eustache, Hilaire et Jean Le Bouc, libraires. — Pierre Le Caron, imprimeur. — Jean Le Chantre, libraire-colporteur. — Jean Le Charron, papetier. — Antoine Leclerc, libraire, David et Jean Leclerc, imprimeurs, Jean Leclerc, enlumineur et relieur, Louis Leclerc, libraire et relieur. — Guillaume Le Coq, libraire-colporteur. — Jean Le Cousturier, enlumineur. — Etienne Le Duc, relieur, Jean Le Duc, apprenti-libraire. — Ferrand Lefèvre, relieur. — Robert Le Fizellier, libraire. — Pierre Le Fort, libraire. — Martin Le Jeune, libraire. — Félix et Robert Le Mangnier, libraires. — Guillaume et Pierre Le Melaiz, papetiers. — Guillaume Le Mire, enlumineur. — Guillaume Le Noir, libraire. — Jean Le Normant, libraire. — Cyret Lepiscié, libraire. — Poncet Le Preux, libraire. — François Le Roux, compagnon-imprimeur et Jeuffroy Le Roux, libraire. — Mathieu Lespriller, libraire et relieur. — Jacques et Michel Lesueur, papetiers. — Jean Lesueur, imprimeur et fondeur. — Robert Le Vasseur, libraire. — Martin Lhomme, imprimeur. — Pierre Lhuillier, libraire-imprimeur. — Roland de Lisleret, apprenti-libraire. — Georges Lombart, libraire. — Nicolas de Louvain, libraire. — Jean Loys, libraire-imprimeur. — Nicolas Ludon, papetier à Troyes. — Jean de Lupierre, libraire.

Claude Mabille, libraire. — Jacques et Jean Macé, libraires. — Jean Maheu, imprimeur. — Girard Malhiet, papetier. — Gervais et Pierre Malot, libraires. — Jean Mancelet, libraire. — Bonaventure Marchant, compagnon-enlumineur, Guy Marchant, imprimeur, Jean Marchant, libraire-colporteur. — Jérôme de Marnef, libraire. — Girard Massere, doreur. — Jean Masson, enlumineur. — Guilbert Maury, doreur. — Rémy Melert, libraire. — Guillaume Merlin, libraire. — Jean Messance, libraire. — Julien Mézière, libraire. — Claude Micart, libraire. — Thomas Mignot, libraire. — Jean Moisson, libraire. — Vincent Moisy, doreur. — Guillaume Mondet, libraire. — Claude et Jean Moreau, papetiers à Jouy-sur-Morain, Jean Moreau, papetier à la Ferté-Gaucher, Guillaume Moreau, imprimeur, Jean Moreau, libraire. — Fédéric Morel, libraire et imprimeur. — Jean Mouchet, libraire et papetier. — Nicolas Moulin, libraire. — Nicolas Moustier, libraire. — Pierre Mouton, imprimeur et fondeur.

Jehan Nave, papetier à Essonne. — Robert Nivelle, libraire. — Vincent Norment, libraire. — Guillaume II et Jean Nyverd, libraires.

Michel Ogereau, libraire à Poitiers.

Henri l'aîné, Henri le jeune et Jean Paquot, libraires. — Clément Paris, libraire. — Pierre Pascot, libraire-colporteur. — Denis Pauget, libraire. — Jean Pestel, imprimeur. — Etienne, Jean Ier, Jean II, Oudin Ier, Oudin II Petit, libraires. — Jean Piétrequin, papetier. — Gracien Pinson, libraire. — Pierre Planté, libraire et relieur. — Georges Poly, libraire et relieur. — Pierre Portier, libraire.

— Jean Poulain, apprenti-libraire. — Claude Poyvret, apprenti-libraire. — Fleury Prévost, imprimeur. — Guillaume Prévost, libraire.

Benoist Ravot, libraire. — Pierre Regnart, libraire. — Jean Remy, libraire. — Emmanuel et Thomas Richard, libraires. — Claude et Nicolas Richer, enlumineurs. — Jehan Richer, libraire. — Laurent Richomme, doreur. — Gilles Robinot, libraire. — André, Nicolas Roffet, libraires. — Jean Roger, libraire-colporteur. — Jean Roigny, libraire. — Jean Roulx, compagnon-parcheminier. — Nicolas Roussel, libraire. — Jacques Roussin, libraire. — Claude Roux, papetier à Essonne, Richard Roux, imprimeur. — Jean Ier et Jean II Ruelle, libraires. — Macé Ruette, apprenti-libraire et relieur. — Charles de Rumigny, enlumineur.

Dominique Salis, libraire et relieur. — Jean Savetier, doreur. — Pierre Savoys, libraire. — Robert Sellier, libraire. — Pierre Sergent, libraire. — Vincent Sertenas, libraire. — Pierre Sevestre, imprimeur. Rémy Sifflaut, libraire à Tours. — Loys Simon, compagnon-enlumineur, Nicolas Simon papetier. — Bernard et Jacques Simonnet, papetiers à Saint-Rémy, Jean Simonnet, papetier à Saint-Siméon. — Nicolas Sion, enlumineur. — Jean Sionneau, relieur. — Laurent Sonnius, libraire. — Claude Soubron, libraire-colporteur. — Nicolas Soullart, libraire.

Louis Tachet, libraire. — Girard Tannerye, libraire, et Pierre Tannerye, apprenti-libraire. — Macé Taret, imprimeur. — Charles Testart, libraire et doreur. — Guyon Thioust, libraire. — Pierre Thyart, libraire et relieur. — Thomas Tiercelin, apprenti-libraire. — Guillaume Tiger, libraire-colporteur. — Christophe Touchart, relieur et Fiacre Touchart, enlumineur. — Jean de Tournes, libraire à Lyon. — Julien Tremblay, libraire. — Jean Ier, Jean II Trepperel, libraires, Pierre Trepperel, libraire à Orléans. — Adrien Turnèbe, imprimeur. — Romain Tyverny, libraire, papetier et relieur.

Jean Vachot, libraire. — Jean Vadé, imprimeur et fondeur. — Etienne Vallet, libraire. — Jean [pour Philippe] Varencore, libraire. — Michel Vascosan, libraire. — Antoine et Barthélemy Vérard, libraires. — Jean-Pierre de Vérad, libraire. — Louis Viet, libraire. — Jacques de Villemet, enlumineur. — Nicolas Vincent, libraire-colporteur. — Simon Vostre, libraire.

Jean Ysonneau, libraire.

V

LIBRAIRES ET IMPRIMEURS PARISIENS SUR LESQUELS ON TROUVERA
DES ACTES ORIGINAUX DANS LES QUATRE PREMIERS VOLUMES
DE LA BIBLIOGRAPHIE LYONNAISE DE M. BAUDRIER (1).

Barthélemy (François), libraire, IV, p. 207.
Bourriquant (Fleury), compagnon imprimeur, I, p. 63 ; III, pp. 2
    et 4.
Cavellat (Jean), libraire, IV, p. 122.
Chesneau (Nicolas), imprimeur, IV, p. 365.
Colancin dit Bellerive (Etienne), compagnon imprimeur, I, p. 141.
Du Carroy (Jean), imprimeur, I, p. 141.
Duron (François), compagnon imprimeur, I, p. 141.
Edoard (Nicolas), imprimeur, IV, pp. 103 et ss.
Le Rouge (Baruch), compagnon imprimeur, I, p. 247.
Le Roux (Geoffroy), compagnon imprimeur, I, p. 141.
Perier (Adrian), libraire, II, p. 210 et ss.
Perier (Thomas), libraire, IV, p. 135.
Roffet (Nicolas), libraire, II, p. 236.

---

(1) Lyon, A. Brun et L. Brun, et Paris, A. Picard et fils, 1895-1899.

TABLE PAR PROFESSIONS

Aiguillier-Alènier. — Brissart (Louis).

Apothicaires. — Bazouyn (Jean), Bresme (Jean de), Brion (Jacques), Deburon (Hilaire), Gourjon (Jean), Juillet (Pierre), Landré (Jean), Lebel (Guillaume), Le Royer (Jean) à Genève, Mauger (Girard), Neufve (Lancelot de), Penecher (Pierre), Perrot (Pierre), Roussel (Geoffroy), Sauves (Denys de), Thubert (Laurent), Yverne (Jean) à Lyon.

Apothicaires et épiciers. — Bresme (Thomas de), Chesneau (Jean), Horne (Jean Vaffalin dit de), Pajot (Henri), Pléau (Jean), Thubert (Antoine).

Arbalestrier. — Bestz (Antoine de).

Arboriste. — Groix (Gosse).

Archers du guet. — Maheu (Etienne), Philippes (Guillaume), Sanson (Jean).

Archevêque. — Brilhac (Christophe de), Tours.

Archidiacres. — Le Secourable (Pierre), Rouen, Sallezart (Jean de), Sens.

Argentier. — Colson (Nicolas).

Auditeur des comptes. — La Noue (Aubin de).

Aumônier. — Du Val (Guy).

Avocats. — Du Pré (Jean), Garnier, Rigauld (Chrestien) à la Ferté-Bernard, Tauche (Jean).

Avocats au Châtelet. — Bertrand (Zacarie), Le Maistre (Geoffroy).

Avocat au Grand-Conseil. — Navières (Etienne de).

Avocats au Parlement. — Alligret (Olivier), Amarithon (Jean), Barthomyer (Jean), Berault (Nicole), Binoys (Germain), Bonard (Claude), Bridou (Nicolas), Chevallon (Louis), Cognet (Jean), Cramoisy (Jean), Daverly (Georges), Delespine (Jérôme), Du Mont (Nicolas), Du Pré (Denys), Ferrant (Liénard), Grancher (François), Grandin (Jean), Guérin (Adam), Jourdain (Jean), Laguette (Michel), Landré (Jean), Lepère (André), Macheco (Pierre de), Matharel (Jacques), Morel (Gilles), Mynaiger (Olivier), Regnault (Michel), Rozer (Guillaume), Savyn (Jérôme), Sédile (Martin), Ségur (Marin), Vivien (Barthélemy).

Avocat du roi en la maîtrise des eaux-et-forêts. — Laguette (Michel).

Bacheliers en décrets. — Lécuyer (Michel), Rozé (Thiébault).

Bachelier en théologie. — Crevel (Etienne).

Baillis. — Barthonier (Jacques) à Montfort, Le Court à Saint-Germain-des-Prés.

Bailli du Grand-Bureau des Pauvres. — Grandin (Jean).

Banquier. — Chappelle (Gilbert).

Barbiers. — Cheval (Hugues), Perot (Zacharie), Pezin (Charles), Prévost (Guillaume), Saillart (Christophe).

Barbiers-chirurgiens. — Babinet (Etienne), Babinet (Nicolas), Beroul (Jean), Clare (Roland), Fricque (Nicolas de), Gayette (Jean de), Guillot (Jean), Hunal (Balthazar de), Le Fèvre (Adrien), Le Roy (Claude), Martigny (Jacques de), Maupin (Balthazar de), Piscot (Jean) à Cormeilles-en-Vexin, Pilloys (Marc), Raimbault (Hilaire). Voyez *Chirurgiens*.

Baudroyeur. — Regnault (Bénard).

Boisselier. — Le Moyne (Pierre).

Bonnetiers. — Aleaume (Jérôme), Aleaume (Pierre), Beaulne (Gilles), Ducloz (Jean), Gaudières (Guillaume), Girard (Jean), Huot (Nicolas), Lebeau (Mathurin), Lebert (Jean), Lefèvre (Nicolas), Pescheur (Pierre), Poupart (Jean), Robeline (Jean), Séguin (Guilluame), Thibe (Pierre), Vatron (Nicole).

Bouchers. — Chaudière (Regnault), Chevalier (Jean), Du Foulle (Pierre), Gauldry (Lorin), Hémon (Jean), Lucas (Pierre), Marchand (Guillaume), Petit (Oudin), Picquet (Jean), Picquet (Michel), Quatresolz (Henri), Quignon (Laurens), Vignereux (Martin).

Boulangers. — Berthelin (Henri), Boutevillain (Jean), Chassebrays (Jean), Chérière (Jacques), Chevalier (Honoré), Doulx (Jean), Du Verger (Henri), Du Vergier (Jean), Eschart (Pasquier), Féret (Martin), Foucart (Pierre), Guyot (Thomas), Michel (Georges) au Grand-Saint-Georges-du-Mont, Nourry (Jacques), Petit (Marc), Ricouart (Simon), Regnault (Jean).

Bourreliers. — Belin (Guillaume), Piébouyn (Etienne).

Boursiers de collèges. — *Carambert :* Lornet (Jean). — *Tréguier :* Masson (Jean).

Boutonnier. — Du Val (François) à Saint-Aubin-en-Bray.

Brodeurs. — Le Bas (Pierre), Le Clerc (Michel), Vatel (Philippe), Yvain (Pierre).

Capitaine du charroi de l'artillerie. — Barbé (Aimard).

Capitaine d'une compagnie de gens de pied. — Mauclerc (Jacques).

Capitaine de la milice bourgeoise. — Godeffroy, Marnet (Jérôme de), Tauchon (Jean).

Cardeur de laine. — Vost (Nicolas de) à Sébecourt.

Carreleur de vieux souliers. — Le Bé (Denys).

Carriers. — Destannes (Pierre), Planchamps (Pierre), Poly (Antoine).

Cartiers. — Auget (Simon), Dugriffon (Jean), Guymier (Jean Ier), Guymier (Jean II), Guymier (Jean III), Huillart (Martin), Marolle (Pierre), Mérieu (Daniel), Mérieux (Denys), Mérieulx (Jean Ier), Mérieu (Jean II), Saulnyer (Jean), Taupin (Vincent), Villart (Martin).

Chambrières. — Gérarde, La Mairesse (Jeanne).

Chandeliers. — Baudeau (Mathurin), Briant (Jean), Chubère (Martin), Perier (Jean), Pinart (Adam), Pinart (Nicolas), Pinart (Pierre), Pinart (Robert).

Chandeliers de suif. — Bachot (Laurent), Brébion (Jean), Miremont (Baptiste), Poireau (Guillaume). Voir *Huiliers-Chandeliers*.

Chanoines. — Boucquet (Nicole-Simon), Saint-Benoît à Paris, Davignon (Robert) Meaux, Kerver (Michel) Auxerre.

Chapeliers. — Anseaulme (Jean), Cochery (Isaac), Gaumoul (Fleurant), Jubé (Claude), Lhermitte (Henri).

Charcutier. — Doulcin (Pierre).

Charpentiers. — Gouppy (Toussaint), Hardouyn (Jean), Le Boiteulx (Jean), Le Roux (Philippe) à Saint-Pierre-de-Bonnefoy, Puisaye (Pierre).

Charron. — David (Jean).

Chasublier. — Prévost (Hémon).

Chaudronnier. — Sucevin (Noël).

Chauffe-cire héréditaire. — Leliepvre (Charles).

Chaussetiers. — Bidelly (Antoine), Grégoire (Robert). Voyez *Dra-piers-Chaussetiers.*

Chirurgiens. — Dasnières (Pierre), Gallet (Guillaume), Maugars (Sébastien), Peschard (Jérôme), Verly (Gilles de). Voyez *Barbiers-chirurgiens.*

Cinquantenier. — Becquet (Nicolas).

Clercs. — Favat (Mathieu), La Garde (Jean de), Mouton (Claude), Richard (Robert).

Clerc au Parlement. — La Rougerays (Jean de).

Clerc de l'église Saint-Hilaire-du-Mont. — Alès (Michel).

Clerc suivant les finances. — Sole (Jean de).

Coffretiers-malletiers. — Magdeleine (Jacques), Moreau (Joseph).

Colporteurs. — Angelier (Jean), Brière (Jean de), Chamois (André), Douault (Nicolas), Formentier (Guillaume), Le Coq (Guillaume), Marchant (Jean), Pascot (Pierre), Roger (Jean), Tiger (Guillaume), Vincent (Nicolas).

Commissaires-examinateurs au Châtelet. — Abraham (Thierry). Bruslé (Simon), Janneau (Germain), Musnier (Philippe).

Commissaire des guerres. — Kerver (Louis).

Commissaire de Saint-Marcel. — Maligot (François).

Compasseur. — Bertrand (Pierre).

Compositeurs. — Madoulx dit le Flament (Andry), Rouceau (Pierre), Voyez *Imprimeurs.*

Compteur de buches. — Bataille (Jean).

Conseiller. — Poussepin.

Conseiller de la Conservation des privilèges royaux en l'Université. — Bragelongne (Thomas de).

Conseillers au Châtelet. — Bragelongne (Thomas de), Dessoies (Jean).

Conseiller au Grand-Conseil. — Luc (Jean de).

Conseillers d'élections. — Courtin (Gilles) à Paris, Du Vivier (Jacques) à Paris, Grisollet (Nicolas) à Soissons, Le Febvre (Jean) à Paris, Navets (Thomas) à La-Ferté-Bernard.

Conseillers au Parlement. — La Garde (François de), Ricouart (Antoine).

Conseillers présidiaux. — Aubert (René) au Mans, Conty (Jean de), pays de Caux.

Conseiller-référendaire en la Chancellerie. — Rozer (Guillaume).

Contrepointier. — Grandmère (Jean) à Troyes.

Contrôleur des effigies et poinçons des monnaies. — Danfrye (Philippe Iᵉʳ).

Contrôleur du grenier à sel de France. — Bigot.

Contrôleur du vin vendu en gros. — Barbé (Mathieu).

Cordier. — Hury (Pierre).

Cordonniers. — Basteau (Guillaume), Baudeau (Jacques), Béliard (Guillaume), Bertrand (Simon), Chocquet (Jean), Foucault (Jean), Lande (Philippe), Le Gendre (Pierre), Milon (Jean), Pacquot (Antoine), Petit (Hilaire), Petit (Pierre), Petou (Alexandre), Tasset (Pierre).

Correcteurs d'imprimerie. — Bade (Josse), David (Jacques), Dixmont (Nicolas), Patisson (Mamert).

Corroyeurs. — Boucachard (Robert) à Rouen, Lambert (Huguet), Regnault (Bénard), Regnault (Jean).

Couturiers, voyez *Tailleurs.*

Couturières. — Clare (Marguerite), Marchant (Marguerite).

Couvreurs de maisons. — Giron (Jean), Marchant (Pierre).

Crocheteur. — Bourgeois (Jean).

Curés. — Certain (Robert), Saint-Hilaire-du-Mont, à Paris, Clutin (Pierre) à La Varenne-Saint-Maur, Du Gast (Robert), Saint-Hilaire-du-Mont, à Paris, Franchet (Jean), Saint-Hilaire-du-Mont, à Paris, Lescuyer (Michel), Saint-Hilaire-du-Mont, à Paris, Morin (Louis), Saint-Benoît-le-Bien-Tourné, à Paris, Sylvius (Jean) à Montceaulx-lès-Corbeil, Thibault (Nicole) à Beaubourg.

Dizeniers. — Kerver (Thielman II), Launay (Gilles de).

Docteurs. — Le Bel, Silvin.

Docteurs en Décrets. — Conty (Nicole de), Le Pelletier (Joseph).

Docteurs en Théologie. — Du Gast (Robert), Le Blé (Jean).

Docteurs-régents à la Faculté de médecine. — Babinet (Hugues), Estienne (Charles), Le Chevalier (Etienne), Le Cirier (Thierry), Legay (Jean), Liébault (Jean), Mustel (Vincent), Piètre (Simon).

Docteurs-régents à la Faculté de théologie. — Aleaume (Jean), Le Secourable (Pierre).

Doreur de fer. — Avrillot (Martin).

Doreurs sur cuir. — Barbe (Claude), Bergeron (Jean), Bocquet (Henri), Bourgeois (Jean), Chauttart (Jean), Colezy (Jean de), Collier (Jean), Dubellay (Gilles), Granderie (Robert), Hardouyn (Germain), Hardouyn (Jean), Hérouard (Jean), Huguyer (Jean), Langloix (Pierre), Massere (Girard), Meusnier (Nicolas), Moisy (Vincent), Mugnier (Adam), Richomme (Laurent), Savetier (Jean), Testart (Charles), Toustain (Jean).

Doreurs de livres. — Chrestien (Jean), Crevier (Denis), Heudier (François), Journet (Nicolas), Nyon (Guillaume), Nyon (Marc), La Haye (Jean de), La Mare (François de), Le Vidame (Samson), Maligot (François), Maury (Guilbert), Parcquer (Michel), Picques (Claude de), Parache (François), Sommaville (Simon de).

Doreur du roi. — Abada (Nicolas).

Doyen de la Nation d'Allemagne. — Bézart (Martin).

Drapiers. — Alexandre (Nicolas), Becquet (Jean), Cossart (André), Cramoisy (Philippe), Estienne (Mathurin), Foucquelin (Jean), Gaboureau (Marc), Gaillard (Nicolas), Guignard (Alexandre), Guillain (Thomas), La Porte (Gilles de) à Congé-sur-Orne, Le Maire (Antoine), Le Noir (Claude), Le Prestre (Thomas), Mézières (Jean de) à Etampes, Raoul (Pierre), Vaillant (Jean). Voyez *Marchands de draps de soie.*

Drapiers-Chaussetiers. — Aleaume (Philippe), Baudequin (Jean), Cabre (Jean de), La Court (Pierre de). Voyez *Chaussetiers.*

Echevins. — Bragelongne (Thomas de), Kerver (Jacques).

Ecrivains. — Brie (Eustace de), Fortin (Jean), Morel (Adam), Rohart (Guérin), Tujour (Gilles), Végèce (Ange).

Enlumineurs. — Alary (Jean), Aubert (Colin), Aubert (Jean), Barbier (Pierre), Berard ou Bezard (Mathieu), Boivin (Nicolas), Bonamy (Guillaume), Bonamy (Olivier), Brie (Antoine de), Chauvin (Junian), Danans (Jean), Duchasteau (Robin), Duchesne (Thomas), Du Four (Henri), Du Hanot (Quentin), Flament (François), Girard (Noël), Girault (Jacques), Guillot (Guillaume), Havart (Nicolas), Hubert (Toussaint), Jourdain (Jacques), La Haye (Noël de), La Noue (Robert de), Le Barbier (François), Leclerc (Jean), Le Cousturier (Jean), Le Mire (Guillaume), Le Pelletier (Fleurant), Masson (Jean), Quay (Jean de), Richer (Claude), Richer (Nicolas), Rumigny (Charles de), Simon (Louis), Sion (Nicolas), Tachot (Guillaume), Tixier (Chrétien), Touchart (Fiacre), Vaillant (Jean), Vaillant (Martial), Villemet (Jacques de), N... (Thomas).

Epiciers. — Du Hamel (Jean), La Fosse (Pierre de), Le Febvre

(Valentin), Le Saige (Nicolas), Magdelain (Jean), Mégissier (Alexis). — Voyez *Apothicaires et épiciers.*

Esteufiers. — Cymard (François), Delas (Jacques), Symart (Jean).

Esteuvier. — Marteau (Sulpice).

Etudiants. — Bérault (François), Bitart (Quentin), Bordeaux (Jean de), Bures (Olivier de), Corrozet (Robert), Cramoisy (Philippe), Crépon (Pierre), Driart (Jean), Dupuy dit Servien (Louis), Galland (Auguste), Guérin (Nicolas), Houppineau (Jean), Huvé (Claude), Jullian (Gervais), Marchant (François), Paillet (Nicolas), Pierreulx (Barthélemy) à Poitiers, Questigny (Oudin), Regnault (Noël), Regnier (Nicolas),) Sabran (Etienne), Savetier (Denys).)

Etudiants en médecine. — Ravot (Benoît), Ribes (Jean de), Tambon (Jean).

Evêque. — Le Cirier (Antoine), Avranches.

Faiseurs de fermoirs de livres. — Fessart (Antoine), Régnier (Mathurin), Révérend (Mahiet).

Faiseur de taffetas et velours. — Anastaze (Jean) à Genève.

Femmes amoureuses. — Des Hayes (Yollant), Martine (Perrette).

Ferreurs de livres, voyez *Faiseurs de fermoirs.*

Ferronniers. — Chappelain (Jean), Margaubie (Mathieu).

Fondeurs de lettres. — Adam (Jean), Aubert (Jean), Bardin (Jean), Beaujouan (Alexandre), Du Maur (Jean), Fessard (Julien), Garamond (Claude), Gaultier (Pierre), Girault (Jean), Haultin (Pierre), Jouault (Pierre), La Roche (Jean de), Le Bé (Guillaume Iᵉʳ), Le Bé (Guillaume II), Le Duc (Jean), Le Febvre (Pierre), Le Sueur (Jean Iᵉʳ), Le Sueur (Jean II), Marc (Jacques), Mézat (Jean), Mouton (Pierre), Omon (Michel), Poignet (Mathieu), Thiboult (Guillaume), Vadé (Jean).

Fourbisseurs et garnisseurs d'épées. — Daujon (Eloy), Dollet (Brice).

Fourreurs de robes. — Cayer (Jean), Cyrot (Thomas), Vallantin (Valery).

Fourrier de cent hommes d'armes. — Laliseau (André).

Fripiers. — Barbin (Raoullet), Delaunay (Etienne), Deschateaux (Absalon), Guidon (Jean), Le Roy (Jean), Le Roy (Pierre), Maugier (Jean), Ruelle (Guillaume).

Fruitiers. — Geoffroy (Jean), Gouyn (Jean), Morèse (Espérance de).

Gagne-Deniers. — Du Chesne (Guillaume), Léger (Geoffroy), Sauvage (Nicolas), Vallot (Jean).

Gantier. — Du Prou (Pierre).

Garde de la Bibliothèque de Fontainebleau. — Montdor (Pierre de).

Garde général des monnaies. — Danfrie (Philippe Iᵉʳ).

Garde-malades. — Nepveu (Vigoure), Toyne (Françoise).

Grands-bedeaux. — Henry (Estienne), Méresse (Pierre).

Graveurs. — Chuquet (Jean), Danfrie (Philippe Iᵉʳ), Danfrie (Philippe II), Garamond (Claude), Malery (Charles de), Ollivier (Aubin), Montcornet (Balthazar de), Valet (Guillaume). Voyez *Fondeurs de lettres, Imprimeurs et marchands d'estampes, et Tailleurs d'histoires.*

Graveur de pierres précieuses. — Codoré (Olivier).

Graveur de sceaux. — Guyton (Germain).

Greffier du bailliage du Palais. — Cherruau (Robert).

Greffier du Fort l'Evesque. — Yver (Pierre).

Greffier de l'Officialité de Paris. — Hamelin (Florent)

Grenetier au grenier à sel. — Alexandre (Pierre) à Paris, Rabache (Jean) à Veilly.

Hacquebutier. — Fade (Jean).

Haubergeonnier. — Le Roy (Pierre).

Homme de guerre. — Boucher (Michel).

Horlogers. — Auvray (Pierre), Bachelot (Mathieu), Fiesfé (Jacques), Martinot (Denys), Martinot (Gilbert).

Hôteliers. — Charbonnières (Gilles), Dugast (Simon) à Senlis, Fichet (Jean), Le Bé (Denis), Nicolas (Jean).

Huiliers-chandeliers. — Le Bret (Jean), Le Grenetier (Jean).

Huiliers-chandeliers vendeurs de suif. — Le Heurteur (Louis), Robinot (Guillaume), Staine (Godefroy). Voir *Chandeliers*.

Huissier-audiencier. — Viollette (Claude), élection de Joigny.

Huissiers à la Chambre des Comptes. — Le Maire (Antoine), Prévost (Jean), Rogier (Jacques).

Huissier aux Conseils du Roi. — Cramoisy (Abel).

Huissier à la Cour des Aides. — Descoulx (Etienne).

Huissiers au Parlement. — Cordelle (Nicolas), Landré (Jean).

Huissier des requêtes de l'Hôtel. — La Forest (Pierre de).

Huissier de la Sainte-Chapelle. — Aucher (Etienne).

Huissier à la Table-de-Marbre. — Boudet (Jean).

Imprimeurs. — Adam (Jean), Alain ou Allin (Jean), Alain (Claude), Amazeur (Jean), Anastaze (Etienne) à Genève, Attaignant (Pierre), Aubry (Bernard), Audinet (Claude), Ausoult (Thomas), Bade (Conrad), Bade (Josse), Baligault (Félix), Ballard (Robert), Ballin (Jean), Barbier (Jean Passet dit), Barbote (Nicolas), Baudelot (Jean), Baudoin (Pierre), Bazemont (Julien), Beauvais (Pierre), Begart (Louis), Béguin (Marin), Bertier (Antoine), Bienayse (Jean), Bienné (Jean), Bigneaulx (Guillaume), Binet (Denis), Binet (Guillaume), Blancvillain (Heureux), Bonhomme (Jean Ier), Bonhomme (Pasquier), Bonnemère (Antoine), Bossozel (Guillaume de), Bourriquant (Fleury), Bouys (Guillaume de), Brachonier (Jean), Brémont (Jean Ier), Brémont (Jean II), Breton (Richard), Breton (Thibault), Brohorée (Mathurin), Brun (Narcisse), Bruslé (Nicolas), Buffet (Nicolas), Buret (Pierre), Cæsaris (Pierre), Caillault (Antoine), Cailleu (Henri), Calvarin (Simon), Calvarin (Prigent), Cavelier (Thomas), Cavellat (Léon), Chameroit (Jean), Charlemagne (Richard), Chaudière (Claude), Chaudière (Guillaume Ier), Chaudière (Regnault Ier), Chéron (Pierre) à Blois, Chesneau (Nicolas), Chesneau (Thomas), Chevallier (Pierre), Chevallon (Claude), Chevallon (Gervais), Chevillot (Pierre), Chucquet (Jean), Colines (Simon de), Cordier dit Le Masle (Guillaume), Costel (Gilles), Cottereau (Joseph), Coypel (Henri), Crépon (Pierre), Crosnet (Victor), Cyaneus (Claude), Cyaneus (Louis), Dasserre (Jean), David (Jean), Davyn (Jean), Delorne (Vincent), Des Boys (Guillaume), Deschamps (Marin), Desgranches (Jean), Deshayes (Pierre), Desjardins (Gervais) à Soissons, Des Jardins (Pierre), Des Ruelles (Guillaume), Dongoys (Jean), Du Carroy (Hugues), Du Carroy (Jean), Du Chemin (Nicolas), Du Chesne (François), Duchesne (Thomas), Du Coudray (Laurent), Du Pré (Denys), Du Pré (Jean Larcher, dit), Du Pré (Philippe), Du Quesnoy (Aubin), Edoard (Nicolas) à Lyon, Estienne (Antoine), Estienne (Charles), Estienne (François II) à Paris et à Genève, Estienne (Henri Ier), Estienne (Henri II) à Paris et à Genève, Estienne (Henri III), Estienne (Joseph) à La Rochelle, Estienne (Paul) à Genève, Estienne (Robert Ier) à Paris et Genève, Estienne (Robert II), Fauce (Vigor), Ferrebouc (Jacques), Février (Guillaume), Fezandat (Michel), Fleury (Melchior) à Orléans, Fosse (Victor), Fournier (Jean), Framery (Jean), Fruissart (François), Frémy ou Frémyn (Claude), Gachelin (Marin), Garnier (Jean), Gaultier (Jean), Gering (Ulrich), Gerlier (Durand), Girard (Pierre), Girault (Ambroise), Godot (Claude), Gourmont (Gilles de), Gourmont (Jean Ier de), Grenet (Jean), Gromors (Pierre), Groulleau (Etienne), Grpylie (François), Guérin (Jean), Guerson (Guillaume), Gueulard (Jean), Guillaume, Guillart (Guillaume), Guillotoys (Jacques), Hardouyn (Gilles), Harsy (Olivier de), Haultin (Pierre), Hesselin (Jean), Higman (Damien), Higman (Jean), Higman (Nicolas), Hopyl (Wolfgang), Houssaye (Denys), Hury (Pierre), Iconet ou Scouet (Toussaint), Jacques (Antoine), Janot (Denys), Jehan, Joly (Pierre), Jouault (Pierre), Kaerbriand (Jean), Kees (Thomas), Kerver (Thielman Ier), Kerver (Thielman II), La Barre (Nicole de), Labé (Nicolas), La Caille (Jean de), La Croix (Etienne Ier de), La Croix (Etienne II de), Langlois (Denis), La Roche (Jean de), Las (Léger de), Laure, Lamire ou Lauvère (Pierre), Le Bé (Guillaume II), Leber (Pierre), Le Blanc (Jean Ier), Le Blanc (Jean II), Le Blanc (Thomas), Le Bourg (Etienne), Lécaillé (Jean), Le Caron (Pierre), Le Clerc (David), Le Clerc (Jean Ier), Le Clerc (Jean II), Le Court (Salmon), Le Dru (Pierre), Le Duc (Jean), Le Fèvre (Robert), Le Forestier (Jacques) à Rouen, Le Fort (Gilles), Lelong (Jean), Lelong (Jean), Le Maçon (Geoffroy), Le Mur (Pierre), Le Noir (Michel), Le Noir (Philippe), Le Preux (François), Le Preux (Jean), Le Rouge (Baruch), Le Roux (Mahiet), Le Roy (Adrien), Le Royer (Jean), Le Royer (Louis), Lescallier ou Lescaillié (Jean), Lescolier (Henri), Lescot (Thomas), Le Sot (Antoine), Le Sueur (Jean Ier), Lhomme (Martin), Lhuillier (Pierre), Libert (Jean), Loncle (Pierre), Louis (Raoulin), Louytre (François), Loys (Jean), Lytran (Guillaume), Madoulx dit le Flament (Andry), Maheu (Didier), Maheu (Jean), Maillard (Jean), Mallard (Olivier), Malleheult (Guillaume), Mansan (Paul), Marchant (Guyon), Marchant (Jean), Marelier (Jean), Marier (Jean), Marnef (Enguilbert Ier de) à Poitiers, Marnef (Enguilbert II de) à Poitiers, Martin (Mathurin), Marville (Olibrius), Merlier (Jean), Mesnier (Pierre), Mestreau (Alexandre), Mettayer (Pierre), Michel (Samson), Montauger, Montouget (Pierre), Moreau (Guillaume), Morel (Charles), Morel (Claude Ier), Morel (Claude II), Morel (Fédéric Ier), Morel (Fédéric II), Morel (Gilles), Morel (Guillaume), Morin (Martin) à Rouen, Mouton (Pierre), Musnier (Guillaume), Musnier (Pierre), Néobar (Conrad), Nepveu (Robert), Nivelle (Sébastien), Noyau (Jean), Noyau (Julien), Nyverd (Georges), Nyverd (Guillaume Ier), Nyverd (Guillaume II), Nyverd (Jacques), Olivier (Jean), Paillet (Pasquier), Pallier (Jean), Patisson (Mamert), Pautonnier (Pierre), Pestel (Jean), Philippe (Gaspard), Pichore (Jean), Piget (Siméon), Pigouchet (Philijpe), Plantin (Christophe) à Anvers, Pochard (Jean), Poetract (Jean), Poictra (Jean), Porcher (Claude), Potier (Henri), Poullet (Lucas), Prévost (Benoît), Prévost (Fleury), Prévost (Nicolas), Prévosteau (Etienne), Questigny (Jean), Questigny (Oudin), Quignon (Vincent), Quillot (Alain), Rabardel (Simon), Ramier (Pierre), Raz (Benoît), Réal (Jean), Regnault (François II), Regnault (Jacques), Regnault (Pierre Ier) a Rouen, Regnault (Pierre II), Regnault (Pierre III) à Rouen, Regnoul (Jean), Regnoul (Michel), Renbolt (Berthold), Renoul (Jean), Richard (Emmanuel), Richard (Thomas), Richer (Etienne), Richer (Jean II), Richer (Jean III), Robert, Roche (Antoine), Roger (Jean), Roffet (Jacques), Roffet (Ponce), Roger (Charles), Roger (Jean), Roigny (Jean de), Rosse ou Roce (Denys), Rouceau (Pierre), Roussel (Nicolas), Roussin (Jacques), Roussin (Pierre), Rouveau (Albert), Roux (Richard), Roville (Guillaume de) à Lyon, Santil (Jean de), Saulnier (Adam), Savetier (Jean), Savetier (Nicolas), Savyne (Jean) à Sens, Servigny (Jean), Sevestre (Blaise), Sevestre (Jean), Sevestre (Louis), Sevestre (Pierre), Sevestre (Thomas), Sommaville (Antoine de), Sonnius (Michel Ier), Sotquand (Guichard), Talliveau (Laurent), Testu (Gilles), Thibault (Pasquier), Thiboust (Guillaume), Thierry (Henri),

Thierry (Rollin), Tholoze (Michel), Tory (Geoffroy), Trechsel (Jean) à Lyon, Turgart dit de Hauville (Nicolas), Turnèbe (Adrien), Vadé (Jean), Vallin (Jean), Variquet (Pierre), Vascosan (Michel de), Vaultier (Nicolas), Velu (Hubert), Vérac (Martin), Vérard ou Vérat (Martin), Vérard ou Vérat (Thomas), Vérel (Robert), Vezel (Pierre), Vezel (Robert), Vidoue (Pierre), Vincent (Michel), Viosse (Jacquin), Wechel (André), Wechel (Chrestien).

Imprimeurs et marchands d'estampes. — Bonnemère (Marin), Boussy (Clément), Boussy (Jean), Boussy (Marin de), Gourmont (François de), Gourmont (Jean II de), Hoyau (Germain), Mathonière (Alain de), Messager (Jean), Prévost (Nicolas II), Saulse (Guillaume).

Joailliers. — Barbedor (Jean), Louvain (Nicolas de).

Joueurs d'Instruments. — Bellamy (Sulpice), Cauchy (Jean).

Laboureurs. — Abalin (Gamyn), Béguin (Mahiet) au Vieil-Dampierre, Decolignes (Nicolas), Desmarquetz (Fiacre) à Carlepont, Guériboult (Thomas) à Longuesse, Guillard (Etienne) à Merlan, La Noue (Robert de) à Manchecourt, Moreau (Jean) à La Morlaye, Morineau (Jean), Papeau (Pierre), Picart (Jean), Pillehoste (Gilles) à Belloy, Prévost (Guillaume) à Montreuil, Pyache (Jean) à Ableiges, Régnier (Richard) à Richebourg, Rousseau (Pierre).

Lapidaire. — Thomas (Raoul).

Lavandière. — Manceau (Michelle).

Laveur de livres. — Houe (Nicolas).

Layetier-escrenier. — Dubellay (André).

Lecteurs du roi en l'Université. — Du Chesne (Léger), Du Chesne (Nicolas), Galland (Pierre), Héline (Jacques), Morel (Fédéric II), Morel (Jean), Sylvius (Jacques), Turnèbe (Adrien).

Libraires. — Alençon (Jean d'), Allart (Guillaume), André (Jean), Archambault (Pierre), Arsac (Germain), Artois (Adam d'), Aubry (Pierre), Auffray (Etienne), Auvray (Guillaume), Avignon (Esprit), Bailleur (Jean), Ballet (Robert), Banqueteau (Pierre), Banville (Louis de), Barat (Germain), Barbazan (Jean) à Nevers, Barbé (Jean), Barbier (Claude Iᵉʳ), Barbier (Claude II), Barbier (Mathieu), Barroys (Germain), Barthélemy (François), Baude (Olivier), Bazoche (Andrieu) à Reims, Beauchesne (Isaac), Becquet (Jean), Becquet (Nicolas), Bégin (Jean), Bellier (François), Belot (Thomas), Bernard (Etienne), Bertault (Julien), Bertault (Pierre), Berthault (Barthélemy) à Bourges, Berthelin (André), Bessault (Jean), Bessault (Thibault), Beys (Adrien), Beys (Christophe), Beys (Gilles), Billaine (Jean), Blachet (Aubin), Blaise (Thomas), Blanchet (Jacques), Bocher (Chrestien), Bodin (Pierre) à Nantes, Boignes (Charles de) à Angers, Boisnay (Marc), Boisset (Rémy), Bolsec (Hervé), Bonfilz (Nicolas) à Orléans, Bonfons (Jean), Bonfons (Nicolas), Bonfons (Pierre), Bonhomme (Aspaïs), Bonhomme (Jean II), Bonhomme (Jean III), Bonhomme (Macé) à Lyon, Bordeaux (Jean de), Borel (Jean), Boucher (Nicole), Boucquet (Pierre), Boudeaulx (Jean), Boullanger (Aymé), Boulle (Jean), Boulle (Pierre), Boullet (François), Bourdon (Etienne), Bourgeois (Jean), Boutonné (Rolet), Bradel (Marin), Brayer (Lucas Iᵉʳ), Brayer (Lucas II), Bréda (Hennequin de), Breuille (Mathurin), Breuille (Raoullet de), Brie (Antoine de), Brie (Eustache de), Brie (Jean de), Brière (Jean de), Brisebarre (Etienne), Brisset (Rémy), Broully (Jean de), Brumen (Thomas), Bruneau (Cyprien), Bruneau (Jeanne), Bruneau (Lucas), Brunet (Pierre), Buon (Gabriel), Buon (Nicolas), Calot (Jacques), Callet (Jean), Campenon (Jean de), Canivet (Jean), Carcan (Jean) à Lyon, Carrier (Frémyn), Catel (Jean), Caveiller (Jean), Cavellat (Guillaume), Cavellat (Jean), Cavellat (Pierre), Challot (Robin), Chalonneau (Benoît), Chalonneau (Lucas), Champion

(Jean), Chancelier (Laurent) à Orléans, Chappelet (Claude), Charpentier (Roland), Charron (Jean I"), Charron (Jean II), Charron (Thibault), Chastelain (Charles I"), Chastelain (Charles II), Chaudière (Guillaume II), Chaudière (Jean) à Bourges, Chaudière (Pierre), Chaudière (Regnault II), Chéron (Pierre) à Blois, Chevallier (Piere), Choisnet (François), Chion (Pierre), Chupin (Jean), Chupin (Pierre), Clopejeau (Gabriel), Clopejeau (Michel), Clotin ou Clutin (Arnoul), Coberger (Michel) à Nuremberg, Coignart (Gervais), Colas (Jean) à Mâcon, Collier (Geoffroy), Collin (Mateine) à Cologne, Colombel (Robert), Comines (Jean de), Coqueret ou Cocqueret (Jean), Coqueret ou Cocqueret (Pierre), Coquet (Claude), Corbon (Jean), Cordier ou Le Cordier (Geoffroy I"), Cordier ou Le Cordier (Geoffroy II), Corron (Cyr), Corrozet (Galliot), Corrozet (Gilles), Corrozet (Jean), Cosme (Philippe de), Cosme (Pierre de), Couette (Robert), Courtillier (Denys), Crespin (Jean), Crespin (Nicolas), Crétel (Roullet), Crevier (Denys), Crevier (Guillaume), Cuques (Claude), Custode (André), Dacquin (Nicolas), Dallier (Jean), Danans (Jean), Dappe (Denys), Daumale ou Domasle (François), Daumale, d'Aumale ou Domasle (Jean), Dauvergne (Noel), **Dauvet (Abraham)**, David (Thomas), Deaue (Pierre), De-Label (Pierre), Demourancourt (Guillaume), Denis (Toussaint), Des Bois (Macé), Desfossez (Nicolas), Deshayes (Etienne), Desjardins (Gervais) à Soissons, Desmaretz, Des Marais ou Des Marroys (Jean), Des Marquetz (Antoine), Des Nos (Jean), Desprez (François), Des Rues (Nicolas), Douart (Etienne I"), Douart (Etienne II), Douault (Nicolas), Douceur (David), Douceur (Jacques), Douceur (Pierre), Drobet (Georges), Drouart (Ambroise), Drouart (Guillaume), Drouart (Jérôme), Drouart (Pierre), **Du Breyet (Jean), Du Brueil (Claude)**, Du Brueil (Guillaume), Du Crocq (Jean), **Du Fossé (Nicolas)**, Duham (François), Du Hamel (Claude), Du Hamel (Etienne), Du Hamel (Gabriel), Du Hamel (Jean), Du Hamel (Richard), Dumas (Girard), Du May ou Du Mas (François I"), Du May ou Du Mas (François II), Du Mesnil (Hervé), Du Pré (Galliot I"), Du Pré (Galliot II), Du Pré (Jean), Du Pré (Pierre I"), Du Pré (Pierre II), Du Puys (Jacques I"), Du Puys (Jacques II), Du Puys (Mathurin), Du Rozé (Louis), Du Val (Denis), Du Val (Julien), Du Vau (Denis), Edoard (Nicolas), Ernault (Jacques), Eschart (André), Estienne (Adrien), Estienne (François I"), Estienne (Gervais), Estienne (Jérôme), Eustace (Guillaume), Eustace (Nicolas), Eustace (Pierre), Eustace (Thomas), Eve (Clovis), Eve (Nicolas), Faulcher (Guillaume), Favat (Mathieu), Favereau (Jean), Febvrier (Guillaume II), Febvrier (Jean), Febvrier (Pierre-Louis), Ferchanors (Christophe) à Surein en Suisse, Finé (Claude), Flandras (Boniface), Florentin (Jacques), Formentier (Guillaume), Fortin (Jean), Forvestu (Mathurin), Foucault (Antoine), Foucault (Eustache), Foucault (Pierre), Foucher (Jean I"), Foucher (Jean II), Fouët (Franço.s), Fouët (Robert), Fournier (Gilles), François (Hercule), Frémy (Claude), Freslon (Jean), Fresne (Mathurin de) à Sens, Fresnel (Andry), Fresnel (Philippe), Frichon (Jean), Gadoulleau (Michel), Gaingant (Nicolas de), Galques (Guillaume de) à Lyon, Gannereau (Olivier) à Nantes, Gannereau (Robert) à Nantes, Gaudoul (Pierre), Gaultier (Claude), Gaultier (Philippe), Gautherot (Vivant), Genetay (François de), Gentil (Jacob), Gesselin (Jean), Gilles (David), Gilles (Gilles), Gilles (Nicolas), Girard (Pierre), Godart (Guillaume), Gourbin (Gilles), Gourdin (Antoine), Gourmont (Benoît de), Gourmont (Jérôme de), Goussart (Jean), Graciade (Michel) à Clermont, Grandjean (Jean), Grandmère (Pierre), Grasseteau (Pierre), Grèges (Jean de), Grégoire (François), Gueffier (François), Guénard (Etienne) à Lyon, Guérard (Pierre), Guériboult (Jean), Guiart (Louis), Guillaume (Michel), Guillemette, Guillemot (Mathieu), Guillot ou Guyot (Guillaume), Guillotoys (Bonaventure), Guillotoys (François), Guybert (Félix), Guyon (Guillaume), Guyot (Etienne), Guyot (Jean), Guyton (Noel), Hadrot (Simon), Hanicq (Antoine), Hans (Guillaume de), Hardouyn (Jean), Hardy (Jean) à Orléans, Héguin (Pierre), Héline (Jacques), Hémon (Benard), Hérault (Jean), Hernault (Louis), Hérouard (Vincent), Heuqueville (Guillaume de), Heuqueville (Jean Ier de), Heuqueville (Jean II de), Heurtelet (Laurens), Hochart (Guillaume), Hopyl (Georges), Houic (Antoine), Houzé (Jean), Huat (Jean), Hulpeau (Jean Ier), Hulpeau (Jean II), Hunot (Hubert), Huré (Sébastien), Icouard (Robert), Jagot (Quentin), Janot ou Jehannot (Jean), Jehan (Jacques), Joron (François), Josse (Georges), Josse (Louis), Jouan (Timothée), Journet (Nicolas), Jullien (Guillaume), Jullien (Michel), Jullien (René), Kerver (Jacques Ier), Kerver (Jacques II), Kerver (Jean), La Garde (Jean de), La Guierche (Michel de), La Haye (Jean de), La Landre (Jean de), Laliseau (Jean), Laliseau (Raoul), Laliseau (Sébastien), Lallemant (Jean), Lambert (René), Landry (Jean), Landry (Pierre), Langelier (Abel), Langelier (Arnoul), Langelier (Charles), La Noue (Guillaume de), La Noue (Jean de), La Porte (Ambroise de), La Porte (Antoine de), La Porte (Maurice Ier de), La Porte (Maurice II de), La Ruelle (Thomas de), Lastre (Pierre de), La Vacquerie (Vincent de) à Reims, Le Bé (Henri), Le Bé (Pierre), Lebert (Pierre), Le Bouc (Eustache), Le Bouc (Hilaire Ier), Le Bouc (Hilaire II), Le Bouc (Jacques Ier), Le Bouc (Jacques II), Le Bouc (Jean), Le Bret (Pierre), Le Boucher (Laurent), Le Bret (Guillaume), Le Breton ou Breton (Guillaume), Le Breton (Jacques), Le Breton (Jean), Le Brodeur ou Le Brodeulx (Pierre), Le Chantre (Jean), Le Clerc (Antoine), Le Clerc (Jean), Le Clerc (Louis), Lecocq (Guillaume), Le Cocq (Noël), Le Croisé ou Le Croisier (Thomas), Le Duc (Jean), Le Fée (Michel), Le Fèvre (Jean), Le Fèvre (Thomas), Le Fizelier (Robert), Le Fort (Pierre), Le Heudier (François), Le Houe (Jean) à Rouen, Le Jeune (Martin), Le Maistre (Mathieu), Le Mangnier (Félix), Le Mangnier (Robert), Le Mercier ou Mercier (Etienne), Le Moyne (René), Lempérière (Méry), Le Musnier ou Musnier (Andry), Lenglantier (Michel) à Toul, Le Noir (Antoine) à Nevers, Le Noir (Charles), Le Noir (Guillaume Ier), Le Noir (Guillaume II), Le Noir (Jean), Le Noir (Olivier) à Reims, Le Normant (Jean), Le Preux (Poncet), Le Riche (Antoine), Le Roux (Geoffroy), Le Roux (Jacques), Le Roux (Pierre), Le Roy (Jacques), Lescuyer (Denys), Lescuyer (Nicolas), Lespicier (Cyret), Lespriller (Mathurin), Le Sueur (André), Le Sueur (Liénard), Le Sueur (Martin), Le Sueur (Nicolas), Le Tasseur (Guillaume) à Nantes, Le Vasseur (Robert), Lévesque (Nicolas), Le Waquan (Girard), Lhermitte (François), Lhuillier (Boniface), Lhuillier (Olivier), Lhuillier (Pierre II), Liéault (Pierre) à Rouen, Lieshout (Henri) à Liège, Lisleret (Roland), Locqueneulx (Marc), Lombard (Georges), Loncle (Jean), Longis (Clément), Longis (Jean), Lorgery (Jean), Loutrel (Jean), Louvain (Nicolas de), Louytte (Jacques), Loyson (Etienne), Loyson (Jean-Baptiste Ier), Loyson (Jean-Baptiste II), Loyson (Guillaume), Lunel (Julien), Lupierre (Jean de), Mabille (Claude), Macé ou Massé (Barthélemy), Macé ou Massé (Charles), Macé ou Massé (Guillaume Ier), Macé ou Massé (Guillaume II), Macé ou Massé (Jacques), Macé ou Massé (Jean), Maigny (Pierre de), Maligot (Pierre), Malot (Gervais), Mancelet (Jean), Marchant (Antoine), Marchant (Michel), Marnef (Geoffroy de), Marnef (Jean de) à Poitiers, Marnef (Jean de), Marnef (Jérôme de), Marnes (Jean de), Maugier (Gilles), Maule (Jean de), Mélaine (Guillaume), Melert (Rémy), Merlin (Guillaume Ier), Merlin (Guillaume II), Messance (Jean), Mézat (Jean), Mézières (Julien), Micard (Claude), Micard (Jean), Micard (Robert), Michel (Besnard), Michon (François), Migon (Chrysostôme), Mignot (Thomas), Millot (Jean), Mirault (Antoine), Moisson (Jean), Mondet (Guillaume), Mongay (Horry de), Monstr'œil (Claude de), Monthereul (Michel de), Moreau (Antoine), Moreau (Gilbert), Moreau (Jean), Moreau (Pierre), Morenge (Pierre) à Clermont, Morice (Henri), Morin (Jean), Mouchet (Jean), Moulin (Nicolas), Moustier ou Du Moustier (Nicolas), Nicole (Jean), Nicoile (Jacques), Nicot (Gabriel), Niquet (Spire), Nivelle (Robert), Norment (Vincent), Nyon (Marc), Nyverd (Jean), Ogereau (Michel), Ollivier (Aubin) à La Rochelle, Orry (Marc), Pacquet (Pierre), Palfart (Jacques), Papolin (Antoine) à Nantes, Paquot (Gilles), Paquot (Henri Ier), Paquot (Henri II), Paris (Clément), Pascot (Pierre), Passet (Guillaume), Patoureau (Louis), Pauget (Denys), Pauget ou Poget (Nicolas), Paumier (Marin), Pautonnier (Marin), Perier (Adrien), Perier (Charles), Perier (Denys) à Niort, Perier (Thomas), Pescher (Richard) à Chartres, Pesnot (Charles) à Lyon, Petit (Charles), Petit (Étienne), Petit (Jean Ier), Petit (Jean II), Petit (Jean III), Petit (Oudin Ier), Petit (Oudin II), Petit (Pierre), Phillebert, Fiart (Jean), Picques (Claude de), Pillehoste (Toussaint), Pillon (Augustin), Pinson (Gracien), Pirlot (Huchon), Piquet (Jean), Planté (Pierre), Plumion (Jacques), Plunyon (Jean), Poly (Georges), Poulain (Jean), Pouy ou Poy (Pierre), Poyvret (Claude), Prévost (Guillaume), Prévost (Jean), Prévost (Mathurin), Provencel (Jonathas), Prudhomme (Jean), Prunier (Jean), Pucelle (Maurice), Quesnel (Jacques), Ravot (Benoît), Recollet (Geoffroy), Regnard (Thomas), Regnart (Pierre), Regnault (Benoît), Regnault (François Ier), Regnault (Robert), Rémy (Jean), Resch (Conrad), Rezé (François), Rezé (Jacques), Rezé (Pierre), Rezé (Raoulet), Richard (Guillaume), Ricouart (Jean), Ricouart (Pierre Ier), Ricouart (Pierre II), Ricouart (Pierre III), Rivery (Jean), Robillart (André), Robillart (Marin), Robinet (Jean), Robinot (Gilles Ier), Robinot (Gilles II), Roffet (André), Roffet (Nicolas), Roffet (Pierre), Roger (Fiacre), Roger (Jean), Rogier (Guillaume), Rohart (Guérin), Roigny (Michel de), Roland (Guillaume), Rossignol (Nicolas), Roulland (Louis), Rousseau (Didier), Roussel (Antoine), Roussel (Nicolas), Roux (Martin), Roy (Jean), Ruelle (Jean Ier), Ruelle (Jean II), Ruelle (René), Ruette (Macé), Saint-Denys (François de) à Soissons, Saint-Denys (Nicolas de), Salis (Dominique), Saugrain (Abraham), Saulnier (Jean), Savoys (Pierre), Sayet (Henri), Sellier (Robert), Sertenas (Vincent), Sifflaut (Rémy) à Tours, Sittard (André), Sittard (Arnold), Sommaville (Simon de), Sonnius (Claude), Sonnius (Jean), Sonnius (Laurens), Sonnius (Michel Ier), Sonnius (Michel II), Soubron (Claude Ier), Soubron (Claude II), Soubron (Jean), Soullart (Nicolas), Sourbron (Jean), Syon (Jean), Syonneau (Jean), Tabert (François), Tachet (Louis), Tannay (Jean de), Tasset (Etienne), Tennerye ou Tannerye (Girard), Tennerye ou Tannerye (Pierre), Terbroug (Henri) à Arnheim, Testart (Charles), Thioust (François), Thioust (Guyon), Thyart (Pierre), Tiercelin (Thomas), Tiger (Guillaume), Touchard (Christophe), Tournes (Jean de) à Lyon, Toustain (Jean), Tremblay (Julien), Trepeau (François), Trepperel (Guillaume), Trepperel (Jean Ier), Trepperel (Jean II), Trepperel (Pierre) à Orléans, Triballe ou Triballet (Simon), Triboulet (Pierre), Trouvain (Jean), Trudon (Nicolas), Trumeau (Nicolas) à Reims, Tuffé (Jean), Turrisan (Bernard), Tyverny (Romain), Va (Jean), Vallet (Etienne), Varangues (Jacques), Varennes (Olivier de), Varignon (Thomas), Vaugris (Jean) à Bâle, Veau (Jean), Vendôme (Pierre de), Vérade (Jean-Pierre de), Vérard (Antoine), Vérard (Barthélemy), Verton ou Berton (Louis), Viart (Pierre), Viet (Louis), Villain (Jean), Vincent (Antoine) à Lyon, Vincent (Simon) à Lyon, Viroys (Macé) à Issoudun, Vivian (Thielman), Vostre (Nicolle), Vostre (Simon), Warrancore (Amaury), Warrancore (Guillaume Ier), Warrancore (Guillaume II), Warrancore (Philippe), Yon

(Simon), Ysaac (Roch), Ysonneau (Jean), Yvernel ou Yvernet (Florent), Yvernel ou Yvernet (Jean).

Libraires-Imprimeurs, voyez *Imprimeurs*.

Lieutenant-criminel. — Bragelongne (Thomas de).

Lieutenant du guet. — Regnault (Robert).

Lieutenant des maîtres des eaux-et-forêts. — Du Vivier (Dreux).

Lignier. — Dude (Andry).

Lingères. — Cerneux (Jeanne de), Clare (Marguerite), Marchand (Marguerite).

Lunettier. — Becquet (Guillaume).

Maçons. — Bellanger (Léger), Blancvillain (Thomas), Destrier (Guillaume), Duperroy (Léger), Durant (Gillet), Gauquelin (Mathurin), Hervy (Etienne), Le Mur (Jean), Pastor (Jean), Regnault (Laurent), Sanson (Jean), Solliot (Claude).

Maître des basses-œuvres. — Petit (Jean).

Maître d'étuves. — Le Roux (Nicolas).

Maîtres au fait des armes. — Cardinal (Guillaume), Lor (Mathieu de).

Maître de Jeu-de-Paume. — Périer (Jean).

Maître des requêtes. — Pignart (Pierre).

Marchands. — Alain (Jean), Bagres (Vincent), Bordeaux (Jean de), Bourcier (Robert), Bourgery (Jean) à Saint-Rémy, Bruneau (François), Bruneau (Pierre) à Broue, Busserolles (Jacques de), Clément (Hugues), Cocu (Louis), Courtin (Jean), à La Ferté-Bernard, Courtoys (Jean), Cramoisy (Pierre), Curtin (Jean) à Orléans, Des Fossés (Claude), Du Bois dit Sylvius (Quentin) à Amiens, Estienne (Guillaume), Fouré (Claude) à Sucy-en-Brie, Fournier (Genest) à Thiers, Fréquent (Jean), Gaudoul (Pierre), Gérard (André), Gobert (Jean), Grassin (Jacques) à Ménière, Guyotte (Guillaume), Guymier (Jean), Harsy (Nicolas de), Hubert (Jean), Huvé (Etienne), Laisné (Nicolas), Le Fèvre (Michel), Le Gendre (François), Le Roux (Pierre), Lombard (Millès), Maçon (Etienne), Maret (Claude), Mauroy (Claude), Navet (François), Oudart (Mathurin), Palluau (Jean), Papillon (Pierre) à La Ferté-Millon, Payen (Pierre), Potier (Bertrand), Prévost (Marin), Ricout (Antoine), Riotte (Jean), Rossignol (Pierre), Roussel (Nicolas), Sonnius (Jean), Syon (Simon), Tallon (Jean), Thavenot (Jacques) à Troyes, Voisin (Jean).

Marchand de chevaux. — Charpentier (Grand-Jean).

Marchands de draps de soie. — Chausson (Raoulin) à Lyon, Saint-Yves (Gabriel de).

Marchands d'estampes, voyez *Imprimeurs et marchands d'estampes.*

Marchands de vin. — Brumen (Anseaulme), Brumen (Guillaume), Calot (Jacques), Charpentier (Roland), Chevallier (Simon), Dubray (Nicolas), Gervays (Vincent), Guigier (Jean), Le Blanc (Jean), Le Jeune (Claude), Maheu (Etienne), Mallet (Jean), Roussel (Claude).

Maréchal des logis. — Rolland (Edme de).

Maréchaux. — Monstreul (Jean de) à Vaudompier, Rose (Guillaume).

Marguilliers. — *Sainte-Geneviève-des-Ardents* : Bonfons (Nicolas), Lefebvre (Michel), Musnier (Andry). — *Saint-Hilaire-du-Mont* : Brumen (Thomas), Chion (Pierre), Chrestien (Jean), Deshayes (Jacques), Febvrier (Louis), Jullien (Michel), Pautonnier (Jacques). — *Saint-Séverin* : Du Puys (Jean), Féret (Hugues), Morel (Regnault), Pasquier (Jean).

Médecins. — Grandis (Benoît), Laurens (Roland). Voyez *Docteurs-régents.*

Menuisiers. — Bocquet (Claude), Carpes (Pierre), Chocquet (Robert),

Deleau (Jean) à Amiens, Garenflo (Jacques de), Huet (Liénard), La Litte (Nicolas) à Villers-Cotterets, Monthaudouyn (Pierre de), Richaudière (Guillaume), Robineau (Nicolas), Travers (Pierre).

Merciers. — Angilbault ou Engibault (Louis), Antoine (Léonard), Barbé (Tessermant), Brosseau dit Poulet (Claude), Camus (Claude), Corrozet (Jean), Des Loges (Jean), Lemperière (Marie), Loys (Jean), Niverd (Jean), Paris (Aubert), Payan (Pierre), Ricouart (Pierre), Roigny (Jean de), Vielzmont (Macé de).

Messager. — Boysart (Jean).

Messagers-jurés de l'Université. — Bessault (Thibault), Estienne (Henri I"), Ricouart (Pierre).

Mesureur de charbon. — Ricouart (Pierre).

Mesureurs de grains. — Berthelot (Blaise), Haranguer dit Le Gault (Jean).

Meunier. — Quyneau (Nicolas).

Monnayers. — Ollivier (Aubin), Rabache (Louis), Rabache (Pierre).

Mouleurs sur bois. — Des Vergers (Gilles), Glanne (Pierre).

Notaires au Châtelet. — Arragon (Adrien), Chappelain (Adrien), Chappelain (Jacques), Crozon (François), Crozon (Michel), Jacques (Jean), Ladmyral (Philippe), Pacquelin (Louis), Philipponat (François).

Notaire en Cours d'église. — Plantin (Jacques).

Notaires et secrétaires du roi. — Cramoisy (Abel), Garnier, Hardy (Charles), Laliseau (François), Morel (Charles), Pilleur (Thomas), Ricouart (Yves).

Nourrice. — Du Loquin (Jeanne).

Official. — Michel (Claude) à Sens.

Orateur du roi. — Bérault (Nicole).

Orfèvres. — Barbelotte (Nicolas), Bourgoin (Antoine), Cousin (Jean), Daniel (Pierre), Delestuve (Pierre), Finet (Guillaume), Gaultier (Charles), Hotman (Jean), La Villette (Guillaume de), Lestre (Denis de), Le Peuple (Nicolas), Martin (Policarpe), Mignon (Jean), Paquot (Pierre), Pijart (Nicolas), Roussel (Pierre), Russangis (Nicolas de), Valler (Jean).

Papetiers. — Banqueteau (Pierre), Bertrand (Pierre) à Mussy, Bourbon (Jean) à Mussy, Bourdon (Etienne), Brayer (Nicolas) à Essonne, Canivet (Jean), Carrel (Cosme), Chailloux (Louis), Chappelain (Jean), Chefdeville (Pierre), Clignet (Germain) à Essonne, Content (Claude), Cornu (Madeleine), Courtin (Pierre), Dabenet (Jean), Des Escoutes (Charles) à Saint-Siméon, Desprez (Grégoire), Dubois (Claude), Fieffé (Pierre), Fleurs (Macé de), Fouré (Rollin), Fremont (Jean), Gobert (Robert) à Essonne, Guymier (Claude ou Alexis), Guyot ou Guéau (Pierre), Havart (Claude), Hémon (Radegonde), Jouvin (Etienne), Julliart (Claude) à Saint-Rémy-de-la-Vanne, Langlier (Jacques) à Essonne, Launay (Claude de), Laurens (Bernardin), Laurens (Guillaume), Le Bé (Guillaume), Le Bé (Guillaume) à Troyes, Le Charron (Jean), Le Coq (Claude), Le Cocq (Heureux), Le Duc (Jean), Le Febvre (Jean), Le Féron (Raoul), Le Sueur (Jacques I"), Le Sueur (Jacques II), Le Sueur (Michel), Ludon (Nicolas) à Troyes, Malhiet (Girard), Marguereau (Jean) à Corbeil, Martin (Pierre), Massue (Pierre), Melais (Richard de), Melaiz (Pierre Le), Melay (Guillaume de), Mochet (Adam), Moreau (Claude) à Jouy-sur-Morain, Moreau (Jean) à Jouy-sur-Morain, Moreau (Jean) à La Ferté-Gaucher, Mouchet (Jean), Nave (Jean) à Essonne, Nivelle (Jean) à Troyes, Piétrequin (Jean), Ricouart (Pierre III), Roland (Guillaume), Roux (Claude) à Essonne, Savetier (Claude), Seigneur (Jean), Simon (Nicolas), Simonet (Pierre), Simonnet (Bernard) à Saint-Rémy, Simonnet (Jacques) à Saint-Rémy, Simonnet (Jean) à Saint-Siméon, Triboulet (Pierre), Tyverny (Romain).

Parcheminiers. — Aucher (Etienne), Berthelin (Henri), Bonfilz (Bernard), Boucachard (Jean I"), Boucachard (Jean II), Boucachard (Robert) à Rouen, Bourgeron (François), Buffe (Nicolas), Careau (Jean), Chartier (Henri), Col ou Colle (Jacques), Denys (Guillaume) à Rouen, Delespine (Laurens), Descars (Guillaume), Descars (Nicolas), Destrier (Guillaume), Douars (Jean), Driart (Pierre) à Etampes, Du But (Nicolas), Du Fay (Antoine), Fade (Jean), Frère (Jean), Galloys (Pierre), Goujon (Anne), Goupil (François), Goursault (Antoine), Grebet (Bertrand), Guillard (Laurens), Guillard (Mathurin), Haucher (François), Havart (Claude), Huart (Guillaume), Hubert (Jean), Jardin (Nicolas), Le Bay (Laurens), Legueux (Collin), Le Hault (Antoine), Le Roy (Henri), Louans (André de), Martin (Jean), Maupetit (Guillaume), Mestayer (Jean), Montpignon (Antoine de), More (Jean), Nicolas (Etienne), Petit (Jacques), Petit (Jean I"), Petit (Jean II), Petit (Nicolas), Poulain (Nicolas), Poulin (Michel), Poullain (Jean), Poullain (Pierre), Poupart (Claude), Regnault (Nicolas), Rochet (Nicolas), Roulx (Jean), Sanson (Pierre), Sotel (Jacques), Taveau (Pierre), Thiondet (Guillaume), Thiondet (Jean), Thiondet (Nicolas), Vellart (Hugues), Verneuil (Bertrand I" de), Verneuil (Bertrand II de), Vollart (Esprit), Ysaac (Louis).

Passementier. — Guérin (Pierre).

Passeur d'eau. — Nicolas (Robert).

Pâtissiers. — Bachot (Jean), Berthon (Béguin), Dailly (Jean), Despilles (Nicolas), Glanne (Robert), Guillebert (Guyon), Hancy (Jean de), Jacquet (Jean), Mézières (Mathurin de), Mignot (Jean), Mulot (Nicolas).

Payeurs, Trésoriers-payeurs. — Dongois (Charles), Compagnie de Villeroy, Dupont (François), Compagnies de Longueville et de Saint-Paul, Miette (Louis), Compagnie du Lude.

Peaucier. — Halouppe (Jean).

Pédagogue. — Plouquin (Jean).

Peigniers-tablettiers. — Bélier (Claude), Bélier (Maurice), Le Maistre (Pierre).

Peintres. — Chevillon (Pierre), Freslon (Martin), Le Pelletier (Fleurant), Méel ou May (Girard de), Patin (Jean), Salin (Charles).

Pelletier. — Caillou (Jean).

Plombier. — Le Clerc (Etienne).

Plumassiers. — Besanson (Nicolas), Chazelle (Claude).

Porteur de grains. — Charpentier (Pierre).

Portiers. — *Commanderie de Saint-Jean de Latran* : La Guierche (Michel de), Warrancore (Guillaume). — *Jardin des Tuileries* : Michel (Samson). — *Palais-Royal* : Charron (Jean). — *Porte Saint-Victor* : Coquet (Pierre), Mesnier (Pierre).

Potiers d'étain. — Alleaulme (Roch), La Porte (Nicolas de), Le Bé (Jean), Portier ou Le Porlier (Louis).

Pourpointiers. — Saulnier (Jacques), Vante (Jean).

Praticiens. — Guillemet (Pierre), Hubert (Antoine), Jusseaulme (Michel), Montigny (Esmée), Patisson (Philippe) à Orléans.

Prédicateurs. — Beaulxamis (Thomas), Poncet (Maurice), Sainctes (Claude de).

Président. — Dorigny.

Président au Parlement. — Saint-André (François de).

Président des enquêtes. — Le Cirier (François).

Prêtres. — Artigue (René), Bonhomme (Jacques), Cognet (Jean), Darches (Gilles), David (Jacques), Desgranches (Jean), Du Gast (Nicole),

Fichon (Jean), Franchet (Guillaume), Giignos (Claude), Gonffreville (Nicolas de), Guérin (Jean), Guynet (François), Hervier (Marin), maître Jacques, Le Febvre (Antoine), Marchant (Guy), Michel (Claude), Nicolas (Bonaventure), Passerart (Claude), Regnault (Antoine), Scofier (Pierre), Vivian (Thielman).

Prieur de Saint-Urain. — Perron (François).

Principaux de collèges. — *Boncourt* : Galland (Pierre), Ruillet. — *Carambert* : Le Jeune (Salomon), Magnet (Yves). — *Fortet* : Cinq-Arbres (Jean de). — *Ia Marche* : Chalet. — *Le Plessis* : Courtot (Mamers).

Priseurs et vendeurs de biens. — Laversin (Guillaume), Monhénault (Julien de).

Procureurs. — Le Caron, Mignon (Isaac ou André).

Procureurs à la Chambre des Comptes. — Guyon (Pierre), Plancy (Nicole de).

Procureurs au Châtelet. — Buron (Guillaume), Canto (Guillaume), Celletier (Guillaume), Chevart, Desprez (Jacques), Godefroy (Antoine), La Cappelle (Martin de), La Place (Jean de), Le Blanc (Laurens), Le Saige (Martin), Millclot (Jean), Moniot (Jean), Sainctfon (François), Selleré (Théodore).

Procureur en la conservation des privilèges royaux de l'Université. — Mestayer (Jean).

Procureurs en Cours d'église. — Gilbert (Jean), Le Mire (Jean), Ricouart (Jean).

Procureur fiscal de l'Université. — Viguier (Nicolas).

Procureur au Grand-Conseil. — Prévost.

Procureurs au Parlement. — Amy (Nicole), Baron (Pierre), Bertrand (Richard), Coutant (Nicolas), Faurin (Robert), Ignon (Jean), La Louecte (Claude de), Langlois (Nicolas), Le Caron, Le Rousse (Jacques), Pasquier (Pierre), Sibourg (Léon).

Procureur de présidial. — Chéron (Nicolas) à Chartres.

Procureur et receveur de l'hôpital des Quinze-Vingts. — Houic (Antoine).

Promoteur d'officialité. — Crouy (Nicole de) à Paris.

Quarteniers. — Kerver (Jacques), Le Clerc (Jean IV), Pellerin (Pierre), Petit (Oudin), Sonnius (Claude).

Quincailliers. — Beroul (Girard), Du Plesset (René), Racine (Jean).

Receveur des exploits et amendes. — Gaudion (Mathurin), *Cour des Aides*, Kerquifinem (Hervé de), *Parlement*.

Receveur de Saint-Benoît. — Palluau (Jacques).

Receveur des tailles. — Joguet (Christophe) à Clamecy.

Receveur de l'Université. — Lallemant (Jean).

Receveur du cardinal de Strossy. —Du Pré (Jean).

Régent. — Malaysé (Jacques).

Relieurs. — Adam (Gabriel), Aubert (Pierre), Auger (Guillaume), Bailleur (Jean), Bailleur dit Desnoys (Jean), Barbier (Guillaume), Bernard (Jean), Blanchart (Colin), Bourges (Jean de), Bradel (Charles), Bruneau (Jean), Brunet (Jean), Burgyhe (Jean), Chalonneau (Etienne), Corberan (Jean), Cousin (Guillaume), Daillant (Crespin), Daillon (Robert), Diotant (Pierre), Fournier (Etienne), Hercent (Denys), Hugues (Rogier), Labbaye (Hubert de), La Noue (Robert de), Le Bœuf (Hugues), Le Duc (Etienne), Le Fèvre (Ferrand), Le Peletier (Jean), Moustier (Jacques), Oriard (Guillaume), Pautonnier (Jacques), Perdriel (Jacques), Pic (Pierre), Prévost (Jean), Réal (Jean), Ricouart (Jean Ier), Solin (Pierre), Sy (Christophe), Turpin (Pierre), Varennes (Michel de).

Relieurs et libraires, voyez *Libraires.*

Religieux. — Bridoux (Jean), Charron (Eloy), Du Breil (Jacques), Du Four (François) Kerver (Jean), Kerver (Marguerite), Langelier (Michelle), Paris (Lucien de), Vérard (Guillaume).

Rôtisseurs. — Bouillette ou Bonvillette (Jean), Courselles (Bon de).

Rubannier. — Picart (Jean).

Savetier. — Du Chesne (Nicolas), Tonyn (Jean).

Sculpteur. — Gaultier (Michel).

Sellier. — Pays (Adam).

Sergents. — Cathelin (Michel) *au bailliage de Coulommiers,* Fillon (Nicolas), *au bailliage du Palais.*

Sergents à verges. — Davyn (Jean), Hardy (Etienne), Varin (Mathieu). — *Au Châtelet :* Cavelier (Michel), Davignon (Geoffroy), Le Bel (David), Sauvaige (Jean).

Sergents de l'Hôtel-de-Ville. — Beuchard (Mathieu), Chesneau (Guillaume), Penecher (Jean).

Serruriers. — Bosjan (Etienne), Chevallier (François), Delafet (Jean), Du Chesne (Jean), Fauldet (Michault), Goux (Michel), Leliepvre (François), Maucomble (Pierre), Mynot (Adrien).

Servantes. — Arnoul (Madeleine), Aubry (Geneviève), Couvrechef (Suzanne), Serreau (Jacquette).

Serviteur-domestique. — Prast (François).

Solliciteur. — Cossu.

Tabellion et greffier. — Formentier (Jean) à l'île de Ré.

Taillandiers. — Chevallier (Jacques), Maizières (Nicolas).

Tailleurs d'habits, de robes, couturiers. — Aubin (Henri), Aubry (Jean), Auffray (Michel), Biétrix (Pierre), Biétrix (René), Biétrix (Thomas), Blanchart (Jean), Boussoniot (Guillaume), Caré (Jacques), Des Champs (Guillaume), Du Hanot (Quentin), Fortier (Jean), Fouquet (Michel), Geoffriot (Antoine), Jacquemmet (Nicolas), Julien (Pierre), Langloix (Antoine), Le Febvre (Jean), Le Febvre (Thomas), Le Guay ou Le Gué (Richard), Lucas (Jean), Martin (Saturnin), Marye (Joseph), Méaubert (Gilles), Morice (Pierre), Nantier (Roland), Néobar (Gilles), Nyébert (Gilles), Sérénac (Pierre), Walcard (Richard), Warnier (Gilles).

Tailleurs d'histoires, Tailleurs d'images, Historieurs. — Danans (Jean), Du Bois (Mahiet), Du Bois (Mathieu), Du Hanot (Quentin), Du Pré (Jean), Le Barbier (François), Le Clerc (Jean III), Le Clerc (Jean IV), Melais (Simon de), Petit (Pierre), Pichore (Jean), Ploumion (Henri).

Tailleur de pierres. — Lesmeré (Pierre).

Tailleur des poinçons et effigies de la Monnaie. — Danfrie (Philippe Iᵉʳ).

Tapissiers. — Asseline (Sébastien), Clare (Marguerite), Lespicier (Jacques), Marchand (Marguerite), Rabache (Jean).

Taverniers. — Bastonneau ou Lestourneau (Jean), Béguin (Jean), Garnier (Jean), Hochet (Laurent), Nicolas (Jacques), Nicolas (Jean).

Teinturiers. — Bouquier (Robert), Chobart (Jean), Guillard (Jean), Langlois (Isabeau), Le Cousturier (Simon), Marcet (Pierre).

Teinturier en drap. — Poictevin (René).

Teinturiers de cuirs. — Curset (Guillaume), Janot (Simon).

Teinturier de laine. — Guestif (Philippe).

Teinturier de toile, laine, fil et soie. — Enguerand (Philbert).

Tisserand. — Justice (Gilles).

Tisserand en drap. — Héron (Guillaume) à Meaux.

Tisserand en linge. — Justice (Gilles).

Tisserands en toile. — Aubin (Marin), Dupuys (Nicolas), près Dreux.

Tissutier de fils de laiton. — Vassoury (Antoine).

Tombier. — Benard (Pierre).

Tondeurs, voyez *Valets-tondeurs.*

Tonneliers. — Blanchet (Jacques), Hétru (Jacques), Hodicourt (André de), Journet (Jean), Marc (Jean), Potin (Fourcy), Marteau (Simonet), Truppelet ou Tonnelet (Jean).

Trésorier général de France. — Donou (François de).

Tuillier. — Du Four (Pierre).

Valets de chambre. — *Du cardinal de Vendôme :* Charbonnières (Gabriel de). — *Du duc d'Elbeuf :* Chesneau (Jean). — *De la régente :* Saint-Boyon (Guillaume de). — *Du roi :* Martinot (Denis), Percontal (Jean de).

Valets-tondeurs de drap. — Potier (Jean), Richard (Arthus).

Vendeur et mesureur de charbon. — Ricouart (Jean).

Vendeur de bétail. — Courtoreille (Étienne).

Vendeur d'instruments. — Besse (Antoine).

Vendeur de poisson de mer. — Pichonnat (François).

Vicaire. — Le Tainturier (Oudin) au Plessis-Picquet.

Vignerons. — Boullanger (Guillaume) à Monchâlons, Jagot (Nicolas) à Gentilly, Vost (Nicolas de) à Sébecourt.

Vinaigrier. — Trottet (Laurens).

Vitrier. — Langlois (Georges).

Voituriers par terre. — Barbier (Jean), Guérin (Jean), Va (Guillaume), Vollant (André).

TABLE ALPHABÉTIQUE

ERRATA

Page 15, article Blachet, *ajoutez* : 30 mai 1550. — Aubin Blachet, ou Blochet, voyez HIGMAN.

Page 36, ligne 10, Jean Perir, *lisez* Jean Perier.

Page 94, ligne 36, *après* Damien Hicqman, *supprimez* imprimeur *et ajoutez* le jeune.

Page 102, ligne 37, Gourdin, *lisez* Gourbin.

Page 168, ligne 16, Feurant, *lisez* Fleurant.

TABLE DES MATIÈRES

IMPRIMÉ

PAR

PHILIPPE RENOUARD

19, rue des Saints-Pères, 19

PARIS

9 782014 435894